경영학총서

기업윤리

T.도날드슨 지음
류 장 선 옮김

서강대학교 출판부

Corporations and Morality

by Thomas Donaldson

Loyola University of Chicago

두 번째의 수정판을 내면서

수정판이 나온지 8년만에 다시 수정판을 내게 되었다. 번역이 얼마나 어려운가를 이번에도 다시 한 번 실감했다. 누구를 위한 번역인가를 의식하면서 독자들의 이해를 돕는데 중점을 두었다. 강의중 수강학생들의 적지않은 도움에 다시 한번 감사드린다. 저자의 뜻을 우리말로 쉽게 이해할 수 있도록 했다. 그러나 저자의 철학적이고 논리적인 난해한 문장을 우리말로 이해가 쉽도록 옮기는데에는 제자신 능력의 한계가 있음을 고백한다. 완벽한 번역을 위해 앞으로 얼마나 더 많은 시간이 소요될지는 제자신도 잘 모르겠다.

특히 이번에 수정판을 내기전 미국에서 안식년을 보내면서 2005.11.14－11.22까지 9일간 펜실바니아 대학교 Wharton 경영대학원에서 저자인 Thomas Donaldson 교수를 처음으로 직접 맞나 뵙는 기쁨을 가졌고, 그 분과 많은 대화를 나누면서 도움도 많이 받았다. 교수님의 초청으로 기업윤리 강의에 세 번이나 참석했고 학생들과도 인사를 나누었다. 그리고 기업윤리 전임교수님들의 연구발표에 참석한 것은 큰 영광이었다. 도시락 점심을 함께 하면서 연구발표를 매주 1회 갖는 것은 매우 인상적이었다. 기업윤리 과목은 물론 필수과목이며 다섯분의 전임교수님들이 분반으로 오전, 오후 강의하고 있는 것은 무척 부러웠으며, 우리나라의 경영대학원이나 학부도 기업윤리 과목이 필수과목으로 개설되어 담당 전임교수도 확보되길 이번 기회에 다시 한번 강조하고 싶다.

끝으로 이 수정판이 출간될 수 있도록 배려해주신 서강대학교 출판부에 많은 감사를 드린다.

2008년 8월 25일

서강대학교 예수회 공동체 연구실

류장선(베드로)신부

수정판을 내면서

「기업윤리」책이 1985년 법문사에서 초판이 나왔고, 1990년에는 재판이 출판되었다. 초판이 나온지 15년이 지난 2000년도에 서강대 출판부에서 수정판이 나오게 되어 기쁜 마음을 금할 수 없다. 기업윤리 강좌를 맡아 오면서 틈틈이 수정한 내용을 수정판으로 출판하게 되니 이제는 학생들이 강의도중 수정해야 하는 불편을 덜게 되었고, 이미 절판된 책을 복사해서 교재로 사용할 필요가 없게 되었으니 다행스러운 일이다.

무엇보다도 수강하는 학생들로부터 수정사항을 제의받은 것이 출판에 큰 도움이 되었고, 이 책에 그 고마운 마음을 담아본다. 초판이 나온지 15년이라는 세월이 지났지만 토마스 도날드슨 저자의 기업윤리 철학적 견해는 항상 새로운 생동감을 가져다 주기에 시대에 뒤떨어진 책이라고 보지 않는다.

기업윤리를 이미 수강한 서강대 동문 은진은군을 비롯한 김용재군, 김현석군, 정원서군과 그 이외에 많은 분들이 수정하는 일과 편집에 큰 도움을 주었기에 이 기회에 이 분들에게 큰 감사를 드린다. 그리고 서강대 연구처에서 제공한 교내 연구비는 이 책 출판에 큰 몫이 되었다. 이 책을 출판해준 서강대 출판부에도 깊은 감사를 드린다.

2000년 6월 29일

성베드로, 바오로 대축일을 맞이하여

서강대 다산관 연구실에서

옮긴이 씀

지은이의 말

내가 생각하고 있는 철학자들은 기업에 관한 책을 쓸 것 같지 않다. 기업에 관해 기술하고 있는 책, 기업의 성공을 설명하고 있는 책, 기업의 효율증대를 목적으로 써 놓은 책들은 많으나, 도덕적인 주장에 관한 포괄적인 분석이나 체계적 평가 등과 같이 철학자가 항시 사용하는 방식으로 서술해 놓은 책은 퍽 드물다. 전통적인 철학자들 가운데 벤담(Bentham), 밀(Mill), 맑스(Marx) 등은 기업에 대해서 다루었지만 주변적인 문제로 취급했다. 헤겔도 특별히 관심을 가졌으나 불행히도 그가 다룬 기업은 현대의 복잡한 기업조직과는 거의 닮지 않았다.

다행히 최근들어 이러한 경시풍조는 점차 사라져 가고 있다. 철학자들은 기업의 도덕적 지위, 기업에 맞는 소유권이론, 경영자의 책임과 같은 문제에 관심을 갖기 시작했다. 기업에 대한 관심이 이렇게 증가하게 된 한가지 이유는 기업 그 자체의 발전에 있다. 윤리에 주의를 집중했던 철학자들이 기업의 힘이 커져 수많은 사람들의 생활과 매일매일 관련을 갖게 되자 그런 조직을 연구해 보는 것을 당연한 일로 생각하게 되었다. 현대 기업의 가공할 만한 경제력을 강조하기 위해서 미국과 소련을 제외한 세계의 어떤 단일정부보다도 더 많은 돈을 벌어들이는 엑손(Exxon)사(社) 하나를 지적하는 것만으로도 충분하다. 그런 큰 조직의 윤리적 연구를 할 가치가 있다는 것을 누가 의심하겠는가? 또 그런 기업의 존재 근저에 있는 개념, 즉 특별한 권리와 특권을 소유한 추상적 개인의 개념이 철학적으로 정당하다고 증명되고 분석되어야 한다는 것을 누가 의심하겠는가?

이 책은 철학자나 기업이론가 및 학생 중 어느 하나만을 대상으로 하고 있지 않고 그들 전부를 대상으로 하고 있다. 또 철학에 필수불가결한 개념적 깊이를 유지하려고 노력하면서 철학적인 또는 그 밖의 어떤 특수용어의 사용을 피하려고 하였다. 이것은 위험한 방법(이 책을 쓰기 시작할 때보다 지금 더욱)이라고 생각한다. 왜냐하면 철학자들은 더 전문적인 것을 원하고, 일반사람들은 그렇지 않은 것을 원하기 때문이다. 나는 독자의 인내를 부탁하며, 도덕과 기업에 관한 어떤 주장도 도덕에 관한 철학과 복잡한 기업사실에 관한 이야기와 결부된다고 생각한다. 확실히 그렇게 결부시키는 것은 위험이 수반됨에도 불구하고 철학자나 기업의 경영자에게 이득을 가져다 준다.

논의의 대상이 되어야 하는 많은 문제들이 지면의 제약 때문에 생략되었다. 그 중 하나가 공산주의(맑스주의)나 산업민주주의같은 운동 또는 슈마커

(Schumacher) 에 의한 "작은 것이 아름답다"는 캠페인 같은 자본주의체제에 관한 대안들에 대한 의의와 평가이다. 비록 이런 대안들이 이 책에서는 간단히 다루어졌지만 그 내용들의 대부분은 기업의 형태야 어떻든간에 생존하고 수용되어야 하는 사회조직이라는 것을 가정하고 있다. 소홀히 다루어진 또 다른 문제는 기업의 고문변호사나 공학기사 등과 구별되는 회계 담당자같은 기업구성요원들의 전문적 책임에 관한 것이다. 이러한 두 가지 문제를 생략한 것을 후회하지만 관심있는 독자는 각장 끝부분의 참고문헌을 참조하기 바란다. 불행히도 어디에선가 한계는 지어져야만 하고, 다른 사람에게도 기회가 갈 수 있도록 어떤 주제는 소홀히 취급되었다.

역사를 통하여 정치는 철학자들의 주의를 끌었다. 정치철학자들은 정치의 존재에 대한 정당화, 정치의 권리와 의무에 대한 분석, 정치와 시민과의 관계정립 등을 꾀하여 왔다. 오늘날 기업과 관련된 문제들이 정부와 관련된 문제와 똑같이 중요하다고 말하는 것은 지나친 말이 아닐 것이다. 사실 어떤 이론가들은 기업조직과 정치적 조직간의 유사성을 제안했고, 정치적 권리의 역사적 진화는 느리지만 대기업에서의 권리개념의 진화와 그 맥을 같이 한다고 했다. 최근의 예가 이런 견해를 뒷받침한다. 얼마 전까지만 해도 직무명세서가 아닌 인종이나 성을 기초로 권리가 박탈되거나, 승진 혹은 강등되었다. 그러나 오늘날은 정부나 여론에 의해 이러한 사실이 인정되지 않는다. 또 다른 예를 들어보면 제품과 관련된 중요한 안전문제에 대해 비밀을 폭로한 종업원은 사장이 결심만 한다면 즉시 해고되었다. 그러나 오늘날에는 많은 것들이 그런 행위를 용납하지 않는다. 기업내에 정당한 절차를 도입하도록 압력이 가중되고 있으며 이같은 방법으로 우리의 법적·정치적 제도가 마련되어 있었다.

기업이론가, 사회과학자, 경제학자 등에 의해 이렇게 잘 다져진 분야에서 철학자가 무슨 공헌을 할 수 있겠는가를 묻는 것은 당연하다. 어떻게 철학같은 추상화된 것이 실무와 관련이 깊은 영역에 적용될 수 있는가?

완전하지는 않지만 그 답은 기업이란 존재를 위해 일련의 추상화된 것을 받아들여야 하는 아주 복잡한 실체라는 것이다. 기업 그 자체의 개념은 회의론자에 의해 완전한 허구라고 명명되어질 수 있는 단순한 개념이 아니다. 그것은 어떤 보이지 않는 사람의 개념—즉 다른 사람과 같이 권리를 소유하고 어떤 고통이나 기쁨은 겪을 수 없지만 유한재무책임을 수여받고 무한한 수명을 누리는—에 의존한다. 이런 개념은 아주 추상적이다.

이 책은 기업이 직면하고 있는 문제에 현존하는 철학적 개념을 단순히 적용하는 이상의 것을 하려고 시도하였다. 그것은 기업에 관한 철학적인 관점을 구축·옹호하는 야심찬 과업이다. 또 규범적인 것을 포함하여 기업의 성격과 사회에 대한 기업의 궁극적인 책임에 관해 어떤 결론을 도출하는 것이다. 때때로 이런 야심을 달성하는 데 있어서 나의 능력이 미치지 못한 때도 있었다. 뿐만 아니라 하나의 중립적인 관점을 개발하려고 노력하는 것이 무용하게 될 수도 있고, 실패로 끝날 수도 있다고 생각한다. 왜냐하면 중립성이란 객관성과 같이 애매모호한 개념이기 때문이다. 보다 중요한 것은 그런 시각이 다른 철학자들의 관심을 야기시켜서 철학이 공헌할 수 있는 대화의 장을 열 가능성이 거의 없다는 것이다.

〈감사의 글〉

이 책은 수많은 동료와 친구의 도움이 없었다면 빛을 보지 못했을 것이다. 시의적절한 용기를 주고 통찰력있는 충고를 해 준 사람들은 애쉬모어(Robert Ashmore), 보의(Norman Bowie), 쿠크(Robert Cooke), 드조지(Richard DeGeorge), 도넨버그(Noreen Dornenburg), 호프만(Michael Hoffman), 존슨(Elmer Johnson), 킬리(Michael Keeley), 맥마혼(Thomas Mcmahon), 오자(David Ozar), 패스틴(Mark Pastin), 페인(Michael payne), 슈바익카르트(David Schweickart), 그리고 워핸(Patricia Werhane) 등이다.

이 사람들은 독자가 상상하는 이상의 도움을 주었는데 나로 하여금 문제가 되는 개념을 명확히 하도록 도와 주었고, 여러 가지 구체적인 제안을 해 주었다. 또한 훌륭하게 타이핑을 해서 편집을 하는 데 도움을 준 루돌프(Cindy Rudolph)와 코넬리(Mary Ann Connelly)에게 감사를 표하며, 교정을 보는 데 수고를 아끼지 않은 나의 연구조교 쿨맨(Bill Kullman)에게도 감사한다. 그리고 정신적인 위로뿐만 아니라 이론적인 면과 편집상의 도움에까지 정성을 아끼지 않은 아내 진(Jean)에게 감사한다. 그녀는 또한 시카고 로욜라대학에서 이 책을 펴낼 수 있도록 연구기회를 제공해 주는 데에도 중요한 역할을 하였음을 밝혀 둔다. 특히 1978년과 1979년에 멜론(Mellon)연구기금을 받았고, 1980년에는 여름학기 연구기금을 받았다. 끝으로 멋지게 편집을 할 수 있도록 도움을 준 오코넬(Raymond O'connell)과 알렉산더(Barbara Alexander)씨에게 특히 감사한다.

토마스 도날드슨(Thomas Donaldson)
시카고, 일리노이

LOYOLA UNIVERSITY OF CHICAGO

Water Tower Campus * 820 North Michigan Avenue, Chicago, Illinois 60611 * (312) 670-3000

April 30, 1985

Fr. Peter Ryu, S.J.
Sogang University
C.P.O. Box 1142
Seoul 100, Korea

Dear Father Ryu:

Thank you for your letter asking about the possibility of publishing a translation of my book, Corporations and Morality, in Korean. I am pleased and honored that you consider my work of sufficient importance to merit translation.

I am happy to grant you my permission to publish the book free of charge. Because, however, Prentice-Hall has the United States copyright for the book it may be necessary for you to secure Prentice-Hall's permission as well. (I simply am not aware of what national or international copyright laws might require in this context.)

In order to help you along, I have spoken by phone with my editor, Emily Baker, at Prentice-Hall and forwarded to her a copy of your letter. I explained to her that you were unable to pay royalties because you planned on printing only a limited number of copies, and I asked her -- as a favor to me -- to grant any request free of charge. She is looking into the matter and promised me her personal cooperation.

If, then, you believe it necessary or prudent, you may want to write Emily directly:

Emily Baker
College Editorial Dept.
Prentice-Hall, Inc.
Englewood Cliffs, NJ 07632
U S A

Good luck with the project. I have only one request in consideration of my granting permission. May I have a copy of the Korean edition of the book for my personal library?

Sincerely,

Thomas Donaldson
Associate Professor
Philosophy Department

TD/cjr

옮긴이의 말

기업에게는 이윤을 추구하면서 "계속 기업"(going concern)으로서 성장해야하는 경영적 책임과 사회의 발전에 공헌해야 하는 사회적 책임이 따르게 된다 .따라서 기업의 의사결정은 그 기업에 속한 사람뿐 아니라 사회에 있는 모든 사람에게 영향을 주고 있다. **"기업과 윤리"** 어떻게 생각하면 전혀 관련이 없는 것도 같지만, 기업에게 윤리를 요구하는 것은 기업에게 준 권리의 반대급부로서도 반드시 있어야 한다고 생각한다. 도날드슨(Thomas Donaldson)교수의 *Corperations and Morality*는 이런 점을 분명하게 나타내 주고 있다.

1983년 9월부터 서강대학교 교양학부에서 학생들에게 기업윤리 과목을 가르치면서 생각해 왔던 번역을 이제야 실행에 옮겨 결실을 보게 되었다. 급변하는 기업환경 속에서 기업윤리 문제가 새롭게 부각되고 사회적으로 큰 관심거리가 되고 있음은 주지의 사실이다. 이 책은 우리가 미처 생각지도 못했던 분야에까지 기업이 영향력을 미치고 있음을 밝혀주고 기업이 윤리에 관심을 가져야 되는 이유를 논리적으로 설명해 주고 있다. 경영학을 공부하는 학생 뿐 아니라 기업에 종사하는 사람, 특히 실제로 의사결정을 해야 하는 최고경영자들에게 이 책이 조금이나마 도움이 된다면 역자로서는 더 바랄 것이 없겠다. 한국의 기업풍토를 좀더 바람직한 방향으로 개선하고 기업체질을 강화시키는 데 도움을 주기 위해 역자는 앞으로 한국의 기업윤리 사례를 추가하여 편저로 출판할 계획이다.

이 책을 번역하도록 기꺼히 허락해 주신 저자 도날드슨 교수님에게 진심으로 감사를 드리고, 출판의 산실 역할을 해준 법문사의 배효선 사장님과 최복현 편집부장님께 감사를 드린다. 끝으로 이 책의 번역과 교정을 적극 도와 준 서강대 대학원 졸업생 김준영군과 김영수군에게도 감사를 표한다.

1985년 6월 29일

성 베드로, 바오로 대축일에

옮긴이 씀

차 례

제 1 장 현대기업에 대한 평가

기업은 도덕적으로 보았을 때 매우 독특한 실체(實體)이다. 한 판사는 기업이 육체나 영혼을 가지지는 않았더라도 도덕적으로 평가되어야 한다고 말했다.[1) 사람과는 달리, 기업은 밤새도록 가책을 느낄 양심이나 심리학자에 의해 분석될 수 있는 감정이 없을 뿐만 아니라 감옥에 집어넣을 육체도 가지고 있지 않다 기업은 법인(persona ficta)이다. 현실적인 힘과 결부된 모호한 특성은 기업을 도덕적으로 이해하기 매우 어렵게 한다. 이 책의 목적은 기업을 보는 도덕적인 관점을 뚜렷하게 하고 이러한 관점을 도덕철학(moral philosophy)의 주된 주제와 일치시키는 것이다. 이것은 무척 어려운 일이다. 그러나 사람들이 기업을 도덕적 실체로서 인식하고 있다는 점을 명확히 하고 시작한다면 조금은 수월해 질 것이다. 사람들은 기업이 분명한 도덕적 특성, 즉 법(法) 이상의 기준을 인정해야 하는 의무를 가지고 있다고 믿고 있다.

자주 거론되는 일본의 기업 취소(臭素:Chisso)사(社)의 경우를 생각해 보자. 여러번의 재판 끝에 일본 법정(法廷)은 취소(臭素:Chisso)사(社)가 간접적으로라도 수은중독에 걸린 많은 희생자에게 보상해야 한다고 판결했다. 취소(臭素:Chisso)사(社)는 수은이 지역주민들에게 해(害)가 된다는 것을 알면서도 바다에 수은을 방출한 책임이 있기 때문이었다. 수은은 그 지역의 물고기를 오염시켰고, 그 물고기를 먹은 지역주민들의 체내에 축적되었다. 수년 후 수은의 축적 때문에 기형아의 탄생이 급증하기 시작했던 것이다.[2)

---

1) H.L. Mencken, *A New Dictionary of Questions on Historical Principles from Ancient and Modern Sources* (New Yoke: Knopf, 1942), p.223

2) See *New York Times*, March 23, 1979, p.5, set. 4. : and *New York Times* March 29,

그러나 분명히 취소(臭素:Chisso)사(社)는 어떤 법도 위반하지 않았다. 취소(臭素:Chisso)사(社)는 정부의 허용기준치가 부적절하다는 것을 의심하면서도 방출량이 기준치 이하라는 생각에 안심하고 있었다. 희생자의 편에서 논증(論證)한 변호사는 취소(臭素:Chisso)사(社)가 법은 존중했지만 도덕적 책임은 망각했다고 주장했다. 재판부도 이에 동의했으며 취소(臭素:Chisso)사(社)는 막대한 변상을 해야 했다. 법적인 관점에서는 흔치 않은 것이지만 배심원의 판결은 기업이 법적 특성뿐 아니라 도덕적 특성도 가지고 있다는 일반적인 직관(intuition)을 나타낸 것이다. 철학의 임무는 그와 같은 직관을 확증하거나 부정하는 것이며, 확증한다면 그 직관을 구체적인 말로 논리정연하게 표현하는 것이다. 그 첫째 단계는 과거로 거슬러 올라가 기업의 논리적 역사적 기원을 추적하는 것이다.

제 1 절 기업의 발전

기업은 추구하는 목적이 다양하듯이 다양한 형태로 존재한다. 우리는 기업이라는 단어를 제너럴 모터스(이하 GM) 사(社)나 폭스바겐(Volkswagen)사(社) 같은 것으로 연상하나, 초기 기업은 교회, 비영리무역조합(nonprofit trade guild) 및 지방정부와 같은 조직(組織)들을 포함할 정도로 포괄적이었다. 오늘날의 법률가에게 기업의 정의를 물으면 기업이란 구성원의 생명을 초월해서 오래 지속할 수 있으며, 한 개체로서 고소하거나 고소당할 수 있고, 유한책임을 가진 존재라고 할 것이다.[3] 이와 같은 기본 특성과 특히 유한책임(투자액 한도 내에서 기업의 부채에 재무적인 책임을 지는 것을 말함)은 기업의 존재에 필수적인 조건으로 간주된다. 그러나 기업의 역사를 돌이켜 보면 이와 같은 특성들은 때로 간과되기도 하였다.

과거와 현재의 기업은 몇몇 간단한 특징에 의해 분류될 수 있다.

첫째, 기업은 영리적이거나 또는 비영리적이다. 예를 들면 시카고대학교(University of Chicago)와 카네기재단(Carnegie Foundation)은 교육 또는 자선행위를 목적으로 설립되었으며, 웨지우드(Wedgewood Pottery) 사(社)와 록히드(Lockheed)

1979, p.15.

3) Clarence Walton, *Conceptual Foundations of Business* (Homewood. Ⅲ.: Richard D.Irwin, 1969), p.134.

사(社)는 영리추구를 목적으로 설립되었다.

둘째, 기업은 개인이 소유하거나 또는 정부가 소유한다. 유럽에서는 레놀트 오브 프랑스(Renault of France)같은 공기업(公企業)이 보편적이지만, 미국에서는 사기업(私企業)이 실제로 유일한 기업형태이다.

셋째, 기업은 선택된 집단이 모든 주식을 소유하는 사유(私有) 기업과 일반대중 사이에서 주식이 거래되는 공개(公開) 기업으로 구분할 수 있다. 상당한 규모의 미국 기업의 대부분은 공개기업이다.

마지막으로, 기업은 생산적 조직과 비생산적 조직으로 분류될 수 있다. 생산적인 조직은 재화(財貨) 또는 용역(用役)을 생산하는 모든 조직을 말한다. 여기에는 정부와 같은 기업이 아닌 기구도 포함된다. 생산적 조직으로 인정받은 기업의 예는 무수히 많다. 화학, 제조 및 조립공장과 같이 쉽게 구별할 수 있는 것 이외에도 법률회사, 자문회사 및 대학 등도 생산적인 기업에 속한다. 단지 잘못됨 통념 때문에 실제로 모든 기업이 생산적인 조직이라는 것을 이해하기는 쉽지 않다. 법률회사도 유언장과 계약서를 생산한다. 자문회사는 조언을 생산하며, 대학은 학위와 운동경기 및 지식을 생산한다. 비생산적 기업의 예는 아주 드물다. 여기에는 단지 특허 또는 판권을 소유하거나, 또는 구성원의 세금회피 수단(tax shelter)으로 존재하는 조직이 포함된다.

대부분의 사람들은 기업이라는 말을 들을 때 엑손(Exxon), 코카콜라(Coca Cola)및 에이티엔티(AT&T)와 같은 대기업을 연상한다. 이들은 이익을 창출하며, 생산조직의 자격을 갖춘 공개 기업이다. 이러한 대기업은 사회전반에 영향을 미치며, 이와 같은 이유 때문에 특별한 윤리적 중요성을 지닌다. 이들 기업은 서로 공통점이 있는데 바로 기업의 규모이다. 지엠(GM)은 구멍가게보다 "기업"이라는 명칭이 썩 잘 어울린다. 때때로 이 책에서 소기업과 비영리기업에 대해 언급은 하겠지만, 이 책의 주된 대상은 이익을 추구하는 중간 규모에서 대규모의 현대기업이다.

1819년, 대심원장(Chief Justice) 마샬(Marshall)은 "기업은 인위적인 것이며, 눈에 보이지 않고, 손으로 만질 수도 없으며, 단지 법적인 관점에서만 존재하는 것이다. 기업은 단지 법의 창조물이기 때문에 법이 기업에 부여한 명백하고도 부수적인 특성만을 소유한다."[4]고 곧잘 인용되는 기업에 대한 해석을 말하였다.

---

4) Chief Justice Marshall, *Dartmouth College v. Woodward*, 4 Wheat 518. 636 (1819)

마샬(Marshal)의 정의는 기업이 추상적인 실재임을 가정하고 있으며, 기업은 단지 법적인 관점에서만 존재하는 정신적인 창조물임을 강조하고 있다. 또 기업의 존재는 인간에 의해 인정되는가에 달려 있기 때문에 기업은 바위 또는 살아있는 인간과는 다르다는 것이다.

미국에서 기업은 정부의 공식적인 법에 의해 자격을 얻는다. 헌법의 제14차 수정 때 미국 기업은 생존권, 자유권 및 시민권을 가진 추상적 인격체로서의 충분한 자격을 얻었다. 대부분의 미국기업은 델라웨어(Delaware)주의 시민이다. 현대의 미국기업은 인간적인 특성 즉 먹거나 치료를 필요로 하거나 선거권이 있지는 않더라도 여러 방면에서 인격체로 취급받는다. 즉 세금을 내야하고, 손해배상책임이 있고, 법적인 계약을 체결할 수 있으며, 자유롭게 표현할 권리를 가지고 있다. 현대의 기업은 인간에 의해 창조되었지만 기업창조자의 형상(形狀)대로 만들어 졌다.

기업의 기원은 먼 과거로 거슬러 올라가는데 그 과거는 현대 기업에 대해 많은 것을 시사해준다. 기업이론은 기업의 실재만큼이나 오래되었다. 두 가지 모두 개인뿐만 아니라 가문과 시민단체와 같은 집단에게까지 책임을 부여하고 사람들의 행동을 다스렸던 초기의 법까지 거슬러 올라갈 수 있다. 이러한 법(法)이 출현하기 전에도 가문(家門)간의 싸움은 개인이 아닌 가문이 책임져야 한다는 가정하에서 행해졌다. 단체에 대한 법이 생기자 기업전체에 대한 당시의 일반적인 가정은 공식화되고 입법화 될 수 있었다.[5] 이러한 사실은 때때로 색다른 금지형태로 나타나기도 했다. 예를 들면 앵글로 색슨법은 기업은 궁극적으로 영원한 기업공동체에 속한다는 이유로 특정 집단의 재산매매를 금지했다. 중세기까지 이러한 집단은 중요한 경제적 지위를 가지고 있는 것으로 생각되었다. 이탈리아에서는 개인이 아닌 "가문기업"(Casa)이 헌금, 세금, 벌금, 조합비, 사교비, 및 뇌물 등을 취급했다.[6]

기업은 네 단계로 발전했다. 중세기를 포함하는 <u>첫 번째 단계</u>에서는 교회, 조합(guild) 및 자치도시(borough) 등을 초기기업으로 들 수 있다. 그러나 이들은 이익을 추구하는 기업의 개념으로 보았을 때는 진정한 기업이라고 하기 어렵다. 다만, 경제적인 이익을 떠나서 구성원을 단결시키는 공통요소가 있었는데

---

5) HenryMaine, *Ancient Law* (London: J.M. Dent and Sons, 1917), p.143.

6) J.L. Reynolds, "Origins of Modern Business Enterprise: Medieval Italy", *Journal of Economic History*, 12 (Fall 1952), pp.350~65.)

교회는 종교, 조합은 거래의 유사성, 자치도시는 지역적 독립성과 공유된 정치적 이익 등이었다.

두 번째 단계에서는 돈을 벌겠다는 욕구만을 공유한 구성원들로 이루어진 기업이 탄생했다. 이러한 현상은 유럽의 기업가가 동방무역(東方貿易) 항로개척을 시작한 16세기초에 나타났다. 그러나 그러한 기업 역시 현대적인 기업과는 거리가 멀다. 구성원들은 자본을 집중시키지 않고, 개인적으로 항해에 필요한 자금을 조달했고, 기업을 마치 특별한 무역권을 소유한 사람처럼 활용하였다. 예를 들면 기업은 러시아 황제(Czar)로부터 부여받은 러시아와의 특별무역권을 소유할 수 있었고, 기업구성원만이 이를 이용할 수 있었다. 그러나 부채는 개인구성원이 부담했으며, 한 기업가의 무역선이 침몰하거나 해적에 의해 강탈당했을 경우 기업가 혼자서 채권자에게 빚을 갚아야 했다.

기업발전의 세 번째 단계에서 비로소 현대적인 기업의 원형이 나타났다. 동인도 무역회사의 재정비와 함께 1612년에 시작된 세 번째 단계에서는 자본이 집중되고, 경영주 및 경영위원회에 권한이 주어지고, 부채(負債)는 주주에게 분산되는 현상이 나타났다. 이와 같은 변화의 산물이 바로 17세기와 18세기의 대규모 무역회사들이었다. 즉 동인도 무역회사 이외에도 Hudson Bay Company, La Compagnie des Indes, Adventurers of London Trading into Africa 사(社)와 스페인, 이탈리아, 러시아 및 독일 등에도 유사한 기업들이 있었다. 이와 같은 기업을 창설한 근본 동기는 무엇보다도 규모의 경제(economy of scale)를 고려한 데 있었다. 즉 무역선은 점점 규모가 커지고 비싸졌기 때문에, 무역선을 구입하여 장비를 갖추는 것은 한 사람의 재산능력을 초월하는 것이었다. 마찬가지로 무역선을 폭풍우나 해적에 의해 잃는 것은 개인에게는 파산을 초래하는 것이었다. 이에 대한 해결책으로 나타난 것이 현대적인 기업의 특징인 자본의 집중과 책임의 분산이었다.

마지막 단계의 특징은 기업설립절차에 대한 정부규제의 점차적인 강화이다. 17세기부터 19세기 전반까지 기업은 영국에서는 왕실에 의해, 그리고 독립전쟁(Revolutionary War) 이후 미국에서는 주(州) 정부에 의해 규제받았다. 두 예에서와 같이 기업은 정부에 의해서 규제되어 설립이 승인되거나 거부되며, 승인된 경우에도 때로는 특정 조건이 부과되었다. 메인 플라워(Main Flour)사(社)가 1818 메인(Maine)주(州)에 회사의 설립을 신청했을 때 Maine 주(州)는 기업의 총자산을 50,000달러로 한정하고, 그 중 토지로 소요되는 자산은 30,000달러이

내이며 모두 케네벡(Kennebec) 지방에 있는 토지이어야 한다는 엄격한 조건하에서 회사 설립을 허가했다.[7] 그러나 이러한 제도는 거센 비판의 표적이 되었다. 설립허가를 받지 못한 기업 또는 열악한 조건으로 설립허가를 받은 기업은 이러한 제도하에서는 부패한 관리에 의해 독점력을 부여받은 기업이 승자가 된다고 비난했다. 특히 한때 미국에서는 설립허가를 받지 못한 자가 교묘한 법적 술책으로 설립절차를 받기도 했다. 마침내 과거에 흔히 그래왔듯이 법은 현실을 받아들여야 했다. 불투명한 심의과정과 함께 특정 기업을 위한 "구제도"(old system)는 폐지되고 조직형태를 구성하고 급료를 지불할 수 있는 어떤 조직에도 기업의 자격을 보증하는 "일반적 제도"(general system)로 대체되었다. 이 제도가 약간의 수정을 거쳐 오늘에 이르고 있다.

"특별한" 기업설립절차에서 "일반적" 기업설립절차로의 변화에는 매우 중요한 이론적인 문제가 숨어있다. 19세기의 개혁론자가 기존 절차를 비난했을 때, 그들은 정부의 편애에 대해서 뿐 아니라 기업의 생존권 원칙에 대해서도 언급하였다. 그들은 최소한의 자격을 갖춘 어떠한 신청 조직이라도 기업을 설립할 권리를 가진다고 주장하였다. 기업은 초기부터 서로 다른 두 가지 해석을 받아왔다. 하나는 서유럽의 초기의 왕권에 의해 설립된 기업으로부터 발생된 해석이고, 다른 하나는 결사의 자유(freedom of association)원칙으로부터 발생된 해석이다. 초기의 왕권에 의해 설립된 기업은 국가의 창조물로서 설립되었을 뿐 아니라 그 기업의 설립을 가능케 하는 특권 역시 국가로부터 부여받았다. 따라서 모든 기업은 국가의 창조물이라는 원칙이 생겨났다. 다른 한편으로는 기업은 역사의 시작과 함께 존재해 왔으며, 국가의 창조물이 아니라 기업인의 관습의 창조물인 것처럼 보이기도 한다. 민주사회는 사람들이 모여서 집단을 형성하는 결사의 자유권을 인정하였다. 즉, 기업을 결사의 자유권에 의한 자연적인 산물로 보는 대안적인 원칙이 등장했다. 다시 말해, 전자는 기업이 단순한 합의가 아닌 공법(公法)에 의해 창조된다는 주장이고, 후자는 기업이란 사람들이 그들의 결사권을 행사하면서 발생된 부산물이라는 주장이다.[8]

현대에서는 후자(後者)의 원칙이 강조되지만, 기업의 설립이 결코 결사권만으로 될 수는 없다. 사람들은 정부의 승인 없이도 기업을 조직할 수 있다. 또한

---

7) Christopher D. Stone, *Where the Law Ends* (New York: Harper & Row, Pub, 1975), p.20

8) Walton *Conceptual Foundations*, pp.136~38

그들은 정부의 도움 없이도 협정을 맺고, 계약을 체결하고 설립계획서를 작성할 수 있다. 실제로 사람들은 기업이 이렇게 행할 수 있는 양도불가능의 권리를 가지고 있다고 주장한다. 그러나 명백히 현대의 기업은 분명히 단순한 조직으로서의 자격 이상의 것을 언고자한다. 즉 기업은 법적으로 하나의 행위자로서 계약을 할 수 있는 힘과 "보이지 않는 인간"(invisble person)으로서의 자격 및 이에 따르는 권리를 요구한다. 주주에게 이익이 되는 이러한 특권은 국가가 인정하고 보호해야 한다. 이와 같은 특징은 현대적인 기업의 개념에 포함되기 때문에, 기업 자체는 대심원장(Chief Justice) 마샬(Marshall)의 고전적 정의에 부합한다. 즉 기업은 단순히 인간의 결사의 자유의 산물만이 아니고 적어도 부분적으로는 법적으로 존재하는 인위적인 것이다.

기업이 발전함에 따라, 기업이 야기하는 도덕적인 문제도 커져갔다. 사회는 인간의 살인, 사기 및 악에 도덕적으로 대응하기 위한 장치를 갖추었으나, 기업에 대처하기 위해서는 아무런 장치도 갖추지 못했다. 예를 들어 동인도 무역회사의 무역선이 다른 배와 충돌했을 때 누구에게 책임이 있는가? 기업 자체는 법에서 권한을 위임받은 행동에 대해서만 책임이 있는가, 아니면 기업에 속한 사람의 모든 행동에 책임이 있는가? 기업의 처벌을 결정할 때 정신상태(mental state)를 고려해야 하는가? 동인도 무역회사가 악의로 또는 범죄의도를 가지고 행동할 수 있었는가? 당연히 기업의 경영자는 책임을 주주에게 돌릴 것이며, 주주 역시 책임을 기업의 경영자에게 돌릴 것이다. 경영자 또는 주주가 아니라 기업이 책임지도록 하는 정책을 통해 양자는 뜻을 같이 할 수 있다. 따라서 주주와 경영자의 유한책임과 '기업은 자체의 도덕적 · 법적 자격을 소유한다'는 기업의 원칙은 양자를 모두 만족시켰다.

기업이 법적으로 유죄일 수 있다면 어떻게 처벌 받아야 하는가? 이러한 의문은 계몽사상에 의해 영향받은 유럽의 정치가들이 처벌정책을 표준화하려던 18~19세기 사이에 새로운 국면을 맞이했다. 어떤 기업은 징계하고, 어떤 기업은 정상운영을 하게 하는 대신에 이들을 합당한 기간동안 자유를 박탈하는 동일한 처벌을 모든 기업에 적용하기 시작했다. 그러나 기업은 인간처럼 거짓말하고, 속이거나, 훔칠 수 있지만, 이들을 감옥에 집어넣을 수는 없다 그러면 이들은 어떻게 죄값을 치러야하는가?

역사적으로 볼 때, 법정에서 판결한 처벌의 형태는 재정적인 것이었다. 즉 기업은 자유를 박탈당하는 대신 범죄의 정도에 따라 그에 합당한 돈을 징수당했다. 19세기와 20세기초 사이에 미국에서는 기업의 재정적인 책임의 폭을 확대하는 진보적인 조치가 취해졌다. 1812년까지 기업은 기업의 날인이 찍힌 문서에 따른 행위에 대해서만 재정적인 책임이 있었으며, 1842년까지는 기업의 권한내에서 이루어진 경영자의 모든 행동에 책임이 있었다. 그리고 1862년에는 행위지가 자신의 행동이 고용주의 이익을 위한 것이라고 믿는 경우라도 기업의 지시사항과 일치하지 않는 행동에는 기업이 책임을 지게 되었다.[9)]

제 2 절 대규모 현대기업

모든 시장지향적인 체제는 소규모의 단일가계가 소유한 사업과 대규모의 관료화된 기업 등 두 가지 형태의 생산적인 조직으로 이루어져 있다. 발달된 서구의 경제에서는 후자가 생산의 대부분을 차지한다. 미국에서는 전체생산의 60%이상이 후자로부터 생산되었으며, 20명 또는 그 이상의 종업원을 가진 조직이 전체의 80%이상의 종업원을 고용하고 있다. 개인과 가족소유의 기업은 상당히 많으나, 그 영향력은 크지 못하다(미국에는 400만개 이상의 소규모 제조기업이 있으며, 일본의 인구는 미국 인구의 일부밖에 되지 않지만 거의 300만개의 소규모 제조기업을 갖고 있다.[10)]

대규모 기업은 많은 사람들을 고용하고 있다. 미국방성(U.S. Department of Defense)은 100만명 이상을 고용하고 있으며, 에이티엔티(A.T.&T.)와 지엠(GM)에도 거의 100만명에 달하는 종업원이 있다(국방성을 제외한 어떠한 정부기관도 50만명이 넘는 인원을 고용하지 않는다).

기업은 또한 막대한 수익을 올리고 있다. 제네럴 일렉트릭(GE), 엑손(Exxon), 포드(Ford), 제네럴 모터스(GM), 및 에이티엔티(A.T.&T.)와 같은 기업은 캘리포니아주 또는 뉴욕주보다 수익이 많다. 미국의 경우 주와 시정부를 포함한 상위 20개의 대규모 조직 중에서 16개가 기업이다. 고용과 수익 이외에도 대규모 기업은 광범위한 다국적망(多國籍網)을 소유하고 있다. 규모면에서 상위 100개의 미국 기업 중에서 60개 기업이상이 6개국 또는 그 이상의 국가에서 생산을 하

9) Stone, *Where the Law Ends*, pp.24~25

10) Charles E. Lindbloom, *Politics and Markets: The World's Political-Economic Systems* (New York, Basic Books, 1977), p.94

고 있으며, 종업원 중 1/3이상이 외국에서 근무하고 있다.[11)]

규모(size)가 커지면 힘(power)을 지니게 된다. 대규모 기업은 사회적인 문제에 영향을 미칠 수 있으며, 이러한 힘은 경제적인 면뿐만 아니라 사회적, 정치적으로 작용하기도 한다. 법이나 허가에 의해 정의되는 권리에서 발생하는 기업의 공식적인 힘과 사회에서의 특별한 역할로부터 발생되는 실제적인 힘 사이에는 뚜렷한 차이가 있다. 법적 측면에서 기업은 단지 법적으로 부여받은 힘만을 소유하고 있다.

그러나 실질적으로 기업은 상당한 힘을 소유하고 있다. 그중 하나로 조직의 힘을 들 수 있다. 「조직은 힘을 낳고, 기업은 조직된 사회 단위이다」라는 말이 있다. 더구나 기업은 수많은 다른 조직과 함께 환경의 일부분을 구성한다. 「미국조직백과사전」(Encyclopedia of Organizations in the United States)을 보면, 노동조직에는 17면을, 공공관계조직에는 60면을, 그리고 과학기술단체에는 71면만을 할애한 반면에, 전국의 기업조직에는 무려 250면 이상을 할애하고 있다.[12)] 이와 같은 기업의 거대한 행렬(matrix)은 기업 상호간 협조적인 것만은 아니지만 기업의 이익에 동참하는 힘을 보여준다.

우수한 기업의 중역은 보통 사람들보다 쉽게 정부의 정책입안자와 접촉할 수 있다. 소도시의 구두가게 주인이 워싱턴시에 온다면 정치가는 부담없이 아무때나 점심식사 하러 나갈 것이다. 그러나 제너럴 일렉트릭(GE) 사(社)의 회장이 온다면 정치가가 그의 스케쥴을 다시 조정할 것이다. 여기에는 명백한 이유가 있다. 한 예로서, 중요한 기업의 회장은 투표권을 가지고 있는 사람들에게 이미 잘 알려져 있다. 그의 얼굴은 잘 모르더라도 이름만큼은 이들에게 친숙하다. 또한 그는 선거자금 모금에 영향력을 행사할 수도 있다. 기업에 의한 직접적인 선거자금 제공은 금지되어 있지만, 기업 중역의 개인적인 기부 또는 정치행동위원회(Political Action Committee)를 통해 봉급에서 일정금액을 후보자에게 선거자금으로 제공할 수는 있다. 1970년대 말에 정치활동위원회(PAC)는 미국 정치에 중요한 이익단체가 되었다.

기업의 실제적인 힘은 기업 중역의 자유재량능력과 직접 관련되어 있다. 기업의 중역에게 재정적인 자유재량권이 많지 않다고 하는 것은 지나친 엄살이다. 왜냐하면 경제 현실이 그들에게 힘을 실어 주기 때문이다. 경제적인 영향은

---

11) Lindbloom, *Politics and Markets*, pp.94~95
12) Lindbloom, *Politics and Markets*, p.197

그들의 선택을 제한하고 적자를 낸 대차대조표의 책임을 진 중역에게는 정치자금을 위한 막대한 기부금이 분명히 부족하다. 그러나 이익을 낸 기업의 중역에게는 임의의 지출을 위한 여유가 있다. 이러한 경우 중역과 정치가는 다르다. 정치가에게는 정당한 사회행위 기준이 정부에서의 그의 역할과 이익집단 대변자로서의 역할을 구분하며, 공공자금을 자신을 지지하는 집단의 이익을 위해 이용하는 것을 금지한다. 그러나 개인 기업의 중역에게는 이러한 구분이 약하며, 중역 또는 기업을 지지하는 자의 목적과 일치하는 이익을 추구하기 위해서 기업의 자금을 사용하는 것을 막는 제도는 없다.

중역의 급료는 단순히 기업의 이익을 반영한 그 이상의 것이기 때문에 중역은 어느 정도는 재량권을 가지고 있다. 대기업에서 기업의 이익과 급료와의 관계는 간접적일 뿐이다. 즉 때로는 많은 이익이 급료의 인상을 의미하지만, 언제나 그런 것은 아니다. 중역은 이익을 추구하도록 지시받고, 이 지시는 어느 정도는 그의 개인적인 동기(personal motives)내에 구체화되겠지만, 구체화되는 정도는 그의 개인적 성향을 포함한 여러 가지 요인에 의해 결정된다. 중역으로서 추구해야 하는 또 다른 목표에는 혁신, 다각화, 시장점유율 확대 및 기업에 호의적인 정치환경 조성 등이 포함된다. 이러한 목표는 동료 중역들에 의해 묵인되며 실제로 존중된다.

이론상의 기업의 힘과 “계속기업”(going concern)으로서 기업이 가진 힘 사이의 또 다른 차이는 사회에서의 기업의 역할과 관계가 있다. “계속기업”으로서의 기업은 사회의 중요한 요소이며, 개별기업은 소규모 마을의 사활에 결정적인 역할을 할 수 있다. 소규모 마을에서는 대규모 기업이 인체의 중요한 기관과 거의 동일한 역할을 한다. 기업은 주위환경의 필수적인 부분이며, 기업의 필요는 지원 시스템 속에서 충족된다. 즉 도로, 공공설비 및 노동자가 필요한 것이다. 한편 기업은 지역사회에 직업, 세금, 그리고 때로는 지역주민에 대한 지도력을 제공한다. 지역사회나 기업은 어느 한 쪽 없이는 기능을 발휘할 수 없다. 그러나 지역사회는 지리적인 위치에 고정되어 있지만, 기업은 고정되어 있지 않으며, 때로는 임금수준, 유통지역의 근접성 및 기후 등을 포함한 여러 가지 이유 때문에 이전하기도 한다. 기업이 이전을 하면 지역사회가 입는 손해는 막대하다.

어떤 점에서는 기업은 주권(主權) 내에 있는 주권(主權)이다(imperium in imperio). 즉, 기업은 국가내의 한 국가이며, 어느 수준에서는 사회적·경제적

현상을 다루는 과정에서 정부와 경쟁을 하기도 한다. 정부처럼 기업에는 기업에 충성하도록 요구할 수 있는 시민이 있으며, 이 시민은 주주, 공급자 및 종업원 등을 포함한다. 기업은 정부 다음으로 사회를 지배하는 가장 탁월한 지위를 구성하며, 이 지위를 부분적으로는 기업의 효율성과 계획수립능력을 통해 유지한다. 어느 정치가는 "계획을 수립하는 공식적인 기교를 이용하는 점에서, 가장 성공적인 계획수립자는 정부기관이 아닌 기업이다."라고 말했다.[13] 이것을 설명할 수 있는 세 가지 이유가 있다.

첫째로, 정부는 할 수 없지만 기업은 차기의 선거에 의해 모든 계획이 폐기된다는 걱정없이 최적제품 다각화와 같은 자체의 명확한 목표를 설정할 수 있다.

둘째로, 훌륭하기는 하지만 번거로운 민주적 의사결정절차에 구애받지 않고 기업은 목표를 추구할 수 있다.

셋째로, 시장에서의 경쟁은 기업으로 하여금 정부에서 하지 못하는 효율적인 계획수립 실시의 절대적인 필요를 발생시킨다.

서로 유사하기는 하지만, 서구국가에서 기업이 직면하는 사회적인 분위기는 국가마다 다르다. 독일, 영국, 스웨덴에서는 노동자의 30% 이상이 노동조합에 가입하고 있나. 미국, 프랑스, 멕시코에서는 노동조합에 가입한 노동자가 20~25%에 불과하지만, 스웨덴은 55%로 가장 높다.[14] 프랑스와 일본에서 기업은 정부기관과 밀접한 관계를 가지고 운영되며, 흔히 공동으로 경제목표를 수립하기도 한다. 그러나 미국인은 그런 관료적인 협동이 답답하다는 것을 알고 있다. 미국 기업의 독특한 경향은 기업과 정부가 별개의 영향권을 유지함에 의해 효율과 자율을 추구한다는 것이다. 이와 같은 정책의 이점은 흔히 논란의 대상이 되기도 하지만, 그 존재와 효과는 모두가 인정한다.

서구의 기업은 종업원에 대한 태도도 나라마다 다르다. 일본 및 호주와 마찬가지로 대부분의 유럽국가의 기업은 종업원을 미국의 기업보다 더욱 영원한 구성원으로 간주하는 경향이 있다. 이들 국가에서는 심지어 나태하고 비생산적인 노동자라 하더라도 그를 해고하기가 미국에서 보다 더욱 곤란하다. 때때로 서유럽에서의 경우, 이러한 경향은 법적인 압력에 의한 것이며, 일본과 비슷한 경우에서는 필요 및 관습의 작용 때문에 종업원을 해고하기가 어려운 것이다.

13) Lindbloom, *Politics and Markets*, p.320
14) Lindbloom, *Politics and Markets*, p.114.

대부분의 미국기업의 경영자들은 정부가 기업에 관여하는 것에 회의적인데 이러한 태도는 대체로 사회에 반영된다. 예를 들어 이것은 왜 미국에서는 기업을 비난하는 사람들이 공격(attack)이라는 독특한 전략을 채택하는가를 설명해 준다. 당대의 분석가인 보겔(David Vogel)은 "기업에 대한 직접적인 도전은 분명히 미국적인 현상이다."라고 지적했다.[15] 기업을 비난하는 미국인은 흔히 기업의 목표를 직접 공격한다. 즉 그들은 주주로 하여금 경영에 반대하는 투표를 하도록 로비를 하며, 소비자 불매운동을 조직하고, 주주총회 중에 경영자에게 고함을 친다. 이것이 실패하면 그들은 정부로 달려간다. 그러나 기업을 비난하는 서구인들은 이와는 반대의 성향이 있다. 즉 그들은 처음에는 정부로 가서 정부가 더욱 철저한 규제와 엄격한 지도를 실시하도록 계속 요구한다.

대부분의 미국시민과 기업경영주는 정부에 대한 회의감을 공유하고 있다. 때때로 시민들은 기업도 신뢰하지 않으며 마찬가지로 정부도 신뢰하디지 않는다.[16] 이와 관련하여 볼(George Ball)은 "기업경영에서도 정부의 관료제보다 더 나은 점을 찾아볼 수 없으며, 사실 양쪽 모두에 고유의 장점이 없다"고 말했다.[17]

모든 기업의 도덕적인 태도와 행위는 대체로 일치한다고 생각하는 사람들도 있으나, 이는 상황을 잘못 설명하는 것이다. 사람들과 마찬가지로 기업들도 다양한 도덕적 견해를 나타내고 있다. 어떤 기업은 도덕적인 고려를 필요하다고 인정하지만, 이것을 기업활동의 적(enemy)이라고 생각하고 거부하는 기업도 있다. 강연과 연보에서 "기업의 책임"을 불평하는 기업도 있다. 이들은 기업의 책임을 경영자와 주주의 권리에 대한 숨겨진 공격이라고 해석한다. 이와는 반대의 입장을 취하는 기업은 윤리에 대한 전문가를 "사회적 책임"을 담당하는 부사장(vice president)으로서 고용하기도 한다. 이런 기업들은 자사의 도덕적 행위를 평가하기 위해서 매년 "사회감사"(social audits)를 실시한다.

기업의 경력도 다양하다. 1975년에 전근대적인 석탄회사에 의해 운영되는 탄광의 성과와 철강회사에 의해 운영되는 것에 대한 상대적인 조사결과가 발표되었다. 동일한 기간과 동일한 채탄방법에도 불구하고 전근대적인 석탄회사에 의

15) David Vogel, *Lobbying the Corporation: Citizen Challenges to Business Authority* (New York: Basic Books, 1978), pp.11~18 and 211~20.

16) Vogel, *Lobbying*, pp.11~18 and 211~20.

17) George Ball, *Global Companies: The Political Economy of World Business* (Englewood Cliffs, N.J.: Prentice-Hall, 1975), p.3

해 운영되는 광산에서는 작업 중에 백만 노동시간당 40명 이상의 부상자와 사상자가 발생하였지만 철강회사에 의해 운영되는 광산에서는 8명 미만으로 나타났다.[18] 노동상태의 질에 대한 연구에서도 동일한 결과가 나왔다. 70년 전에 이용하던 일괄작업방식과 종업원에 대한 정책을 그대로 실시하는 기업도 있다. 스웨덴의 볼보(Volvo)사(社)와 같은 기업은 작업팀으로 하여금 자동차를 처음부터 끝까지 완성하는 책임을 지게하여 "팀단위제작"(team built automobile)에 대한 연구를 실시하기도 했다. 각 기업들은 특유의 전통, 습관 및 포부 등을 포함한 독특한 기풍을 가지고 있기 때문에 각각 서로 다르다. 도덕적인 관점에서 이러한 차이는 매우 중요하다.

이와 같은 차이를 강조하기 위해서 다음의 두 가지 예를 살펴보자. 첫 번째는 커민스 엔진(Cummins Engine Company)사(社)의 예이다. 이 회사는 윤리에 대한 선구자적인 노력으로 오랜 기간 존경을 받아왔다. 특히 노동상태의 질, 사회적요소의 기업에의 통합 및 개선된 고용자-관리자 관계등에 대해 오래 전부터 관심을 집중시켜왔다. Cummins 사(社)는 신제품개발을 고려하거나 외부에의 "신중한 지불:(sensitive payment)(또는 뇌물)의 필요가 있을 때는, 이러한 문제에 대해 재정적 정사(精査)뿐 아니라 도덕적 정사를 하며, 이 회사의 의사결정 방법은 두 가지 모두를 실시할 수 있도록 특별히 고안된다. 커민스사는 흑자를 내고 있으면서도 지난 수 십년 동안 도덕적인 명성을 계속 유지해 왔다. 두 번째 예는 후커 화학(Hooker Chemical Company)사(社)이다. 1978년 이 회사는 나이아가라 폭포의 러브 운하(Love Canal) 지역에 화학물질을 폐기시킨 사실 때문에 비난을 받았다. 폐기된 화학물질은 주민들의 지하실과 뒷마당으로 용해되어 들어갔으며, 이 때문에 결국 200가구 이상이 피난을 하였다.[19] 시간이 지남에 따라 러브운하(Love Canal)에서의 사건은 별개의 사건이 아니라, 환경문제를 무시하는 후커(Hooker)사(社)의 만성화된 경영방식때문이라는 사실이 밝혀졌다. 1979년 여름 뉴욕타임스지는 플로리다주의 화이트 스프링스(White Springs)에 있는 후커(Hooker)사(社)의 공장이 불화물(fluoride)로 공기를 오염시키고 있다고 고발했다. 후커(Hooker)사(社)의 중역들에게 전해진 기업의 서류사본은 더 큰 비난을 불러 일으켰다. 그 기업서류는 회사의 고위경영진이 (회사가) 오염시키는 것을 알면서도 이를 묵인했다는 내용을 담고 있었다.

---

18) Stone, *Where the Law Ends*, p.238.
19) *New York Times*, August 5, 1979, p.1 and 39

결국 Hooker사(社)의 관리는 나이아가라 폭포에서뿐 아니라 미시간주의 몽타그(Montague)와 캘리포니아주의 래스랍(Lathrop) 공장에서 그 지역의 저수공급원에 실수로 해독을 끼치게 되었다고 시인했다.20) 단지 한 기업의 도덕적인 기풍을 가지고 모든 기업이 그렇다고 단정하는 것은 잘못이다.

제 3 절 다국적기업

다국적기업(multinational corporation)에 있어서 국경은 무역에로의 관문이다. IBM은 126개 국가에 걸쳐 운영을 하며, 30개의 언어로 의사소통을 하고, 23개의 해외공장을 소요하고 있으며 1970년 전체 순수익의 반 이상을 해외사업에서 올리고 있다. 범세계적 기업, 초국가적 기업 또는 우주적 기업이라고도 불리우는 이 거대기업은 개선된 운송수단, 더욱 효율적인 정보처리, 신속한 의사전달체계와 같은 현저한 기술혁신과 발맞추어 발전해 왔다. 다국적기업이 여러 나라에서 운영되기는 하지만 한 국가, 즉 본국(home country)에서 설립되기 때문에, "다국적"이라고 하는 것은 어떤 의미에서는 잘못되었다. 따라서 법인의 관점에서 다국적 기업은 "일국적"이다. 가장 규모가 크고 영향력이 강한 다국적기업들은 미국, 유럽 및 일본에 본부를 두고 있다.

다국적기업의 역할과 중요성에 대한 논란은 다음과 같다. 다국적 기업을 무분별한 민족주의를 바로 잡는 유일한 수단으로서 세계평화를 위한 최후의 희망으로 보는 사람이 있는 반면에 유감스럽게도 다국적 기업을 부국(富國)이 빈국(貧國)을 놀라우리만치 효율적으로 노예화하여 전 세계의 불공평을 심화시키는 도구로 평가하는 사람도 있다. 도덕적인 관점에서 볼 때, 중요한 것은 경제적인 형평성의 문제이다. 선진국과 저개발국 사이의 대결에서 다국적 기업은 사회적·정치적 문제를 해결하는데 도움이 되는가, 아니면 방해가 되는가?

불공평에 대한 비난으로 가장 말이 많았던 유나이티드 프룻(Untied Fruit)사(社)를 생각해보자. 1899년에 설립된 이 기업은 주로 중앙 아메리카에서 생산되는 바나나를 재배·운반·판매하는 기업이었다. 현재 Untied Brands라고 불리우는 이 기업은 "Chiquita"라는 상표로 잘 알려져 있다. 1910년 이 기업이 온두라스에 진출하고자 했을 때 큰 비난을 받았다. 온두라스에서 유나이티드

---

20) *New York Times,* August 5, 1979, p.39.

프룻(Untied Fruit) 사(社)는 모간(J. Pierpont Morgan)에 의해 운영되는 기업과 경쟁입찰을 하게 되었는데, 그 기업의 협조자가 온두라스의 무장침입단을 조직하여 그 경쟁 입찰에서 이겼다. 보고서에 따르면, 무장침입범은 단지 라이플 케이스 1개, 수천발의 탄약, 요트를 갖춘 "기관총 말로니"라고 불리는 용병이었다.[21]

유나이티드 프룻(Untied Fruit) 사(社)는 매년 발전했지만 계속해서 불미스러운 일에 연루되었다. 이 기업은 투자상대국(host country)에 철도와 선박을 소유하고 있었으며, 그리고, 바나나가 쉽게 부패하는 제품이라는 점 때문에 경쟁회사의 제품 선적을 지연시킴으로써 경쟁회사를 방해할 수 있었다. 유나이티드 프룻(Untied Fruit) 사(社)의 경쟁사 중의 하나인 애틀란틱 프룻(Atlantic Fruit) 사(社)는 유나이티드 프룻(Untied Fruit) 사(社)가 선적을 지연시키고, 종업원으로 하여금 칼로 바나나를 못쓰게 만들도록 하여 애틀란틱 프룻(Atlantic Fruit) 사(社)를 코스타리카로부터 쫓아냈다고 고소했다. 그 후 유나이티드 프룻(Untied Fruit) 사(社)는 과테말라에서 1952년 구즈만(Jacobo Arbenz Guzmàn) 대통령에 의해 실시된 토지개혁법에 의해 커다란 손해를 보았다. 1954년 구즈만 대통령이 부력 쿠데타에 의해 축출되었을 때 유나이티드 프룻(Untied Fruit) 사(社)는 또 다시 비난을 받았다. 유나이티드 프룻(Untied Fruit) 사(社)는 비행을 부정하였지만 비평가들은 미국중앙정보국(CIA)이 그 쿠데타에 깊이 개입되었으며 CIA의 국장인 앨렌덜레스(Allen Dulles)가 유나이티드 프룻(Untied Fruit) 사(社)와 깊은 관련이 있었다는 것을 지적했다.

오늘날 다국적기업이 제 3세계 국가의 국내정치에 직접・간접으로 간섭하고 있다는 근거는 별로 없지만, "레버리지"(leverage: 목적수행의 수단)라고 불리는 그들의 부정적인 힘은 상당히 많이 남아 있다고 한다. 세계은행(World Bank)과 같은 원조를 위한 조직이 제 3세계 국가에 차관을 제공하고자 할 때, 그 국가가 외국의 다국적기업을 어떻게 취급해왔는가가 고려될 수 있다. 예를 들면, 페루와 국제석유회사(International Petroleum Company)의 불화로 인하여 1969년에 허용된 미국개발은행(IADB: Inter-American Development Bank) 주택차관 제공에 미국이 거부권을 행사한 일이 있었다.

---

21) Louis Turner, *Multinational Companies and the Third World* (New York: Hill and Wang, 1973), p.22.

Global Reach[22]의 공저자 뮐러(Ronald Müller)는 다국적 기업의 교묘한 세금정책과 과점적인 힘을 비판한다. 한 국가의 기업이 국제화되면 기업의 목표는 전체이익의 최대화이다. 그러나 이것은 곧 국제적인 세금의 최소화로 귀결된다고 그는 말한다. 실제로 많은 기업은 세율이 높은 국가로부터 낮은 국가로 이익을 이전(移轉)시키며, 그 결과로 많은 국가들이 그들의 세금을 공정하게 받지 못하고 있다. 더욱 나쁜 것은 다국적기업의 대규모와 복잡성은 과점을 야기하여 경쟁을 줄이고 가격을 상승시킨다. 대부분의 다국적기업은 많은 자회사를 가진 복합기업(conglomerates)이기 때문에 이들은 중요한 순간에 자회사를 이용하여 자회사와 모회사 모두에게 이익이 되게 할 수 있다. 복합기업의 자회사와 독립기업간에 경쟁이 치열해지면, 모회사는 자회사에 필요한 자본·자원 및 기술 등을 제공해준다. 그 결과 선택된 다국적 기업체에 의한 시장지배가 증가된다.[23]

다국적기업에 대한 이야기는 모두 나쁜 것만은 아니다. 인간의 불행을 구제하는 데 있어서 정치가 유감스러운 과거기록을 가지고 있다면, 다국적기업은 불안정한 정치감정이 아닌 거래와 무역을 하고자 하는 인간의 성향을 바탕으로 하여, 국제적인 협력을 위한 희망을 제공한다. 국제주의(internationalism)는 시대적 조류이며, 제 3세계는 선진국으로부터 정보와 기술을 절실하게 필요로 하고 있다. 다국적 기업 옹호론자들은 이를 해결해주는 가장 효율적인 수단이 바로 다국적 기업이라고 말한다. 다국적기업에 의해 판매되는 제품은 국제주의 정신을 나타내고 있다. 캐나다의 매시 퍼구손(Massey-Ferguson)사(社)에 의해 생산되는 트랙터의 경우를 보자. 이 트랙터는 미국에서 생산되고, 캐나다에서 판매되며, 영국산 엔진, 프랑스산 변속장치, 그리고 멕시코산 차축으로 만들어진다. 이미 증명된 국제적인 기술을 보유하고 있는 다국적기업이 국제정치, 경제 및 사회발전 과정에서 강력한 세력이 될 수 있는가?

제 3세계에서 일어나는 민족주의와 민중을 위한 장치는 정부와 다국적기업간의 힘의 균형을 변화시키고 있다. 다국적기업이 레버리지를 가지고 있다면 제 3세계는 카운터 레버리지(counter leverage: 반(反)목적수행의 수단)를 강화시키

---

22) R. Barnet nad R. Muller, *Global Reach: The Power of Multinational Corporations* (New York: Simon & Schuster, 1974)

23) Ronald Müller, "A Qualifying and Dissenting View of the Multinational Corporation," in *Global Companies*, ed., George Ball (Englewood Cliffs, N.J.: Prentice-Hall, 1975), pp.21~42.

고 있다. 강력한 OPEC 카르텔이 그 예이다. 거의 다윗과 골리앗의 싸움처럼 소국가집단은 대규모 다국적기업의 세력을 잘 막아냈다. 다국적기업은 고정된 투자(immobole investment)에 의해 투자국에 속박되어 있기 때문에, 정부는 중요한 정치적 양보를 얻어낼 수 있으며, 과도한 대가도 요구할 수 있다. 심지어 어떤 정부는 다국적기업이 거래할 수 있는 상대를 규정하기도 한다. 전통적인 경제적 논리는 욤키퍼(Yom Kippur: 1973년 제4차 중동전쟁)전쟁과 이슬람연합 분위기 고조에 자극받아 유가가 급상승하고, 다국적기업의 경쟁 세력이 투자대상국에서 발생하는 것을 예측하지 못했다. 다국적기업 자신들도 전혀 알지 못했던 것이다.

그러나 투자대상국에 많은 양보를 하더라도 다국적기업은 살아남을 것이다. 대부분의 제 3세계 국가들이 회교국가가 보유한 석유의 힘을 누리고 있지 못할 뿐 아니라 다국적기업과 투자대상국의 관계는 공생적이기 때문이다. 즉, 다국적기업은 원료와 시장을 필요로 하고, 투자대상국은 노하우(know-how), 기술 및 유통수단을 원하고 있다.

제 3세계에서 운영되는 다국적기업에 대한 도덕적인 문제는 본사국과 투자대상국 사이의 정치적·경제적 조건의 현저한 차이에 초점이 맞춰진다. 이런 점에 대한 가장 좋은 예는 약 400만의 백인이 전통적인 인종차별정책을 지속하는 남아프리카공화국이다. 남아프리카공화국에 진출한 다국적기업은 제도화되고 지속되는 인종차별 문제에 대처해야 한다. 제 2차대전이 끝난 후 25년 사이에 백인과 비백인의 급료비율은 4:1에서 6:1로 벌어졌으며, 이것도 실업상태에 있는 대부분의 비백인을 빠뜨리고 있기 때문에 부정확한 것이다. 1970년대에는 매일 2000명 이상의 흑인이(항상 휴대해야하는)통행증을 지니고 있지 않다고 하여 체포되었다.[24] 또한 매년 거의 100명의 흑인이 사형집행되었다.

폴라로이드(Polaroid) 사(社)는 특별한 문제에 봉착했다. 이 회사는 미국에서 "고용자의 동등한 기회"라는 기업이미지를 증대시키기 위해 많은 노력을 기울였지만, 남아프리카공화국의 흑인은 폴라로이드(Polaroid) 사(社)가 인종차별정책을 지지하고 있다고 비난했다. 폴라로이드(Polaroid) 사(社)가 ID-2(사진을 찍고 2분 내에 현상하여 깨지지 않는 플라스틱에 다른 신분증명 내용과 함께 사진을 넣음)라고 알려진 신분증명시스템을 판매하였기 때문이다. 분노한 흑인은 그들이 항상 지니고 다녀야 하는 저주받은 신분증에 ID-2가 이용된다고 하였

---

24) Turner, *Multinational Companies*, p.232.

다. 그들은 "폴라로이드 노동자 혁명운동" (Polaroid Revolutionary Workers' Movement)을 조직하기 위해 연합했다. 한 모임에서 그들은 폴라로이드(Polaroid) 사(社)가 흑인을 60초 내에 투옥시키고 있다."라는 작은 인쇄물을 배포했다.[25)]

1970년대에 폴라로이드(Polaroid) 사(社)에 대한 논쟁은 계속되었다. 흑인의 요구에 응하여 폴라로이드(Polaroid) 사(社)는 신분증발급계획을 돕는 것을 중단하고 공식적으로 인종차별정책을 비난하였지만, 완전히 남아프리카공화국에서 철수하라는 요구는 따르지 않았을 뿐만 아니라, 아주 극단적인 요구를 한 최소한 3명의 흑인노동자를 해고시켰다. 그러나 1970년대 말 폴라로이드(Polaroid) 사(社)는 중간관리층에 개혁을 단행하기 시작했다. 즉 흑인노동자의 임금을 33% 인상하고, 몇몇 흑인노동자를 감독으로 승진시켰다. 폴라로이드(Polaroid) 사(社)는 본국에서는 시민과 주주로부터 강력한 반대에 직면했으며, 어떤 주주는 남아프리카공화국으로부터 이 회사를 철수시키기 위하여 다른 주주들을 선동했다. 양심적인 폴라로이드(Polaroid) 사(社)의 경영자는 남아프리카공화국을 포기하고 계속 인종차별을 하는 정부에 남아프리카공화국을 맡겨야 하는가, 아니면 남아서 상황을 개선하기위해 노력해야 하는가 하는 도덕적인 곤경에 처했다. 그러나 폴라로이드(Polaroid) 사(社)만이 궁지에 몰린 다국적기업은 아니다.

제 4 절 기업은 도덕적으로 평가될 수 있는가?

도덕이론(moral theory)의 과업은 주로 평가에 대한 것이다. 그러나 대규모 현대기업이 인간과 마찬가지로 쉽게 평가될 수 있는가? 인간이 다른 사람을 평가하듯이 대규모 다국적기업을 평가할 수 있는가? 이러한 의문을 가질 때, 기업은 인위적인 것과 자연적인 것의 혼합체라는 것을 기억할 필요가 있다. 즉 기업은 자연인으로 구성되었고, 조직을 형성하는 인간의 본연적 성향을 반영한다. 그러나 동시에 기업은 인간의지의 산물이며, 인간다운 적응을 하는 특징을 가지고 있다는 점에서 인위적인 것이다. 지금까지 우리는 순수한 자연물과는 다르게 기업을 정의했다. 우리는 기업이 영속적으로 존재하며, 유한책임을 지고, 국가시민(state citizenship)이라고 받아들일 수 있기도 하고 거부할 수도 있다. 그러나 이것은 기업의 윤리적 과업을 더욱 어렵게 만들고 있다. 철학적으로

25) Turner, *Multinational Companies*, p.232~33.

볼 때, 인간은 바위나 나무처럼 자연의 한 요소라고 말할 수 있지만, 기업은 인간의 도덕적·법적 상상력의 산물이기 때문에 기업이라는 추상적인 혼합체의 특성을 고정시킬 수 없다.

분명히 기업이 직면한 오래된 의문은 인간이 직면한 의문과 동일하다. 시저(G.J. Caesar)가 그의 행정지침서(*De Offciis*)에서 소개한 도덕적으로 곤란한 문제에 봉착한 상인의 이야기를 성(聖)아퀴나스(St. Thomas Aquinas)가 재언급했다. 굶주리는 마을 사람들에게 곡식을 운반해 주던 상인이 기근에 허덕이는 마을을 지나게 되었다. 그러나 그는 다른 상인들이 더 많은 곡식을 가지고 오고 있다는 것을 알고 있었다. 이 상황에서 상인은 더 많은 곡식이 곧 도착할 것이라고 말해야 하는가, 아니면 모르는 체하고 비싸게 곡식가격을 요구해도 되는가?[26] 시저는 도덕적 의무의 관점에서 상인은 더 많은 곡물이 오고 있다는 것을 이야기해야 한다고 결론을 내렸다. 그러나 그런 말을 하는 것은 훌륭한 일이지만, 상인은 다른 상인이 온다면 적정가격을 받지 못할지도 모르는 미래의 일을 이야기할 의무가 없다는 이유로 성(聖)토마스 아퀴나스는 정 반대의 결론을 내렸다. 시저의 의견 또는 아퀴나스의 의견에 동의하는 것이 중요한 것은 아니다. 중요한 사실은 도덕적인 문제가 인간과 마찬가지로 기업에도 적용된다는 점이다. 즉 정보의 유포가 소비자에게 이롭다면, 기업의 이익에 반하는 정보를 공개해야만 하는가? 이에 대한 정확한 답이 무엇인가와는 상관없이 도덕적인 문제는 인간과 마찬가지로 기업에도 적용해야 한다.

다른 도덕적인 문제는 융통성이 부족하다는 것이다. 도덕적인 비행(非行)에 대한 적절한 처벌문제를 생각해 보자. 개인이 죄를 지으면 정해진 처벌이 개인의 모든 것에 적용된다. 미개사회를 제외하고, 우리는 범죄자의 손 또는 눈을 그의 몸에서 떼어내지 않는다. 그러나 사회가 기업을 처벌할 때 특별조치로 이사회같은 기업의 일부분을 제거할 때도 있다.

따라서 기업은 근본적인 모호성을 나타내고 있다. 어떤 논점에서는 기업을 인간처럼 취급할 수 있으나, 다른 논점에서는 그렇지 못하다. 모호성은 기업에 대한 우리의 심리적 태도에 반영된다. 톨스토이(Leo Tolstoy)가 지적했듯이, 인간은 다른 인간에게 보다는 입법부, 교회 및 관료집단과 같은 대규모 조직에 도덕적인 관용을 더 베풀고 있다. 스톤(Christopher Stone)은 이런 생각을 기업에 적용했다. "사람들은 한밤중에 오가는 오토바이의 소음을 들을 때, 동일한

26) St. Thomas Aquinas, *Summa Theologiae*, Ⅱ-KK, qv.77.9.3, obj.4.

크기의 비행기 소음을 들을 때보다 더욱 화를 낼 것이다.[27]라고 표현했다. 이론적인 입장도 이와 비슷한 모호성을 나타낸다. 철학자 롤즈(John Rawls)는 그의 유명한 저서 「정의론」(A Theory of Jusice)에서 본원적 지위(original position)에 속하는 집단을 나열할 때, 개인뿐 아니라 기업(국가와 교회와 마찬가지로)도 포함시켰다.[28] 그러나 다른 곳에서는 인간에게는 어떤 논리적 우위권이 있다고 말했다.[29]

기업과 인간의 뚜렷한 차이 때문에 전통적인 도덕이론이 적용되는 것이 애매해진다. 전통적인 이론은 기업이 아니라 인간에게 적합하도록 고안되었기 때문이다. 철학자들에게 잘 알려져 있는 칸트학파철학(Kantianism)과 공리주의(utilitarianism)를 생각해 보자. 칸트철학을 발전시킨 18세기의 독일철학자 칸트(Immanuel Kant)는 인간은 "성향"(inclination)보다는 "이성"(reason)을 선호해야 하며, 모든 사람이 따르기를 원하는 규칙 또는 "정언명령"(maxims)에 입각해서 행동해야 한다고 주장했다. 공리주의를 발전시킨 19세기의 철학자 밀(J.S. Mill)은 인간은 "최대다수를 위한 최대의 행복"을 촉진시켜야 한다고 주장하였다. 그냥 단순히 "인간" 대신에 "기업"을 넣어 적용시키려고 시도해 볼 수 있다. 그러면 칸트철학은 기업이 성향보다는 이성을 선호해야 하며, 모든 기업이 따르기를 원하는 규칙을 준수해야 한다고 주장하게 된다. 한편 공리주의는 기업이 전체의 행복을 최대화해야 한다고 권하게 된다.

그러나 "개인"을 "기업"으로 대체함으로써 발생하는 문제를 살펴보자. 기업은 인간이 가지고 있는 "성향"을 가지고 있지 않다. 따라서 다음과 같이 의문이 쏟아져 나온다. 기업이 성향보다 이성을 중시해야 한다는 것은 도대체 무슨 뜻인가? 최대다수의 최대행복을 촉진시키자는 공리주의의 주장은 어떤 의미인가? 기업은 자신의 복지(또는 다른 기업의 복지)의 중요성을 고려해야 하는가, 아니면 단순히 인간의 복지에 대한 중요성을 고려해야 하는가? 결국 공리주의와 칸트주의는 수정을 가하지 않고는 기업에 적용할 수 없는 것이다.

인간을 위해 고안된 이론을 기업에 적용시키기 위해 확대시킬 때, 우리는 이익을 추구하는 기업의 경제적 사명을 간과하는 실수를 범할 수 있다. 인간이

---

27) Stone, *Where the Law Ends*, p.248.

28) John Rawls, *A Theory of Jusice* (Cambridge, Mass: Harvard University Press, 1971), p.146.

29) John Rawls, "Justice as Reciprocity," in *Utilitarianism*, ed., Samuel Gorovitz (Indianapolis: Bobbs-Merrill, 1971), pp.244~45.

우정, 돈, 사랑 등과 같은 다양한 관심사를 표시하는 것과는 달리, 기업은 매우 한정된 개성을 가진다. 기업은 근본적으로 경제적인 목적을 위해 설립되며, 통상 효율적인 경제적 생산을 위해서만 설계된다. 인간이 자살하거나, 지인(知人)을 잃고도 슬퍼하지 않는 냉정함이 인간에게는 단점일 수도 있으나, 기업에게는 그다지 뚜렷한 단점이 아니다. 기업은 경제적인 동물이다. 비록 어떤 사람이 기업의 유일한 책임이 투자가를 위해 이익을 발생시키는 것이라는 사실을 부정하더라도 인간의 책임과는 다르게 기업의 책임을 정의하는 것을 인간은 원할 수 있다.

이번 장(章)애서는 기업의 도덕적인 지위에 대한 어려운 문제에 있어 아무런 답도 제시하지 않았다. 다음 장에서 이를 다룰 것이다. 대신 개념적이고 실제적으로 기업의 특성에 대한 기초를 기술함으로써 기업에 대해 도덕적인 연구를 할 수 있는 토대를 마련했다. 기업은 사회가 법제를 통해서 기업이라는 개념에 점차 실체성을 부여했던 혼란스러운 과거로부터 출현했다. 교회, 조합(guild) 및 이후의 대규모 무역회사는 현대기업을 지탱하여 주고 있는 복잡한 개념들의 핵심을 창조하는데 바탕이 되었다. 오늘날 대규모 기업은 일상생활의 현상이며, 다국적기업의 영향을 통해 더욱 중요시되고 있다. 오늘날의 대규모 기업은 법인으로서 해석되지만 이들은 대부분 우리보다 훨씬 부유하며 거대하다. 이러한 특성은 이간의 이익과 손해에 영향을 미칠 수 있는 기억의 능력을 증대시켰으며, 기업에 대한 도덕적 분석의 필요성을 직접적이고 절박한 관심의 문제로 부각시켰다.

참 고 문 헌

Apter, David, *The Politics of Modernization* Chicago: University of Chicago Press, 1965.

Barnet, R., and R., Müller, *Global Reach: The Power of Multinational Corporations*. New York: Simon & Schuster, 1974.

Bell, Daniel, *The Coming Post-Industrial Society*. New York: Books, 1973.

Best, Michael, and William E. Connolly, *The Politicizes Economy*. Lexington, Mass.: Heath, 1976.

Brown, Peter and Douglas Mclean, eds., *Human Rights and U.S. Foreign Policy*. Lexington, Mass.: Heath, 1979.

Chamberlain, N.W., *The Limits of Corporate Power*. New York: Basic Books, 1973.

Commoner, Barry, *The Closing Circle*. New York: Knopf, 1971.

Drucker, Peter, *Concept of the Corporation*, New York: John Day, 1972.

Galbraith, John Kenneth, *The New Industrial State*. New York: New American Libray, 1967.

Garrett, T., and R. Baumhart, and T. Purcell, and P. Roets, eds., *Cases in Business Ethics*. New York: Appleton-Century-Crofts, 1968.

Heibroner, Robert, *Business Civilization in Decline*. New York: W.W. Norton & Co., Inc., 1976.

________, *The Making of Economic Society*. Englewood Cliffs, N.J.: Prentice-hall, 1962.

Jacoby, Neil, *Bribery and Extortion: A Study of Corporate Political Payments Abroad*. New York: Macmillan, 1977.

Kant, Immanuel, *Critique of Practical Reason*, Indianapolis: Bobbs- Merril, 1958.

Lindbloom, Charles E. *Politics and Markets*. New York: Basic Books, 1977.

Lyons, David, *Forms and Limits of Utilitarianism*. Oxford: Oxford University Press, 1965.

Mill, J.S., *Utilitarianism*. Indianapolis: Books-Merril, 1976.

Reynolds, R.L., "Origins of Modern Business Enterprise: Medieval Italy." *Journal of Economic History*, 12(Fall 1952) : 350~65.

Sayre, K.M., ed., *Values in the Electrical Power Industry*. Notre Dame, Ind.: University of Notre Dame Press, 1977.

Sethi, S.P., *Advocacy Advertising and Large Corporations*. Lexington, Mass.: Heath, 1977.

Silk, L, and D. Vogel, *Ethics and Profits*. New York: Simon & Schu- ster, 1976.

Singer, Peter, *Practical Ethics*. London: Cambridge University Press, 1979.

Vernon, R., *Storm Over the Multinationals*: *The Real Issues*. Cambridge, Mass.: Harvard University Press, 1977.

Vogel, David, *Lobbying the Corporation: Citizen Challenges to Business Authority*. New York: Basic Books, 1978.

Walton, Clarence, and Richard Eells, *Conceptual Foundations of Business*. Homewood, Ⅲ.: Richard D. Irwin, 1969.

제 2 장 기업의 도덕적 지위

인간이 지니는 감정도 없고, 기쁨, 고통도 느끼지 못하면서 영구히 존재하는 실체에게 도덕적 책임이 적용된다면 그것은 무엇을 의미하는가? 기업에 해당되는 이야기이다. 사람들이 우리를 학대하면 우리는 그들을 납득시키며 우리에게 공감하도록 권유하고 심지어 그들이 부끄러워서라도 그들의 의무를 다하도록 한다. 그러나 기업은 경우가 다르다. 우리는 따지고 부끄러움을 주기 위해 기업의 종업원을 부를 것이다. 그러나 그 종업원은 규칙만을 따르고 있을 뿐이므로 완고한 태도를 취한다. 우리의 분노는 도덕적 목표물, 즉 그 종업원과 교묘히 분리되어 있는 기업을 놓치고 있는 것이다.

제 1 절 도덕적 행위자의 문제

기업의 도덕적 지위는 무엇인가? 법에서 말하는 보이지 않는 사람인가? 또는 그것은 규칙과 절차 그리고 이익을 만들어내기 위해 움직이는 비인간적인 기계에 지나지 않는가? 만약 기업이 인간과 같은 도덕적 행위자라면 우리는 기업이 인간과 똑같이 도덕이라는 짐을 지도록, 그리고 양심과 유사한 것을 계발하도록 요구할 것이다. 만약 기업이 인간과 유사하다면 그들 역시 인간이 가진 권리를 가져야 할 것이다. 즉 재산을 소유하고, 계약을 체결하고, 언론의 자유를 누리고, 심지어 개인의 정치적 견해를 지지하기 위하여 그들의 막대한 재무적 립금을 사용할 수 있어야 한다. 그러나 만약 그들이 도덕적 행위자가 아니고 복잡한 기계를 닮았다면 그들은 사회에 해가 되지 않도록 직접 통제를 받아야 한다. 그리고 이러한 직접적인 통제는 기업을 통제할 수 있는 강력하고 유일한 힘, 즉 정부로부터 나올 것이다.

기업을 인위적인 것으로 생각할 때, 기업은 적어도 부분적으로는 그것을 만든 사람들로 구성되어 있다는 점에서 주목할 만하다. 주주와 기업종업원(기업에 참여하는 사람들 중에서 가장 우세한 두 계층을 지적하기 위해서)들은 기업이 존재하는데 필수불가결하다. 그리고 마지막 창조물인 기업 그 자체는 어떤 의미에서 그 기업을 만든 사람들을 포함하고 있다. 그러나 기업은 구성원들의 단순한 총합 이상으로 생각되어야 한다. 엑손(Exxon)사(社)가 다른 기업을 매입할 때 그 행위는 경영자가 그 기업을 매입하는 것과 같지도 않고, 주주가 그 기업을 매입하는 것과도 같지 않다. 엑손(Exxon)사(社)는 심지어 현재 경영층이 다 은퇴하고 현재의 주주가 죽거나 자기 주식을 다 판 후에도 다른 기업을 계속 매입할 것이다. 엑손(Exxon)사(社)는 참가자들의 집합 이상의 것이다.

그러나 여기에서 그 이상이라는 것이 도덕적 행위자를 의미하는가? 기업을 도덕적 행위자로 간주하는 첫눈에 증거가 확실한 일들은 아주 많다. 심지어 일상적인 이야기나 법적 전통이 기업에 도덕적 행위자로서의 지위를 이미 부여했기 때문에 그것을 의심하는 것이 이상하게 보일 정도이다. 우리는 스탠다드 오일(Standard Oil)사(社)가 "미국의 이익은 외국의 이익이었다"라고 주장함으로써 국민을 속였다거나 " 후커 케미칼(Hooker Chemical)사(社)가 환경을 오염시키는데 관련되었다."라는 이야기를 듣는다. 또 빈번하지는 않지만 기업을 칭찬하는 말도 듣는다. 예를 들면 "제록스(Xerox)사(社)는 사회적인 책임을 다하기 위해 남아프리카에서 판매를 자제했다."는 말이 있다. 이런 범속한 이야기는 적어도 "책임이 있다, 비난받는다, 예견했어야 한다." 등과 같은 능력에 있어서 기업을 도덕적 행위자로 간주하고 있음을 보여주는 것이다. 이러한 사실이 기업이 계약을 체결하고, 예방책을 강구하고, 사과를 하고, 약속을 하는 등의 사람이 하는 일과 결부될 때 기업을 도덕적 행위자로 볼 수 있는 증거가 더욱 확실해진다.

기업은 여러 법적인 측면에서도 도덕적 행위자로 간주된다. 그들은 음식, 약품, 화장품에 관한 연방법(Federal Food, Drug, and Cosmetic Act)같은 법규하에서 사람으로 간주되어 유죄를 받기도 하고 책임을 지거나 벌을 받는다.[1)]

적어도 다음과 같은 두 가지 경우에 기업은 천부적 권리를 갖는 사람으로 간주된다.

(1) 미국헌법 제14차 개정에서 기업은 "법에 따른 합법적인 과정 없이는 생명, 자유, 재산을 박탈당하지 않는 인간"으로 간주된다.

(2) 1978년에 미국 대법원은 기업이 텔레비전이나 신문에 광고료를 지급하여 정치적인 이상을 펼 수 있는 권리와 함께 자유롭게 의견을 말할 수 있는 권리를 인정했다.

그러나 도덕적 행위자에 대한 다른 그럴 듯한 가정들은 예외가 있기 때문에 타당성이 부족하다. 우리는 일반적으로 기업을 도덕적 행위자로 생각하고 있지만 때로는 일반 행위자를 용서하는 것과는 다른 방법으로 기업과 종업원의 행위를 용서한다. 텔레비전의 연속극이나 광고에서 배우에 의해 행해진 과장된 주장을 똑같이 어떤 사람이 만찬회석상에서 했다면 그는 도덕적으로 비웃음거리가 된다.[2)] 그러나 우리는 일상생활에서는 용서하지 못할 과장된 표현을 프록터 앤 갬블 (Proctor & Gamble) 사(社)나 그 광고 배우가 했다면 이를 용서하는 경향이 있다.

기업행위자가 일반행위자와 다르다는 생각은 법의 역사에서도 나타난다. 20세기부터 법원은 기업을 도덕적 행위자로 취급하는데 법원이 의견의 일치를 보았지만 도덕적 행위자의 성격에 대해서는 의견이 일치하지 않고 있다. 기업은 어떤 권리를 갖는 인간으로 간주된다. 그러나 투표할 권리 또는 징병을 위해 지원할 의무는 없다. 역사적으로 그들은 개인과는 다른 취급을 받아왔다. 1279년에 모트메인(Mortmain)법(法)은 기업은 죽지 않아서 재산을 박탈할 수 없기 때문에 기업에게 토지를 줄 수 없도록 했다. 이런 관행은 기업이 상업을 통하여 재산을 형성하는데 바람직하지 못한 결과를 가져왔다.[3)]

---

1) Act of Congress of June 25, 1938, c. 675, 52 Stat. 1040, 21 U.S.C. 301~302.

2) 존 래드(John Ladd)가 이 점을 논문으로 밝혔다. "Morality and the Ideal of Rationality in Formal Organizations." *The Monist*, 54(1970) pp.488~516.

3) F.H. Lawson, *Introduction to the Law of Property*(Oxford: Clarendon Press, 1958), p. 143

현재 미국의 법은 기업을 법인으로 취급하지만 영국법과 19세기 이전의 미국법은 기업을 법인으로 취급하지 않았다.[4] 또한 기업이라는 도덕적 행위자와 인간이라는 도덕적 행위자는 엄격한 책임주의에 의해 구별된다. 하지만 이것은 실제적으로는 기업에게만 적용되고 인간에게는 적용되지 않는다.[5]

기업도 종종 예방책을 취하고, 어떤 행위에 대해 사과하고 계약을 체결한다. 그리고 인간과 같이 합리적으로 또는 어리석게 행동하기도 하고 의견을 제시하거나 재산을 소유하기도 한다. 그러나 기업은 고통, 즐거움, 양심의 가책 등을 느끼지 않는다. 또 그들은 부모를 통해 계통이 이어지는 것도 아니고 유한재무책임(그들의 부채가 투하된 자본의 한계에 도달되었을 때는 해산됨)과 무한한 수명을 누린다. 이러한 차이가 있기 때문에 기업이 인간과 비슷한 특성이 있다는 단순한 사실만으로 기업을 도덕적 행위자로 인정하는 것은 부적합하다. 기업을 도덕적 행위자로 인정할만한 특징에는 어떤 것이 있는지 알아보기 위해서는 논의가 더 필요하다.

제 2 절 도덕적 인간관

그 중 하나가 도덕적 인간관(the moral person view)에 대한 논의이다. 도덕적 인간관은 다음과 같은 추론을 따른다. 만약 기업이 행위자라면 기업은 도덕적 행위자일 것이다. 왜냐하면 행위자인 것은 역시 도덕적 행위자이기 때문이다. 문제는 기업이 행위자인가를 입증하는 것이다. 그러나 행위자에 대한 적절한 정의(의도적으로 행동하는 자)를 사용하기만 하면 입증하기는 쉽다. 기업은 의도적으로 행동하기 때문에 도덕적 행위자이다. 어떤 도덕적 인간에 대한 이론가(moral person theorist)는 이렇게 말했다. “요컨대, 기업은 어엿한 도덕적 인간이 될 수 있다. 일을 하는 과정에서 어떤 특권, 권리, 의무를 가지듯 도덕적 인간이 될 수 있다.”[6]

---

4) Walter Goedecke, "Corporations and the Philosophy of Law," *The Journal of Value Inquiry*, 5(Summer 1976).

5) See R. McKeon, "Products Liability: Trends and Implications." *The University of Chicago Law Review*(1970-71) pp.3-63.: and Richard A. Wasserstrom, "Strict Liability in the Criminal Law," *Standford Law Review*, 12 (1963).

6) P. French, "The Corporation as a Moral Person." *American Philosohical Quarterly*,

그런데 왜 도덕적 인간관은 기업이 사람과 같이 도덕적 인간이라고 주장하는가? 왜 법이 나타내고 있는 것과 같이 기업을 '인위적인 법적 인간', 또는 법의 창조물인 '법인'이라고 주장하지 않는가? 법인격에 대한 주장은 로마법에서 발전되어 왔으며 법률실무에서 잘 확립되어 있다. 왜 도덕적 인간이라는 추가적인 단계까지 나아가야 하는가? 그 답은 법인격이 도덕적 행위자의 개념을 잘 확립시키지 못했기 때문이다. '어떤 것이 법인이다.' 라고 말하는 것은 도덕적 책임을 전가시키기에는 부적합하다. 예를 들면 유언을 검인하는 경우에 고인(故人)은 어떤 법적 권리(예컨대 그의 유언이 적절하게 집행되도록 하는)를 가진 법인이다. 그러나 이러한 사실이 이미 죽은 사람을 도덕적 행위자라고 확증시켜 주는데는 부적당하다. 왜냐하면 그는 과거 행적 말고는 아무런 도덕적 책임도 질 수 없기 때문이다.

도덕적 인간관은 기업이 행위자가 되기 위해서는 기업이 행위자의 정의에 부합해야 한다(의도적인 행위를 수행할 수 있어야 한다)고 주장하고 있다. 그러나 실제로 기업이 그런 행위를 수행할 수 있는가? 인간은 그들의 신념과 희망에 따라 행동할 때 의도적 행위를 할 수 있다. 그러나 기업은 신념, 희망, 사상, 이성을 가지고 있는 것으로 생각되지 않는다.

도덕적 인간관은 기업이 의도적으로 행동한다는 것을 증명해야 하는데 그러기 위해서 기업의 의사결정구조에 대해 이야기 한다. 엑손(Exxon)사(社)가 작은 기업을 매입하려고 결정했을 때 그 결정은 기업 조직으로부터 나온다. 즉 이사회나 경영자, 그리고 자금조달이나 제품의 다양성 유지에 관한 절차로부터 나온다. 모든 기업은 각 계층의 지위나 수준을 나타내 주는 조직도나 책임도표를 가지고 있고 또 의사결정을 인준하기 위한 절차도 가지고 있다. 의사결정의 인준을 위한 절차는 두 가지 종류가 있다.

1. (일반적인 상황에서는 이사들의 과반수 이상의 찬성이 있어야만 기업은 어떤 행동을 할 수 있다고 규정한 규칙 같은) 의사결정의 규칙
2. (이익극대화정책 같은) 기업의 기본적인 신념이나 정책

이러한 기업의 의도는 기업조직의 구성원 사이에서 협의를 거쳐야 하고 합리

16(1979). p. 207

적으로 행해져야 한다.[7)]

만일 우리가 '모든 행위자는 도덕적 행위자이다'라고 전제한다면 당연히 기업은 도덕적 행위자이다. 그러나 문제는 그렇게 간단하지 않다. 우선 도덕적 인간관은 엑손(Exxon)사(社)의 활동이 단순히 엑손(Exxon)의 주주나 종업원이 아닌 엑손(Exxon)사(社) 그 자체의 의도를 나타내야 한다는 것을 가정한다. 그러나 이것이 무엇을 의미하는가? 게임과의 유사성을 생각해 보자. 게임에서는 규칙이 어떤 행위의 옳고 그름을 결정하고, 기업에서는 규칙이 이사회에 의한 결정인가 아닌가를 결정한다. 그러나 게임의 규칙은 게임 그 자체가 의도하는 것을 보여주지 않는다. 즉 '그 게임이 어떤 것을 의도하고 있다'고 말하는 것은 이치에 어긋난다. 이것은 기업에도 해당된다. 만약 기업이 일정한 규칙, 정책, 계층구조로 이루어져 있다면 이런 것들과 관련된 의미를 말할 수는 있다. 그러나 규칙, 정책, 계층구조 그 자체가 무엇을 의도하는지는 알 수 없다.[8)]

'무엇을 하든지 기업이 의도적으로 하고 있다'고 말하는 것은 옳지 못하다. 왜냐하면 기업은 사람과 마찬가지로 무엇을 성취하기 위해 행위를 하는지에 대해 다른 의견을 가질 수 있기 때문이다. 경영자나 주주들은 제조활동을 이익을 얻는 수단으로 보며, 종업원들은 월급을 받는 수단으로 생각한다. 어떤 해석이 맞는지 기업이 말하도록 호소할 수는 없다. 왜냐하면 기업의 의도는 미해결의 문제이기 때문이다. 어떤 유명한 조직이론가는 다음과 같이 말했다. "개별(個別)적인 의도와 유사한 집합적인 의도를 지적해 낼 수 없다면 조직은 사람과는 달리 보인다. 조직은 형이상학적인 인간 같이 보이지도 않으며 도덕적 인간 같이 보이지도 않는다."[9)]

그러나 도덕적 인간관에는 단순히 의도를 확정짓는 데 따르는 어려움보다 더 많은 오류들이 내재하고 있다. 도덕적 인간관은 의도적으로 행동하는 것은 행위자이고, 행위자는 도덕적 행위자라고 한다. 그러나 도덕적 행위자가 될 수 없는 어떤 실체가 의도적으로 행동할 수 있다. 고양이는 쥐에 접근할 때 의도적으로 행동한다. 우리는 고양이가 쥐를 잡으려고 의도한다는 것을 안다. 그러나 우리는 고양이를 도덕적 행위자로 생각하지는 않는다(고양이를 학대하는 것에

7) French, "Moral Person." p. 207.

8) 이 점에 관해서는 킬리(Michael Keeley)에 의해 다음 논문에 언급되었다 "Organizations as Non-Person," *Journal of Value Inquiry*.

9) Keeley, "Non-Person."

대해서는 도덕적인 근거를 들어서 반대하지만). 또 한 예로 컴퓨터는 성명을 분류하고 그것을 알파벳 순서로 정리할 때는 의도적으로 행동한다. 그러나 우리는 컴퓨터를 도덕적 행위자로 간주하지 않는다. 즉 기업은 복잡한 컴퓨터와 닮았다. 즉 기업은 복잡한 내부논리에 따라 의도적인 방법으로 기능을 한다. 그러나 도덕적 행위자의 자격이 주어질 수는 없다. 도덕적 행위자가 되기 위해서는 의도가 있다는 것 이상이 요구된다.

도덕적 인간관의 마지막 문제는 그것이 내포하고 있는 것에 있다. 도덕적으로 말해 기업이 인간과 비슷하다면 기업은 일반사람들이 가지는 권리를 가져야 한다. 그러나 기업은 재산을 소유하고 계약을 맺고 이익을 얻을 수 있는 권리 등은 가지고 있지만 투표할 수 있는 권리라든지 사회보장 혜택을 누릴 수 있는 권리는 가질 수 없다. 사실 많은 권리가 기업에 주어지기는 논리적으로 불가능하다. 기업은 즐거울 때 하느님께 감사할 수 있는 권리가 있는가? 행복을 추구할 수 있는 권리가 있는가?

이런 주장들을 생각해 보면 기업은 도덕적 행위자가 될 수 없다. 그들은 입법자와 법원에 의해 법적 권리가 주어지는 법인일 뿐이다. 그들은 어쩌면 다른 종류의 도덕적 행위자가 될 수는 있다. 그러나 문자 그대로 '도덕적 인간'이 될 수는 없다.

제 3 절 구조적 구속관

도덕적 인간관의 실패는 기업은 어떤 종류의 도덕적 행위자도 아니라는 견해, 즉 도덕적 인간관과 반대되는 접근법을 생각하게 한다. 이런 견해를 구조적 구속관(the structural restraint view)이라 하자. 래드(John Ladd)나 위헨(Patricia Werhane) 같은 현대철학자에 의해 주장되고 있는 구조적 구속관에서는 기업은 그들의 조직에 의해 통제되며 도덕적 자유를 행사할 수 없다는 사실을 강조하고 있다. 극단적으로 이 견해는 모든 기업조직이 어떤 종류의 도덕적 행위자도 아니라고 한다. 즉 기업은 행동으로 인해 비난받을 수 없다고 주장한다. 왜냐하면 기업의 행동은 단순히 기업조직의 산물이기 때문이다.

구조적 구속관은 보기와는 달리 세련된 면이 있다. 그것은 기업은 공식적 조직 중의 하나이므로 결코 도덕적 행위자가 될 수 없다고 주장한다. 모든 공식적 조직은 구조적으로 도덕적인 동기를 가질 수 없다. 래드의 영향력 있는 논문 "공식적 조직에 있어서의 합리적인 행동의 전형과 도덕성(Morality and the Ideal of Rationality in Formal Organizations)"에서 기업은 목적-수단공식에 의해서만 행동한다고 주장했다. 기업은 "특정목적을 달성하기 위해 정교하게 조직되고 계획된 단위"라는 공식적 조직의 정의에 합치한다. (공식적 조직의 예로는 기업 외에도 정부관료제도가 있다.)[10]

공식적 조직으로서의 기업은 게임에서의 선수와 비슷하다. 선수가 합리적으로 행동한다는 것은 공식적인 규칙에 따라 경기에 임하는 것을 의미한다. 선수는 도덕적 행위자가 될 수 없다. 왜냐하면 선수는 의사결정을 할 때 도덕적인 것을 고려하지 않기 때문이다. 기업은 공식적인 목적달성을 위한 정보만을 감안할 뿐이다. 이것은 기업이 이익극대화 같은 그들의 목적을 어떻게 달성하느냐에 관한 정보에만 주의를 집중한다는 것을 뜻한다. 그러므로 텔레비전 방송회사는 포르노(호색작품) 영화에 대한 시청자들의 도덕적인 비난을 생각할 때에도 그것이 장기적인 회사이익에 어떤 영향을 미치는가의 관점에서 생각한다.

구조적 구속관을 단계적으로 보면 다음과 같다.

1. 기업은 공식적 조직들 중의 하나이다.
2. 자명한 일로서 공식적 조직은 이익과 같은 특정한 일련의 목적달성을 극대화하기 위해서만 행동해야 한다.
3. 그 목적 중에 도덕적 규범을 근거로 한 것은 포함할 수 없다.
4. 도덕적 규범을 근거로 행동할 수 있는 능력은 도덕적 행위자의 필요 조건이다.
5. 기업은 도덕적 행위자가 될 수 없다.

단계 3이 중요하다. 이것은 기업이 특정한 일련의 목적달성을 위해서만 행동해야 하기 때문에 도덕적 규범을 근거로 행동할 수 없다는 것을 의미한다. 여기에서 분명한 의문이 생긴다. 기업은 도덕적 규범에 따르는 것을 목적으로 가질 수는 없는가? 구조적 구속관을 주장하는 사람들은 곤경에 빠진다. 아마 그들은 인간은 기업과는 달리 도덕적 규범에 따라 행동할 수 있다는 사실을 인정할 것이다. 그렇다면 왜 기업은 도덕적 규범에 따라 행동할 수 없다는 것일까?[11]

---

10) Ladd , "Morality and Rationality," p.498
11) 오자르(David Ozar)의 논문을 참조하라. "The Moral Responsibility of Corporations." in

이런 어려움을 피하기 위해서 왜 기업은 도덕적으로 행동하는 것을 목적으로 가질 수 없는가를 밝혀두는 수정된 전제가 필요하다. 단계 2가 다음과 같이 바뀐다고 가정하자.

자명한 일로서 공식적 조직은 일련의 실제적인 목적의 달성을 극대화하기 위해서만 행동하여야 한다(여기에서 실제적인 목적이란 측정이 가능한 목적, 즉 이익률, 생산성의 증가, 종업원 이직율의 감소 등을 말한다).

실제적인 목적이라는 용어가 단계 3의 목적이라는 말과 대치될 것이다. 이런 변형은 그 자체가 문제를 지니고 있지만 위에서 언급한 구조적 구속관의 문제점을 보완하기 위하여 필요하다.

래드는 공식적 조직의 목적달성 방법에 대해 말하면서 이런 변형을 제안했다. 그는 공식적 조직에서 도덕적인 고려가 사실에 입각했을 때에만 의사결정에 영향을 미칠 수 있다고 주장했다. 소비자와 대중의 도덕적 태도는 기업의 의사결정에 영향을 미칠 수 있다. 왜냐하면 그런 것들은 기업이 특정한 목적을 달성하는 것과 관련이 있기 때문이다(텔레비전 시청자들이 도덕적으로 민감한데, 이것을 건드리는 것은 방송국의 수익을 떨어뜨릴 수가 있다). 그러나 도덕 그 자체는 실제적인 문제가 아니기 때문에 기업의 의사결정에 영향을 미치지 못한다고 래드는 주장했다.[12)]

그 주장을 평가하기 전에 구조적 구속관에 대한 두 가지 기본적인 도전을 살펴보자. 첫째는 기업이 공식적 조직이라는 것에는 동의하나 도덕적 고려를 할 수 없다는 것에는 의문을 제기하는 것이다.[13)] 그것은 기업조직을 게임의 규칙에 비유하는 점도 비난한다. 게임의 규칙은 정적(靜的)이나 기업조직은 변화된다. 체스의 규칙은 고정되어 있고 선수에 의해 변경될 수 없는 반면에, 기업에 있어서의 선수, 즉 경영자나 주주, 종업원들은 기업의 조직과 구조를 변경 할 수 있다. 체스의 규칙은 50여년간이나 변화되지 않았지만 같은 기간 동안 록히

Ethical Issues in business, ed. T. Donaldson and P. Werhane(Englewood Cliffs, N.J.: Prentice-Hall, 1979).

12) Ladd, "Morality and Rationality," p.498.

13) 이 점은 굿패스터(Kenneth Goodpaster)의 다음 논문에 나타나 있다. "Morality and Organizations." in *Ethical Issues in Business*, de. T. Donaldson and P. Werhane (Englewood Cliffs, N.: Prentice-Hall, 1979).

드(Lockheed)사(社)나 지엠(GM)사(社)등이 기업목적을 변경시켰을 것이다. 구조적 구속관은 기업이 합리적으로 행동하도록 되어있다고 주장한 점에서 실수를 했다(여기서 합리적으로 행동한다는 것은 오로지 완강하게 목적을 추구한다는 것을 의미한다). 체스게임에서 사람이 규칙을 변경할 수 없지만, 기업은 그들의 목적을 변경할 수 있다.

비록 이런 비판이 처음에 제기된 구조적 구속관을 약화시키지만 수정된 견해를 약화시키는 것은 아니다. 이것은 단계 2가 '필연은 가능을 의미한다'(ought implies can)는 격언과 결합될 때 기업으로 하여금 합리적으로 도덕적 규범에 따라 목표를 변경하지 못하게 하기 때문이다. 다시 말해서, 자기의 행동을 통제할 수 없다면 (필연은 가능을 의미한다) 그 책임을 질 실체가 없게 되므로, 기업이 그들의 조직에 의해 구속된다는 것은 기업이 그들의 조직을 도덕적으로 합리적이게 바꿀 수 없다는 것을 의미한다. 이런 문제는 '합리적인 행동'이라는 용어의 의미가 양면성을 갖는다는 문제로 바뀐다. 하나는 기업이 미리 결정된 문제를 얼마나 능률적으로 달성했느냐에 대해 합리적인가 그렇지 않은가의 문제이다. 구조적 구속관은 이런 의미에서 합리적이라는 단어를 사용했다. 다른 하나는 기업이 도덕적으로 그들의 목적을 개선하고 재규정하였는가의 측면에서 합리적인가 그렇지 않은가 하는 것이다. 이것이 광의의 합리적 행동이다. 구조적 구속관은 기업이 이런 넓은 의미에서 합리적일 수 없다고 결론짓고 있다. 기업은 목적을 평가하고 변경하기 위해 만들어진 기계가 아닌 단순한 목적추구기계와 유사하기 때문에 도덕적 행위자가 될 수 없다고 주장하는 것이다.[14)]

구조적 구속관에 대한 또 하나의 비판은 기업과 다른 조직 간의 유사성에 있다. 어떤 조직은 협약에 따라 도덕적 행위자의 자격이 주어지는 행위를 할 수 있어서 도덕적 행위자로 생각된다. 예를 들면 국가와 정부는 전쟁을 선포하거나 조약을 체결할 수 있기 때문에 도덕적 행위자(그리고 전시에는 민간인에 대한 폭격에 책임을 질 수도 있다)로 생각된다.[15)] 기업도 국가와 정부같이 도덕적 행위자로 생각될 수 있는 행위를 한다고 말할 수 있다. 예를 들면 기업은 그들의 법인정관에 따라 재산을 소유하고 계약을 체결할 수 있다.

---

14) 이 사실은 공식적 조직의 정의로부터 나왔다. 위핸(Patricia Werhane)교수는 그의 논문 "Formal Organizations, Economic Freedom and Moral Agency," forth coming in *The Journal of Value Inquiry*에서 기업은 목적추구기계와 유사할 수밖에 없다는 견해를 제시했다.

15) Ozar, "Moral Responsibility of Corporations."

그러나 이런 주장이 기업을 도덕적 행위자로 간주하는 데 대해 독자적인 근거를 제공해 주긴 하지만 일반적인 사회협약과 관습에 배치되는 한 구조적 구속관을 벗어날 수 없다. 구조적 주속관은 국가와 정부 같은 조직을 도덕적 행위자로 간주하는 사회적 관습이 기업까지도 도덕적 행위자로 생각한다는 것을 부정한다. 사회적 관습이 잘못된 것일 수도 있다. 이교도(異教徒)들은 나무조각을 도덕적 행위자로 보는 관습을 따를 수 있다. 그러나 그 관습이 나무조각을 도덕적 행위자로 만들지는 않는다.

우리가 앞에서 고찰한 두 가지 비판 중 어느 것도 구조적 구속관을 무용하게 하지는 못했다. 그러나 우리가 문제를 이해하는 데는 도움을 주었다. 우리는 (a) 도덕적 행위자에 대해 반대하는 경우가 '필연은 가능을 의미한다'라는 주의에 크게 의존한다는 것, (b) 그 경우가 단순한 관습과는 별개의 이유에 의해 지지되어야 한다는 것을 이제는 알아야 한다. 만약 (a)나 (b) 둘 중의 하나가 거짓이라면 구조적 구속관은 무너질 것이다.

계속하기 전에 구조적 구속관에 내포된 의미를 고려해야 한다. 만약 기업이 도덕적 행위를 전혀 할 수 없게 구속되어 있다면, 위험하고 복잡한 기계처럼 비도덕적 행위자로서 감시되고 통제되어야 한다. 도덕적 행위를 하게 하는 어떤 자동적인 경제기구 없이는, 도덕적 책임을 질 수 있는 능력 없이는 기업은 대형기계와 같이 그들의 거대한 힘을 행사하려고 위협할 것이다. 자동적인 제어 또는 내부적인 도덕적 규제가 없다면 외부의 행위자가 제어를 해야 한다. 그리고 그런 제어가 어느 정도까지 정당한가 하는 이론적인 한계는 아직 없다.

무제한의 정부규제라는 유령은 구조적 구속관에 질문을 한다. "우리가 기업을 도덕적 행위자로 간주해서 그들을 칭찬하고 비난하고 책임 있는 행위를 기대한 것은 잘못한 것인가?" 설득력 있는 논리에도 불구하고 구조적 구속관은 사람들이 마치 기업을 도덕적 행위자인 양-물론 그런 말이 실수라는 것은 차치하고 말한다는 사실을 명백하게 해명하지는 못할 것이다.

좀 더 연구해보면 구조적 구속관의 두 가지 맹점이 드러난다. 이런 문제들은 지나치게 단순화하는 경향과 관련된 것이다. 첫 번째는 기업이 무엇이냐에 대한 지나친 단순화이고, 두 번째는 기업이 어떻게 행동하는가에 대한 지나친 단순화이다.

구조적 구속관은 기업이 공식적 조직이라고 가정하고 있다. 이것은 가정 1,2에 두드러져 나타나고 있다. 하지만 1,2가 기업을 정의하는데 기반이 되기는 했지만 결론적인 정의는 구체적인 것이 될 수 없다. 왜냐하면 그것은 사실적인 주장을 하고 있고(기업은 실제적인 목적을 추구하는 것이라는) 게다가 그것은 사실적인 결론에 직접적으로 도움을 주고 있기 때문이다(기업은 도덕적 행위자가 아니다). 전제 1,2는 사실에 입각할 때만 중요한 의미를 가진다. 그러나 이런 것들을 고려해도 사실에 입각한 정확성이 당연한 것으로 인정된다는 것은 주목할 만하다.

이것은 조직의 작용을 이해하는 것이 관심사인 사람들에게는 당연한 것으로 받아들여지지 않는다. 공식적 조직의 개념은 조직이론가인 사이몬(Herbert Simon)으로부터 나왔다. 그러나 사이몬의 모델은 많은 경쟁적인 모델들 중의 하나이다. 그리고 어떤 모델이 가장 정확한가에 대해서는 의견의 일치를 보지 못하고 있다. 사실상 의견의 일치가 존재한다고 해도 기업조직을 특징 지우는 데는 하나의 모델로는 부족할 것이다.[16)]

전제 1,2가 어떻게 구조적 구속관에 중요한 역할을 하는가를 보기 위해 그리고 이것이 도덕적 행위자 문제 전반에 어떤 영향을 미치는가 보기 위해서 아래와 같은 세 가지의 다른 조직모델을 간단히 검토해 보기로 하자. 각 모델은 몇몇 조직이론가에 의해 인정을 받고 있으며,[17)] 기업을 보는 시각이 기본적으로 다른 방법들을 제안하고 있다.

1. 합리적 행위자 모델(The Rational Agent Model)

합리적 행위자 모델은 기업의 행위가 기업이 가치를 극대화시키기 위해서 선택된 통일된 과정의 결과라고 가정한다. 이 모델은 의사결정이 합리적이라고 암시한다. 즉 인간과 마찬가지로 기업도 의식적으로 가치를 추구하려고 노력한다는 것이다.[18)] 이 모델은 목적지향적으로 해석할 필요가 없다. 조직의 가치의 극대화는 의사결정이 목적지향적인 경우에는 구체적인 장래의 상황을 추구하는

---

16) Simeon M. Kriesberg, "Decision-making Models and the Control of Corporate Crime." *The Yale Law Jurnal*, 85(July 1976).

17) Michael Keeley, "A Social Justice Approach to Organizational Evaluation" *Administrative Science Quarterly* (June 1978).

18) 어떻게 기업이 인간과 비슷한 것으로 생각되어 왔는가에 관한 역사적인 설명은 Frederic Pollock and F.W. Maitland, "Corporation and Person," in *Anthropology and Early Law,* ed. Lawrence Krader (New York: New York Univ. Press, 1965), pp.300~336.

것에 관련된 것이고 그렇지 않은 경우에는 특정한 일련의 규칙 또는 원칙에 집착하려는 노력과 관련된 것이다. 이 모델에 따르면 기업의 두뇌는 최고경영자와 이사로 구성된다. 그리고 그들은 의사결정을 위해 서로 토의할 수도 있다.

2. 조직과정 모델(The Organizational Process Model)

조직과정 모델은 기업의 의사결정이 통일적인 의사결정과정의 결과라는 것을 부정한다. 대신 기업을 의사결정단위들의 느슨한 결합으로 생각한다. 마케팅그룹, 제조담당그룹, 교섭담당그룹 등 여러 그룹간의 어떤 협동은 존재할지라도 획일적이고 의도적인 의사결정이 이루어지지는 않는다. 이 모델은 기업활동이 조직에 대한 규칙과 보이지 않는 규범을 배경으로 한다고 생각한다. 의사결정을 해야 할 때는 지금 당면한 문제와 관계있는 규칙을 만들어내기 위해 조사를 행한다. 그 규칙이 공식화된 원칙일 필요는 없다. 대신 보이지 않는 규범이나 일반적인 기대가 될 수 있다. 이 모델에서 규칙들은 그 자체가 조직운용과 표준영업절차의 결과이다. 그것들 중의 일부는 회사기록－즉 주주에 대한 보고서, 메모, 경영자의 명령－으로 남기도 하고 남지 않기도 한다.[19]

3. 정치적 이기주의 모델(The Political Egoism Model)

정치적 이기주의 모델은 기업의 의사결정을 개별 종업원의 결정 그리고 그들이 추구하는 이익의 관점에서 생각한다. 기업에서 개인의 이익을 추구하기 위해 일어나는 투쟁은 정치선거에서의 후보자들의 투쟁에 비유될 수 있다. 후보자들은 특정한 이익－경제적인 풍요, 사회적 지위, 원활한 대인관계 등－을 누리려고 한다. 그러나 이런 이기적인 이익의 추구는 필연적으로 후보자간의 갈등을 야기시킨다. 정치적 게임의 규칙은 회사의 법인정관, 소비자의 기대, 투자단체(집단), 조직내의 전통, 회사가 속해 있는 산업체의 분위기에 의해 결정된다. 게임에서 중요한 선수들은 공장장, 마케팅 전문가, 교섭담당자 등이 될 수 있다. 정치적 게임은 행위자의 의도가 불분명한 행동을 야기하기도 한다. 예컨대, 록히드 항공회사가 일본관리에게 뇌물을 주었다는 것을 안다고 해도 그것

19) 기업의 절차에 관한 광범위한 설명은 Peter Drucker, *Concept of the Corporation* (New York: John Day 1946).

이 어떤 정치적 이해관계에서 이루어 졌는지는 알 수 없는 것이다.

우리는 이런 모든 모델에 대해 자세히 논할 수도 없고 각 모델을 지지해 주는 근거를 평가할 수도 없다. 그러나 기업이 무엇인지 알기 위해서 이런 여러 모델들이 필요하다. 중요한 점은 구조적 구속관이 기업을 단일의 모델, 즉 공식적 조직 중의 하나라고 가정한 것은 잘못되었다는 것이다. 아마도 기업은 전제 1이 제안한 공식적 조직보다는 합리적 행위자 모델이 더 합당할 것이다. 그렇다면 결국 기업은 도덕적 행위자가 될 수 있다. 또는 단일 모델에 집착하지 않고 여러 모델의 특징을 제시함으로써 단일 기업을 이해하기 위해 여러 모델을 이용할 수도 있다. 또는 기업들이 서로 다르기 때문에 한 기업은 공식적 조직 모델이 적합하고 다른 기업은 정치적 이기주의 모델이 적합할 수도 있다. 구조적 구속관은 모든 기업이 공식적 조직이라고 가정함으로써 문제를 너무 단순화 시켰다.

구조적 구속관의 두 번째 지나친 단순화는 첫 번째와 밀접하게 관련되어 있다. 즉 같은 문제로 생각할 수도 있다. 그것은 기업이 무엇이냐가 아니고, 기업이 어떻게 행동하느냐 하는 것이다. 구조적 구속관은 기업이 실제적으로 어떤 특정목적을 추구해야 하고, 이것이 그들이 할 수 있는 전부라고 가정하고 있다. 그러나 이런 식으로 경영되는 기업도 있을지 모르지만 분명하게 반대되는 예들도 존재한다. 기업의 의사결정 절차상에서의 다양성에 대해 다음과 같은 경우를 가정해 보자.

1. 스미스와 존스는 광고회사의 동업자들이다. 그들은 매일 같은 사무실에서 근무하고 정보를 서로 교환하고 상호 협의하여 모든 문제를 해결한다. 그들은 회사 주식의 98%를 공동으로 소유하고 있다.
2. 지엠(GM)사(社)는 냉장고에서 자동차에 이르기까지 모든 것을 제조하는 회사이고, 수익은 세계 대부분의 한 국가 전체 수입보다 더 많다. 말 그대로 수백만의 주주가 소유하고 있는 지엠(GM)사(社)는 수천 개의 하부단위로 나뉘어 있어서(라인과 스탭) 때로는 자발적으로 의사결정을 하기도 하고 때로는 중앙부서에 결재를 올리기도 한다. 이런 하부단위들은 때로는 그들 자체의 의사결정조직을 통합하기도 한다.
3. 에크미 마케팅(Acme Marketing)사(社)는 호별방문판매를 전문적으로하는 회사이고 수많은 판매원들을 고용하고 있다. 그들은 일하는 대가로 수수료

를 지급받으며, 대부분이 단기간 고용된 사람들이다. 대부분의 의사결정은 현장에서 종업원들에 의해 이루어지며, 중앙부서와는 거의 협의를 하지 않는다. 회사의 자산은 작고 주식의 대부분이 경영자에 의해 소유되고 있다.

위의 예들은 기업의 의사결정절차가 다양하다는 것을 보여준다. 각 조직은 서로 다른 논리에 따라 기능한다. 어느 누구도 스미스-존스(Smith&Jone's)사(社)와 지엠(GM)사(社)의 의사결정절차를 같은 것으로 보지 않는다. 왜냐하면 스미스-존스(Smith&Jone's)사(社)는 꾸준한 의사소통이 가능하며 의사결정이 개인의 것과 유사하기 때문이다. 여기에서 우리는 구조적 구속관이 스미스-존스사(社)는 도덕적 규범을 바탕으로 행동할 수 없다고 결론을 내린 것이 잘못되었다는 것을 알 수 있다. 왜냐하면 개인은 그러한 규범을 바탕으로 행동할 수 있고 스미스-존스사(社)의 의사결정은 개인의 의사결정과 닮았기 때문이다.

구조적 구속관의 이런 두 가지 지나친 단순화는 우리가 잘못된 질문을 해왔음을 밝혀준다. 단순히 모든 기업이 도덕적 행위자이냐 아니냐라고 묻지 않고 어떤 기업이 도덕적 행위자이고 어떤 기업이 아니냐라고 묻는 것이 더 나았을 것이다. 스미스-존스사(社)에 대한 결론이 맞다면 분명히 어떤 기업은 도덕적 행위자가 될 수 있다. 그리고 구조적 구속 모델에 꼭 들어맞는 기업이 있다면 그런 기업은 도덕적 행위자가 될 수 없다. 어떤 기업이 도덕적 행위자가 되기 위해서 만족되어야 하는 조건(條件)을 먼저 규정함으로써 계속해 보자. 이렇게 한 후에 우리는 어떤 기업이 그 조건을 만족시키는가 만족시키지 못하는가 물어볼 수 있을 것이다.

제 4절 도덕적 행위의 조건

도덕적 행위자가 되기 위해서 기업은 도덕적 의사결정과정을 구체화시킬 필요가 있다. 앞서 논의한 것을 기초로 하여 이런 과정은 최소한 다음과 같은 조건을 필요로 한다.

1. 의사결정을 할 때 도덕적인 이성을 사용할 수 있는 능력

2. 기업의 행위뿐만 아니라 정책이나 규칙의 구조를 통제할 수 있는 의사결정 과정의 능력

조건 1은 기업을 단순한 기계 이상의 수준으로 높이기 위해 필요하다. 어떤 것이 도덕적 행위자가 되기 위해서는 단순히 행위를 하는 데 필요한 이유가 아닌 이성을 가져야 하고 그러한 이성의 일부는 도덕적이어야 한다. 분명히 기업은 인간과 똑같이 사고할 수는 없다. 그러나 기업은 이성을 사용할 수 있고 이것은 기업이 도덕적으로 설명 가능하다는 사실에서 드러난다. 즉 인간과 같이 적절한 내부조직을 가진 기업은 도덕적인 이성이 야기한 행위를 설명할 수 있을 것이다.

기업이 도덕적 행위자가 되기 위해서는 의사결정을 할 때 도덕적인 이성을 사용할 수 있어야 할 뿐만 아니라 기업의 정책이나 규칙의 구조를 통제할 수 있는 능력(조건 2)도 있어야 한다. 우리는 인간이 행위뿐만 아니라 도덕적 능력을 유지하는 데에도 책임이 있다는 사실을 기억해야 한다(아리스토텔레스가 지적했듯이 우리는 다른 사람에게 상해를 입혔을 때 뿐만 아니라 알콜이나 약물 등으로 다른 사람에게 피해가 가도록 우리의 능력을 변화시켰을 때에도 책임을 져야 한다). 같은 논리로 기업이라는 도덕적 행위자는 기업의 도덕적 능력－어떤 회사의 정책, 규칙, 절차같은－을 유지하는 데에도 책임이 있다. 사실 조건 2는 조건 1을 더욱 구체화한 것이다. 조건 1은 도덕적 행위자는 기업의 행위에 대해 도덕적인 통제를 해야한다고 규정한다. 조건 2는 더 나아가 이런 도덕적 통제가 기업 의사결정기구의 유지에까지 확장되어야 한다고 규정한다.

이런 조건을 만족하는 기업은 도덕적 인간이 아닌 도덕적 행위자가 될 수 있다. 기업이 의사결정을 할 때 도덕적 이성을 사용하기 때문에 인간이 갖는 다른 도덕적인 특성－의향, 즐거움, 인간의 의무와 권리－도 자동적으로 소유한다고 생각하면 잘못이다. 의사결정을 할 때 도덕적 이성을 사용한다는 단순한 능력이 기업으로 하여금 투표를 할 수 있는 권리를 주는 것도 아니고 징병을 위해 등록해야 하는 의무를 부여하는 것도 아니다. 그러므로 기업의 도덕적 행위는 특별한 종류의 것이다. 6장에서는 기업의 도덕적 행위의 개념과 인간의 도덕적 행위의 개념을 구별짓는 차이에 대해 설명을 할 것이다.

원칙적으로, 모든 기업이 이 두 가지 조건을 만족시킬 수 없다고 생각하는 근거는 없다. 실제로 어떤 사람은 거의 모든 기업이 벌써 이 두 조건을 충족시

켰다고 주장할지도 모른다. 이 조건들은 완벽하게 기능을 하는 도덕적인 의사결정과정을 요구할 정도로 엄격하지는 않다. 그런 조건이라면 인간도 거의 만족시킬 수 없을 것이다. 기업은 완전한 도덕적 통제를 필요로 하지 않는다. 합리적인 정도에만 도달하면 된다. 통제가 가능함에도 불구하고 제품안전부(部)에서 잘못된 절차를 고치지 않고 시간을 끌어서 소비자가 피해를 보게 하는 기업이 도덕적 행위자임을 부정함으로써 도덕적 올가미로부터 풀려 날 수는 없다. 기업의 의사결정과정이 완전히 기계적이고 구조적 구속 모델에 꼭 들어맞을 때 또는 기업이 완전히 분화되어 있어서 중요한 의사결정기구가 기능을 못할 때에만 그 조직은 옳고 그릇됨을 분별할 수 없는 병든 또는 미친 사람과 비슷해진다. 그런 조직은 아무것도 가지고 있지 않기 때문에 도덕적 능력이 개선되거나 유지되기를 기대하지 못할 것이며, 도덕적 행위자의 자격도 없다. 그러나 사회는 이러한 기업의 도덕적 병폐로부터 기업을 보호해야만 한다. 그렇게 하는 한 방법이 기업설립요건으로 도덕적 행위자의 조건을 갖추도록 요구하는 것이다.

소규모 기업은 개인의 의사결정과 아주 비슷하다. 문제는 거대한 관료조직을 가진 대기업들이다. 수십만 달러의 수익을 올리고 수천 수만의 종업원을 고용하고 있고 해외에서 영업활동을 하는 조직은 책임수행에 복잡하고 전문화된 시스템을 이용해야 한다.

조건 1,2가 다른 조직에게는 다르게 느껴질 수도 있다. 기업이 그들의 경제적인 목적을 달성하기 위해 선택하는 수단이 다르듯이 도덕적인 목적을 달성하는 방법도 다를 수 있다. 지엠(GM)사(社)는 재조직된 이사회에서 도덕적인 문제를 체계적으로 고려함으로써 도덕적 의사결정과정을 만들었다. 반면에 미러(Donnelly Mirror)는 많은 기업의 이해관계자 그룹들－주주, 종업원, 소비자－이 의사결정과정에 참여하게끔 하여 도덕적인 의사결정을 확립했다(8, 9장에서 기업의 책임을 개선할 수 있는 전략들이 검토된다). 기업의 다른 도덕적 행위의 형태에도 역시 문은 열려 있다. 어떤 회사에서는 기업의 각 구성원이 기업이 행한 일에 대해 부분적으로 책임을 지고, 반면에 다른 기업에서는 일부 구성원(즉 경영자나 이사회)만이 기업이 행한 일에 대해 책임을 진다. 법률적인 관점에서 이런 문제를 논할 때 드 조르쥐(Richard De George)는 다음과 같이 말했다. "법률적으로 기업활동에 대해 책임을 지우는 올바른 단 한가지의 방법은 존재하지 않는다. 기업이 얼마나 많이 자연인의 자유를 누릴 수 있느냐 하는 문제는 최근에 많은 법원의 결정들과 관련된 문제이다. 그러나 답은 부분적으로 결정되어야 한다. 기업이 실제로 어떤 자유를 갖고 있느냐를 보는 시각의 문제는 아니다"[20] 고 결론내렸다.

드 조르쥐의 말이 나타내듯이 도덕적 행위자가 될 수 있는 능력은 그들이 규정하고 있는 일종의 도덕적 행위의 종류와 더불어 법원이나 정부 등 외부인이 기업을 어떻게 보고 있는가를 결정하는데 중요한 문제이다. 도덕적 행위자가 될 수 없는 기업－즉 조건 1,2를 만족하지 못하는 기업－은 역시 권리나 책임의 소유자도 될 수 없다. 어떤 권리나 책임은 자동적으로 기업의 설립요건에 수반되므로, 사회는 도덕적 행위자의 조건이 기업의 설립요건이 되도록 바라는지도 모른다.

기업의 도덕적 인간관은 기업과 인간의 유사성을 너무 강조한 것처럼 보였다. 도덕적으로 말하면 기업은 인간이 아니다. 그들이 의도적으로 행동한다는 사실, 법원에 의해서 어떤 법적인 권리를 부여받았다는 사실이 그들이 인간이라는 것을 의미하는 것은 아니다. 기업의 의도는 인간의 의도와는 다르다. 그리고 단순히 의도가 있다는 것만으로 도덕적 행위자의 자격이 주어질 수는 없다(하등동물과 컴퓨터를 생각해 보라). 그러나 도덕적 인간관과 대응(對應)되는 구조적 구속관 역시 문제가 있다는 것이 발견되었다. 이 견해는 기업의 본질과 기업이 어떻게 행동하는가를 지나치게 단순화시켰기 때문에 빚어진 잘못이다. 우리가 살펴보았듯이 대기업이라 할지라도 그들이 두 가지 필요조건을 만족할 때 도덕적 행위자가 될 수 있다.

제 5 절 기업의 책임을 이해하는데 필요한 예비적 체계

기업이 도덕적 행위자가 될 수 있다면, 과연 무엇이 기업을 도덕적 행위자로 만드는가? 도덕적 행위자가 되는 데 필요한 최소한의 조건을 만족하는 기업을 생각해 보자. 그들의 임무와 의무는 어떻게 정의되어야 하는가? 우선 우리는 기업이 인간과 같은 의무를 가지고 있다고 생각하는 함정에서 벗어나야 한다. 인간은 그렇지 않지만 기업은 주주의 요구를 생각해야 할 임무가 있다. 그리고 인간은 그렇지 않지만 기업은 기업헌장을 준수해야 할 임무 등을 가지고 있다.

20) Richard De George, "Moral Responsibility and the Corporation." 1978. 12.27. 미국철학회와 합동으로 연 가치추구를 위한 1978년도 회합에 제출된 논문, pp.19~20.

만약 기업의 의무가 인간의 의무와 같지 않다면 그들의 의무는 무엇인가?

우선 모든 기업의 도덕적 의무를 직접적인 의무와 간접적인 의무[21]의 두 가지로 분류해 보자. 직접적인 의무란 공식적이고 명시적으로 규정되어 있고, 하나의 규칙으로서 주주나 종업원, 공급자, 소비자와 같이 기업과 직접적으로 관련이 있는 사람들에 대한 의무를 말한다. 예컨대 기업은 법이나 기업의 기업헌장에서 규정된 대로 주주에 대한 직접적인 의무가 있다. 또는 노사단체협약서에서 규정된 대로 종업원에 대한 의무도 있다. 법규(예: 기업은 잘못된 제품으로 인해 피해를 본 사람에게 보상해야 한다), 또는 공급자와의 계약, 또는 종업원과의 연금계약 등은 모두 기업의 직접적인 의무를 창출한다.

간접적인 의무는 반대되는 특성을 가진다. 공식적으로 규정되어 있지도 않고 경쟁자나 지역사회, 일반대중 등 기업과 직접관련이 없는 사람들에 대한 의무이다. 공식적인 계약서가 존재하지 않음에도 불구하고 기업은 경쟁자와 공정한 관계를 유지해야 하고 지역사회를 파괴하지 않아야 하며 일반대중에게 해가 가지 않게끔 해야 하는 등의 의무를 가지고 있다고 말할 수 있다. 직접적인 의무의 수혜자가 역시 간접적인 의무의 수혜자가 될 수 있다. 즉 기업은 노사단체협약과 연금계약을 존중해야 할 뿐만 아니라 종업원의 어떤 권리도 존중해야 할 의무가 있다. 기업이 얼마나 많은 의무를 져야 하는가의 문제는 논쟁거리가 될 수 있지만, 기업이 어느 정도의 의무는 져야 한다는 데는 이견이 없다. 심지어 공식적인 계약이 없음에도 불구하고 기업이 소비자를 속이지 않아야 하고, 민족적 편견이 담긴 광고를 하지 말아야 한다는 의무를 부정하는 사람은 거의 없다.

1. 직접적 의무

도덕적인 관점에서 직접적 의무는 쉽게 다루어진다. 그것은 쉽게 확인되고 표면에 구체성을 띄고 있다. 계약 또는 법규는 그 자체가 의무를 공식화하기 위한 노력이다. 비정상적인 경우를 제외하고는 직접적인 의무가 존재한다는 단순한 사실이 그것을 이행해야 할 결정적인 도덕적 이유가 된다. 유일한 예외는

---

21) Clarence Walton, *Conceptual Foundations of Business* (Homewood, Ⅲ: Richard D. Irwin, 1969), pp.162~87
월튼박사가 기업의 직접적 의무와 기업의 간접적 의무의 구별을 소개했다. 내가 사용한 구별은 그에 의해 영향을 받았지만 약간 다르다.

규정된 의무가 보다 근본적인 도덕적 의무와 상충하는 경우 즉 계약이 한 쪽 당사자로 하여금 사기를 치도록 하는 경우이다. 직접적인 의무에 대한 보다 복잡한 문제는 그것이 무엇이냐를 밝혀내는데 있지 않고 기업이 어떻게 그것을 최대한 준수할 수 있느냐를 밝혀내는데 있다.

직접적인 의무를 어김으로써 많은 도덕적인 재난이 발생하게 된다. 후커케미칼(Hooker Chemical)사(社)가 오염규제법을 위반했을 때 그 회사는 직접적인 의무를 위반한 것이다. 다른 예로서 1978년에 미시간주의 플림트(Flimt)에 있는 지엠(GM)사(社)의 트럭공장에서 종업원에 대한 직접적인 의무와 관련있는 사건이 발생했다. 3명의 공장장이 생산에 박차를 가하기 위해 감독자 방에 비밀통제상자를 설치했다. 이러한 행위는 지엠(GM)사(社)의 노조원과의 계약에 대한 중대한 위반이었다. 이에 대해 공장장은 생산 목표를 달성하지 못해서 어떤 조치를 취하라고 상사들이 압력을 가했기 때문이라고 변명했다.[22] 여기서의 도덕적 문제는 비교적 간단하다. 즉 지엠(GM)사(社)가 노사단체협약에 대한 직접적인 의무를 위반한 것이다.

2. 간접적 의무

간접적 의무에 관련된 문제는 좀 복잡하다. 간접적인 의무와 관련이 있는 다음의 두 가지 사례를 살펴보자. 첫 번째는 네슬(Nestle)사(社)나 브리스톨-마이어스(Bristol-Myers)사(社)와 같은 대기업으로서 개발도상국의 어머니들에게 이유식(離乳食)을 파는 회사의 경우이다. 무료 견본을 사용하는 것을 포함하여 적극적인 광고를 통해 이 회사들은 제3세계 국가의 어머니들이 아이들에게 모유대신 이유식을 먹이도록 했다. 이에 대해 건강 문제와 관련된 거센 도덕적 비난이 일었다. 미개발국가에서는 이런 이유식과 함께 타먹일 물에 박테리아균이 들끓고 있고, 그 어머니들에겐 이유식을 계속 먹일 만한 돈도 부족하며, 한번 이유식을 먹이면 다시 모유를 먹일 수 없다는 등의 이유로 논쟁이 일었다. 결과적으로 유아 사망률과 영양실조가 정상적인 수준보다 높아졌다. 그런 주장들이 맞든 틀리든 그 성격상 기업에는 간접적인 도덕적 의무가 존재한다(미국의 기업들은 그런 제품의 판매를 금지하는 법적규제를 받지 않는다).

작은 지역사회에 있는 큰 기업이 문을 닫거나 이동하는 경우를 생각해 보자.

22) *Wall Street Journal,* November 8, 1979, p.1.

앞서 언급했듯이 그런 행위는 작은 지역사회에 큰 재난을 안겨준다. 널리 알려진 사례로 라이크스-영스타운(Lykes-Youngstown)에서 쉬트앤튜브(Sheet &Tube)사(社)는 그 지역의 5,000명의 종업원을 사전통보도 없이 내쫓았다. 그로 인해 그 지역에서 11,000개 이상의 관련 일자리가 없어졌다. 회사가 때로는 옮기거나 문을 닫을 권리가 있다는 것을 부정하는 사람은 아무도 없다. 그러나 그 방식에 있어서 가능한 한 지역사회에 미리 알려주는 등의 간접적인 의무가 있다는 데에는 대부분의 사람들이 동의한다. 역시 그런 의무는 간접적이다. 간접적인 의무는 직접적인 의무와는 달리 윤리적인 초점을 맞추기가 어렵다. 기업이 구체적으로 어떤 간접적인 의무를 져야 하는가? 윤리적 정당화는 어떻게 해야 하는가?

이 장은 기업이 도덕적 차원을 가지고 있다는 것을 밝혔지만 그 차원의 성격을 밝혀내지는 못했다. 어떤 최소한의 조건—즉 의사결정을 할 때 도덕적인 이성을 사용하고, 기본적인 정책과 절차를 통제할 수 있는 능력을 가지는—을 만족하는 기업은 도덕적 행위자가 될 수 있다는 것은 보였지만 어디까지가 도덕적 행위인가를 밝히지는 못했다. 전통적인 도덕이론의 맥락(脈絡)에서 기업은 인간과 똑같이 취급할 수 없다는 것도 보여주었으나 더 나은 취급방법을 상세하게 밝혀내지는 못했다. 요약하면 이 장은 여러 도덕적 문제를 제시하는 등의 도덕적 행위의 문제를 광범위하게 다루었지만 그 해결책은 거의 제시하지 않았다.

결론 부분에서는 기업의 의무를 직접적인 것과 간접적인 것으로 나누었다. 직접적인 의무는 상대적으로 명확하지만 간접적인 의무는 상당히 애매모호한 점이 많다. 다음 장에서는 기업의 간접적인 의무의 내용을 분명하게 밝힐 것이다.

참 고 문 헌

Beauchamp, T., and N. Bowie, eds., *Ethical Theory and Business*. Englewood Cliffs, N.J.: Prentice-Hall, 1979.

Carey, Toni Vogel, "*Institutional Versus Moral Obligations,*" Journal of philosophy, 74(1977) :pp.587~89.

Cohen, J., *The Conscience of corporations*. Baltimore: John Hopkins Press, 1971.

De George, R.T., and J.A. Pichler, eds., Ethics, *Free Enterprise and public Policy*. New York: Oxford University Press, 1978.

Dennison, Henry S., *Ethics and Modern Business*. Boston: Houghton Mifflin, 1932.

Donaldson, Thomas, and Patricia Werhane, des., *Ethical Issues in Business*: A Philosphical Approach. Englewood Cliffs, N.J.: PrenticeHall, 1979.

French, Peter A., "*The Corporation as a Moral Person*," American Philosophical Quarterly, 16(July 1979) : pp.207~15.

"*Institutional and Moral Obligations.*" Journal of Philosophy, 74(1977) : pp.575~87.

Gewirth, Alan *Reason and Morality*. Chicago: University of Chicago Press, 1978.

Godecke, Walter, "*Corporations and the Philosophy of Law*," The Journal of Value Inquiry, 10(Summer 1976).

Keeley, Michael "*A Social Justice Approach to Organization Evaluation*," Administrative Science Quarterly. June 1978.

Kriesberg, Simeon M., "*Decision-making Model and the Control of Corporate Crime*," The Yale Law Journal, 85(July 1976).

McKeon, R., "*Products Liability: Trends and Implications*," The University of Chicago Law Review (1970~1971) : pp3~63.

Nader, Ralph, *The Consumer and Corporate Accountability*. New York: Harcourt Brace Jovanovich, Inc., 1973

Olson, Mancur, Jr., *The Logic of Collective Action*. Cambridge, Mass.: Harvard University Press, 1965.

Von Wright, Georg Henrik, *Norm and Action*. London: Routledge & Kegan Paul, 1963.

제 3 장 기업에 대한 사회계약의 형성

1969년 하버드 경영대학원(Harvard Business School)에서의 강연에서 포드 2세(Henry Ford Ⅱ, 1917~1987)는 다음과 같이 말하였다.

"기업과 사회간의 계약조건은 변화하고 있다...이제는 광범위한 인간의 가치를 위해 공헌하며, 우리와 아무런 상업적인 거래도 없는 대중에 대한 의무를 받아들이는 것이 요구되고 있다."

포드(Ford)가 언급한 "계약"(contract)은 기업의 간접적인 의무와 관련이 있다. 계약은 공식적으로 명시된 의무들의 집합이 아니라, 구속력이 있는 추상적인 의무들의 집합임을 나타내는 것이다. 기업에 대한 사회계약이 존재한다면, 이것은 현실세계에서의 성문화된 계약이 아니라, 과거에 철학자들이 논의 했던 시민과 정부간의 사회계약과 유사한 형이상학적(形而上學的)인 것이다. 이와 같은 계약은 파악하기 어려운 기업의 간접적인 의무의 본질을 이해하는데 도움이 되기 때문에 매우 중요하다.

이 장의 목적은 이른바 기업의 "사회계약"의 의미를 명확하게 함으로써, 기업의 간접적인 의무를 알아보는데 있다. 이것은 시도해 볼만한 가치가 있는 일이다. 사람들이 이러한 계약에 대해 자주 이야기는 하지만, 지금까지 그 의미를 명확히 하려고 한 사람은 없었다. 기업인, 국회의원 및 학자들이 계약을 위반한 사례들은 제시하지만, 그 계약을 정당화시키는 근거를 제시할 수 있는 사람은 거의 없다. 취소(臭素:Chisso)사(社)가 고의로 유독한 수은을 해안으로 방출하였을 때, 또는 네슬(Nestle)사(社)가 제3세계 국가에서 이유식의 판매량을 늘리려고 했을 때 계약을 위반하였다는 주장을 생각해 보라. 그러한 주장을 하게 되는 궁극적인 근거는 무엇인가? 어떤 계약도 계약당사자에게서 얻을 수 없고, 지적할 수도 없다. 어떤 서명도 진짜인가 조사될 수 없다. 그러면 "사회계약"이란 도대체 무엇인가?

철학자들이 언급했던 사회와 국가 사이의 "사회계약"은 이 논의의 좋은 출발점 인듯하다. 이 정치적 의미의 계약은 흔히 국가의 존재를 정당화시켜 주는 이론적 수단으로 간주된다. 철학자들은 다음과 같은 질문을 해왔다. "왜 사람들은 정부의 존재를 허락하는가?" 다시 말해, "왜 무정부상태보다 정부가 있어 세금을 거둬들이고, 군대를 유지하고, 범죄자를 처벌하는 등 그들의 대부분의 행동이 통제되는 상태를 원하는가?" 철학자들은 결코 국가존재의 필요성을 의심하지 않았다. 하지만 이와 같은 의문을 제기하는 것이 국가의 존재의 정당성뿐 아니라 국가와 시민간의 상호 의무를 명확하게 규명해준다고 믿었다. 정부가 시민을 속이고 그들의 권리를 짓밟거나 사회복지를 축소시킨다면, 정부는 사회계약원칙을 위반하는 것이며 전복될 수 있다고 철학자들은 말한다. 17세기 영국 철학자 로크(John Locke)에 의한 이러한 이론은 미국에서의 혁명과 독립선언문 및 헌법을 구상하는데 이론적인 토대를 제공하였다.

이러한 정치적 사회계약은 기업의 계약을 이해할 수 있는 실마리를 제공해준다. 정치적 계약이 국가의 존재를 정당화시켜 준다면, 기업의 계약은 기업의 존재를 정당화시켜 주어야 한다고 유추할 수 있다. 그리고 다음과 같은 중요한 의문이 제기된다. "왜 기업은 존재해야 하는가? 기업의 활동을 정당화시켜 주는 근본적인 것은 무엇인가? 기업의 업적은 어떻게 측정해야하며, 어느 경우에 기업이 자신의 목적을 달성하였다고 말할 수 있는가?" 지엠(GM)사(社)의 사례를 살펴보자. 1950년대와 1960년대에 지엠(GM)사(社)는 찌그러지지 않는 핸들이 부착된 자동차를 생산하였는데 조사에 의해 이 핸들이 수십만명의 고속도로 사상자를 낸 원인임이 밝혀졌다. 그러나 지엠(GM)사(社)를 비롯한 여타의 자동차 제조기업은 기존의 핸들을 유연한 핸들로 교체하는데 따르는 추가비용은 자동차의 판매량과 이익을 감소시킬 것이라고 주장하였고, 이 핸들을 계속 자동차에 부착하였다. 물론 그들의 주장은 사실일 것이다. 그러나 안전한 핸들로 교체하지 않음으로써 그들은 근본적인 기업의 사명을 망각한 것은 아닐까?

이 경우 그들이 기업과 사회간에 수반되는 사회계약원칙을 위반한 것으로 보아야 하는가? 그렇지 않으면 그들의 행위가 사회에는 불행한 결과를 가져왔지만, 자신의 사업에는 충실했던 것으로 보아야 하는가? 이와같은 의문에 답하기 위해서는 먼저 지엠(GM)사(社)의 존재를 정당화시켜 주는 것이 무엇인가를 알아야 한다.

기업의 존재를 정당화시켜 주는 근본적인 목적 또는 목적들의 집합을 찾아보는 것이 현명하다. 인간이 인간자신의 존재를 정당화시켜 주는 것도 찾을 수 없다는 사실에도 불구하고 이렇게 하는 것이 개념적인 이치에 부합된다. 앞장에서 배웠듯이, 기업은 인간과는 달리 인위적인 것, 즉 우리가 창조한 것이다. 우리가 기업을 만들었지만 우리는 기업을 창조하지 않을 수도 있었고 다른 실체를 창조하기로 결정할 수도 있었다. 따라서 기업은 정치적인 국가와 마찬가지로 정당화를 필요로 한다

제 1 절 정당화의 방법

그러나 혹자는 이에 대해 기업은 사회에 재화와 용역을 공급, 사회에 공헌함으로써 이미 정당화(justification)되었으며 따라서 기업은 존재할 수 있는 고유의 권리를 가지고 있다고 의문을 제기할 수도 있다. 이러한 의문은 인간이 굳이 "사회계약"이라는 원칙을 내세우지 않더라도, 기업의 존재를 설명할 수 있다는 사실을 보여준다. 인간은 기업의 생산물, 즉 기업이 생산하는 자동차, 철강, 장비, 의복 및 의료기구 등을 언급함으로써 기업의 존재를 정당화하려 할 것이다. 사회는 그러한 제품을 필요로 하기 때문에, 얼핏 보기에는 이것들을 생산하는 기업을 필요로 하는 것 같다. 18세기 스코틀랜드의 철학자 아담 스미스(Adam Smith)는 경제정책이 국가의 부에 얼마나 공헌하였는가를 살핌으로써 일련의 경제정책을 정당화하는 과정에서 생산성을 강조한 바 있다. 그러나 생산성은 기업을 정당화시키는 부분에서는 분명히 중요한 것이지만, 완전한 해결

책을 제공하지는 못한다. 도덕은 인간복지의 전 영역을 포괄하기 때문에 조직이 사회를 위해 부를 생산한다고 하는 것은 도덕적인 관점에서 그 조직을 정당화시키는 데 충분하지 않다. 어떤 대상이 부를 생산한다고 말하는 것은 부는 선으로 간주된다고 가정함으로써 그 대상이 도덕적으로 선하다고 말하는 것이다. 그러나 이것은 부가 주는 혜택 또는 부의 창조과정이 사회에 어떠한 영향을 미치는가에 대해서는 우리에게 알려주지 못한다. 원자로의 경우를 생각해 보자.

원자로가 전기를 발생시킨다고 하는 것은 원자로를 좋은 것이라고 말하는 것이지만 핵융합가능성, 핵찌꺼기의 저장 및 기회비용 등의 관점에서 원자로를 고려하지 않은 것이다. 비록 원자로가 정당화된다고 가정하더라도, 이같은 사실은 변함이 없다. 기업을 정당화하는 문제의 논리도 이와 유사하다. 기업의 존재라는 완벽한 도덕적 상을 완성하기 위해서는 부를 생산하는 기업의 능력이 아니라 오히려 기업이 사회에 미치는 전체적인 영향력을 고려해야 하는 것이다. 즉, 종업원에게 일자리를 제공하고 사회에 다른 혜택을 제공함으로써 종업원에게 이익을 주는 성향뿐만 아니라, 공기를 오염시키고 노동자에게 해를 끼치는 성향까지도 함께 고려해야 한다.

이와는 반대로 단지 기업의 존재가 고유한 권리라고 주장함으로써, 기업의 존재를 정당화하려고 한다고 가정해 보자. 기업에 대한 두 가지 관점 중의 하나는 기업을 인간의 결사의 자유에 의한 산물로 바라본다. 즉, 인간은 경영을 하고자 하는 목적으로 자유롭게 모여 기업을 설립한다는 것이다. 그리고 우리는 미국에서는 19세기 중엽부터 기업의 지위는 특권이 아닌 권리로써 간주되어 왔다는 것을 알고 있다. 그렇다면 도대체 왜 기업의 존재를 완전히 정당화할 필요가 있단 말인가?

이러한 논법은 기업의 존재를 완전히 정당화시키기에는 부족하다. 기업은 어느날 갑자기 하늘에서 '뚝' 떨어진 것이 아니다. 즉, 최소한 기업의 설립을 원하는 사람들이 있어야 한다. 그러나 인간의 자유에 의해 그들이 이와 같은 초인간적인 실체를 설립하는 것이 허용되고, 이 실체가 무한한 생명과 유한책임만을 진다고 하더라도, 이와 같은 사실 자체는 인간이 기업을 정당화시켜야 하는 이유에 대해서 아무런 설명도 하지 못한다. 다음과 같은 사실이 그 차이를 나타내 준다. 인간은 매일 밤 자유로이 술에 취할 수 있다. 그러나 개인이 술에 취할 수 있는 권리가 그가 매일밤 술에 취하는 사실을 정당화시키지는 못한다.

이와 마찬가지로, 기업을 설립할 권리가 있다고 하더라도 "왜 기업이 존재해야 하는가?"라는 관점에서는 기업의 존재를 정당화시키지 못할 것이다. 이를 정당화시키기 위해서는 단순히 "인간은 기업을 설립할 권리를 가지고 있다"고 하는 그 이상의 것을 보여 주어야 한다.

제 2 절 사회계약의 역사

이제까지 소개된 정당화를 위한 어떤 방법도 만족스럽지 못한 것 같으니 사회계약사상으로 돌아가 보자. 전통적인 공리주의와 같은 다른 방법들도 배제되어서는 안될 것이나, 이 장에서는 사회계약방법에 초점을 맞출 것이다. 기업에 대한 사회계약은 어떤 것일까라는 것을 결정하는 것이 목적이다. 아직 연구 방법이 정리되지 않았기 때문에, 가장 좋은 방법은 기업에 대한 사회계약과 대등한 형태인 정치적 사회계약을 살펴보는 것이다. 시민과 국가간의 계약의 내용을 발견한다면, 사회와 기업간의 계약을 구성하기 위한 청사진이 드러날 것이나.

정치철학자들 사이에서는 "사회계약"이라는 말은 독립된 연구대상이 아닌 국가를 정당화시키고, 설명하는 방법으로서 언급되었다. 사회계약 개념을 채택한 가장 유명한 고전 철학자는 영국의 홉스(Thomas Hobbes; 1588~1679)와 로크(John Locke; 1632~1704), 그리고 프랑스의 루소(Jean Jacques Rousseau; 1712~1778)였다. 이들은 처음에는 정부가 없는 사회를 상상하였고 그리고 나서 정부가 있는 사회를 상상하였다. 사회가 국가로부터 받아야 하는 혜택을 강조하는 것이 접근방법이었다. 그러나 방법이 비슷함에도 불구하고 이들은 서로 다른 결론에 도달하였다. 홉스는 사회계약자체는 군주와 국민간의 계약이기 때문에, 국민은 군주에게 복종해야 한다고 주장하였다. 이러한 계약이 없었다면, 즉 홉스가 명명한 "자연상태"의 무정부 국가에서는 평화를 추구하는 힘 또는 권위가 없는, 서로간에 싸움이 끊이지 않는 단지 전쟁상태만이 존재할 뿐이다.

홉스 이후의 로크는 그러한 비관론을 반박하였다. 그는 계약이 성립되기 이전의 상태는 전쟁상태가 아니라 인간이 사유재산권과 자유권 같은 천부적인 권리를 소유한, 다소 제어하기 어려운 방종상태이기는 하지만 괜찮은 상태라고 로크는 주장하였다. 다만, 인간은 자신의 분쟁을 조정하고 권리를 보호하는 효율적인 수단이 부족했을 뿐이며 이러한 단점을 치유하기 위해 사회는 사회계약을 성립시켜야 했다는 것이다. 그러나 이는 홉스가 생각한 것처럼 국민과 군주간의 계약이 아니었다. 대신 인간은 처음에는 "시민사회"(civil society)를 설립하고, 후에 시민사회가 사회의 권리를 보호해 주는 입법부 또는 정부를 설립하기 위해 계약(신탁)을 협상하였다.[1] 정부가 사회의 권리 보호에 실패하면, 신탁은 깨지고 혁명이 정당화되는 것이다. 로크는 홉스보다 정부의 폐단(弊端)에 대해 더욱 경계했으며 국민과 입법부와의 관계는 계약의 관계가 아니라, 고용주와 종업원간의 관계와 동일한 관계, 즉 주역과 대역간의 신탁으로 생각했다. 이에 대해 고우(J.W. Gough)는 "권리와 의무가 상호보완적인 계약과는 달리 이 개념은 정부측에 의무를 일임하고, 국민측에 권리를 일임하기 때문에 로크의 의도와 잘 어울린다"고 말하였다.[2]

사회계약에 대한 루소의 견해는 이 두 사람과는 다르다. 그에 의하면 개인이 자신의 권리를 완전히 사회에 이양할 때, 계약이 발생한다. "모두에게 순응하는 사람은 어느 누구에게도 순응하지 않는다"라고 그는 역설적으로 이야기했다. 이러한 전제에서 국가는 탄생한다. "일반의지(general will)라고 루소가 명명한 부에 대한 국가의 열망은 모든 정부의 활동을 평가하는 척도이다. 계약에 대한 이와 같은 복잡한 견해는 많은 사람들에게 이상하게 생각되지만, 국가의 도덕적인 기반이 국민의 열망과 복지에 있음을 강조하고자 하는 특별한 목적을 가지고 있다. 바커(Ernest Barker)는 이것을 다음과 같이 요약하였다.

루소는 실제적인 필요에 대해서는 거의 관심이 없었다. 그는 대중주권(popular sovereignty)이라는 이상적인 계획에 대한 논리적인 균형미를 추구하려고 하였다.[3]

이 장에서 사회계약 철학자들의 주장을 정당하게 평가할 수는 없지만 그들의 방법에 대한 몇 가지 일반적인 관찰을 하기에는 충분하다.

첫째, 사회계약이론의 전통은 사회변화와 사회개혁의 전통이다. 이것은 홉스, 로크, 루소의 주장뿐 아니라 이들보다 덜 알려진 철학자들의 주장에도 적용된다. 프랑스에서 박해받은 개신교 신자인 위그노 교도들은 16세기에 종교적인 관용을 옹호하기 위해 사회계약 논쟁을 이용하였다. 또한 17세기 영국의 휘그

1) J.W Gough, *The Socoal Contract* (Oxford: Clarendon Press, 1936), p.143.
2) Gough, *The Social Contract*, p.143.
3) Ernest Barker, *Social contract* (London: Oxford University Press, 1947).p.xxxvi.

당(Whigs)은 시민의 자유에 대한 주장을 옹호하기 위해서 이것을 이용하였다. 퍼거슨(Robert Ferguson)은 그의 저서 「오렌지 왕가 왕자의 영국통치에 대한 정당화요약」(*Brief Justification of the Prince of Orange's Descent into England*)에서 "통치자로 선택된 사람과 피통치자간의 계약과 협정에 기초한 정부를 제외하고는 어떤 정부도 합법적인 정부가 아니다.[4]라고 언급한 것을 생각해 보자. 사회계약 협정은 성직자를 불안하게 하고, 군주정치를 동요시켰으며, 혁명을 불러 일으켰다. 문서화된 계약은 없었으나, 많은 사람들은 마치 문서화된 계약이 있는 것처럼 행동하였다.

법이 국가보다도 고귀한 것처럼 계약은 국가를 평가하는 도덕적 이상으로 이용되었다. 계약은 그리스인과 로마인이 발원한 "숭고한 법"과 비슷하다. 우리는 소포클레스(Sophocles)의 연극 「안티고네」(Antigone)를 기억한다. 주인공 안티고네는 오빠가 장례식도 없이 시 외곽에서 시체를 부패시키는 형(刑)을 언도받았다는 것을 알게 되었다. 그녀는 왕의 명령을 무시한 채, 자신의 생명을 무릅쓰고, 오빠를 매장하였다. 왕명에 따르지 않은 이유를 추궁하자 그녀는 왕의 법이 그녀가 따르고자 하는 신의 영원한 불문법(不文法)보다 권위가 없기 때문이라고 왕에게 말하였다.

둘째, 계약은 두 가지 기본 형태로 구분될 수 있다. 첫 번째 계약 형태는 인간은 "자연상태"에 있는 존재이며, 조직화된 사회를 창조하는 데 동의한 존재로 가정한다. "자연상태"라 함은 정부출현 이전의 상태, 즉 입법부, 법원, 경찰 및 공무원보다 먼저 존재했던 상태를 의미한다. 정부는 인간에 의해 창조된 것으로 간주된다. 즉, 정부는 국민으로부터 발생하였고, 정부의 존재는 국민에 의한 것이다, 두 번째 계약 형태에서는 인간이 정부를 창조했다고 상상하지 않지만 그들과 현존하는 정부사이의 "암묵적인 계약"이라는 용어를 정의하였다. 이것은 계약이 정부와 국민 모두에게 의무를 부과한다는 것을 의미했다. 예컨대, 17세기에 제임스 2세(James Ⅱ)를 타도하고자 한 영국민(英國民)은 그가 계약을 위반하였다고 주장하였다. 비록 이 계약이 제임스 정부의 구조와 형태를 설명한다고 생각되지는 않았지만, 제임스 2세와 국민이 준수해야 하는 조건을 규정하고 있는 것으로 간주되었다.[5]

셋째, 사회계약에 대한 여러 가지 견해에는 집단의 동의를 중요시하는 공통

4) Gough, *The Social Contract*, p.130.
5) Gough, *The Social Contract*, p. 213.

적인 요소가 있다. 대부분의 견해는 가장 평범한 사회의 이성적인 사람들이 사회제도의 구조에 대한 계획에 동의해야 하는 상황을 생각하게 한다. 이런 상황의 특징, 예를 들면 인간은 어떤 정보를 소유해야 하는가, 의사결정에 어떤 이해관계를 결부시켜야 하는가, 또는 어떤 문제를 결정해야 하는가 등은 이론마다 다르다. 그러나 각각의 견해는 집단의 동의에 근거하고 있으며, 힘이나 설득하는 기술은 그 요인이 될 수 없다.

비평가들은 사회계약이 역사적인 사실을 설명하지 못했다고 계속 공박한다. 인간이 세상에서 첫 정부를 세우기 위한 계약을 수립하기 위해 숲속에 모였었다는 사실을 믿는 사람은 없다고 비평가들은 주장한다. 막스(Marx), 팔레이(Paley), 마인(Maine) 및 블랙스톤(Blackstone)등은 이와 같은 사실을 중시하였다. 더구나 현재의 인류학자는 그들의 의심을 확인한 듯하다.

그러나 이미 알려진 것처럼 사회계약 이론들은 새로운 제도를 창조하기 보다는 기존의 제도를 분석하기 위해 이용되었기 때문에 그러한 비판은 핵심을 벗어난다. 로크는 수메르 인(Sumerian) 또는 이집트 왕국의 역사적 근원을 찾는 것이 아니라 영국 정부의 도덕적 기초를 찾고자 하였다. 문서화된 계약이 존재하지 않았더라도 신의 불문율처럼 사회의 부를 위해 공헌해야 한다는 의무를 정부에 부과한 추상적인 계약이 존재한다고 많은 사람들이 주장한다. 이들은 사회계약의 요점은 정치권력의 역사적인 모습이 아니라 그것의 논리적인 근거를 명백히 하는데 있다고 주장할 것이다.

제 3 절 기업에 대한 계약의 적용

사회계약은 항상 그렇지는 않지만 전형적으로 정부에 적용되어 왔다. 이것이 경제적인 제도에도 적용될 수 있다고 생각하는 근거가 있는가? 지엠(GM)사(社)와 같은 생산조직에는 어떤가? 이렇게 하는 이유는 지엠(GM)사(社)와 같은 기업은 사회적으로 대단히 큰 조직이기 때문이다. 대규모 기업들은 수많은 사람들의 생활에 영향을 미치며, 외교정책에도 영향을 미치고, 여러 국가에 살고 있는 사람들보다 더 많은 사람을 고용한다. 또한 지엠(GM)사(社)가 사회와의 협력과 사회참여를 통해서만 존재할 수 있다는 사실도 중요하다. 지엠(GM)사(社)는 사회로부터 종업원을 고용하고, 사회에 제품을 판매하며, 사회에 의해 지위가 주어진다. 이 모든 것이 기업과 사회간에 암묵적인 합의(implied agreement)가 존재한다는 것을 암시할 수도 있다. 지엠(GM)사(社)가 자신의 존재조건을 사회가 제공할 책임이 있다고 생각한다면, 사회는 지엠(GM)사(社)가 무엇에 책임이 있다고 생각해야 하는가? 그리고 사회계약이란 무엇을 말하는 것인가?

사회계약이라는 단어를 명확히 설명하기 이전에, 계약에 참여하는 집단이 누구인가를 이해해야 한다. 지금까지 사회와 기업간의 계약에 대해 언급하였지만, "기업"과 "사회"라는 개념이 모호하다. 예를 들어 기업은 대규모 기업뿐만 아니라 전문연예인 및 기술자와 같은 독립 경영인도 포함할 수 있다. 또는 비생산적인 기업까지도 포함하여 모든 기업을 포함할 수 있다. 이제 "기업"은 한 가지 이상의 재화 또는 용역을 생산하기 위해 사람들이 협동하는 생산조직을 말한다고 명확히 규정하자. 생산조직은 생산분야의 기업, 생산조합 및 서비스조직을 포함한다. 후에 이와 같은 정의를 더욱 한정하여야 할 필요는 있을 것이나 현재로서는 충분하다.

우리는 모든 생산조직의 도덕적 기반을 찾으려고 시도함으로써, 간접적인 방법으로 기업의 도덕적 기반을 찾게 될 것이다. 우리가 익히 아는 바와 같이 실제로 모든 기업은 생산조직이기 때문이다. 생산조직의 도덕적인 기반을 일단 알게되면 지엠(GM)사(社)가 존재하는 이유 및 근본적인 목적이 무엇인가 등의 도덕적인 관점에서의 의문에 대한 답을 얻을 수 있을 것이다. 더 자세히 말하면 지엠(GM)사(社)가 생산조직들의 집단에 속하는 것으로 간주할 때 지엠(GM)사(社)에 대한 그러한 의문에 답할 수 있을 것이다.

"사회"라는 용어 역시 모호하다. 우선, 사회란 사회를 구성하고 있는 개인의 집합을 의미할 수 있으며, 개인들의 집합 이상의 것을 의미할 수도 있다. 다른 해석으로 "사회"는 사회 구성원들의 이익의 직접적인 산물이 아닌 루소의 일반의지같은 이익을 가진 것으로서 해석될 수도 있다. 따라서 논의의 명확성을 위해 계약이란 생산조직과 개인을 초월한 사회적 실체간에 맺어지는 것이 아니라, 생산조직과 사회의 개별 구성원 사이에 맺어지는 것이라고 규정하자.

제 4 절 계약체결

다음과 같은 표현에 의해 사회계약을 가장 쉽게 이해할 수 있다. 즉, "우리는 X를 수행하는 것에 동의하며, 당신은 Y를 수행하는 것에 동의한다." 이 표현을 지엠(GM)사(社)에 적용하면 다음과 같다. "사회계약을 통해 X와 Y를 명시한다. X는 지엠(GM)사(社)에 대한 사회의 의무이며, Y는 사회에 대한 지엠(GM)사(社)의 의무이다."

생산조직이 사회로부터 필요로 하는 것은 다음과 같다.
조건 1. (특히 법의 관점에서) 하나의 행위자로서 인식
조건 2. 권한 : (a) 토지와 천연자원을 소유하고 이용하는 권한
(b) 종업원을 고용하는 권한
이를 통해 X를 명시하는 것은 비교적 쉽다.

생산조직이 사회로부터 인정되어야 한다고 주장하는 것은 주제넘게 보일지도 모른다. 과연 우리는 어떤 조직도 존재하고 영위할 권리를 가지고 있다고 주장할 수는 없는 걸까? 그리고 그러한 권리가 사회가 원하는 것과는 동떨어진 것이어도 상관없다고 주장할 수는 없는 걸까? 이러한 의문을 가질 때, 단순한 조직의 권리에 대한 주장과 생산조직과 같은 특별한 힘을 가진 조직의 권리에 대한 주장간의 차이를 구분지어야 한다. 클럽을 유지하고 운영하기 위해 형제자매애로 뭉친 엘크스(가장 큰 사슴) 클럽(Elks Club)의 사회에 의해 구속받지 않을 권리에 대한 예를 들 수 있다. 단, 이 클럽은 소수민족 또는 여성을 차별하지 않는다고 가정하자. 그러나 이 예는 기존의 광물자원에 의존해야 하고, 유독한 화학부산물의 폐기장소를 찾아야 하는 듀퐁사(社)(Du Pont Corporation)와는 경우가 다르다. 인간이 조직을 형성하고, 운영하는 양도할 수 없는 권리를 가지고 있고, 이와 같은 권리가 사회의 판단과는 무관하게 존재한다고 하더라도, 생산조직은 법적으로 특별한 지위 및 사회의 자원을 이용할 수 있는 기회를 필요로 한다. 그리고 이 두 가지 조건은 사회의 구성원들에게 기득권이 있다고 말할 수 있다.

조건 1과 조건 2는 확실히 서로 관련되어 있다. 생산조직이 토지를 이용하고 종업원을 고용하기 위해서(조건 2), 기업은 개별 행위자(조건 1)처럼 그와 같은 행동을 할 권한을 가지고 있어야 한다. 조건 1의 철학적인 영향은 과장되어서는 안 된다. 생산조직이 개별 행위자로서 행동할 수 있는 권한을 가져야 한다고 하기 위해서 그들이 추상적이며, 눈에 보이지 않는 인간이라고 주장할 필요는 없다. 오히려 다양한 목적을 위해 생산조직은 개인처럼 취급되어야 한다는

일상적인 사실을 말하는 것이다. 예를 들어 기업은 모든 종업원과 주주에게서 허락을 받지 않고서도 신입사원을 채용할 수 있고, 계약을 체결할 수 있으며, 구매협상을 할 수 있어야 한다. 기업 자체는 기업의 장비와 토지에 대한 관리자로서 간주되어야 한다. 왜냐하면 주주와 경영자는 기업을 떠날 수 있고, 주식을 처분할 수도 있으며, 죽을 수도 있기 때문이다. 그들이 그렇게 행동하더라도 조직은 계속 자원을 통제해야 한다. 즉, 작업요원을 계속 고용하며 이미 체결된 계약과 협약이 유효하도록 해야 할 책임이 있다.

계약의 Y측면을 정의하는 것은 계약의 X측면을 정의하는 것과는 달리 비교적 까다롭다. 생산조직이 존재하고 활동하도록 허용되어야 하는 것은 명백하다. 그러나 사회가 기업의 존재를 허용해야 하는 이유, 즉 사회가 기업과의 협상으로부터 얻기를 기대해야 하는 특별한 혜택이 무엇인가는 명백하지 않다.

사회가 생산조직으로부터 기대해야하는 특별한 기능은 과연 무엇인가? 사회는 기업에 어떤 의무를 부과해야 하는가? 사회구성원은 최소한 생산조직의 존재를 인가함으로써 발생하는 손해를 능가하는 혜택을 요구해야 한다는 가정을 즉시 얻을 수 있다. 이것은 어떤 집단도 자신의 위치를 악화시키는 계약을 체결하고자 하지 않는다는 모든 자율적인 협약에 대한 기대일 뿐이다.

사회계약에 대해 사회가 생산조직에 요구하는 조건을 명시하는 일은 시도해볼 만한 가치가 있다. 이를 위해 사회계약이론에서의 전통적 방법, 즉 분석되는 제도없이 사회를 상상하는 방법으로 돌아가자. 간단히 말해서 생산조직이 없는 "자연상태"의 사회를 생각해 보자. 정부없이 생활하는 전통적인 자연상태 대신 생산조직 없이 생활하는 상태를 생각해 보자. 혼동을 피하기 위해, 이것을 "개별생산상태"라고 하자. 따라서 이 접근방법은 다음을 포함한다.

단계 1. (생산조직이 없는) 개별생산상태의 현상을 설명하는 것.
단계 2. 생산조직을 도입함으로써 문제들이 어떻게 치유되는가를 알아보는 것.
단계 3. 단계 2에서 파생된 논리를 사회와 생산조직간의 사회계약을 명시하기 위한 기본원리로 이용하는 것.

이러한 방법은 명백한 이점을 가지고 있다. 사회가 생산조직으로부터 기대하는 특정 혜택을 단계 2가 나타낸다면, 이것은 또한 사회계약의 조건을 명시하는 데 도움이 될 수 있다. 또한 다음과 같은 세부적인 것이 확실하게 설명되어야 한다.

어떻게 개별생산상태를 상상할 수 있는가? 어떤 사람들이 개별생산에 종사하는가? 그들은 이기적인가? 자선적인가? 그들은 어떻게 일하는가?

최소한 개별생산상태의 사람들은 "경제적 관심"(economic interests)이 있는 다시 말해, 인간노동에 의해 생산되는 재화나 용역을 소유하기를 희망하는 사람들로서 간주되어야 한다. 금욕주의자나, 삶보다는 죽음을 원하는 사람을 제외하고는 모든 사람은 이런 자격을 갖추고 있다. 따라서 이 방법에 의해 상상되는 사람들은 아직 조직에 참여하지 않았거나, 혹은 이미 참여한 평범하고 경제적 관심이 있는 사람들이다. 이들을 오직 자신의 이익만을 추구하는 이기주의자, 혹은 타인의 이익만을 추구하는 완전한 이타주의자로 상상해야 할까? 현실세계에서 이는 모두 극단적인 특성들이다. 보통 사람들은 악마도 성인도 아니다. 따라서 개별생산상태에 있는 사람에 대해서도 마찬가지의 가정을 하는 방법이 제시된다.

이에 보통사람들에게 적용되어 보통사람들을 고려하는 접근방법을 채택하자.[6)]

생산조직이 없는 개별생산상태를 상상하는 것은 개인들이 혼자서 생산하고, 일하는 사회를 상상하는 것이다. 공장, 은행, 병원, 음식점 및 철도 등과 같은 조직은 다른 조직들과 마찬가지로 인간이 특정 재화 및 용역을 생산하기 위해 협동하는 생산조직으로 간주되기 때문에 개별생산상태는 이들 생산조직이 없는 사회를 상상하는 것이다.(가족구조, 종교적 태도 및 교육적인 관심과 같은 비경제적인 요인은 무시하도록 한다). 이러한 상태에서 우리는 우리가 원하는 어떤 수준의 기술을 상상할 수 있다. 사람들이 개별적으로 생산한다는 것이 가장 중요한 사실이다.

---

6) 홉스(Thomas Hobbes)와 롤즈(John Rawls) 같은 사회계약 이론가들은 자연상태에서 인간의 이기적인 경향을 강조하는 것을 선호하는 접근방법을 채택하였다. 이와 같은 시각은 명백한 이점이 있다. 왜냐하면, "이기적인 사람들도 그러한 원칙에 동의할 것이다"라고 말할 수 있고 실제로 이러한 주장은 설득력이 있기 때문이다. 롤즈(John Rawls)는 인간은 이기주의자라고 명시적으로 가정하지 않고, 다만, 인간은 자신의 생필품의 소유를 최대화하기를 원한다고 가정하고 있다. 이러한 경우 인간을 나쁘게 묘사해야 할 이유가 사라진다. 또한 평범한 보통사람들을 그들자체 그대로 나타내는데는 좋은 이유가 있다. 즉 평범한(이기적이 아닌) 동기의 존재는 사회계약의 조건을 명백히 하는 데 도움이 될 수 있다.

제 5 절 계약의 조건

두 종류의 사람들 즉, (1) 조직이 생산한 제품을 소비하는 소비자와 (2) 생산 조직에서 일하는 종업원이 생산 조직의 도입에 의해 혜택을 얻거나 손해를 입는다. 이 두 부류는 정확하게 구분되지 않으며, 서로 배타적이지 않다. "소비자"는 경제적인 관심을 가진 사람들을 말한다. 따라서 실제로 모든 사람들이 소비자로서의 자격을 갖추고 있다. 관리자, 노동자, 비정규적으로 근무하는 자문 위원 및 기업의 이사 등을 포함하는 "종업원"은 생산 조직의 생산 과정에서 일하는 사람들을 말한다.

1. 소비자에 대한 편익(便益)

가상적인 소비자의 관점에서 볼 때, 생산 조직은 소비자의 경제적 이익의 만족을 증대시킬 것을 약속한다. 말하자면 생산조직의 도입이 은신처, 음식물, 오락, 수송, 건강관리 및 의복 등에 대한 자신들의 관심을 더욱 잘 만족시켜 주기를 기대하는 것이다. 소비자에 대한 외견상의 편익(benefits)에는 다음과 같은 것들이 포함된다.

1. 아래 사항을 통한 효율증대
   a. 전문화의 이점 최대화
   b. 의사 결정 방법 개선
   c. 고가의 기술과 자원을 이용하거나 획득할 수 있는 능력 증대
2. 생산 수준과 유통 경로 안정화
3. 책임의 분산

물론 각각의 편익에 대해서는 설명이 필요하다.

첫 번째 편익인 효율증대는 생산 조직의 독특한 장점이다. 생산 조직은 개별 생산 상태보다 낮은 노동 비용으로 더 우수한 질과 저렴한 가격의 제품을 생산해낸다. 이와 같은 탁월한 능력에 대해서 몇 가지 설명이 필요하다.

1-a. 전문화의 이점 최대화 「국부론」(*Wealth of Nations*)에 나타난 아담 스미스의 유명한 사상은 많은 경우 두 사람이 한 사람보다 더욱 효율적이라는 진리에 대한 증거를 제공해 준다. 핀(pin)을 생산하는 경우, 혼자서 작업하는 사람은 소량의 핀밖에 만들 수 없지만, 한 사람은 철사를 자르고, 다른 사람은 철사를 뾰족하게 하는 등의 전문화된 시스템에서는 단위당 노동자가 생산하는 핀의 비율은 급격히 증가한다. 오늘날에도 마찬가지이다. 시계, 지우개, 항생제 등을 효율적으로 생산하기 위해서는 협동에 의한 고도의 전문화가 필요하다. 그리고 우주왕복선과 같은 제품의 생산도 전문화에 의해 가능해진 것이다. 경제학자들은 많은 제품들이 규모의 경제(*economies of scale*)에 적용된다는 것에 의견이 일치하고 있다. 즉, 효율적으로 제품을 생산하는 것은 협동적인 전문화뿐 아니라 전문화의 정도에도 달려 있다. 이러한 이유로 아메리칸 모터스(American Motors)같은 규모가 작은 기업은 자동차를 생산하는데 있어 지엠(GM)사(社)를 성공적으로 앞지를 수 없는 것이다.

생산조직의 높은 효율성은 어느 정도는 기술수준에 달려있다. 낮은 기술수준에서 이러한 전문화를 추구하는 것은 덜 효율적이다. 석기시대에 혼자 작업하는 사람은 협동해서 일하는 세 사람만큼 효율적으로 청소하고 채소를 요리할 수 있다. 그러나 높은 기술수준에서는 이와 같은 현상이 적용되지 않는다.

그 반대도 역시 가능하다. 즉 진보된 기술은 한 사람이 특정한 상황에서 그 기술이 없으면 불가능했을 일을 가능하게 해준다. 콤바인 기계는 6명 또는 그 이상의 전문화된 노동력을 한 사람이 대체하게 된다. 그러나 기술의 수준에 관계없이, 특정 일은 전문화된 분업의 이점을 보고 있다. 철저히 기술적인 미래 사회에서도 다른 조건이 일정하다면 협력하는 과학자들이 개별적으로 연구하는 과학자들보다 더욱 효율적일 것이다.

1-b. 의사결정방법의 개선 생산조직은 개인과 마찬가지로 의사결정에서 실수할 수 있다. 그럼에도 불구하고 생산조직은 의사결정에 있어 이점을 갖는 것이 사실이다.

첫째, 생산조직은 서로 다른 배경을 가진 사람들의 재능을 활용할 수 있다. 새로운 가전제품을 개발하겠다는 웨스팅하우스(Westinghouse)사(社)의 결정은 화학자, 회계사, 기술자 및 마케팅 전문가의 지식을 필요로 한다. 한 사람이 이러한 모든 지식을 가지고 있을 수는 없다.

둘째, 생산조직은 정보의 수용력을 증가시킨다. 개인이 소규모로 정보를 수집하고 기억할 수 있다면 조직은 대규모로 이것을 행할 수 있다. 생산조직은 초인간적인 기억 능력을 가진다. 즉, 어떤 기업은 성공적인 제품생산을 위한 직・간접적인 정보수집을 위해 대학보다 더 큰 도서관을 보유하기도 한다.

1-c. 고가의 기술과 자원을 이용하고 획득할 수 있는 능력의 증대

이러한 이점(benefit)은 거의 자명하다. 다른 모든 조건이 동일하다면, 한 사람보다는 둘 또는 그 이상의 사람이 더 많은 자원을 가질 것이다. 따라서 개인보다는 생산조직이 대규모로 자본지출을 할 수 있다. 대규모의 값비싼 장비는 생산량 증가뿐만 아니라 양질의 제품생산을 위해 서로 중요하다. 오늘날 빵을 생산하고자 하는 사람은 오븐, 이동조립공정 및 빵 절단기(bread slicer) 등이 없이는 경쟁할 수 없다. 그러나 이러한 장비를 가지고 있는 사람은 드물며, 혼자서 그것들을 운영하려고 하지도 않는다. 사람들은 생산조직에서 그들의 에너지와 자원을 결합하여 생산의 비용효과(cost effectiveness)를 증대시킬 수 있다.

2. 생산수준과 유통경로의 안정화 우리가 가정한 개별 생산 상태의 가상적인 사람들은 비교적 안정되어 있다. 그리고 이들은 생산수준과 유통방식이 비교적 일정한 조직에 개별 기능인들과 함께 참여함으로써 혜택을 얻을 수 있다. 각 기능인은 병에 걸리기도 하고 심리적인 어려움에 처할 수 있으며, 휴식을 필요로 한다. 예를 들어 우편배달을 한 사람의 우편배달부에만 의존하는 것은 대규모 우편배달조직에 의존하는 것보다 위험하다. 한 사람의 우편배달부는 수면을 취해야 하고, 먹어야 하며, 휴식을 취해야 하지만, 대규모 우편배달 조직은 자지도 않으며, 먹지도 않고, 심지어 크리스마스 시즌에는 더 커지기도 한다. 일반적으로 생산조직은 소비자의 이익을 위해 시장을 안정시켜 준다.

3. 책임의 분산 조직은 개인과는 달리 충분한 자금력을 가지고 있기 때문에, 책임의 분산을 통해 소비자가 얻는 혜택이 훨씬 많다. 간단히 말해서, 조직은 피해를 입은 소비자에게 개별생산자보다 잘 보상해 줄 수 있다. 1970년대 후반 포드(Ford)사(社)는 법원으로부터 설계의 결점 때문에, 뒤에서 충돌할 경우 폭발하기 쉬운 가스탱크 폭발사고 희생자에게 보상하라는 명령을 받았다. 포드(Ford)사(社)가 희생자 및 이들의 친척에게 보상한 액수는 수백만 달러에

달했다. 포드(Ford)사(社)만한 대규모 생산조직은 드물지만, 조직은 그들의 제품에 대한 재정적 뒷받침을 개별생산자보다는 잘 할 수 있다. 이러한 관점에서 자동차회사의 능력과 자기 집 뒤뜰에서 한 대의 자동차를 만드는 개인의 능력을 비교해 보라.

2. 종업원에 대한 편익(benefit)

이상은 생산조직을 도입함으로써 소비자에게 발생하는 외견상의 편익이다. 그러나 생산조직이 노동자로서의 인간에게 미치는 영향, 즉 생산조직을 위해 일하기로 결정한 개별생산상태의 노동자 및 기술자에게 미치는 영향의 관점에서도 생산조직을 살펴볼 수 있다.

다음과 같은 외견상의 편익을 찾는 것은 어렵지 않다.

1. 소득잠재력과 사회에의 공헌능력 증대
2. 개인책임 분산
3. 개인소득의 분배조정

1. 소득잠재력과 사회에의 공헌능력 증대 이와 같은 편익은 협동을 통한 전문화가 생산성을 증대시킨다는 사실의 결과이다. 아담 스미스가 예를 든 것처럼 핀을 만들기 위해 협동하는 사람들은 혼자서 작업하는 경우보다 몇 배의 핀을 만들 수 있다. 그 결과 그는 많은 소득을 올릴 기회가 증가한다. 개인이 협동하면, 사회에 대한 그의 전체적인 공헌도 증대한다. 그가 사회에 대해 생산적으로 공헌해야 한다는 개인적인 책임을 느낀다거나 단순히 사회에 호의적이라면, (협동을 통해) 증대된 생산성은 그렇게 할 수 있는 그의 능력을 증대시킨다.

두 가지 선택이 가능하다. 그가 정상적인 봉급보다 낮게 받아 순수 공헌도를 증대시키거나, 정상적인 봉급을 받고 일부를 다른 사람에게 줄 수도 있다. 전자의 예는 여성봉사연맹(Women's Service League) 또는 평화봉사단(Peace Corps)과 같은 자원조직에서 일하는 사람이며, 후자의 예는 대규모 기업을 위해 일하면서, 자선단체에 기부를 하는 사람이다. 다른 조건이 일정하다면, 어느 경우든 생산조직에 참여하여 자신의 생산성을 증대시키는 사람의 소득잠재력과 공헌능력은 더 커진다. 물론 야심적인 경영주나 부당한 경제체제는 노동자가 발생시킨 추가적인 소득을 그들로부터 빼앗을 수도 있다. 그러나 이것은 특정 경영주나 경제체제의 부산물이지 생산조직 자체의 특징이 아니다.

2. 개인책임 분산　　겉으로 보기에 노동자의 관점에서 두 번째로 얻는 편익은 책임을 분산시켜 개인을 막대한 보상요구의 위험으로부터 보호해주는 조직의 능력에 있다. 결함이 있고 위험한 제품을 판매하는 개별생산상태인 노동자는 그의 제품이 초래한 손해에 대해 도덕적으로 책임져야 한다. 그가 만든 약품에 모르고 독약을 떨어뜨렸다면 그는 희생자에게 윤리적으로 보상해야 하며 책임의 정도는 그의 보상능력을 초과할 수 있다. 그러나 그가 생산조직에서 다른 사람들과 함께 일을 하면, 최종적인 책임은 그가 아닌 생산조직이 져야 하기 때문에 유리한 입장에 서게 된다.

3. 개인소득의 분배조정　　생산조직의 증대된 자원으로 노동자는 자신의 (실질적) 생산능력에 의해서가 아니라 실제적인 소득의 필요에 의해서 소득분배를 받을 수 있다. 노동자 생산능력의 변화란 질병, 사고 및 나이를 따라 작업속도와 힘을 상실하는 경향 등을 포함한다. 그러나 이와 같은 변화 속에서도 노동자는 더 많은 소득을 필요로 한다. 노동자는 건강할 때 더 열심히 일할 수 있지만, 그가 아플 때 더 많은 돈을 필요로 한다. 노동자는 20세 때보다 50세 때 생산능력이 더 떨어질 수 있지만, 그가 결혼하고 가정을 갖게 되는 50세 때의 소득에 대한 필요는 더욱 커진다. 노동자가 생산조직에 참여할 때 조직은 그를 포함한 다른 모든 사람들에게 알맞은 계획에 의해 개인소득을 분배할 수 있다. 예를 들어 소득은 근무년수에 따라 그의 생산성보다 높은 비율로 증가할 수 있으며, 그가 아프거나 일 할 수 없을 때도 소득은 계속 지급될 수 있다.

이와 같은 노동자에 대한 외견상의 편익은 이미 언급된 소비자에 대한 외견상의 편익에 추가될 수 있다. 이것들은 개별생산상태의 이성적인 사람들이 생산조직의 도입을 정당화하는 데 이용하는 논리들을 구성하고 있다. 실제로 그러한 편익이 없다면 생산조직을 만든 인간은 어리석은 것이며 아무 것도 얻을 수 없을 것이다.

이제는 이와 같은 분석을 토대로 가상적인 사회계약의 일반적인 특성을 명시하는 논의를 시작하는 것이 가능하다. 사회의 관점에서 볼 때, 생산조직의 목적은 소비자와 노동자의 이익만족을 통해 사회전체의 부를 증대시키는 것이라고 할 수 있다. 마찬가지로 지금까지 언급한 외견상의 편익은 사회계약의 특정한 조건으로 해석될 수 있다. 생산조직은 효율증진, 생산안정화 및 책임증대를 통해 소비자를 만족시켜야 한다. 동시에 소득잠재력의 증대, 개인책임분산, 소득분배의 조정을 통해 종업원을 만족시켜야 한다.

따라서 이와 같은 계약조건은 생산조직의 근본적이고 긍정적인 목표를 구성하고 있다.

다수가 아닌 소수를 위해 결정하는 것은 사회의 이익에 포함되지 않는다. 이미 언급했듯이 사회는 생산조직을 설립하지 않기로 결정할 수도 있으며, 또는 다른 기준을 가진 조직을 설립하기로 결정할 수도 있다. 더욱이 개별생산상태의 이성적인 사람들은 부를 최대화하는 가장 높은 기준을 준수하는 조직을 설립할 것이며, 협상을 통해 그러한 기준을 세울 것이다.

3. 소비자와 종업원에 대한 비용

명백한 의문이 생긴다. 개별생산상태의 사람들이 사회계약조건에 동의해야 한다면, 그리고 이와 같은 조건이 사회의 부를 증대시키는 임무와 직접적으로 관련된다면, 왜 사람들은 외견상의 편익을 최대화하는 것만으로 그치는가? 왜 외견상의 비용을 최소화하려고 하지 않는가? 로크는 그의 정치적 사회계약을 구성하는 데서 이와 유사한 접근방법을 이용하였다. 즉, 그는 정부의 긍정적인 목표를 명시하였을 뿐 아니라 특권을 남용하는 정부의 경향을 인식하여 정부가 회피해야 하는 유혹을 찾아내었다. 생산조직을 도입하는 데에도 외견상의 비용이 있는가? 소비자의 관점과 노동자의 관점에서 외견상의 비용이 있는가?

소비자는 생산조직이 그들의 기술력으로 생산성을 증대시키고, 더 많은 신발, 의복, 전기공급 및 자동차를 시장에 내놓기 때문에 혜택을 받는다. 그러나 생산증대가 공해를 유발하고 천연자원을 고갈시키는 것처럼 20세기의 소비자가 고통스럽게 느끼는 결과도 있다.

많은 양의 신발, 의복, 전기 및 자동차를 생산하려면 더 많은 양의 가죽, 목화, 석탄 및 철강 등이 필요하지만, 자원의 공급은 한정되어 있다. 더구나 가스엔진, 용광로, 원자로 등과 같은 훌륭한 기계는 환경을 파괴하는 부산물을 만들어낸다. 공해의 악화와 천연자원 고갈문제는 생산조직에서 때때로 발생하는 개인의 도덕적 책임분산 문제보다 더욱 명백하다.

개별생산체제에서 소비자는 제품의 품질을 보장하는 제조업자로부터 직접 제품을 구매한다. 혹은 소비자는 적어도 어디에 가야 제품을 살 수 있는지 정도는 알고 있다. 가령, 구두 수선공이 한 소비자에게 신발을 팔았는데, 신발에 결함이 있어 밑창이 나갔다고 하자. 이때, 수선공은 소비자에게 직접 항의를 받게 된다.

이 상황을 노동자가 소비자를 직접 대면하지 않는 생산조직의 경우와 비교해 보자. 노동자는 소비자의 얼굴을 모르며, 소비자를 모를수록 노동자가 갖는 심리적 책임감은 낮아진다. 노동자는 소비자가 아닌 감독자에 대해 자신의 행위를 책임진다. 때때로 감독자는 노동자보다 더욱 무관심하다. 극단적인 경우 노동자는 의도적으로 제품에 결함이 생기게 하여, 경영자에게 보복하는"태업"(industrial sabotage)을 강행할 수도 있다.

생산조직의 잠재적인 비용에 대해 언급할 때 생산조직의 정치적 힘이 때로는 개인의 이익을 증대시키는 데 활용된다는 것을 인식해야 한다. 그러한 힘은 간혹 소비자와 일반 대중에게 손해를 끼치기도 한다. 19세기 후반 미국의 철도회사가 정부의 허가와 특권을 이용해서 대중교통 수단의 발전을 막은 것처럼, 조직은 독점을 지지하고 비효율성을 악화시킬 수 있다. 또한 조직은 소비자로부터 나오는 정부의 재원을 소비자의 이익에 해가 되는 쪽으로 사용할 수도 있다. 일례로, 제1, 2차 세계대전 이전 독일에서 대규모 군수품 제조업자가 정치적 영향력을 행사하여 정부가 대포, 탱크, 전투기 및 전함 등을 다량으로 구매하기 위한 재원마련을 위해 세금을 늘리도록 했던 것을 들 수 있다. 이것은 결과적으로 소비자의 구매력을 감소시켰는데 독일 대중의 관점에서 볼때 이러한 정부의 군수품 구매는 명백히 해가 되는 것이었다.

이러한 문제는 흔히 생산조직의 도입과 관련된 소비자의 잠재적인 비용을 보여준다. 그러나 비용은 노동자에게도 생긴다.

개별생산체제의 노동자는 몇 가지 명백한 이점을 가지고 있다. 우선, 그들은 자신이 만든 제품과 또 판매되는 제품에 대해 자신이 책임져야 한다는 사실에 대한 자부심을 가질 수 있다. 그러나 생산조직의 노동자는 그렇지 못하다. 맑스(Marx)에 의하면 그들은 생산과정에서 "소외"되어있다. 제2차 세계대전 중 미국의 항공기 제조업자는 "소외"가 생산성을 저해한다는 사실을 발견하였다. 도안공, 토목공(riverer) 및 철판노동자 등이 최종적으로 완성한 비행기를 눈으로 확인했을 때 생산성은 향상되었다.

소외 및 자부심을 잃게 될 가능성 이외에도 노동자가 제품설계 및 자기 업무구조에 대한 통제를 하지 못하는 경우도 있을 수 있다. 개별기능공은 자신에게 맞게 시간과 조건을 조정할 수 있으나 조직 내의 노동자는 전체조직의 필요에 적응해야 한다. 일괄작업방식에서 일하는 노동자는 제품설계를 개량할 수 없고 작업계획을 변경할 수도 없다. 제품의 외양(外樣), 운반벨트의 속도 및 작업을 수행하는 단계까지도 노동자 자신이 모르는 타인에 의해 결정된다. 더욱이 노동자는 안전배치 또는 공장 내의 오염물질 수준도 통제할 수 없다.

규모가 크고 고가(高價)의 기술과 막대한 자원을 이용하는 생산조직의 능력은 노동자의 자기 통제력을 감소시킨다. 기계가 특정 속도에서 가장 효율적으로 운영된다면 노동자는 그 속도에 맞추기 위해 서둘러서 작업해야 한다. 이 경우 사람이 기계를 조종(操縱)하는 것이 아니라 기계가 사람을 조종하는 것과 다름없게 된다. 마찬가지로 전문화에 의해 증대된 효율성은 수천 번 반복되는 단순한 작업의 단조로움을 가져온다. 포드(Ford)사(社)의 T형 자동차의 바퀴에 제어장치를 끼워 넣는 사람은 혼자 마차를 만드는 숙련공보다 훨씬 더 숙련된 노동자였다. 그러나 그는 언제나 자동차바퀴에 제어장치를 끼워 넣는 단순한 일만을 반복했던 것이다.

생산조직을 도입하지 않는다고 가정할 때, 이와 같은 외견상의 비용이 드러난다. 이제까지 언급된 편익이 이러한 비용을 능가하지 않는다면, 어떤 계약도 체결되지 않을 것이다. 왜냐하면 이성적인 사람은 좋은 것을 두고 나쁜 것을 선택하지 않기 때문에, 어떤 계약도 체결되지 않는 것이다. 그리고 편익이 비용을 능가한다면 부를 최대한 증진시키기 위해 생산조직은 긍정적인 목표를 추구하고, 부정적인 것은 최소화해야 한다는 결론이 나온다. 지금까지의 기본적인 논의를 통해 다음과 같은 부정적인 결과를 나열할 수 있다.

소비자의 관점에서 생산조직은 다음의 것을 최소화해야 한다.

1. 공해와 천연자원 고갈
2. 개인책임의식 파괴
3. 정치적 힘의 악용

한편 노동자의 관점에서 기업은 다음의 것을 최소화해야 한다.

1. 노동자 소외
2. 작업조건에 대한 노동자의 통제력 약화

3. 노동자의 지루함 및 비인간화(dehumanization)

따라서 사회계약은 이와 같은 부정적인 결과를 최소화해야 한다는 것을 명시해야 한다.

4. 상호조정(trade-offs)

앞서, 우리는 사회계약에서 생산조직이 소비자와 노동자의 편익을 최대화하고 비용은 최소화해야 할 필요에 대해 살펴보았다. 그러나 최대화와 최소화의 문제, 그리고 소비자의 이익과 노동자의 이익을 상호조정(trade-offs)하는 방법을 조직이 어떻게 알겠는가? 예컨대, 기업의 결정이 소비자의 이익은 증대시키는 반면에 노동자의 이익은 해치는 경우를 들 수 있다. 높은 임금과 낮은 소비자 가격간의 오래된 상호간의 관계를 생각해 보라. 커피공장 노동자가 높은 임금을 받는다면, 커피를 마시는 사람은 비싼 가격을 지불해야 한다. 반대로 환자가 낮은 진료비를 지불한다면, 의사는 낮은 봉급을 받게 된다. 이와 같은 상호조정의 관계는 봉급에 대해서 뿐 아니라 다른 영역에서도 마찬가지다. 그러면 어떻게 결정해야 하는가?

개별생산상태에 속하는 합리적인 사람은 이 질문에 어떻게 대답할 것인가? 사회계약의 관점에서는 사회의 부를 증대시키는 것이 생산조직의 기능이라고 명시하고 있다. 따라서, 조직의 정책 또는 행동은 최대다수의 최대행복을 목표로 해야 한다는 공리주의적인 기준을 선택할 수도 있다. 반면에 보편적인 정책 또는 규칙에 따라야 한다고 명시한 비공리주의적 또는 의무론적인 기준을 선택할 수도 있다.

어떤 것을 기준으로 결정해야 할지는 어렵더라도 두 가지 사실은 명백하다. 위에서 지적한 것처럼 상호간의 조정은 피할 수 없기 때문에, 생산조직의 출현으로 개별생산상태에서보다 노동자의 이익이나 소비자의 이익이 덜 만족된다는 점이 있더라도 전체적인 부가 증대되는 한, 개별생산상태의 사람은 생산조직을 설립하고 사회계약을 수립해야 한다는 논리가 가능하다.

다시 말해, 생산조직의 도입에 따라 잠재적인 소외, 자기 통제력의 상실 등으로 노동자의 전체적인 조건이 악화된다고 하더라도 소비자로서의 인간에 대한 편익이 이와 같은 비용을 완전히 상쇄한다면 계약의 체결을 기대할 수 있다.

5. 정의(justice)

모든 계약에 적용되는 단서가 있다. 상호조정이 정의의 최소한의 기준을 위반하지 않는다는 전제하에서만 사람들이 이에 동의한다는 점이다. 예를 들어, 생산조직의 존재가 구조적으로 자신들을 비인간적이고, 가난하고, 노예상태로 만든다는 것을 안다면, 사람들은 계약을 거절할 것이다.

이와 같은 점은 계약의 독특한 원칙 중의 하나에 대한 실마리를 제공해준다. 즉 계약을 통해 생산조직이 부의 상호조정을 필요로 하는 행동을 취하더라도, 조직의 불공정한 행위는 금지될 것이다. 계약은 조직이 우주 로케트 생산비용을 마련하기 위해 많은 노동자를 해고하거나, 감봉하는 것을 허용할 수도 있다. 여기서 소비자의 부는 증대하지만 노동자의 부는 감소한다. 그러나 노동자가 마지막 순간까지 근무하도록 하기 위해 노동자에게 해고 계획이 없다고 거짓말하는 것 같은 엄청난 부정을 행할 때는 문제가 다르다. 마찬가지로 기업이 소비자의 "이익"이라는 이름 아래, 흑인이나 여성을 고용하지 않는 차별고용정책을 취할 때는 문제가 다르다.

이들은 사회계약의 조건으로서 사회가 명백히 금하고자 하는 것이다. 따라서 우리는 "생산조직은 정의라는 일반규범 내에 존재한다."라는 사회계약의 원칙을 추론할 수 있다.

정의가 무엇을 요구하는 지를 결정하는 것은 매우 어려운 일이다. 플라톤, 아리스토텔레스 그리고 최근의 롤즈(John Rawls)의 배분적(配分的) 정의, 배분의 공정성에 관한 글은 이와 같은 정의에 대해 많은 언급을 하였지만, 안타깝게도 우리는 여기서 정의에 대한 포괄적인 논의에 머무를 수 없다. 그러나 최소한 생산조직에 적용된 정의의 개념은 생산조직의 속임수와 부정을 피하고, 인간으로서의 노동자를 존중해야 하며, 사회의 집단의 상태를 체계적으로 악화시키는 행위를 회피하는 것을 내포하고 있다고 말할 수 있다. 정의가 의미하는 것에 대한 격렬한 논쟁에도 불구하고, 정의가 최소한 생산조직에 대해서는 적어도 이 정도는 의미한다는 사실에 대부분의 이론가들은 동의한다.

6. 계약에 대한 개관

지금까지 가상적인 사회계약의 개요(sketch)를 살펴보았다. 우리는 개별생산상태에 존재하는 이성적인 사람의 개념을 이용하여, 생산조직의 출현에 대해 그들이 요구하는 계약조건들을 알아보았다. 처음에 제기되었던 의문은 다음과 같은 것이었다.

왜 기업은 존재해야 하는가?

기업의 행위를 정당화시키는 근본적인 것은 무엇인가?

기업이 나쁘게 또는 잘 행동했을 경우를 어떻게 판단할 수 있는가?

사회계약은 이와 같은 의문에 대해 답하는 데 도움을 준다. 생산조직인 기업은 자신의 특별한 이점을 확대하고, 불리한 점을 최소화하는 방법 속에서 소비자와 노동자의 만족을 추구하며 이를 통한 사회의 부 증대를 위해 존재한다. 이것은 기업이 생산조직으로 간주되는 경우에 있어 기업의 도덕적 바탕이 된다. 또한 사회계약은 생산조직의 행위를 판단하는 도구로서의 역할을 한다. 즉, 생산조직이 계약조건을 이행할 때 그들은 올바른 행위를 하고 있다고 판단내릴 수 있다. 그렇지 못할 때 사회가 기업을 비난하는 것은 도덕적으로 정당화된다.

양질의 제품을 낮은 가격으로 생산하고, 정부의 특혜(favoritism)를 거부하며, 노동자의 복지를 증진시키는 생산조직은 사회계약의 기준에 의해 높은 점수를 받는다. 반면에 높은 가격을 요구하며, 저질의 제품을 판매하고, 노동자의 복지를 증진시키지 못하는 비능률적인 기업은 낮은 점수를 받는다. 후사는 사회계약조건을 위반하는 것이다. 그들은 자신을 개혁해야 한다. 그렇지 않으면 그들이 존재해도 된다는 도덕적 권리를 박탈당하게 된다.

이러한 사회계약은 기업이 일반적인 생산조직과 대조적으로 갖는 추가적인 의무와 권리를 명시하지 않았다는 것을 인식하는 것이 좋다. 사회계약은 기업 자체로서가 아니고 생산조직으로서의 기업을 정당화시켰다. 유한책임, 주주소유권 및 기타 특징을 가진 기업과 같은 특정한 형태의 생산조직을 사회가 설립한 추가적인 이유가 있을 것이다. 그러나 여기서는 구체적으로 논하지 않기로 한다. 단 우리는 지금까지의 사회계약에 대한 논의를 통해 기업을 도덕적으로 충분히 이해하는 데까지는 미치지 못했으나, 생산조직의 도덕적인 기반을 이해하기 위한 견고한 발판을 마련했다고 할 수 있다.

제 6 절 기업의 사회적 책임

이러한 계약이 존재한다고 하면 "기업의 사회적 책임은 단지 기업의 이익을 증대시키는 것이다."[7]라는 경제학자 프리드만(Milton Friedman)의 논문에서의 주장과 상반된다. 이 논문에서 프리드만은 경영자의 "신탁"(fiduciary)의무에 대해 언급함으로써 "사회적 책임"을 비난하였다. 주주가 주식을 구매하여 기업을 존재하게 할 때는 이익을 추구하고자 하는 이들의 희망을 기업경영자가 준수한다는 가정 하에서 그렇게 하는 것이다. 따라서 도덕적 의무가 경영자들에게 발생된다. 즉, 이익을 추구하는 투자가에 대한 신탁자로서의 역할이 도덕적 의무인 것이다. 그리고 "사회계약"을 준수하기 위해 투자가들의 돈을 이용하는 것은 도둑질이나 마찬가지다.[8]

이러한 주장을 신뢰하는 것은 자발적인 협약(voluntary agreement)에 부여한 불가침성 때문이다. 우리는 자발적인 협약을 옹호하며, 좋든 나쁘든 사람들이 자발적인 협약을 할 권리를 가지고 있다고 믿는다. 사람이 자유롭게 자신에게 의무를 지울 때－경영자가 자본을 제공한 주주들에게 하듯이－우리는 그 협약에 끼어들거나, 다른 조건을 추가하기를 망설이게 된다.

그러나 사회계약이 모든 자발적인 협약과 계약을 위태롭게 하지는 않는다. 단지 결과적으로 경영자로 하여금 사회계약조건에 반하는 행위를 하게 만드는 협약이나 계약을 위태롭게 할 뿐이다. 이익을 추구하는 경영자의 행위는 보장하되 계약을 위반하면서까지 이익을 추구하는 경영자의 행위만은 배제시키는 것이다. 그렇다고 계약을 위반하는 행위가 불법화되어야 한다는 것은 아니다. 계약은 생산조직이 도덕적인 기반을 제공한다는 점에서 도덕적인 힘을 가지고 있지만, 계약의 법적 의미는 아직 명확히 파악되지 않았기 때문이다.

여기서 중요한 의문은 사회계약의 도덕성에 대한 강조가 주주와 자발적인 협약을 맺은 경영자의 권리와 상충되느냐 하는 것이다. 이에 대한 답은 그렇지 않다는 것이다. 처음부터 권리를 예외가 없는 원칙으로 간주한 천부적인 권리에 대한 이론은 존재하지 않았다. 권리는 충돌할 수 있다. 개인이 자기 노동의

---

7) "The Social Responsibility of Business Is to Its Profits," *The New York Times* Magazine, September 13, 1970.

8) 후에 나타나듯이, 미국 법정은 기업이 이익의 5%까지는 자선단체에 기부하도록 허용하면서 이 원칙에는 동의하지 않았다.

결과물을 소유할 수 있는 권리가 있다고 해서 자신이 낳은 자녀까지 소유할 수는 없다. 설령 임신한 여성일지라도 아이를 소유할 권리는 없다. 왜냐하면 아이는 노동의 결과물에 대한 소유권보다 더 중요한 자유권을 가지고 있기 때문이다.[9] 마찬가지로 경영자는 주주와 협약을 맺을 권리를 가지고 있지만, 노동자와 소비자는 그에 우선하는 권리를 갖는다. 예를 들어 경영자가 노동자의 삶을 희생해서라도 이익을 추구하는 협약에 동의하더라도, 명백히 노동자의 삶의 권리는 이에 우선한다.

때로는 한 권리가 다른 권리보다 중요할 수 있지만, 사회계약이 권리보다 중요할 수 있을까? 권리 이외에 다른 것이 권리보다 중요할 수 있는가?

때로는 비권리적인 동기가 어떤 권리보다 중요한 경우도 있다. 예를 들어, 인간은 자기의 재산을 소유할 권리를 가지고 있다. 그러나 도로를 건설하는 것 같은 공공목적을 위해서 정부가 토지등의 재산을 수용(收用)할 때는 예외이다. 이 행위는 가장 중요한 공공이익에 의해 정당화된다. 따라서 사회계약 자체가 권리가 아니라는 사실이 특정 상황하에서 사회계약의 중요한 권리를 제외시키는 것이 아니다. 명백한 예를 들어 보자. 생산조직은 소비자의 이익을 위해 봉사해야 한다는 사회계약의 요구는 주주와 경영자가 원래부터 위험한 세품을 판매하는네 동의하는 권리보다 중요하다.

따라서 기업의 사회적 책임은 단순히 기업의 이익을 증대하는 것이라는 프리드만의 주장은 잘못된 것이거나 불완전(incomplete)하다. 경영자와 주주간의 가상적인 신탁협약의 힘 때문에 경영자가 책임있는 경영을 하는데 사회계약을 척도로 이용할 수 없다고 생각하는 것은 잘못이다. 자발적인 협약을 체결하는 권리도 예외는 있으며, 이미 나타난 바와 같이 가장 우선하는 사회계약 같은 도덕적인 제한 조건이 있을 수 있기 때문이다. 한편 프리드만의 주장이 자발적인 협약의 존재가 경영자가 이익을 추구해야 한다는 외견상의 의무를 발생시킨다는 것을 뜻한다면 그의 주장은 불완전하다. 그의 주장 그 자체의 의미는 옳다. 그러나 그는 경영자로부터 기대되는 다른 책임들, 즉 사회계약의 도덕적 의무로부터 발생하는 책임들이 있을 수 있다는 점에 대해서는 언급하지 않았다.

프리드만 및 그와 비슷한 견해를 가진 사람에 대해 공평히 말하자면, 자발적인 협약을 체결하는 권리 이외의 생각은 이익을 극대화하는 정당성을 옹호하기

9) Lawrence C. Becker, "The Labor Theory of Property Acquisition," Journal of Philosophy, 73(1976), p. 657.

위해 발생될 수 있다는 사실을 인정해야 한다. 예를 들어 프리드만은 생산조직이 이익을 극대화하려는 체제에서는 최대의 소비자 만족을 생기게 한다고 다른 저서에게 말하고 있다.[10] 경영자가 오직 이익의 극대화를 추구할 때, 사회계약은 가장 만족된다고 주장될 수도 있다. 이것이 사실이라면, 기업의 사회적 책임은 사회계약을 만족시키면서 존재하지만, 사회계약을 만족시키는 방법은 이익의 극대화를 통해서이다. 이것은 골퍼(golfer)에게 공이 우측으로 휘는 것을 고려하여 원래 목표의 왼쪽을 노리라고 말하는 것과 비슷하다. 이익극대화가 사회계약에 이바지할 가능성은 다음 장에서 상세히 연구될 것이다.

제 7 절 사회계약의 의미

소비자와 노동자의 이익은 사회계약의 기초이기 때문에 이들이 생산조직의 경영에 참여해야 한다는 것을 사회계약이 내포할 수 있음을 짐작할 수 있다. 개혁주의자들은 기업의 의사결정에 의해 영향받는 모든 집단의 참여에 의한 기업의 의사결정을 권하고 있다. 몇몇은 유고슬라비아에서처럼 노동자들에 의해 운영되는 공장을 제안한다. 또 다른 이들은 서독모델 즉 대중과 노동자의 대표를 의사결정에 참여시키는 이러한 제안은 사회계약에 의해 직접적으로 지지될 수 있다고 주장되기도 한다.

그러나 신중해야 한다. 위에서 언급된 것처럼 이익극대화를 위한 주장도 사회계약이라는 미명하에 시작될 수 있다. 조직이 전문경영인에 의해 경영될 때, 계약이 가장 잘 이행될 수 있다는 것을 증명할 수도 있다. 경험적인 사실이 그러한 견해를 정당화시키느냐는 매우 중요한 문제다. 사회계약의 관점에서 볼 때, 조직구조에 대한 문제는 다양한 조직구조가 계약을 얼마나 잘 만족시키는가의 관점에서 결정되어야 한다. 이제까지의 분석이 보여주는 바는 조직의 구조는 소비자와 일반 조합원(노동자)의 이익을 고려해야 한다는 점이다. 근시안적인 시각은 안 된다. 즉, 생산조직은 사회의 한 특권집단의 이익을 만족시키기 위해서가 아니라 다수의 집단을 만족시키기 위해 존재한다.

결론적으로 이 장에서 기술(記述)된 가장 중요한 사회계약의 적용은 도덕적인 관점에서 생산조직의 행위를 평가하는 것이다. 우리는 생산조직의 존재이유

10) Millton Friedman, *Capitalism and Freedom* (Chicago: Univ. of Chicago Press, 1962).

가 특정 사회의 이익을 만족시켜 주는 능력에 있기 때문에 사회의 요구에 의해 구속받지 않는 독립된 실체로 간주될 수는 없다는 것을 알게 되었다. 생산조직은 미국기업이든 미국기업이 아니든 생산조직을 포함하고 있는 정치체제의 경계를 초월하는 도덕적인 평가를 받아야 한다. 사회의 관점에서, 생산조직의 가장 기본적인 기능은 정의를 구현하면서 소비자와 노동자의 이익을 만족시켜 주는 것을 통해 사회의 부를 증대시키는 것이다. 조직이 이러한 기대를 지키지 못할 때는 도덕적 비판을 받아 마땅하다. 조직이 위험한 제품을 제조하거나 이성적인 한계를 넘어선 것을 종업원에게 요구한다면, 즉 조직이 사회와의 계약을 지키지 못한 경우 도덕적인 비판을 받아야 한다.

포드(Ford) 2세가 사회계약에 대해 언급하였을 때, 그는 사회계약의 의미를 정확히 하지 않았었다. 이 장에서는 사회계약이 의미할 수 있는 것들을 명확하게 조명하려고 했으며, 이렇게 함으로써 기업의 간접적인 의무의 내용을 명백하게 드러내고자 하였다. 분명히 계약을 명시하는 더 나은 방법은 가능하며, 이 장에서 제시된 견해가 최종적인 것으로 간주되어서는 안 된다. 그러나 어떤 형태를 취하든, 사회계약은 기업이 자신 이상의 것에 공헌하기위해 존재한다는 가장 중요한 신념을 나타내고 있다. 이와 같은 신념은 철학자의 글에서 뿐 아니라 기업인의 연설에서도 나타난다. 바로 T형 자동차의 발명가인 포드(Ford)2세의 조부(祖父)가 다음과 같이 말하였을 때 나타난 신념이다. "오랫동안 사람들은 기업의 유일한 목표는 이익을 내는 것이라고 믿었다. 그러나 그들은 틀렸다. 기업의 목표는 사회 전체의 부(富)에 공헌하는 것이다."[11]

11) Quoted in David Ewing, *Freedom Inside the Organization* (New York: McGraw-Hill, 1977), p.65.

참고문헌

Aacker, D., and G. *Day, Consumerism*: Search for the Consumer Interest. New York: Free Press, 1974.

Barker, Sir Ernest, *Social Contract*. London: Oxford University Press, 1947.

Barry, Brian, *Political Argument.* London: Routledge & Kegan Paul, 1965.

Benn, S.K., and R.S. Peters, *The principles of Political Thought*. New York: Free Press, 1959.

Bowie, Norman E., and Robert Simon, *The Individual and the Political Order*. Englewood Cliffs, N.J.: Prentice-Hall, 1977.

Hobbes, Thomas, *Leviathan.* Oxford: Oxford University Press, 1948.

Kant, Immanuel, *The Metaphysical Elements of Justice*, tr. John Ladd, Indianapolis: Bobbs-Merrill, 1965.

Lessnoff, M.H., "*Justice, social Contract, and Universal Prescriptivism.*" The Philosophical Quarterly, 28(January 1978): pp.65~73.

Paul, Ellen, "*On the Theory of the Social Contract Within the Natural Rights Traditions,*" The Personalist, 59(January 1978): pp.9~28.

Rawls, John, *A Theory of Justice.* Cambridge, Mass.: Harvard University Press, 1971.

Steiner, Hillel, "*The Natural Right to the Means of Production,*" The Philosophical Quarterly, 27(January 1977).

Sterba, James, "*Justice as Dessert.*" Social Theory and Practice, 3(Spring 1974): pp.101~116.

제 4 장 기업의 책임에 대한 도전

기업의 사회적 책임을 비난하는 사람들은 기업의 사회적 책임을 다하는 신조가 경제적으로 위태로울 수 있다고 지적한다. 그들은 기업이 도덕적인 문제를 고려하게 되면 매출이 줄고 도덕적인 자만심이 생길 수 있으며 비능률을 일으킬 수 있다고 비난하고 있다. 기업을 경영하는 것도 하나의 사업인데 어떤 기업이 윤리같은 추상적인 문제에 시간을 낭비하겠느냐고 반문한다. 다음의 경우를 생각해 보자. 수년 전에 멀티팹(Multifab)사(社)라는 금속제조회사가 오클라호마주의 툴사(Tulsa)에서 영업을 시작했다. 대중을 생각하는 사람들에 의해 조직되었기 때문에 그 기업은 훌륭한 기업과 사회적 책임이 공존한다는 가정하에 영업을 하였고 회사의 이익을 분배받을 최소한의 기술을 가진 종업원을 고용, 훈련시키려고 계획했다. 상호협조를 통한 자립의 개념을 나타내기 위해 이익을 추구하는 자유 기업제도가 채택될 것이라고 발표되었다.[1)]

그러나 멀티팹(Multifab)사(社)는 완전히 실패했다. 툴사지역 기업들의 많은 도움에도 불구하고 적자를 보고 하나둘 고객을 잃어가면서 설립자에 의해서조

---

1) Lyle Trudblood, "Multifab Manufacturing Company," in *Business and Society*: Cases and Text, ed. Robert Hay and Edmund Gray(Cincinnati: South- Western, 1976), p.250.

차 실패로 공표되었다. 멀티팹(Multifab)사(社)같은 경우는 흔히 있는 일이다. 많은 기업들이 이윤과 사회적 책임을 함께 추구한다는 고상한 의도를 가지고 시작하지만 설립자에게 파산만 안겨 준다. 반면 지엠(GM)사(社)의 경우를 생각해보자. 지엠(GM)사(社)는 1960년대말에 랄프네이더(Ralph Nader)에 의해 조직된 많은 주주들의 요구에 직면해 있었다. 주주들은 지엠(GM)사(社)가 60마력으로 달릴 때의 충격에도 견딜 수 있는 차를 제작해 줄 것을 요구했다. 또한 주주들은 지엠(GM)사(社)가 광고에 많은 돈을 쓰는 것과 같이 공해방지에도 많은 돈을 쓰고 모든 차에 대해 5만 mile운행과 5년 보증을 해달라고 요구했다.[2] 이에 지엠(GM)사(社)의 경영진이 그 요구들이 결국 회사를 시장으로부터 내쫓을 만한 가격을 매긴다고 말했을 때 그들은 옳았다. 소비자들은 사회적 책임의 대가인 높은 가격을 받아들이지 않을 것이며 이는 안전벨트의 의무착용전 그것을 선택적으로 설치하는 데 필요한 최소한의 금액조차도 지불한 사람이 적다는 것에서도 알 수 있다. 대표이사인 로쉬(J.M. Roche)는 지엠(GM)사(社)의 사회에 대한 경제적인 공헌을 강조함으로써 네이더(Nader)의 캠페인에 대항했다. 그는 적당한 가격으로 사회에 좋은 차를 공급해야 한다고 주장했다. 그는 "지엠(GM)사(社)가 주주와 일반대중의 이익을 만족시키지 못했다면 성장과 진보를 달성할 수 없었다는 것을 이사회는 잘 알고있다"[3]고 그는 말했다. 그의 말에 함축되어 있는 뜻은 기업의 이익이 기업의 사회적 책임의 리트머스 시험(Litmus test)이라는 것이다.

멀티팹(Multifab)사(社)나 지엠(GM)사(社)의 사례는 그 자체가 시사해 주는 것이 거의 없다. 그러나 이 예들은 기업의 도덕적 문제에 대한 고려가 가져오는 것에 대한 풀기 어려운 문제를 제기한다. 우리는 경쟁사회에서 살고 있고 기업은 국내 기업체뿐만 아니라 외국의 많은 능률적인 기업체들과도 경쟁을 해야 한다. 일본은 정기적으로 라디오나 비디오, 자동차 등의 가격을 인하하여 미국 기업들을 당황시킨다. 사업의 세계는 치열하다. 기업의 도덕적 책임이 소비자의 이해를 효율적으로 만족시키는 데 있는 것은 아니지 않는가? 이것이 앞장에 나와 있는 사회계약을 의미하는 것도 아니지 않은가? 비경제적인 책임을 포함하는 것－그것이 아무리 용감한 일일지라도－은 소비자의 이해를 만족시키는

---

2) John W. Collins, "Campaign to Make General Motors Responsible," in *Business and Society*, ed. Hay and Gray(Cincinnati: South-Western, 1976), pp.51~69.

3) Collins, "Campaign," p.59.

데 있어서 능률을 증대시키지 않는 것 아닌가? 이런 것을 염두에 두고 어떤 경제학자들과 기업인은 기업이 도덕적 무관심정책을 택해야 한다고 결론을 내렸다.

기업의 도덕적 무관심이 기업이 도덕적 책임을 가져야 한다는 신조와 항상 상충되는 것은 아니라는 점에 주목한다. 책임을 만족시키는 가장 좋은 방법이 책임을 잊어버리고 이익에만 집착하는 것이라면 (역설적으로) 무관심이 최적의 정책이 될 수 있다. 앞장에서는 이런 가능성이 배제되지 않았다. 아이비엠(IBM)사(社), 제너럴 일렉트릭(GE)사(社), 펩시콜라(Pepsi Cola)사(社)와 같은 회사들은 그들이 이행해야만 하는 것을 계산하려고 할 때가 아니라 사람들이 원하는 컴퓨터, 냉장고, 청량음료를 만듦으로서 이익을 극대화하려고 할 때가 사회계약을 가장 잘 만족시킬 수 있다.

도덕적 무관심의 외관상의 장점은 레빗트(Theodore Levitt)의 고전적 논문, "사회적 책임의 위험(The Dangers of Social Responsibility)"에 잘 나타나 있다.[4] 레빗트는 경영자가 사회적 책임에 관해 논의하지 않아야 한다고 주장했다. 왜냐하면 대중집회나 이사회에서 들을 때는 자비로운 것 같지만 기업은 사회적 문제를 다루도록 되어 있지도 않고 다루는 데도 능률적이지 못하다는 사실을 사회적 책임에 대한 논의가 감추고 있기 때문이다. 그렇게 하는 것은 정부나 선거에 의해 선출된 공무원이 할 일이다. 레빗트에 따르면, 기업이 성공하기 위한 가장 좋은 지침은 항상 이익을 추구해야 한다는 것이다. 사회적 책임에 관한 논의는 기업에 의한 퇴행적인 사회적 행위를 가져다주는 죄를 범하기 때문에 위험하다. 기업이 사회적 복지를 위한 보호자가 될 수 있다면 그것은 위험한 일이다. 기업의 중역들은 민주적으로 선출되는 것이 아니라고 레빗트는 우리에게 상기시켜 주고 있으며, 자기독선보다 더럽고 추악한 것은 없다고 말하고 있다. 어떤 사람들은 그의 말이 1960년대와 1970년대 칠레와 그 외 여러 곳에서 미국 기업이 소위 국가의 복지를 위해서 부패한 군사정부를 도와 준 행위를 슬쩍 비꼰 것이라고 생각한다. 레빗트는 기업이 기업 본연의 역할에만 충실해야지 어떤 신성한 선교임무를 가지고 있는 또 다른 하나의 교회의 역할을 해서는 안 된다고 생각한다.

그러므로 우리는 난관에 봉착하게 된다. 한편으로는 앞장에서 설명된 사회계약의 요구를 진지하게 받아들이며 다른 한편으로는 현대 기업이 당면하고 있는

---

4) Theodore Levitt, "The Dangers of Social Responsibility," *Harvard Business Review* (September-October 1958).

경제적 현실에 대한 다른 돌파구를 제시할 수 있는가? 한 가지는 분명하다. 즉 우리는 기업의 도덕적 무관심정책을 선호하는 주장의 타당성을 매우 세심하게 평가해야 한다는 것이다.

이러한 주장의 근원은 경제적인, 철학적인 사유(思惟)의 역사에 있다. 그리고 첫 단계는 그런 고전적인 주장의 일부를 살펴보는 것이다.

제 1 절 도전의 역사적 기원

역사는 이 문제에 관해 두 가지 종류의 주장으로 꽉 차 있다. 하나는 돈벌이를 찬양하는 것이고, 다른 하나는 그것을 비난하는 것이다. 오래 전에 논의된 것일수록 후자일 가능성이 크다. 중세 그리스도교 교회에서는 부를 추구하는 것을 탐욕으로 생각했고, 일곱 가지 큰 죄 중의 하나였다. 그보다 앞서 플라톤은 상인정신이 개인의 덕성을 오염시킨다고 생각하고 상인정신을 공개적으로 비난했다. 그의 이상국가인 공화국(Republic)에서 그는 국가통치자들의 사유재산을 인정하지 않았다. 돈을 추구하는 것이 악이라면－악의 근원은 아닐지라도－왜 현대 자본주의에서는 경의를 표하는가?

돈벌이를 변호하는 것에 대한 철학적인 기원은 아담 스미스(Adam Smith)의 "보이지 않는 손" 이전에 하나의 열정이 다른 열정을 막는다는 사상에까지 거슬러 올라간다. 모든 열정은 나쁘고 제거되어야 한다는 르네상스 시대의 성 아우그스티누스 등의 견해로부터 모든 열정은 나쁘지만 그 중 더 나은 것이 나쁜 것을 방지해야 한다는 보다 현대적인 견해가 나타났다. 17세기 철학자 스피노자(Benedict Spinoza)가 "하나의 감정을 막을 수 있는 유일한 것은 또 하나의 다른 감정이다"라고 한 것은 이 정신에 입각한 것이다.

철학자들이 사회공학(social engineering)문제에 주의를 기울이기 시작했을 때 또는 공동선을 위해 어떻게 사회를 가장 잘 구축할 수 있는가의 문제에 관심을 기울이기 시작했을 때 스피노자의 견해가 바로 적용되었다. 사회철학자 몽테스키외(Montesquieu)는 그것을 돈에 적용하지 않고 명예에 적용했다. 그 결과는 다른 종류의 보이지 않는 손이었다. "군주정치 하에서 명예의 추구는 국가의 모든 부분에 활기를 불어넣는다." 결론적으로, 그는 "사람들이 자기의 이익을 위해 일하고 있다고 생각하는 동안은 모든 사람들이 대중의 복지를 위해 공헌하게 된다"[5]고 말했다.

그 사상이 상업세계에 적용될 때 돈벌이는 전쟁, 영광, 권력 등에 대한 보다 위험한 열정에 제한을 가할 수 있다. 역사학자 허쉬만(A.O.Hirschman)은 다음과 같이 썼다. "18세기에 지적이고, 행정적인 엘리트의 돈벌이에 대한 반응은 호의적이었다. 돈벌이 활동 그 자체가 좋은 것으로 입증되었기 때문이 아니라, 가장 이로운 부작용을 가지는 것으로 생각되기 때문이다. 즉 사람들은 별 생각 없이 돈을 버는 활동에 종사하지만, 그것은 전제적(Arbitrary) 정부에 있어 왕족의 변덕이나 위험한 외교정책에 제한을 가하는 장점을 가졌다고 하겠다."[6] 이런 견해에 찬성한 18세기 사상가 중의 한 사람인 로버트슨(William Robertson)도 "상업은 국가간의 차별과 적의를 갖게 하는 편견을 사라지게 하는 경향이 있다. 그것은 인간의 풍습을 부드럽게 하고 품위있게 한다."[7]고 주장했다.

1. 이윤동기에 대한 아담 스미스의 변호

18세기 도덕철학자 스미스는 돈벌이에 대해서 좀 더 현명한 생각을 가졌다. "보이지 않는 손"으로 잘 알려진 스미스는 시장에서 자기이익을 추구하는 것은 사회에 유형의 이득을 가져올 수 있다고 주장했다. 그는 "자유 시장은 자연적 질서를 분명히 보여 주고 있어서 자기이익이 공동선을 향하도록 하는 외부적인 자연적 힘이 있다는 것을 암시한다"고 말한다. 이것이 유명한 "보이지 않는 손"이다. 스미스는 공동선이 우리의 식탁을 꾸며 주는 정육업자나 양조업자, 제빵업자들의 자비로움에서 나오는 것이 아니라, 그들의 자기이익추구에서 나온다고 말했다. 따라서 우리는 그들이 우리의 필수품을 조달해 준다는 측면에서가 아니라, 그들이 이익을 추구한다는 측면에서 이야기해야 한다.

각 상인들은 그들의 이익을 추구한다. 그러나 그렇게 하기 위해서 다른 사람들의 이익에도 도움이 되어야 한다. 소비자가 고구마를 원한다면 고구마를 공급해 주어야 하고, 실크양말을 원한다면 실크양말을, 잘 보이는 안경을 원한다면－만약 상인이 현명하다면－그런 안경을 발명해서 공급해 주어야 한다. 시장은 자유롭기 때문에 초과이익은 불가능하다. 즉 이익지향적인 상인이 초과이익

5) Albert O. Hirschman, *The Passions and the Interests*(Princeton, N.J.: Princeton University Press, 1977), p.130.

6) *Esprit des lois*, Book Ⅲ, Chapter Ⅷ(trans. A.O. Hirschman)

7) William Robertson, *View of the Progress of Society in Europe*(1769).

을 남기며 고구마나 실크양말을 팔지 못하도록 되어 있다. 왜냐하면 초과이익이 있을 경우 다른 상인이 좀 더 낮은 가격으로 팔 것이기 때문이다. 상인이 그의 이익을 극대화하려 한다면 더 나은 품질, 더 낮은 가격과 소비자들이 이용하기 편리한 장소로 사람들에게 다가가야 하는 것이다.

스미스 이전에는 자기이익을 추구하는 것은 악과 동일한 것으로 여겨졌고, 자비를 베푸는 것은 미덕과 동일시되었다. 그러나 스미스에게 미덕은 자기이익을 추구하지 않는 것이 아니라 오히려 적절한 방법을 통하여 자기이익추구에 제한을 가하고 그것을 완화시키는 것으로 바뀌었다. 이러한 이유로 멘데빌(Mandeville)이 "사적인 악이 공적인 미덕으로 바뀔 수 있다."는 구호를 통해 스미스가 자기이익만을 옹호했다고 규정한 것은 옳지 않다. 멘데빌은 초기 경제학자인데 그는 자기이익을 추구하지 않는 것이 미덕이라고 생각했다. 만약 미덕이 자기이익을 추구하지 않는 것 또는 금욕주의와 동의어라면, 스미스는 그 미덕의 희생으로만 문명은 진보할 수 있다고 분명히 지적했다. 도덕적으로 정당화될 수 있는 경제적인 성공의 수준은 단순히 인간의 기본적인 욕구만을 만족시키는 최저한의 것이다. 인간의 비기본적인 욕구의 만족을 추구하는 것도 도덕적으로 악은 아니다. 스미스는 유명한 저서『국부론』(*Wealth of Nations*)에서 그는 그렇게 하는 가장 좋은 방법을 사회에 가르쳐 주고 있다.[8)]

그러나 스미스에 따르면 사회는 '보이지 않는 손'의 대가(代價)를 치러야한다. 즉 영업할 수 있는 충분한 자유를 허용해 주어야 하는 것이다. 특히 사회는 독점이나 정부간섭에 의한 자유시장의 질식상태를 방지하기 위해 최선을 다해야 한다고 그는 생각했다. 스미스는 기업인은 계속 독점적 지위를 누리려고 하고, 정부는 계속 그것을 깨뜨리려는 간섭을 하고 있다고 생각했다. 그는 기업인의 의도뿐만 아니라 정부의 의도도 믿지 못했다. 즉 근본적으로 어리석고 부적절하다고 생각했다. 시장의 자연스러운 메커니즘을 정부의 간섭으로부터 자유롭게 하는 것이 스미스의 경제적 우선순위 목록에서 상위를 차지하고 있다. 스미스는 이익의 추구는 자유로운 시장 하에서만 사회를 발전시키고 생기를 불어넣을 수 있다고 보았다.

---

8) Adam Smith, *An Inquiry into Nature and Causes of Wealth of Nations*, 1776, reprinted in the *Glasgow Edition of the Works and Correspondence of Adam Smith*, ed. R.H. Campbell(London: Oxford Univ. Press, 1976): also reprinted(London; Connon Press, 1930).

스미스의 정부간섭에 대한 반대는 국부론에서의 그의 중요한 목적 중의 하나인 "중상주의에 대한 반박"이라는 측면에서 생각해야 한다. 수백 년간 유럽을 이끌어 온 경제이론이었던 중상주의는 부(富)는 고정된 양으로 존재한다고 가정한다. 따라서 경제학자들의 과업은 국가가 이런 고정된 부의 좀 더 큰 조각을 확보할 수 있도록 전략을 짜는 것이었다. 국가는 금을 저장하고 무역을 규제했으며 무거운 관세, 수출금지, 쿼터제 등을 실시했다. 스미스는 중상주의의 단점을 발견했다. 그러나 그가 깨달았을 때는 부의 근원을 설명할 수 있는 방법이 없었다. 스미스는 자기가 그 설명을 하기로 하였다. 그는 부가 (고정된 양으로 존재하는 것이 아니라) 자본과 분업(전문화)으로부터 파생된다고 하였다. 경제는 계속적으로 변하기 때문에 보다 효율적으로 자본과 노동을 사용할 수 있는 방법들을 고안해야 한다. 따라서 중상주의의 잘못된 정책은 재평가되어야 한다는 것이다. 중상주의에 의해 옹호되고 있는 간섭 대신에 경제학자들은 이제 자유로운 거래, 자유로운 시장진입, 자유로운 가격책정 등의 이점들을 설명하게 되었다.

스미스는 경제성장을 달성하는데 있어서의 자기이익추구의 역할을 강조하였음에도 불구하고, 부의 추구가 도덕적인 관점에 있어서는 문제가 된다고 생각했다. 그는 옛날 그의 철학스승인 허치슨(Hucheson)의 "자기이익의 추구가 결코 선(善)이 될 수 없다"는 주장에는 동의하지 않았으나 인간의 중요한 미덕은 자기이익을 추구하는 것이 아니라 자비심이라는 점에 동의하였다. 스미스는 "부는 환상적인 쾌락으로 가득 차 있다. 그것은 인간을 계속 움직이게 하고 계속 활동케 하는 힘이다"라고 쓰고 있다. 어떤 학자가 스미스의 "보이지 않는 손"에 대해 다음과 같은 간단한 설명을 했다. "매일 밤 어떻게 하면 많은 월급을 받고, 큰 저택을 사고, 새로운 요트를 살 수 있을까? 골몰하느라 잠을 이루지 못한 채 침대에 누워 있어야 하는 사람을 상상해 보라. 스미스의 메시지는 다음과 같다. 자유시장은 다른 사람의 욕구를 만족시켜 주도록 요구하기 때문에 이처럼 이기적인 사람이라 할지라도 전체의 복지를 위해 이바지 할 수 있는 사회구조를 만들어 준다."

스미스의 자기이익추구에 대한 옹호는 올바른 방법으로 파악되어야 한다. 지금까지 그는 이익추구에 대해서 전반적으로 찬성했지만 기업인의 동기를 자유방임주의와는 상반되는 것으로 생각했다. "같은 사업을 하는 사람들은 잘 만나지 않는다. 그러나 그들의 대화는 일반 대중에 대한 음모, 또는 가격을 올리려는 어떤 계략으로 끝난다"고 그는 적고 있다.

그의 상업적인 동기에 대한 회의(懷疑)에는 "보이지 않는 손" 조차도 도덕적이고 시민적(市民的)인 미덕이 기초가 되어야 한다는 것이 포함되어 있다.[9] "도덕적인 개념 즉 정직, 공정, 믿음, 선의 등이 사회 전반에 걸쳐 받아들여지지 않는다면 어떻게 기업이 거래를 성공적으로 수행할 수 있겠는가?"라고 스미스는 반문한다. 예를 들면 그의 국부론은 산업사회를 노동자, 지주, 자본가로 구분하고 각 계층의 이익추구가 어떻게 전반적으로 사회의 이익과 양립될 수 있는가를 보여준다.

스미스에 대한 개략적인 설명은 분명히 그의 사고가 도덕적인 색채를 띠고 있음을 보여준다. 그는 모든 면에서 예외없이 사회복지에 대한 공헌을 언급함으로써 경제활동을 정당화시키고 있다. 자본주의 사회에서 불가피한 빈부의 격차에 대한 태도는 이것을 입증한다. 스미스는 가난한 사람들이 부유한 사람들과 비교해 볼 때 어려움을 겪고 있다는 것을 인정한다. 하지만 그들이 다른 경우에 있는 것보다는 부유한 것이라고 생각하고 있다. 문명화된 사회에서 부는 가장 비천(卑賤)하게 사는 계층에게까지 뻗쳐 있어서 가장 가난하게 사는 사람에게도 혜택이 간다. 스미스는 영국의 농부가 아프리카의 왕보다도 더 잘 갖추어 놓고 살고 있다고 이야기 한다.[10]

전문화가 가져다 주는 지루함에 대한 그의 태도를 생각해 보자. 그는 사람들이 분업이 가져다 주는 단조롭고 반복적인 작업에 곧 싫증을 느낄 것이라고 시인했다. 그러나 정부가 가난한 사람들에게 교육적인 기회를 제공함으로써 그 문제를 완화시킬 도덕적 의무가 있다고 생각했다. 분업으로 인해 사람들이 일에 싫증을 느끼지만, 교육적인 기회를 통해 지적 재능을 발휘할 수 있을 것이다. 여기서 다시 한 번 스미스가 도덕적인 문제를 고려하고 있음이 명백해 진다. 도덕적인 문제에서는 정부의 간섭을 지지한다는 것이 드러난다.

스미스가 이윤동기에 대해 도덕적으로 옹호(擁護)한 것이 기업에도 적용될 수 있는가? 이에 대한 해답은 그의 철학 중에서 어느 부분이 기업을 강조하였는가에 달려 있다. 그의 논의의 대부분은 개인 또는 기껏해야 계층에 관한 것

---

9) 스미스의 시스템이 어떻게 도덕적 기초를 요구하는가에 관한 분석 (分析)에 관해서는 Warren J. Samuels, "The Political Economy of Adam Smith," *Ethics*, 87 (April 1977), pp.189~207을 참조할 것.

10) Smith, *Wealth of Nations*(London Press, 1930), p.6

이었고 기업 그 자체에 관해서는 거의 언급하지 않았다. 놀랍게도 그는 기업이 주된 경제 세력이 될 수 있는 가능성에 대해서 회의적이었다. 그의 시대에는 기업이 거의 존재하지 않았고 그는 기업이 독점이라는 특권을 개발할 수 없다면 모든 작업이 기계적으로 처리되는 일부 분야—그는 예로서 은행업, 운하를 운영하는 일, 보험업 등을 들었다—를 제외하고는 거의 가능성이 없다고 생각했다.

그러므로 기업에 대한 스미스의 생각에 대해 얻을 수 있는 결론은 그의 개인에 대한 생각으로부터 유추해야만 한다. 따라서, 만약 그가 개인의 미덕을 찬양하고 자기이익을 추구하는 것이 아니라 자비가 개인을 이끌어야 한다고 주장한 것을 강조한다면 도덕적인 동기가 개인뿐만 아니라 기업에도 중요하다고 결론을 내리게 된다. 그러나 스미스의 다른 측면—즉 자기이익추구를 옹호한 측면—을 강조한다면, 기업의 자기이익추구가 옹호되어야 한다고 결론을 내릴 수 있다.

아마 기업의 자기이익추구에 대한 현대적인 특성에 맞추기 위하여 스미스의 개인의 자기이익추구에 대한 이론을 짜내는 것은 잘못된 일일 것이다. 개인의 자기이익추구는 아직도 인간의 얼굴을 가진 것, 인간적인 특성—즉 열망, 열정, 희망, 공포 등—으로 이해된다. 그러나 기업은 공포나 열정을 가지고 있지 않다. 즉 기업은 수명에 대해 제한을 받지도 않고, 개인의 힘과 영향력을 위축시킬 수 있는 힘과 영향력을 유지하고 있다.

어느 경우에서나 스미스의 견해는, 기업의 배타적인 이윤 추구는 사회의 최대한의 대중의 복지와 양립될 수 없다는 것이다. 이것은 적절한 경제시스템은 거기에 참여하는 사람들이 사회의 보편적인 도덕적 규범을 지키도록 요구해야 한다는 그의 신념과 맞지 않는다. 만일 도덕이라는 규범을 지키는 것과 이익을 극대화하는 것 사이에 어떤 상호관계가 있다면 스미스는 후자를 반대하고 전자를 찬성하도록 충고하였을 것이다. 우리는 다음과 같은 그의 말을 생각해 볼 수 있다.

"부를 향한 경쟁에서 그는 모든 경쟁자를 누르기 위하여 모든 신경과 근육을 긴장시켜 가능한 한 힘차게 질주하여야 한다. 그러나 만약 그가 그들 중 어떤 사람을 밀거나 넘어뜨린다면 구경꾼의 관대함은 끝난다. 그것은 공정한 경기에서 받아들일 수 없는 반칙이기 때문이다.[11])

11) Adam Smith, *The Glasgow Edition of the Works and correspondence of Adam Smith* (London. Oxford University Press, 1977), p.83.

그러므로 기업의 이익극대화주의에 대한 스미스의 철학의 결과는 혼합되어 있다. 그는 개인에 의한 이익의 추구, 또 그것을 유추해서 얻은 기업에 의한 이익의 추구에 대해서도 도덕적으로 옹호했다. 그러나 그는 사회적 무책임, 또는 "어느 것도 좋다"(anything goes)는 철학은 옹호하지 않았다. 스미스에게는 경제학과 윤리학이 자연적인 단일체이다. 즉 그것들을 분리한다는 것은 수학에서 수의 개념을 분리하는 것과 같이 불가능하다. 그러나 이와는 반대로 기업의 활동에 있어서의 도덕적 책임에 대한 강한 비판, 그리고 경제학과 윤리학간의 분리를 찬성하는 철학 때문에 우리는 18세기가 아닌 19세기와 20세기, 즉 사회진화론자들과 프리드만(Milton Friedman)의 저술을 보아야 한다.

2. 사회진화론(Social Darwinism)

(이윤극대화의 추구라는) 치명적인 죄를 인류를 위한 구세주로 바꾸어 놓은 사고는 모든 사람들을 설득시키는데 실패했다. 특히 돈을 버는 것이 저임금, 위험과 작업환경, 아동학대를 통해 가능하다는 사실을 발견한 많은 19세기의 지성인들을 설득시키는데 실패했다. 그러나 19세기 중엽에는 자본주의가 나쁜 면도 가지고 있다는 것이 명백해 졌더라도 예전으로 돌아갈 수는 없었다. 부의 추구는 단점을 가지고 있고 영원한 국제평화를 보장해 주는 것도 아니었지만 그것은 죄가 아니라, 인간활동으로 받아들여졌다. 그것은 '흥미로운' 것이지 '맹목적인' 것이 아니었으니까.

한편 산업혁명의 명백히 드러나는 결점은 정당화를 필요로 했다. 그 속에 내포된 논리는 빈약하지만 스미스의 자유시장에 대한 열의와 같은 열정을 가지고 사회진화론자들은 도전을 했다. 그들은 산업혁명의 불행은 자기이익추구의 결과가 아니라 발전적인 진보의 불가피한 대가라고 진단했다. 생물학적인 진화에 대한 다윈의 이론에 입각해서 사회진화론자들은 식물이나 동물이 삶과 죽음이라는 경쟁에서 투쟁하는 것과 같이 사람과 기업도 경제적인 생존을 위해 투쟁해야 한다고 주장한다. 식물이나 동물의 어떤 종류가 자연선택이라는 과정에서 이기듯이 어떤 사람이나 기업도 이익의 추구과정에서 이긴다. 이익이 많으면 많을수록 경제적 우월성이 더 확실히 증명되는 것이다. 그리고 사회가 그 투쟁을 제한하지 않고 계속 진행시키면 시킬수록 사회는 그만큼 더 혜택을 많이 입게 된다. 왜냐하면 약하고 비효율적인 사람들은 사라지고 사회를 지배할 수 있는 가장 좋은 사람들은 남기 때문이다.

(그러나) 사회진화론의 인기는 곧 사라졌다. 비평가들은 그 이론이 부의 불평등을 야기시켰다고 주장했다. 즉 어떤 사람은 한 나라 철도의 반을 소유하고, 만찬에 초대된 손님들의 담뱃불을 붙이는 데도 수백 달러를 소비하는 반면, 다른 사람은 빈곤 속에서 생활하며 먹지도 못해 굶주리게 된다. 그런 불평등은, 경제적으로 빈곤한 사람들은 승자와 패자가 있는 자연적인 과정의 불행한 부산물로서 생각되는 사회 진화론과 큰 차이가 없다. 곧 방관자들은 사회진화론이 자연에서의 진화와 시장에서의 성공이 비슷하다고 생각한 것이 극한상황을 만든다는 것을 깨닫기 시작했다. 왜냐하면 다윈의 원래 이론도 어떤 종이 진화과정에서 성공하는 것은 결국 그것의 자손이 많고 영원히 계속되는 것에 의해 측정된다고 주장했기 때문이다. 그러나 이것은 도덕적으로 어떻게 종들이 진화되어야 하는가에 대한 설명을 해 주지 못하고 있다. 다윈의 이론이 설립되기 위해 필요한 하나의 기준은 자손의 번성이다. 따라서 바퀴벌레가 진화과정의 승자이고, 검치호랑이(saber tooth tiger; 위턱의 송곳니가 약간 굽은 모양으로 발달한 호랑이류의 화석동물)는 패자이다. 그러나 그 이론은 바퀴벌레가 검치호랑이에 비해 세계에 공헌할 수 있는 능력에 대해서는 아무것도 말해주고 있지 않다. 마찬가지로 특정기업의 잔존이 어떻게 사회복지를 향상시킬 수 있는가에 대해서는 아무 것도 시사하지 않고 있다. 우리가 기업을 자연선택의 모델에 짜맞출 수 있다 하더라도—다윈 자신도 그런 가능성을 부정했지만—다윈은 세계를 사실적으로 묘사했지 규범적으로 묘사한 것은 아니었다. 따라서 19세기말에 사회진화론주의가 사라진 것은 놀랄 만한 일이 아니다.

3. 슘페터와 기업가의 역할

아담 스미스, 존 스튜어트 밀, 데이비드 리카도(David Ricardo) 같은 고전주의 경제학자들은 경제학을 도덕학(moral science)으로 간주하고 경제학이 하는 일은 실체를 있는 그대로 설명할 뿐 아니라 그것이 어떻게 되어야 하는가에 대한 도덕적 판단을 내리는 것이라고 생각했다. 예를 들면 대부분의 학자들이 자유로운 시장을 신봉했다. 그러나 19세기 후반의 제본스(Jevons), 왈라스(Walras), 마샬(Marshall) 같은 신고전주의 경제학자들은 "경제학은 가치중립적이어야 한다"고 주장함으로써 이런 전통을 흔들어 놓았다. 그들도 자유로운 기업에 마음을 빼앗기고 있었지만 경제이론이 자유방임주의를 포함하는 정치적·

도덕적 문제에 직접 언급하도록 만드는 노력을 거부했다. 한계효용이론(marginal utility theory)으로 알려진 분석방법을 사용하여 그들은 가치문제를 뒤로 미룬 반면 경제학을 전문화시키고 순수하게 하려고 하였다. 그런 노력의 주된 결과가 경제학을 계량화하는 것이었다.

이론적인 중립성은 선언했지만 이윤동기에 대한 신념은 강하게 남아있었다. 가장 존경받는, 이익을 선호하는 신고전주의자 중의 한 사람인 슘페터(Joseph Schumpeter, 1883~1950)는 복잡하고 포괄적인 기업내에서 비틀거리는 이윤추구 기업인을 대신하여 이론적인 캠페인을 시작했다. 그의 이론은 그의 두 가지 중요한 저서, 즉『경제발전이론』(*The Theory of Economic Development*)과『자본주의, 사회주의, 그리고 민주주의』(*Capitalism, Socialism, and Democracy*)에 잘 나타나 있다.[12)]

슘페터는 시장균형(market equilibrium)이라 불리우는 순수경쟁개념으로 논의를 시작한다. 그는 말하기를 "자본주의는 자연적으로 균형을 이루려는 경향이 있고 그 균형은 가상적인 상황에서만 실현되는 것이며, 모든 생산은 자본과 노동, 즉 다른 말로 하면 자연의 선물과 인간의 노력의 결과이다"라고 한다. 이런 균형상태에서는 이익이란 있을 수 없다. 왜냐하면 높은 가격을 부르더라도 순수경쟁 하에서는 시장수요에 의해 제품의 판매가격이 최저가격으로 떨어지기 때문이다. 나는 오렌지를 생산하는 데 드는 원가(原價) 이상의 값으로 오렌지를 팔 수 없다. 내가 그렇게 하고자한다면 다른 사람이 가격을 낮추어 시장을 지배할 것이기 때문이다. 이렇듯 균형은 돈을 벌려는 사람에게 좌절과 실망만을 안겨 준다. 왜냐하면 이익이 존재하지 않으므로 부를 쌓을 수 없기 때문이다.

그러나 돈을 벌고자 하는 야심있는 사람은 균형상태를 깨뜨리고 자본주의의 발달을 위한 씨를 뿌리는데 결정적인 역할을 한다. 이런 사람, 기업가(the entrepreneur) 는 균형상태가 이익을 허락하지 않는다는 것을 알고 있기 때문에 노동과 토지 외의 어떤 것을 시장에 제공할 수단을 발견해야 함을 알게 된다. 그러므로 기업가는 새로운 상품, 새로운 방법, 새로운 공급원을 채택하거나 새로운 시장을 발견해야만 한다. 이런 혁신들이 결합하여 소위 슘페터가 "발전"(development)이라고 부르는 힘을 만들어 내게 된다. 균형상태에서 기업가는

12) Joseph Schumpeter, *The Theory of Economic Development*(Cambridge, Mass, Harvard Univ. Press, 1934); and *Capitalism, Socialism, and Democracy* (New York: Haper Brothers, 1942).

다른 사람과 같은 최저가격으로 오렌지를 팔 수밖에 없다. 더 높은 가격으로 팔기 위해서는 더 질 좋은 오렌지를 생산해야 하고 또는 같은 노동량을 사용하지만 더 많은 오렌지를 생산해 낼 수 있는 시스템을 생각해 내야만 하는 것이다. 말하자면 그는 더 나은 전략을 생각해 내야만 한다. 슘페터는 기업가를 존경한다. 기업가는 슘페터에게 그의 이론의 중심점을 만들어 주었다. 때로 기업가는 곤경에 빠진 영웅으로 묘사된다. 슘페터는 "기업가는 그의 궁전을 세우려는 희망과 의지를 가지고 있고, 정복하려는 의지, 즉 자신이 남보다 우월하다는 것을 증명하기 위해 투쟁하는 충동을 지니고 있으며, 성공의 결과를 위해서가 아닌 성공 자체를 위한 의지를 가지고 있다."[13]고 말하고 있다.

기업가의 목적에는 도덕적인 면이 부족할지 모른다. 그들은 심지어 맹목적인 야망에 접근할 지도 모른다. 그러나 그들은 자본주의를 추진하는 힘을 구성하고 있다. 이익에 대한 열망이 없다면 자본주의는 진보의 원천을 잃을 것이고, 균형상태의 악순환—즉 진보도 없고, 이익도 없는—에 곧 빠지게 될 것이다. 균형을 이루려는 경향은 항상 존재한다. 그것은 기업가의 추진력을 거역하며 사회의 변화에 대한 전통의 저항과 오랜 관습과 구태의연한 전략에 의지하려는 기업인의 태도에 그 근거를 두고 있다. 이런 경제적인 무기력함을 타파하기 위하여 기업가는 전구, 전화, 합성고무, 텔레비전, 컴퓨터, 특효약을 발명할 필요가 있다. 기업가가 사회에 현존하는 상품보다 더 필요한 것을 공급할 때만 사회가 그에게 이익을 준다. 슘페터의 모델은 순수경쟁에 대한 고전적이고 정적인 모델이 설명할 수 없는 것, 즉 어떻게 순수경쟁이라는 이론적인 상태 하에서 이익이 나지 않는 것이 자본주의의 추진력이 이익이라는 주장과 양립될 수 있는가를 설명해 준다. 게다가 역사적 발달유형을 포괄하는 통찰력을 가짐으로써 고전적이고 정적인 주장 이상으로 발전시켰다(이상하게도, 자유방임주의의 열렬한 주창자인 슘페터는 맑스가 그에게 가장 많은 영향을 끼쳤다고 인정했다), 그러나 그것은 고전적인 색채를 띄고 있다. 사회를 발전시키는 영웅적인 기업가에 대해 슘페터가 묘사한 것을 읽을 때면 우리는 거기서 아담 스미스의 목소리를 들을 수 있다.

---

13) Quoted in "Memorial: Joseph Alois Schumpeter," in *Schumpeter*(Cambridge, Mass: Harvard University Press, 1951). pp.11~25

4. 프리드만; "보이지 않는 손"의 현대화

앞장에서 보았듯이 프리드만(Milton Friedman)은 이윤동기를 옹호했다는 점에서 스미스와 닮았다. 그러나 두 가지 중요한 차이가 있다. 첫째, 프리드만은 그의 이론을 기업에 적용시켰다. 둘째, 그는 기업이 소위 사회적 책임을 거부하는 이익극대화정책을 추구해야 한다고 주장했다. 그의 가장 잘 알려진 저서 『자본주의와 자유』(*Capitalism and Freedom*)에서 프리드만은 경영자가 도덕적 책임을 가져야 한다는 견해가 점차 증가하고 있음을 인정했다. 그러나 그는 다음과 같이 말하면서 그 견해가 기업을 파산시키는 것이라고 주장했다.

"도덕적 책임에 대한 견해는 자유경제의 특성과 본질에 대한 근본적인 오해를 보여주는 것이다. 자유경제 하에서는 (다음과 같은) 기업의 유일한 사회적 책임만이 존재한다. 즉 게임규칙－사기나 속임수 없는 공개적이고 자유로운 경쟁－에 따라 자원을 활용하고 이익을 증가시킬 수 있는 활동에 종사하는 것이다."[14)]

여기에서 우리는 스미스의 이론에서와 같은 공정한 게임을 주장하고 있음을 발견할 수 있다. 그러나 다른 도덕적인 규범에 대한 관심은 없다. 프리드만도 기업이 준수해야 된다고 생각하는 도덕적 규칙을 규정했다. 즉 공개적으로 경쟁해야만 하고, 속이지 말아야 하며, 사기를 치지 않아야한다. 이것 이외에는 어떤 것이든 좋다.

프리드만의 강하고 분명한 결론에도 불구하고 그의 주장의 대부분이 전문화가 대중의 복지를 극대화시킨다는 스미스의 가정과 연결되어 있다. 이 가정이 개인뿐만 아니라 기업에도 적용되어 기업은 이익을 극대화시키기 위하여 효율적인 생산과정을 전문화하여야 한다. 그리고 일을 하기에는 적절치 않은 것－즉 사회적 책임을 지는 것－은 시도하지 않아야 한다. 프리드만은 기업의 경영자가 사회적 이익이 무엇인가를 결정해 주는 판사인가를 반문한다. 그들은 판사가 아니고 판사가 되어서도 안 된다. 사회복지를 이해하는 것은 그들의 능력 범위 밖에 있고 그것은 전문적인 사람－정부관료－이 맡아야 한다. 프리드만은 기업이 인플레이션을 낮추기 위해 물가와 임금을 동결하는 사회적 책임을 떠맡는 상황을 상상해보라고 말한다. 그는 그 결과는 비참한 것이 될 것이라고 말

14) Milton Friedman[1912－2006], *Capitalism and Freedom*(Chicago: University of Chicago Press, 1962), p.133.

한다. 만약 물가에 대한 상승압력이 있을 때 (인플레이션 때에는 항상 그렇다), 그리고 이에 따라서 통화공급이 증가 할 때 물가와 임금을 기업이 동결한다면 결과는 제품의 부족, 노동력 부족, 그리고 암시장 활성화라는 것이다. [15] 기업은 사업을 위해 고안된 것이지, 도덕적 고려를 위해 고안된 것이 아니다. 사회복지는 기업이 이것을 깨달을 때에만, 즉 기업이 사회적으로 책임을 져야 한다는 유혹을 버리고 단순히 이익을 극대화시킬 때에만 극대화 될 것이다.

프리드만은 기업의 유일한 책임은 이익을 극대화시키는 것이라고 주장했을 뿐만 아니라 그렇게 하는 것이 자유로운 사회에서의 양도할 수 없는 권리의 표현이라고 주장했다. 그는 이익을 추구하기 위해 자유롭게 물건을 팔고 사는 경제적 자유가 집회나 언론의 자유와 같은 정치적인 자유를 유지하는 데 필수적이라고 주장했다. 원하는 것을 팔고 살 권리가 없다면 어떻게 공산주의자라 할지라도 그들의 팜플렛을 팔고 삼으로써 자유롭게 의사를 전달 할 수 있겠는가? 그리고 경제적 자유가 없다면 정치적 급진당원이 그의 임무를 수행하기 위해 시간을 전부 바치지 못할 것이다.

프리드만의 주장은 기업의 행동에 즉시 적용된다. 왜냐하면 기업이 이익을 극대화시킬 자유를 갖지 못한다면 중요한 경제적 자유가 부정될 것이기 때문이다. 확실히 기업은 개인과 다르다. 그러나 그들의 자유와 그 자유에 대한 제약은 개인인 소유주와 경영자의 권리와 양립되어야 한다. 만약 주주들이 기업을 만들고 이익극대화 정책을 수립하기 위해 돈을 모으기로 결정했다면 사회가 그렇게 할 수 있는 권리를 부정할 수 있는가? 이것은 소유권과 같은 그들의 권리가 아닌가?

5. 하이예크의 카타락시(Catallaxy)에 대한 옹호

역사를 돌이켜 볼 때, 우리는 마지막 인물로서 현대 정치사상가인 하이예크(F.A Hayek)를 볼 수가 있다. 하이예크 역시 그가 카타락시(Catallaxy)라고 이름붙인 자유로운 시장을 옹호했다. 그러나 그의 옹호는 그가 그것을 말했기 때문이 아니라 그가 그것을 말하지 못했기 때문에 중요하다. 그것은 프리드만의 옹호와 같이 기업의 사회적 책임에 대한 비난으로 생각되지만, 약간 다른 점이 있다. 즉 정부의 '불간섭' 정책을 찬성한 점이다. 그러나 그 차이는 크게 주목

15) Friedman, *Capitalism and Freedom*, pp.133~34.

할 만한 가치가 있다.

하이예크는 자유로운 시장의 열렬한 옹호자로서 기업계에 잘 알려져 있다. 그리고 그는 그 자신이 토크빌(A. Tocqueville), 흄(David Hume), 스미스(Adam Smith) 등과 같이 18세기, 19세기의 자유주의적 전통을 따르고 있다고 인정했다. 그의 견해의 핵심은 카타락시의 개념, 또는 인간자신에게 어느 정도 맡겨질 때 즉 자유롭게 시장을 선택하고, 계약을 체결하고 동의를 할 때 사람들에게서 발생하는 자발적인 사회적 질서의 개념이다. 하이예크의 중심되는 주장은 이런 자발적인 사회적 질서가 개개인의 복지를 추구하기 위해 조직된 사회보다 더 높은 평균개인소득을 가진 좀 더 복잡한 사회를 만들어 낸다는 것이다. 간단히 말하면 사람은 정부에 의해 통제될 때보다 자유롭게 거래와 교환을 할 수 있을 때 더 유복해 진다는 것이다.[16] 이런 주장을 하면서 하이예크는 스미스와 같이 자연적인 질서를 옹호했다. 그러나 "보이지 않는 손"같은 형이상학적인 개념에 의지하지 않고 있다. 이 주장은 보이지 않는 손의 이론처럼 자기이익 추구에 대한 도덕적인 정당화를 하려고 시도하지 않고 있다.

카타락시에 대한 하이예크의 옹호는 무척 매력적이지만 기업의 사회적 책임과 같은 도덕적인 문제에 적용하기 어렵다. 왜냐하면 그 주된 결론이 책임의 문제가 아니라 정부통제의 문제에 영향을 미치기 때문이다. 그의 주장의 핵심은 "가장 좋은 정부는 가장 적게 지배하는 정부이다"라는 토로(Thoreau: 역주; 1817-62 미국의 시인이자 저술가)의 주장과 맥을 같이 한다. 만약 이것이 옳다면 기업은 정부에 의해서 속박받지 않고 그들 자신의 목적을 추구할 수 있도록 되어야 한다. 그러나 그 주장은 도덕적으로 말해서 기업이 가져야만 하는 어떤 목적에 대해서는 아무것도 말하고 있지 않다. 그러므로 사회가 카타락시의 형태를 취해야 한다고 주장하는 것과 기업은 성심성의껏 사회적 책임문제를 감당해야 한다고 주장하는 것이 논리적으로 상충하는 것은 아니다. 사실 하이예크가 주장하는 카타락시는 "정당한 행위에 대한 보편적인 규칙"[17]이 있는 상황에서만 존재하고, 이것이 의미하는 바가 사기나 독점을 방지하는 것 이상인 한,[18] 그가 주장하는 기업의 책임은 프리드만이 주장하는 기업의 책임보다 더

16) F.A Hayek, "The Principles of a Liberal Social Order," in *Ethical Issues in Business: A Philosophical Approach*, ed. T. Donaldson and P. Werhane (Englewood Cliffs, N.J.: Prentice Hall, 1979).

17) Hayek, "Liberal Social Order," p.215.

18) Hayek, "Liberal Social Order," p.222.

광범위하다.

우리가 얻을 수 있는 교훈은 정부규제를 반대하는 주장은 기업의 도덕적 책임에 반대하는 주장과 구별되어야만 한다는 것이다. 이 두 가지는 상황에 따라서 관련이 있을 수도 있다. 기업이 도덕적 책임을 감당해야 한다는 사상을 찬성하는 많은 이론가들은 기업에 대한 간섭을 반대하는 사람들이야. 사실 기업의 도덕적 책임은 정부가 완전히 규제하지 않을 때에만 가능하다고 주장되기도 한다. 다른 사람에게 완전히 통제되는 사람은 진정한 도덕적 책임을 수행할 수 없다. 마찬가지로 정부에 의해 지배 당하는 기업은 진정으로 도덕적 책임을 다할 수 없는 것이다. 즉 누군가가 도덕적 행동을 끊임없이 강요당할 경우 자발적으로 그것을 결정할 수 없는 것이다.

제 2 절 도덕적 책임을 반대하는 주장에 대한 분석

지금까지 기업의 사회적 책임에 반대하는 주장들에 대한 역사적인 기원을 살펴보았는데 그 결론은 무엇인가? 우리는 여기에서 다룬 내용들이 완전하지 않다는 것뿐 아니라 비판가가 아닌 자유시장을 옹호하는 사람들만이 포함된 편견을 가진 것이라는 사실을 인식해야 한다. 맑스(Karl Marx), 모어(Thomas More), 프루동(Proudhon), 생시몽(Saint-Simon), 베블린(Veblen), 맥퍼슨(C.B. Macpherson), 해링턴(Michael Harrington)등은 거론되지 않았다. 스미스, 프리드만 등을 연구하는 목적은 레빗트(Levitt)같은 사람들에 의해 알려진 기업의 책임이 위험한 것이라는 관점을 명백히 하기 위해서였다.

다음 단계는 기업의 사회적 책임에 대해 반대하는 특정한 주장을 밝혀내고 그들이 성공하였는지, 실패하였는지를 결정해 보려고 한다.

대상이 된 네 사람의 인물, 즉 스미스, 슘페터, 프리드만, 하이예크 중에서 프리드만이 기업의 도덕적 무관심을 찬성했다는 사실을 주목해야 한다. 다른 세 사람의 주장은 정도의 차이는 있지만 기업의 책임에 이의를 제기하기 위해서 이용되었다. 그러나 프리드만은 이 문제에 대해서 직접적인 언급을 했다. 스미스의 주장은 이익추구에 대해 도덕적으로 정당화시키는 내용이었다. 그렇지만 도덕적 무관심정책을 찬성하지는 않았다. 그리고 하이예크의 카타락시에 대한 옹호도 정부의 간섭으로부터 벗어나는 기업활동의 자율성을 주장했으나 기업의 사회적 책임문제에 대해서는 직접적인 시사를 하지 않았다.

그러나 다양한 역사적 관점을 통하여 볼 때, 오늘날의 기업의 책임에 대해 비판적 입장을 취한 사람들에 의해 제기된 대부분의 주장들을 다 포함하고 있는 기본적인 두 가지 주장을 도출할 수 있다. 그 주장의 내용은 다음과 같다.

- 주장 1. 기업의 이익극대화와 도덕적 무관심정책은 그 정책들이 기본적인 권리와 자유의 행사 특히 사유재산, 소유권에 관한 것일 때 정당화된다.

- 주장 2. 만약 기업이 이익극대화정책과 도덕적 무관심정책을 취한다면 그 결과는 기업이 사회적 책임에 대해 관심을 가졌을 때보다 사회를 위해 더 좋을 것이다.

여기에서 "이익극대화와 도덕적 무관심"이라는 구절은 사기나 속임수, 위법적인 것을 묵인하는 정책에 관한 것은 아니다. 우리가 앞에서 보았듯이 심지어 프리드만도 기업은 이런 악을 조심스럽게 피하고 다른 도덕적인 문제에는 관심을 기울이지 않는 최소한의 도덕적 정책을 의미한다.

철학자들은 주장 1,2가 개별적이고 구별이 분명한 논리적인 구조를 나타내고 있다고 인정할 것이다. 즉 주장 1은 의무론적인(deontological) 형태를 취하고, 주장 2는 목적론적인(teleological) 형태를 취하고 있다. "의무론적인", "목적론적인"이라는 용어는 다 윤리학에서 사용되는 기술적인 용어들이다. 다시 정의하여 보면 의무론적이란 말은 윤리적 정당화의 원칙지향적인 형식에 관한 것이고, 목적론적이란 말은 결과지향적인 형식에 관한 것이다. 주장 1은 기본적인 원칙 특히 권리와 의무에 대한 것을 언급함으로써 도덕적으로 무관심한 기업의 태도를 정당화하려고 하고 있다. 주장 2는 원칙을 통해서가 아니라 그런 행동의 결과를 통하여 도덕적으로 무관심한 기업의 정책을 정당화시키려고 하고 있다. 특히 그 결과가 기업이 택할 수 있는 어떤 대안보다 좋다고 주장한다. 이런 두 가지 주장은 도덕적 주장에 대한 기본적인 범주를 나타내고 있기 때문에 각기 여러 특정한 주장들을 포함하고 있다. 그런 특정한 주장들을 개별적으로 살펴보도록 하자.

1. 이익극대화와 도덕적 무관심을 정당화시키기 위한 의무론적 시도 [주장1]

(역주 : 의무론 이란 행위의 의도 또는 원칙을 기준으로 하여 윤리적 정당성을 판단하려는 입장이다.)

도덕적 무관심의 바람직한 결과를 언급함으로써 이익극대화와 기업의 도덕적 무관심을 옹호하는 목적론적 주장 대신에 대부분의 의무론적인 주장들은 주주, 소비자, 사회의 구성원들의 권리에 관한 것들이다. 여기에 그런 주장들의 세 가지 예가 있다.

1. 소비자 자유의 제한 비판가들은 프리드만, 슘페터, 기타 다른 사람들이 찬성하고 있는 일종의 시장자유(market freedom)가 기업이 이른바 도덕적 책임을 택할 때 위협받는다고 주장한다. 시장의 기능은 소비자들이 분배의 패턴을 결정할 수 있도록 여러 재화들을 공급하는 것이다. 이것이 소비자주권(consumer sovereignty)의 의미이다. 그래야만 보이지 않는 손이 마술을 부릴 수가 있다. 독선적이고 도덕적인 생산자가 어떤 제품을 생산해서는 안된다고 주장했을 때, 그들은 사실상 소비자의 선택을 대신 결정하고 있는 것이다. 예를 들면 영화제작업자가 보는 사람의 도덕성을 물들일 수가 있기 때문에 외설적인 필름을 팔기 거부한다면, 소비자의 선택할 권리를 박탈함으로써 시장자유를 제한한 것이다. 더 나쁘게 말하면, 영화제작자가 다수의 권리를 제한한 소수라는 것이다.

2. 결사의 권리침해 1장에서 기업에 대해 해석할 때 비슷한 논의가 있었다. 기업에 대한 여러 해석 중의 하나에서 개별적인 구성원이 자유롭게 결사를 할 수 있는 권리를 인정함으로써 기업이 존재할 수 있는 권리를 인정한 바 있다. 이것을 좀 더 발전시키면 자유롭게 결사할 수 있는 권리가 기업의 주주로 하여금 그들이 원한다면 이익 극대화정책과 도덕적 무관심정책 등의 전반적인 기업정책을 자유롭게 하는 것을 허가한다고 주장할 수 있다. 사적인 모임의 구성원처럼 주주들도 그들의 조직을 그들이 원하는 대로 구성할 수 있는 권리를 소유하고 있는 것처럼 보인다. 그들은 고상한, 또는 고상하지 않은, 심지어 어리석은 목적까지도 추구할 수 있는 권리를 가지고 있다. 즉 국제평화를 추구한다거나, 이익을 극대화 한다거나, 또는 아무 것도 안할 수도 있다. 도덕적으

로 향상되어 있지 않다고 해서 결사할 수 있는 그들의 권리나, 그들의 결사체를 지배할 수 있는 권리를 배제하지 못한다.

3. 소유권의 침해 결사의 권리와 소유권도 기업의 (도덕적) 책임을 비난하는 과정에서 설득력을 가지게 된다. 사람이 소유권을 갖는 것을 인정하고 기업이 주주의 소유물이라는 것을 생각하면 주주는 그들이 원하는대로 그들의 소유물을 자유롭게 다룰 수 있어야 한다고 주장할 수 있다. 내가 나의 이웃사람에게 그의 차를 사업상 사용하지 말고 65세 이상의 사람들을 교회에 데려다 주는데 사용하라고 말한다면 그는 나에게 그 차가 자기 것이기 때문에 자기 일에 관여하지 말라고 말할 것이다. 마찬가지로 만약 사회가 지엠(GM)사(社)에게 이익을 극대화시키기 위해 공장을 사용하지 말고 사회를 풍요롭게 하는데 공장을 사용하라고 말한다면 주주들은 사회에 대해 지엠(GM)사(社)의 일에 관여하지 말라고 말하는 것은 정당하지 않은가? 결국 지엠(GM)사(社)는 그들의 기업이다. 이 논의는 결사의 권리 논의와 비슷하지만 약간 다르다. 전자는 결사를 자유롭게 할 수 있는 권리와 그 결사체 내에서 그 결사체를 지배할 수 있는 권리에 의존하고 있고, 후자는 소유권과 소유물을 가지고 자기가 원하는 대로 할 수 있는 권리에 의존하고 있다.

2. 이익극대화와 도덕적 무관심을 정당화시키기 위한 목적론적 시도 [주장2]

(역주 : <u>목적론</u>이란 눈에 보이지 않는 행위의 윤리적 정당성을 눈에 보이는 결과로써 판단하려는 입장이다.)

사실 기업의 도덕적 무관심을 정당화시키기 위해 사용된 모든 목적론적인 주장들은 경쟁과 자유기업시스템을 통하여 얻을 수 있는 소비자 만족에 대한 커다란 이득의 관점에서 제기된 것이다. 즉 모순이 있지만 사회적 책임에 대해서는 잊어버리고 이익에만 집중함으로써 얻어질 수 있는 좋은 결과로부터 제기된 것이다. 그래서 슘페터, 프리드만, 하이예크가 주장하는 것처럼 이런 주장들은 스미스의 보이지 않는 손에 대한 해석을 통합하는 것으로 보인다. 이런 주장들은 사실 사회적 선의 무게로 봐서도 이익극대화와 도덕적 무관심 정책의 비중이 높으며 좋은 것이 나쁜 것보다 많다는 주장들이다. 대안적인 정책은 그렇다고 말할 수 없기 때문에 이익극대화가 정당화된다.

목적론적인 주장의 마지막 관점은 이익극대화가 사실상 대중의 이익으로 변화될 수 있는가를 보여주어야 하는 것이다. 여기에 다음과 같은 공통적인 전략들이 있다.

1. 경쟁의 역할 경쟁은 좋은 결과를 낳는다고 말할 수 있다. 왜냐하면 적어도 경쟁이 부분적으로는 보이지 않는 손 뒤의 추진력이기 때문이다. 시장에서 일부러 도덕을 가르칠 필요는 점점 감소되어 간다. 왜냐하면 부에 대한 열망이 스미스가 이야기한 것처럼, 인간을 계속 움직이게 하고 원동력을 가져다 주기 때문이다. 경쟁의 장점은 미묘하지만 강력하다. 클라크(John Clark)라는 현대의 이론가는 스미스의 주장을 강하게 옹호했다. "올바른 규칙 속에서 투쟁할 때만이 올바른 종류의 적합성이 나온다. 경쟁은 무제한의 자기이익을 위한 가벼운 놀이가 아니라 자기이익이라는 야망이 탐욕스럽지 않고 이상적인 공동선에 기여하도록 이용하는 방법이다."[19]우리는 슘페터가 말했듯이 궁극적으로 사회에 전구, 증기기관, 전자계산기 등을 공급해 주는 기업가가 이익 추구와 경쟁 욕구에 의해 일을 추진한다는 것을 알고 있다.

마찬가지로 경쟁적인 시장에서 기업의 성공은 이익수준에 의해 나타난다. 그리고 이익수준은 기업의 전반적인 능률을 측정하는 데 결정적인 잣대가 된다고 말할 수 있다. 자연자원, 자본, 노동을 낭비하는 기업, 결과적으로 값비싼 제품을 생산하게 되는 기업은 이익을 제고하기 위한 어떤 조치가 취해지지 않는 한 계속 그 상태로 남게 된다. 신발을 만드는 회사가 게으른 근로자와 경영자에게 임금을 많이 줄 수도 있다. 그러나 다른 신발업체와 경쟁하게 되면 그런 비능률은 곧 드러날 것이다. 미국에서 기업 경쟁의 이점은 기업을 "공공 목적의 독점권"으로부터 "경제적인 경쟁"으로 정교하게 변형시키는데 있으며 이는 19세기 판사들에 의해 인정된 바 있다. 소련 등의 사회주의 국가에서는 경쟁이 전통적으로 강조되지 않았다. 그러나 최근에는 이런 국가들조차도 이익중심적인 회계와 공장 내의 경쟁체제를 시험하고 있다.

마지막으로, 이상으로 생각되는 순수경쟁개념 자체는 실제적인 용도를 가졌다고 강조된다. 완벽한 삼각형을 어느 누구도 만나지 못했듯이, 어떤 경제학자도 완전한 경쟁적인 이상적인 시장구조를 만날 수 없다. 그러나 완전한 삼각형

19) John Clark, *The Control of Trusts*(New York: Macmillan, 1991). p.201.

의 개념이 실제 존재하는 삼각형을 좀 더 바르게 하는 데 도움을 주듯이, 순수 경쟁개념은 실제 존재하는 경제시스템을 올바르게 하는 데 도움을 준다. 예를 들면 이상적인 시장의 개념은 독점, 과점경향을 밝히고 그것을 피하게 하는데 도움을 준다. 독점과 과점은 시장이 단 한 사람의 생산자 또는 몇몇 사람의 생산자에 의해 지배되고 있는 경쟁상태라고 정의될 수 있다. 좋든 싫든 독점과 과점을 행사할 수 있는 사람들에게는 시장이 이익적이다. 그리고 역사는 많은 사람들이 그렇게 하려고 했다는 것을 보여준다. B.C 600년경 그리스 올리브 시장을 매점하려고 했던 상인들처럼 아랍의 석유생산자들은 석유수출국기구(OPEC) 카르텔을 형성하였다. 현재 셔만・클레이튼 반독점법을 위반했다고 고소당한 기업의 소식이 매일 들려오고 있다. 우리는 가장 열렬하게 자유로운 시장을 주장했던 아담 스미스가 기업인은 거래를 제한하는 계획쪽으로 대화가 이루어질 만큼 충분히 애매한 입장에 있다고 믿었던 사실을 기억한다. 독점 또는 과점이라는 악덕을 밝혀내기 위해서 그에 반대되는 규범을 정함으로써 경쟁이라는 이상은 소비자 이익을 높일 수 있는 목적을 수행하게 된다.

경쟁의 좋은 결과를 강조하는 주장에서 "자유시장"과 "경쟁"의 개념은 중요하다. 기업이 그들의 이익추구를 대중의 이익으로 바꿔 주는, 그리고 도덕적인 고려를 해야 할 필요를 경감시켜 주는 "자유시장"에서 "경쟁"을 할 수 있다는 것은 사실일 것이다. 이후에 핵심이 되는 이 개념에 대해 더 자세히 설명할 것이다. 지금까지 우리는 경쟁에 대한 주장들이 경쟁과 자유시장에 대한 전통적인 해석, 즉 행위자가 성실하고 근면하게 최대의 이익을 추구한다고 생각하는 방식에 의존해 왔다는 것을 간단히 언급했다. 사회적 책임에 대한 관심은 이러한 이상들의 일부가 아니다.

2. 장기 대 단기 이익극대화 단기 이익극대화보다는 장기이익극대화를 강조함으로써 기업의 책임에 대해 비판적인 입장을 취하는 사람들은 시장의 사회적 혜택, 바꿔 말해 기업의 사회적 무관심에 대해 찬성하는 그들의 입장을 강화시킬 수 있다. 그들은 단기이익을 추구하는 사람들이 이익을 추구함으로써 사회에 해가 될 수 있다는 사실을 일단 인정한 다음, 어떻게 시장이 단기적인 이익을 추구하는 사람에게는 벌을 주고 장기적인 이익을 추구하는 사람에게는 상을 주는가를 보여준다. 예를 들면 존슨사(社)(Johnson Products Inc.)는 TV방송에 그들의 제품 울트라 신(Ultra Sheen Permanent Creme Relaxer)이 머리를

정돈할 때 "부드럽고", "신선하게" 해 준다고 주장함으로써 수천 병을 팔아 단기간에 이익을 극대화시켰다. 그러나 실제 성분은 수산화나트륨, 즉 양잿물이었으며 미연방상업위원회(Federal Trade Commission: FTC)가 지적했듯이 잘못하면 머리카락 전부가 손실된다는 사실이 밝혀져 매출액이 급격히 떨어졌다.[20]

단기이익과는 달리, 장기이익의 극대화는 계속적인 소비자의 신뢰와 확고한 명성을 요구한다. 존슨사 제품의 경우에서 울트라 신에 양잿물을 사용하는 것은 비도덕적이었고 비이익적이었다. 이 경우 좀 더 나은 방법으로 이익을 극대화하려는 사람이었다면 좀 더 도덕적이었을 것이다.

3. 기능의 전문화 마지막 목적론인 주장은 아담 스미스 등에 의해 "기업이나 사람은 가장 잘 할 수 있는 것을 해야한다"는 오래된 분업(division of labor)의 원칙에 의존하고 있다. 처음에 살펴본 레빗트(Theodore Levitt)의 견해는 이 원칙을 택했다. 생산 기업은 생산만을 전문화한다. 즉 도덕적, 사회적, 정치적 문제에 말려들게 되는 사업은 하지 않는다. 이것들은 정부의 사업이고 선거에 의해 선출된 공무원 또는 교회의 사업이다. 마치 목수가 목수일에만 전념하고 교육은 다른 사람에게 맡기듯이 기업은 이익에 집중해야 하며 도덕은 다른 사람에게 맡겨야 하는 것이다.

이 장에서 우리는 기업의 책임에 이의를 제기하는 여러 요소들을 규명하려고 노력했다. 우리가 지금까지 살펴보았듯이, 이런 도전의 영감은 주로 역사적인 것이고, 스미스나 슘페터, 프리드만 같은 사람들의 이론으로부터 도출된 것이다. 그러나 20세기 중반까지 기업의 책임에 대한 문제가 모호하게 정의된 채로 남아 있고 보수적인 이론가들로부터 주목을 끌지 못했다. 그것에 주의를 집중시킨 것은 기업의 사회적 책임이라는 운동에 이론적인 무기를 직접 겨눈 전통적인 사상가들로부터 유래한 프리드만이나 레빗트 같은 사람들이었다.

우리는 기업의 책임에 이의를 제기하는 주장들이 두 가지 범주로 나누어질 수 있는 것을 보았다. 즉 의무론적인 주장은 이익극대화와 도덕적무관심을 옹호하여 권리를 주장했고, 반면에 목적론적인 주장은 결과를 강조했다. 전자는 돈을 벌려는 시장동기를 요구하거나 허락하여 주는 권리를 포함한 주주나 소비자의 특정한 권리를 옹호했고, 후자는 시장의 가장 교묘한 메커니즘, 즉 자비에

20) FTC in the Matter of Johnson Products Company, Inc., and Bozell and Jacobs, Inc., Docket no. C-2788(Februalry 10, 1976).

의해 추진되는 메커니즘이 아니라 자기이익추구에 의해 추진되는 메커니즘이 만들어 주는 뚜렷한 혜택들을 제시했다. 만약 이런 주장들이 맞다면 공적인 책임에 대한 모든 논의는 아무리 진지하다 해도 궁극적으로 사회적 복지의 감소만을 야기시킬 것이다.

그러나 배심원이 검찰당국의 주장만을 듣는 재판과 같이 우리는 다른 쪽을 완전히 무시했다. 멀티팹(Multifab)사(社)와 같은 몇몇 회사는 이익과 사회적 책임을 동시에 추구하여 결국 실패하였다. 그러나 멀티팹(Multifab)사(社)의 경우는 당연한 것이었는가, 아니면 예외적인 것이었는가? 한 때의 독점적인 지위가 공격받고 있는 보이지 않는 손은 어떠한가? 다음 장에서는 기업이 사회적 책임을 완수해야 한다는 주장에 대해 옹호하는 입장들을 설명할 것이다.

참고문헌

Arrow, Kenneth J., *Social Choice and Individual Values*. New York: John Wiley, 1967.

Brozen, Yale, Elmer Johnson, and Charles Powers, *Can the Market Sustain an Ethic?* Chicago: University of Chicago Press, 1978.

Daniels, Norman, ed., *Reading Rawls*. New York: Basic Books, 1975.

Deane, Phyllis, *The Evolution of Economic Ideas*. Cambridge: Cambridge University Press, 1978.

Dobb, Maurice, *Political Economiy and Capitalism*. Westport, Conn.: Greenwood Press, 1972.

Dworkin, Gerald, Gordon Bermant, and Peter Brown, eds., *Markets and Morals*. Washington, D.C.: John Wiley Press, 1977.

Flew, Antony, "*The Profit Motive*." Ethics, 86(July 1976): pp.312~21.

Freedman, Benjamin, "*A Meta-Ethics for Professional Morality*." Ethics, 89 (October 1978): pp.1~19.

Friedman, Milton, "*The Social Responsibility of Business Is to Increase Its Profts*," The New York Times Magazine, September 13. 1970.

________, *Capitalism and Freedom*, Chicago: University of Chicago Press, 1962.

________, "*The Methodology of Positive Economics*." in Essays in Positive Economics, ed. Milton Friedman, Chicago: University of Chicago Press, 1953.

Gough, J.W., *The Social Contract*. Oxford: Clarendon Press, 1936.

Hayek, Friedrich, *The Constitution of Liberty*. Chicago: University of Chicago Press, 1972(first Published 1960).

________, *Law, Legislation, and liberty*: A New Statement of the Principles of Justice and Political Economy. Chicago: University of Chicago Press, 1973~76.

Hill, Ivan, ed., *The Ethical Basis of Economic Freedom*. Chapel Hill, N.C.: American Viewpoint, 1976.

Hirschman, Albert O., *The Passions and the Interests*. Princeton, N.J.: Princeton University Press, 1977.

Kristol, Irving, *Two Cheers for Capitalism*. New York: Basic Books, 1978.

Lawson, F.H., *Introduction to the Law of Property*. Oxford: Clarendon Press, 1958.

Lock, John, *The Second Treatise of Civil Government and a Letter Concerning Toleration*. Oxford: Basil Blackwell, 1948.

Lowe, Adolph. "*The Normative Roots of Economic Values." in Human Valus and Economic Policy*, ed. Sidney Hook, New York: New York University Press, 1967.

Mckenzie, Richard, "*The Economic Dimensions of Ethical Behavior*." Ethics, 87(April 1977): pp.208~21.

Mill, J.S., *Principles of Political Economy*. London: Longmans, Green 1926.

Samuels, Warren J., "*The Political Economy of Adam Smith*." Ethics, 87(April 1977): pp.189~207.

Samuelson, Paul R., *Collected Scientific Papers*, ed. J. Stiglitz, Boston: M.I.T. Press, 1966.

Schmitt, Richard, "*The Desired for Privated Gain: capitalism and the Theory of Motives*," Inquiry, 16(Summer 1973): pp.149~67.

Schumpeter, Joseph, *Capitalism, Socialism and Democracy*. New York: Harper and Brothers, 1942.

________, *The Theory of Economic Development*. Cambridge, Mass.: Harvard University Press, 1934.

Shaw, P.D., "*Self-Interest and the Theory of Demand*." Philosophy of the Social Sciences, 7(1977): pp.77~89.

Smith, Adam, *An Inquiry into the Nature and Causes of the Wealth of Nations*. 1776.; Reprinted in the Glasgow Edition of the Works and Correspondence of Adam Smith. ed. R.H. Campbell, London: Oxford University Press, 1976.

Winch, D.M., *Analytical Welfare Economics*. Baltimore: Penguin, 1971.

제 5 장 반 론

영국의 경제학자 케인즈(John Maynard Keynes, 1883~1946)는 다음과 같은 글을 썼다.

"현명하게만 운영된다면 자본주의는 현존하는 다른 체제보다 경제적 목적을 달성하는데 효율적일 수 있지만, 논란의 여지가 많은 제도이다. 우리가 해결해야 하는 것은 만족스러운 삶을 침해하지 않는, 가능한한 효율적인 사회조직을 만드는 것이다."[1]

한 동유럽인은 자본주의체제에서는 자본가가 노동자를 착취하지만, 공산주의 체제하에서도 다른 식으로 착취가 이뤄진다고 말한 바 있다. 이는 모든 경체체제가 구성원의 단점에 영향받으며, 한 체제의 결점은 다른 체제의 결점과 비교하여 고찰되어야 한다는 점을 지적한 것이다. 앞장에서 보았듯이, 자본주의의 특별한 강점은 인간의 이기심을 이용하며, 그 이기심을 공동선(public good)으로 전환시키는 것이다. 따라서 자본주의체제는 자본주의에 참여한 사람들의 불확실한 도덕성에 비현실적으로 의존할 필요가 없다.

그러나 자본주의 체제는 어느 정도까지 기업의 초(超)도덕주의(법의 테두리

1) John Maynard Keynes, *The End of Laissez-Faire*(Hogarth Press, 1926).

내에서는 무엇을 해도 무방하다는 생각으로서 도덕관념이 없는 사상 : amoralism)를 정당화시켰는가? 기업이 인간의 문제를 잊고 이익만을 추구한다면, 기업은 3장에서 요약된 사회계약조건을 이행하는 것인가? 자전거를 만드는 한 회사 사장의 다음과 같은 생각을 상상해 보자.

"내가 단순히 비용을 절감하고 판매를 늘리기 위해, 내 자식이 탈 정도로 안전하지 않더라도 최대한 저렴한 가격으로 타이어, 헤드라이트 등의 부품을 구입하는 것이 정당하다고 할 수 있는가?"

이 질문의 대답은 정면에서 대립하는 두 가지 중요한 주징인 의무론적 인 것(deontological)과 목적론적인 것(teleologocal)을 의미한다.

제 1 절 의무론적 주장에 대한 비평

우리는 앞장에서 기업의 정책이 기본권과 자유권의 존재를 반영하고 있음을 보여줌으로써 기업의 이익극대화와 도덕적 무관심정책을 정당화시키려는 세 가지의 의무론적인 주장을 살펴보았다. 비평가들은 양심적인 생산자가 도덕적인 이유 때문에 제품을 판매하지 않기로 결정한다면, 소비자의 선택의 자유가 침해받는다고 주장한다. 또한 이들은 자유결사권과 재산소유권은 주주로 하여금 이익을 극대화하는 비도덕적 정책이라도 채택할 수 있는 권리를 부여한다고 주장한다. 나아가서 주주는 명백한 사기, 속임수 및 법률위반 등의 정책을 삼가야 하나, 이것 이외에는 어떤 것이든 괜찮다는 입장을 취한다.

(그러나) 도덕적인 이유로 제품을 판매하지 않기로 결정한 기업이 소비자의 자유를 침해한다는 주장은 가장 설득력이 약한 것이다. 이 주장은 자신의 도덕적 신념을 지키려는 생산자의 자유를 무시하는 것과 같다. 물론 정부의 경우는 다르다. "호밀밭의 파수꾼"(*Catcher in the Rye*)이라는 책을 동성연애에 관한 책으로 취급하여 미국의 사우스다코다(South Dakoda)주(州)의 한 학교위원회가 모든 책을 쓰레기 소각장에 던져 넣는 다면, 또는 연방정부가 술 마시는 것을 금지한다면, 사람들의 자유는 침해받는 것이다. 우리는 정부가 사람들에게 의미있는 선택권을 제공해야 하는 특별한 의무가 있다는 것을 인정한다. 그러나 기업은 정부조직이 아니다. 기업은 법을 제정할 능력이 없으며, 개인처럼 어떤 자

유를 부여받는다. 시장거래가 자발적이고, 판매자가 다른 판매자와 구매자에게 조건을 부과할 수 없는 한, 각각의 시장거래는 구매자와 판매자에 의한 자유선택을 의미한다. 롤러 스케이트를 구매하겠다는 소비자의 결정은 그것을 판매하겠다는 상점주인의 자발적인 결정과 대응될 것이다. 따라서 외설필름을 판매하지 않겠다는 영화제작사의 결정, 또는 네이팜(napalm)을 판매하지 않겠다는 다우 케미칼(Dow Chemical)사(社)의 결정은 다른 생산자가 자유로이 그것들을 제조하여 판매하는 한, 외설필름과 네이팜 사용자의 자유를 침해하지 못한다. 제작자가 판매 거부한 필름은 양질의 것일지도 모르며, 제작자는 매우 융통성 없는 사람일지도 모른다. 그러나 이것이 문제가 아니다. 구매자와 마찬가지로 그는 자본주의적 행위에 참여하지 않을 권리를 가진다.

반면에, 결사권과 재산소유권을 근거로 하는 주장은 강력하다. 결사권을 주장하는 세력은 소유권을 주장하는 세력에 의존하기 때문에 이 두 주장은 하나로 다루어질 수 있다. 결사권에 근거한 주장에서는 조직을 설립하고 정책을 수립하는 권리는 기업을 설립하고, 이익극대화와 도덕적 무관심(無關心)을 포함하는 정책을 수립하는 권리를 수반한다고 한다. 소유권에 근거한 주장에서는 이익을 극대화하고 도덕적으로 무관심한 정책에 따라 (기업의 재산을 활용하는 것을 포함하여) 자기가 원하는대로 기업이 재산을 활용하는 권리가 수반된다. 소유권에 근거한 주장이 잘못된 것이라면, 첫 번째 주장은 무의미한 것이 된다. 즉, 정책이 실시될 수 없다면, 정책을 수립할 수 있는 능력은 왜 필요한가? 주주가 기업의 소유권을 통제할 수 없는 한, 결사권은 무의미하다. 이러한 것을 설명하는 것이 소유권논의에 대한 과제이다.

따라서 소유권에 대한 논의는 두 주장을 평가하는 열쇠이다. 이를 위해 소유권 자체의 개념을 자세히 조사해 보는 것부터 시작하자.

1. 소유권에 대한 논의

1. 소유권의 개념 화성(火星)의 기업인이 은하계의 라디오 방송을 듣고서 "소유권"이라는 말의 의미를 알고자 지구를 방문, 보통 사람들과 이야기를 나누어보면 실망할 것이다. 화성인이 한 지역의 옥수수밭에 착륙하여 농장주인에게 다음과 같은 질문을 하였다고 상상해 보자. "소유권이란 무엇을 의미하는가?" 농부가 손가락으로 가리키며 대답한다. "이것이 내 재산이며 내 토지는

저 멀리 있는 개울의 중앙선까지이다." "더구나 내가 원한다면 나는 너를 쫓아낼 수도 있다. 이것이 소유권이 의미하는 것이다." 화성인은 어리둥절해 할 것이다. 화성인은 개울의 중앙에 쳐진 선을 보지도 못할 것이며, 어떻게 농부가 자기보고 나가라고 할 수 있는가를 이해하지 못할 것이다. 외계인(外界人)의 혼동을 없애기 위해서 농부는 소유권의 한계를 나타내 주는 법원의 지도와, 소유권을 침해하는 자를 쫓아내는 보안관에 대해서 설명해 줄 필요가 있다. 이처럼 소유권의 개념은 생각보다 매우 복잡하다 즉, 소유권을 설명하기 위해서는 전체 사회체계에 대한 언급이 필요하다. 그리고 소유권은 문화마다 서로 다른 의미를 나타낸다.

사람들이 재산과 관련된, 적어도 몇 가지의 권리를 가지고 있다는 사실을 부인할 사람은 거의 없다. 미국에서는 수정헌법 4조에 소유권을 명시하고 있다. 국제연합(United Nations)도 인권선언에 똑같은 내용을 명시하고 있다. 기업이란 재산의 공동소유를 허용하는 수단이기 때문에 기업을 인정하는 국가는 어떤 종류의 기업이든지 소유권을 인정해야 한다. 사회주의국가에서도 (토지나 공장 같은 것에는 적용되지 않지만) 의복, 도구 및 자동차 등을 가질 수 있는 소유권은 존재한다. 도나간(Alan Donagan)은 "자신의 통제하에서 개인적으로, 집단적으로 여러 가지 물질적인 것을 처분(處分)하는 권리에 대해서 구성원이 동의한 규칙 및 구성원에게 이 권리들을 분배하는 것"[2]이라고 광범위하게 소유권에 대한 정의를 내렸다.

우선 소유권 개념은 현대의 기업에 적용될 수 있으며, 이것은 최소한 다음과 같은 규칙을 규정한다고 가정한다.

1. 재산을 소유할 수 있는 기업과 주주들의 권리
2. 자발적인 협약에 의해 기업과 주주가 재산을 매각할 수 있는 권리 (예: 도매상에게 제품을 판매하고 기업의 주식을 매각하는 권리)
3. 자발적인 협약에 따라 기업과 주주가 추가(追加)로 재산을 구매하고 종업원을 고용할 권리(예: 원재료와 장비를 구매하고 노동자를 고용하는 권리)
4. 기업과 주주가 양측이 동의하는 방법에 의해 재산을 활용하는 관리

기업의 이익극대화정책이 이러한 권리에 의해 나타난 행동의 집합이라고 가

2) Alan Donagan, *Theory of Morality*(Chicago: University of Chicago Press, 1977), p.94.

정한다면, 기업의 이익극대화정책은 위에 열거된 권리를 통해서 정당화된다고 할 수 있다. 이러한 가정자체는 타당성이 있다. 왜냐하면 지엠(GM)사(社)가 이익극대화정책을 추구할 때, 이익극대화라는 단일의 행동만을 수행하지는 않을 것이기 때문이다. 오히려 지엠(GM)사(社)는 가능한 한 저렴한 가격으로 철강을 구매하고, 종업원에게 꼭 필요한 만큼의 임금을 지급하고, 순이익을 최대화하는 자동차 판매가격을 책정한다. 따라서 지엠(GM)사(社)가 이와 같은 개별행동들을 수행하는 것이 당연하다면, 가정에 의해 이익극대화라는 전체적인 행동을 하는 것이 당연하다.

2. 소유권의 정당화 그러나 이와 같은 논의가 성공적이기 위해서는 이러한 논의의 바탕에 깔려 있는 소유권의 개념을 변호해야 한다. 대부분의 철학자들의 귀에 익은 가장 일반적인 변호는 로크(John Lock)의 저서「정부에 관한 두번째 보고서」(*Second Treatise on Government*)에 나타나 있다. 로크는 그의 저서에서 "자연상태"라는 것을 주장하였는데, 이 개념은 정부가 출현하기 이전으로 모든 것이 신에 의해 소유된 상태를 의미한다. 그러한 상태에서는 자연과 자신의 노동을 결합시킨 사람은 그 결과물에 대한 권리를 가진다고 그는 생각하였다. 자연상태에 존재하는 사람은 자신의 육체를 소유하고 있으며, 그는 육체의 행동과 그 행동의 결과를 소유해야 한다는 가정에 의해 이와 같은 사실을 알 수 있다. 이와 같은 논의의 3단계는 다음과 같다.

1. 인간은 육체(body)를 가지고 있다.
2. 인간은 노동(labor)을 한다.
3. 인간은 육체노동의 결과를 소유한다.

따라서, 자연상태에서 어떤 사람이 숲에 들어가서 열매를 따거나 토지를 개간한다면, 그가 그 열매와 그 토지를 소유한다고 할 수 있다. 또한 최소한 아래 두 가지 조건을 만족시키면 그것들을 소유한다고 할 수 있다.

1. 어떤 사람이 재산을 소유한다면, 다른 사람에게도 "충분하고 그만큼 좋은 것"이 남아있다.
2. 사람은 못쓰게 되는 만큼의 재산을 소유하지 않는다.

사람들은 자유로이 거래하고, 양도하고, 취득하고, 자신의 재산을 포기할 수 있다는 가정을 추가한다면, 소유권에 대한 광범위하고 고전적인 록크의 소유권 정당화에 대한 토대를 갖추게 된다.

2. 소유권 논의에 대한 비평

지금까지의 소유권에 대한 진술, 즉 소유권을 가진 사람은 자기 소유권에 대해 그가 원하는 어떤 것도 할 수 있다는 것은 간단 명백하며 도덕적인 것처럼 보인다. 그러나 정치철학자들이 인식하듯이 소유권은 논란의 대상이 되기 쉬운 문제이다. "자신의 소유권에 대한 시각보다 그의 정견(政見)에 대해서 더 잘 말해 주는 것은 없다."고 어떤 사람은 말했다. 더 자세한 논의를 위해 로크에 대한 비평을 살펴보자.

1. 원초적인 재산소유는 공정한가? 소유권의 개념을 이용한 논의를 하려면 우선 소유권의 개념을 옹호할 채비를 해야 한다. 비록 로크의 전통적인 견해가 "노동결합"의 공정성에 대한 우리의 직관에 의존하여 소유권의 체제를 정당화했다 하더라도, 그러한 직관이 의문시 될 수 있다. 자신이 소유하지 않은 토지에 노동을 결합하는 것이 반드시 토지를 획득하도록 해야 하는가? 결합이 언제나 획득을 의미하지는 않는다. 즉, 어떤 사람이 공원에서 지붕을 설치할 경우, 그 지붕은 그 사람의 재산이 아니라 공원의 재산이 된다.

그러나 로크의 견해에 대한 주요 비평은 "다른 사람에게도 충분하고 그만큼 좋은 것이 남아 있다"는 중요한 단서에 집중되었다. 이 단서는 어떤 사람들, 심지어는 노직(Robert Nozick)같이 로크를 지지하는 자에게도 달리 표현되어야 한다고 지적될 만큼 애매모호하다. 이전에는 소유자가 없었던 것의 소유권을 획득하려는 사람은 "그것을 더 이상 자유롭게 이용하지 못하는 다른 사람들의 입장이 더욱 악화된다면", 그렇게 행동하지 않을 것이라는 더욱 강력한 단서를 노직은 제안한다.[3] 그러나 노직은 사람이 충분한 보상을 제공하는 한 다른 사람의 입장을 더욱 악화시킬 수 있음을 인정한다.

---

3) Robert Nozick, *Anarchy, State, and Utopia*(New York: Basic Books, 1974), p.178, See also *Justice and Economic Distribution*, ed., John Arthur and William Shaw(Englewood Cliffs, N.J.; Prentice-hall, 1978), p.77.

노직의 단서는 "충분하고 그만큼 좋은 것"이라고 말하는 로크의 단서의 모호성을 분명히 개선한 것이며, 로크가 의도한 결과들을 가져올 수도 있다. 예를 들면, 로크의 단서에서든, 노직의 단서에서든 사람은 사막에 있는 유일한 물웅덩이(또는 유전)를 사유할 수 없으며, 그것에 대해 자기가 원하는 것을 요구할 수도 없는 것이 사실이다.[4] 또한 위의 두 개의 단서에 의하면, 사람이 소유권을 가지는 능력은 그러한 소유가 다른 사람에게 미치게 되는 영향에 의해 제한받는다.

로크의 정당화를 위한 개요와 관련하여 명백한 의문이 발생하는 것은 소유자가 없는(unowned) 재산의 이용가능성과 관계된다. 가상적인 자연상태를 제외하고, 소유할 수 있는 "충분하고 그만큼 좋은 것이 다른 사람에게 남아있는"것이 존재하며, 존재했었는가? 영국의 토지는 18세기에 이미 사유되었다는 사실에 대해 로크는 미국을 가리키며 응답하였다. 그러나 오늘날 미국에 대해서 같은 질문을 할 수 있다. 이미 모든 토지가 사유되지 않았는가? 오늘날에도 안데스 산맥의 동쪽 알토플라노 지역에 농장을 가질 수 있는 페루를 가리키며 로크는 응답할 수도 있었다. 그러나 이와 같은 대답이 그의 근본적인 문제를 해결하는가는 의심스럽다. 농장에 아무 것도 남아있지 않았을 때 어떤 일이 생길까? 이 경우 노직의 "더 악화되지 않는다"라는 단서가 로크의 "충분하고 그 만큼 좋은 것"이라는 단서보다 좋은 것 같다. 왜냐하면 노직의 단서는 소유하기 적당하면서 '소유자가 없는 대상'을 지적할 필요를 없애주기 때문이다.

로크-노직의 소유권의 정당화에 대한 개요는 기업의 윤리성을 명백히 암시하고 있다. 노직은 자신의 이론이 자유방임 경제에 적합하다고 주장했고, "시장체제의 자유로운 운영은 그 단서와 상충되지 않을 것이다"라고 말했다. 덧붙여, "이것이 옳다면, 그 단서는 미래의 정부활동, 즉 정부가 간섭할 수 있는 중요한 기회를 제공하지 않을 것이다"[5]라고 말했다. 따라서 우리가 기업이 소유권을 가진다고 인정한다면, 로크와 노직의 견해에 따라 기업이 자유로이 판매하고, 구매하고, 재산을 양도하는 것이 정당화된다. 그것이 이익극대화를 추구하는 정책의 일부인 경우라도 말이다. 이와 같이 해석되는 로크와 노직의 논의는 기업의 도덕적 무관심을 정당화하는 것 같다.

그러나 로크와 노직의 주장이 정말 옳은 것인가가 중요한 문제이다. 철학자

---

4) Nozick, *Anarch, State, and Utopia*, p.180.
5) Nozick, *Anarch, State, and Utopia*, p.182.

들과 정치학자들은 이 문제를 오랫동안 연구해 왔다. 연구결과의 양이 많기 때문에 여기서 정확히 토론하기는 불가능하지만 로크와 노직이 발견한 세 가지 문제는 언급할 필요가 있다.

첫번째는 노직의 단서에서 어느 경우에, 그리고 어느 정도로 다른 사람의 입장이 악화되었는가를 결정하는 것과 관련된다.

어떤 사람(갑(甲)이라고 하자)이 토지를 소유하고 있다면, 다른 사람(을(乙)이라고 하자)은 그것을 소유하지 못함으로써 손해를 입을 수 있다. 또한 을(乙)은 그 소유권을 사용하지 못함으로써, 예를 들면 미래에 추가적인 부를 획득하는데 사용하지 못함으로써 손해를 입을 수 있다. 소유권은 부를 낳으며, 따라서 소유권을 갖지 못하면 불리하다. 하지만 소유권을 갖지 못함으로써 발생하게 되는 손해를 정확하게 계산할 수 있을까? 이에 대해 슈타이너(Hillel Steiner)는 을(乙)이 물질을 사용하지 못한 것과 관계된 을(乙)의 부의 정확한 손실을 계산하는 데는 특별한 문제가 놓여있다고 주장했다.6)

두번째 문제 역시 소유권을 갖는 것이 다른 사람의 입장을 악화시키는가를 결정하는 문제와 관련되어 있으나, 미래세대에 갖게 될 소유권을 갖는 것의 영향을 둘러싼 어려움과 동일한 것으로 간주된다. 로크와 노직의 단서는 현세대뿐 아니라 미래세대에도 적용되도록 의도되었다. 그러나 어떤 사람들이 주어진 소유권의 일부를 행사하지 못했던 과거의 상황보다 오늘날 우리의 상황이 나쁜지, 나쁘다면 어느 정도 나쁜지가 과거에 결정 될 수 있었는가? 그러한 결정은 우리로 하여금 미래의 모든 개개인을 알고, 또한 개인의 부의 수준이 주어진 소유권을 행사할 때 어떻게 영향받는가를 알아야 가능하다는 사실을 깨달을 때 어려움은 커진다.7) 문제는 매우 어려운 것 같다.

세 번째 문제들은 한 사람이 다른 사람의 입장을 악화시키는 정도를 결정 할 수 있다는 사실을 계속 가정한다. 한 사람의 소유권 행사가 다른 사람의 입장을 악화시키고, 보상되어야 한다는 것을 가정해 보자. 보상의 액수는 어떻게 계산되어야 하는가? 노직은 시장가격을 이용하도록 제안했으나, 시장가격은 기존의 재산보유 구조를 반영하여 개인적 가치와 일치하지 않을 수 있다. 사회에서 재산이 없는 자에게 그가 소유하지 못하는 것에 대하여 보상하는데 필요한 금

6) Hillel Steiner, "Nozick on Appropriation," *Mind*, 92(Jan. 1978), 109~10.

7) Hillel Steiner, "The Natural Right to the Means of Production." *The Philosophical Quarterly*, 27(January 1977), p.47.

액은 재산을 소유하고 있는 사람이 그 재산을 매매했을 때의 가격과 일치하지 않을 수 있다.

마지막으로, 노동의 투입은 소유권적인 보상을 가져와야 한다는 로크의 신념이 옳다고 하더라도, 왜 가상적인 자연상태에서의 투입에 대해서만 고려되어야 하는가? 적어도 투입된 노동가치가 상환율을 초과하는 경우와 같은 오늘날의 투입은 왜 포함되지 않는가? 기업의 명성을 위해 수년동안 일해온 종업원은 기업 내에서 특정 소유권을 얻어야 한다고 어떤 사람은 주장한다. 기업의 명성은 금전적인 가치가 있으며, 회계사는 그것은 "영업권"(goodwill)이라는 이름의 자산으로 기입한다. 그러나 비평가들은 영업권으로 기입된 것의 가치는 주주에 의해서 창출된 것도 아니며, 주주에게 속하는 것도 아니라고 주장한다. 오히려 자산으로 고려되는 기업의 명성은 그것을 위해 일한 종업원들에게 귀속되어야 한다.

2. 소유권의 대안적(代案的) 개념 : 삼각관계 관점. 로크와 노직의 논의의 개요는 소유권 소유자에 대해 상당한 자유재량권을 부과하는 것 같다. 그러나 흥미롭게도 다른 사람의 논의에서는 그러한 권한을 부정한다. 즉 샤우두리(Joyotpaul Chaudhuri)가 제안한 삼각관계 관점(the three-termed view)을 한 번 살펴보자. 삼각관계 관점은 모든 소유권을 소유자, 대상물 및 타인이라는 세 가지 관계에서 해석한다고 그는 설명한다. 예를 들어, 내가 자동차를 소유하는 것은 나 자신, 자동차 및 타인을 포함하는 세 가지 관계이다. 여기서 더욱 중요한 것은 권리와 의무는 이 세 가지 관계내에서 모든 방향으로 확장된다는 것이다. 즉 나의 자동차 소유권은 당신에게 내 자동차에 해를 끼치지 말라는 의무를 부과하나, 나 또한 과속으로 운전해서는 안 되는 의무를 가진다.

샤우두리는 소유권을 행사하는 것은 권리라고 인정하였으며, 그 권리를 보호하는 것은 정부의 임무라고 로크와 견해를 같이 한다. 그러나 다양한 소유권이 명시되는 방법에서는 로크와 의견을 달리 한다. 로크는 소유권은 신에게서 부여받은 것이며, 인간사회가 출현하기 이전에 존재하던 권리라고 보았다. 따라서 그리스인도 우리와 동일한 소유권을 가졌었다고 보았다. 그러나 샤우두리는 소유권은 정치적 상태에서 민주적인 절차에 의한 승인을 필요로 하는 모든 권리와 의무의 일부분으로 보았다. "동의(consent)는 소유권의 추상적인 삼각관계에 생명과 합법성을 부여한다"고 샤우두리는 말하였다. 민주국가 프랑스의 국민은 민주국가 영국의 국민과는 다른 권리와 의무를 소유권에 포함시킬 수 있다. 따라서 샤우두리에게는 소유권은 복잡하고 변화하는 것이지만, 로크에게는 단순하고 영원한 것이다.8)

소유권의 삼각관계 개념은 로크의 견해가 해결하지 못한 문제들을 해결했다고 본다. 이에 따르면, 소유권과 관계된 의무는 끊임없이 정제되고 구체화되기 때문에 변화하는 소유권에 대한 법체제는 정당화될 수 있다. 이 견해는 오늘날의 기업이 1910년대의 기업과는 달리 환경적인 영향을 정리해야 할 필요가 있다는 것을 설명하는 것 같다. 이것이 사실이라면, 이 이론은 기업이 고용하고, 해고하고, 계약을 체결하고, 판매하고, 이익을 내는 것 등과 같은 소유권과 관계된 특별한 권리를 가질 뿐 아니라, 특별한 의무도 가진다는 것을 의미한다. 이와 같은 의무의 정확한 특성은 민주적인 절차를 통해 명시되어야 한다. 즉 오늘날의 기업은 여성 또는 흑인을 차별하지 않는다는 것을 보여주어야 할 필요도 있다. 인종적으로, 성적으로 균형된 노동세력이 존재할 50년 후에는 이렇게 할 필요가 없어질 것이다. 한편 미래에는 이와는 다른 의무가 명시될 수도 있다. 즉 에너지와 자원을 더욱 책임 있게 사용하거나 기업의 위원회에 공공감시자(public director)를 두는 등의 의무이다.

3. 소유권에 대한 급진적인 비평 가장 급진적인 비평은 사회의 구체적인 제도를 연구함으로써 발생한다. 소유권에 대한 비평은 삼각관계 관점 등과 같이 소유권을 재구성한 이론을 반박한다. 이들은 의복이나 자동차 및 칫솔과 같은 개인적인 소유권의 존재만을 인정하고 토지, 제철소, 섬유공장, 철도 등과 같은 형태의 소유권을 철폐할 것을 강조한다. 이들에 의하면, 소유권자로부터 이러한 중요한 생산수단을 없앰으로써 소유권이 빚어내는 불공평을 막을 수 있다. 누구는 살충제가 뿌려진 밭에서 힘들게 상추(lettuce)를 따는데 왜 누구는 들판에서 말을 타고 여유롭게 폴로(Polo) 경기를 하는가? 기회의 균등, 적절한 치료 및 부의 공정한 분배는 사유재산제도하에서 무시되는 것들의 일부라고 비평가들은 말한다.

소유권에 대한 급진적인 비평은 매우 상세하며 그 영역은 광범위하다. 이것은 우리가 여기서 가질 수 있는 관심보다 더 큰 관심을 받을 가치가 충분히 있다.

---

8) Joyotpaul Chaudhuri, "Toward a Democratic Theory of Property and the Modern Corporation,": *Ethics*, 81(July 1971). p.271~86.

이들 소유권에 대한 주장 중에서 특히 다음의 두 가지 주장은 강조될 만하다.

첫째로 소유권은, 특히 기업측에 막강한 정치적 힘을 제공한다는 주장이다. 이러한 힘은 기업의 이익에 불리한 입법이나 행정개혁을 저지할 수 있게 한다. 기업은 자신의 힘을 제한하는 모든 조치에 반대하며, 규제, 세금, 노동자 권리, 사회복지에 대한 계획 등에 확고히 대항한다. 우리는 웨지우드 도기제조사(社)의 창업자 조슈아 웨지우드(1730~1795)가 아동노동법이 기업의 효율성을 저해한다는 이유로 19세기 영국에서 발의(撥議)된 아동노동법을 반대했던 것을 기억한다. 전통적인 급진주의 이론가들이 부유한 금융가 재산소유자에게서 이러한 힘을 찾는 반면, 현대 급진주의 이론가들은 이러한 힘을 기술관료(technocrats) 계급의 출현에서 찾는다. 그러나 두 경우에서 급진적인 비평의 초점은 동일하다. 즉, 힘은 힘없는 자에 대한 착취를 허용하는데 사용된다는 것이다.

두번째 주장은 자유 또는 소유권에 대한 추상적인 논의가 경제적인 문제를 명확히 하기보다는 애매모호하게 한다는 것이다. 모든 사람이 어떤 것을 획득할 수 있는 수단을 가진다면 그는 그것을 소유할 수 있다는 점에서 소유권을 자유로이 행사할 수 있다. 그러나 이와 같은 것은 다섯 명의 자녀를 가진 먹을 것이 없는 어머니, 토지 또는 농기구를 갖지 않은 농부에게는 위안이 되지 않는다. "하느님은 모든 사람에게 두 손을 준다"고 누군가는 말했다. 경제학자 로빈슨(Joan Robinson)은 "그것은 사실이다. 그러나 하느님은 수확기(combine harvester)를 보내주지 않는다"고 논평하였다.[9)]

소유권을 가진 자들 사이의 추상적인 논의관계로 시장을 인식하는 것은 실재에 대한 왜곡된 "동일수준" 관점을 암시한다고 급진적인 비평가는 주장한다. 모든 경제활동은 일련의 소유권 교환이다. 즉, 어떤 사람은 돈을 내고 콩을 사며, 어떤 사람은 돈을 내고 노동을 산다. 실제로 모든 사람은 동일하기 때문에 지엠(GM)사(社)는 길모퉁이에서 레모네이드(lemonade)를 파는 소년과 동일하게 취급된다. 그리고 선반공은 록펠러와 동일하게 취급된다. 그러나 선반공이 노동력을 제공하고 적정 수준의 임금을 받는 경우는 록펠러가 주식시장에 투자하여 배당금을 받는 경우와는 다르다. 록펠러는 단순히 기업이 자신에 의해 소유되도록 하는 역할만 수행하지만, 노동자는 어떤 가치있는 것, 즉 자신의 노동력을 제공한다. 더욱 중요한 사실은, 노동자는 사회에서 정치적으로 보잘것 없지만 록펠러는 사회의 규칙을 창조하는데 기여한다고 비평가들은 강조한다.

9) Joan Robinson, *Economic Philosophy*(New York: Watts Publishing, 1962).

소유권에 대한 급진적인 비평이 옳다면, 소유권에 의해 정당화되는 기업의 존재는 의심스러운 것이다. 그리고 소유권이 정당하지 않다면, 정의(definition)에 의해 기업의 존재도 정당하지 않게 된다. 급진적인 비평이 옳다면, 이익극대화와 도덕적 무관심에 대한 소유권 관점에서의 논의는 궁지에 빠지고 만다.

4. 소유권과 규범적 기준의 상충(相衝) 한 비평가는 소유권은 폐지되어야 하는 것이 아니라 소유권과 실력주의(meritocracy) 및 민주주의의 전통가치와의 충돌을 제거하는 방향으로 개혁되어야 한다고 말한다. 이와 같은 비평이 주장하듯이 소유권에 대한 기존 관념이 그러한 사상과 조화되지 않는다면, 우리가 고려하는 소유권 논의의 도덕적인 영향력은 급격히 감소한다. 왜냐하면 어떠한 논의도 도덕적으로 변명할 수 없는 가정을 이용하여 도덕적인 변명을 할 수 없기 때문이다.

민주주의 또는 실력주의와 상충하는 기존의 소유권에 대한 기준 하에서 기업의 힘을 행사할 수 있는가? “경제적 민주주의”를 지지하는 관점에서의 논의를 생각해 보자. 민주주의는 “다수에 의한 통치”를 의미하며, “다수에 의한 통치”는 어떤 의사결정에 의해 직접적으로 영향받는 사람들이 그 결정과정에 참여해야 한다는 것을 뜻한다. 그러나 정치적 선거는 “1인 1표”의 원칙을 따르는 반면 시장은 그렇지 않다. 자유방임적 자본주의 체제에서는 1인 1표가 아닌 1달러 1표의 원칙에 따라 시장거래에 참여할 수 권리를 부여한다. 그리고 어떤 사람은 돈을 더 많이 가지고 있기 때문에, 결과적으로 소수에 의해 통제되는 경제체제가 구축된다.

기업의 경영에도 동일한 교훈이 적용된다. 보잉(Boeing), 걸프석유(Gulf Oil) 및 미국철강(U.S Steel)사(社)는 수백만명의 종업원을 고용하고, 수백만명의 소비자에게 영향을 미친다. 그러나 민주주의 원칙이 의사결정에 의해 영향받는 사람은 그 의사결정에 참여할 수 있는 권리가 있다는 것이라지만, 보잉, 걸프석유 및 미국철강사(社)의 어느 종업원이 의사결정에 참여했는가?

마찬가지로 실력주의의 이상을 소유권에 대한 특권을 비판하는데 이용할 수 있다. “실력주의”란 것은 재능 혹은 타고난 능력을 통해서 가장 공적이 큰 사람이 부자, 행운아, 가문이 좋은 자들보다 먼저 승진하는 것을 원칙으로 한다. 돈이 아닌 공적이 기준이 되는 것이다. 그러나 재산이 소유권을 활용할 수 있는 무한한 권리를 가져다준다면, 그리고 그러한 재산이 상속에 의해 한 사람으로부터 다른 사람에게로 이전 될 수 있다면, 이것은 공적이 의심스러운 사람에게 소유권을 이전하는 것은 아닌가? 주주들이 소유권을 차지할 때 그들이 이에 상응하는 공적이 있음을 보증하는 것은 무엇인가? 또는 이익극대화와 도덕적 무관심정책을 채택한 기업을 생각해 보자. 종업원이 공적에 의해 승진한다고 무엇이 보증하는가? 이익은 생산성에 달려 있기 때문에, 이익극대화를 추구하는 관리자는 자동적으로 가장 생산적인 종업원을 승진시킬 것 같다. 그러나 이처럼 명백히 보이는 결론은 논리적인 장애를 간과하고 있다. 철학자 다니엘(Norman Daniels)은 이러한 사실에 대해 다음과 같은 예를 들고 있다.

잭(Jack)과 질(Jill)은 모두 A와 B라는 직업을 원한다. 둘 다 B보다는 A를 선호(選好)한다. 질은 A 또는 B에서 잭보다 잘 할 수 있다. 그러나 현실은 질이 B를 하고, 잭이 A를 하는 것이 잭이 B를 하고 질이 A를 하는 것보다 더욱 생산적이다.[10)]

따라서 잭과 질이 ABC사(社)를 위해서 일하고, 질은 잭보다 더 훌륭한 비서일 뿐 아니라 회계사라고 한다면, 이익을 추구하는 ABC사(社)는 어떤 상황에서는 질이 아무리 훌륭한 자격을 갖추었다고 하더라도 질로 하여금 회계사가 아닌 비서로 근무하도록 명령할 수 있다.－비록 사회적으로는 비생산적일지라도.

5. 기타권리와 상충하는 소유권　마지막 비평은 소유권에 대한 논의 자체를 지탱해 주는 개념, 즉 권리에 집중된다. '주주가 소유권을 가지고 있다'라고 하는 것은, 소유하는 권리는 최소한 다른 권리와 양립할 수 있어야 한다는 간단한 진리를 간과하고 있다. 더구나 권리들이 상충(相衝)할 때, 한 권리가 다른 권리를 무효(無效)로 할 수 있다(이 점은 3장에 나타나 있다).

이제 소유권에 대한 권리의 행사가 어느 상황에서는 다른 권리를 침해한다고 논의할 수 있다. 헨리조지는 소유권이 개인의 자유를 제한할 수 있음을 암시했다. 즉, "탈출구가 없는 성에 백명의 사람을 데려다 놓아라. 그러면, 그 중 한 사람을 다른 아흔 아홉명의 절대적인 소유자로 지명하는 경우나, 그 성의 토지의 절대적인 소유자로 지명하더라도, 그와 그들에게는 똑같은 상황이다."[11)]

---

10) Norman Daniels, "Meritocracy," in *Justice and Economic Distribution*, de. John Arthur and William Shaw (Englewood Cliffs, N.J. : Prentice-Hall, 1978), pp.166~67

11) Henry George, *Progress and Poverty*(1905; reprinted New York: Henry Schalkenback Foundation, 1955), p.347.

소유권을 갖는 것은 그 소유권을 행사함으로써 혜택을 얻는 특권을 부여하는 것으로 이해되기 때문에, 어떤 사람이 X를 소유한다면 그는 X를 임대하거나 판매함으로써 혜택을 얻을 자격이 있다고 호프만(Michael Hoffman)과 피셔(James Fisher)는 말하였다. 그러나 반면에 이 사람은 X로부터 발생하는 나쁜 결과에 대해 책임이 있다고 지적하였다. 그러한 사람에게 해(害)를 받은 사람은 보상받을 권리를 가지고 있다. 호랑이를 소유한 사람의 경우를 생각해 보자. 그 호랑이가 서커스에 전시될 때 그는 돈을 지불받을 권리를 주장할 수 있다. 그러나 호랑이가 도망가서 그 지방의 가축을 해쳤다고 가정해 보자. 호랑이 주인은 "나는 소유권을 포기한다"고 말할 수 있는가? 그럴 수 없다. 소유권은 다른 사람의 권리를 존중해야 한다는 것을 요구하기 때문이다. 그리고 다른 사람의 권리를 침해 했을 때, 소유권은 혜택 대신 책임을 가져온다. 이러한 결론은 기업에도 적용된다. 핵발전소와 같은 기업이 소유권의 행사를 통해 이익을 주장한다면, 그들의 소유권이 사회에 해를 끼칠 때는 그들의 책임을 부인해서는 안 된다.12)

그러므로 사유재산 소유자로서 고려될 때 기업의 주주는 사유재산과 관련된 의무를 준수해야 하며, 다른 사람의 권리를 존중해야 한다. 이와 같은 의무의 정확한 성격은 논란의 여지가 있지만 최소한 기업은 미국 헌법과 미독립선언서에서 보장된 전통적인 권리를 침해해서는 안 된다. 나아가서 이와 같은 의무는 현세대뿐 아니라 미래세대에게도 확장된다.

소유권이 의무를 수반한다는 사실은 많은 것을 의미한다. 사람들은 재산에 대한 권리를 소유하기 때문에, 기업의 활동은 그들의 소유권과 조화되어야 한다. 미국 철강회사가 대리석 조각물과 건물을 파괴할 수 있는 만큼의 나트륨 이산화물과 삼산화물로 공기를 오염시킨다면 그 회사는 다른 사람의 재산에 해를 끼치는 것이며, 다른 사람의 소유권을 존중해야 한다는 도덕적인 의무 중의 하나를 준수하지 않는 것이다. 최소한 그 기업은 사업을 함으로써 발생하는 비용 중의 하나를 속였다고 할 수 있으며, 도덕적으로 그 기업은 자사가 해를 끼친 사람들의 재산에 대해 보상해 주어야 한다. 더구나 사람은 생존권을 가지고 있기 때문에, 기업은 생존을 위협할 수 있는 제품을 제조하거나, 종업원을 위험

12) 소유권의 책임에 대한 논문: "Corporate Responsibility: Property and Liability," by W. Michael Hoffman and James V. Fisher, in *Ethical Theory and Business*, ed. T. Beauchamp and N. Bowie(Englewood Cliffs, N.J.: Prentic-Hall, 1979), pp.187~97.

하게 하는 근로조건을 만들어서는 안된다. 페이도저(Paydozer)사(社)가 설계한 백미러(back mirror)를 부착하지 않은 땅고르기 기계 뒤에 서 있던 사람이 치여 죽었을 때 그 회사는 희생자에 대한 도덕적인 책임을 져야 한다.

마지막으로, 현세대의 권리와 마찬가지로 미래세대의 권리는 존중되어야 하기 때문에 기업은 미래세대의 권리를 침해하는 현재의 상황을 만들어서는 안된다. 이와 같은 근거에 의하면, 제약회사는 태아의 건강에 해(害)를 끼치는 진통제를 임신부에게 판매해서는 안된다. 그러한 의무는 기업에 최소한의 도덕적인 요구를 한다. 그리고 재미있는 것은 이러한 의무가 소유권의 개념에서 파생된다는 점이다.

이러한 최소한의 기준을 넘어서, 기업은 권리가 법적으로 보호되지 않는 경우에도 어떤 권리를 존중해야 할 의무가 있다고 주장하는 사람도 있다. 예를 들면 미래세대를 포함하여 모든 사람들은 보존되어야 하는 환경의 미학적 질을 누리는 권리를 소유한다고 도나간(Alan Donagan)같은 철학자들은 주장한다. 노천석탄채굴이 한 때는 자연스러웠던 시골에 보이지 않는 구멍(hole)을 남기는 한, 이와 같은 권리를 침해하는 것이라고 어떤 사람은 주장했다. "살기 좋은 환경"에 대해 권리가 있으며, 이 권리는 기업이 공기 또는 수질을 오염시키는 것을 금지시키는 것이라고 철학자들은 주장했다. 그러나 권리가 존재한다면, 공해가 눈에 띄고, 눈(eye)에 해가 되는 정도에 도달할 때, 현대 기업은 로스엔젤레스 또는 멕시코시티 같은 곳의 주민의 권리를 침해한다고 할 수 있다. 기업이 그러한 권리를 충분히 인식할 것인가는 불확실하지만, 그들이 인식하든 안하든 개인 또는 기업의 재산소유권은 어떤 식으로든 정의가 내려진 다른 사람의 권리를 침해해서는 안 된다.

3. 의무론적 논의에 대한 마지막 논평

이제까지의 비평들을 개괄해보면, 다음과 같은 중요한 의문이 생긴다. 즉 소유권이 기업의 이익극대화와 도덕적 무관심정책을 정당화시키는가? 이에 대해 마지막 비평은 효과가 있을 것이다. 소유권의 모든 체계에 대한 급진적인 비평도 별도로 하더라도-여기서는 철저히 다루어지거나 평가될 수 없는-남아 있는 비평들은 권리를 다루는 마지막 비평과 중첩된다. 소유권에 대한 기존 개념들이 본래부터 불공평한 소유에 의존하거나, 소유권의 진정한 의무를 인식하지 못한다면, 또는 그것들이 실력주의와 민주주의의 확고한 원칙을 침해한다면, 소유권에 대한 기존 개념들은 공평하게 소유하지 않은 경우 보상받을 권리 또는 민주적인 절차에 이르는 권리 등을 침해한다고 할 수 있다. 더욱 중요한 것은 앞부분의 처음 네 가지 비평의 진정한 가치가 무엇이든—그것은 독자들의 결정에 맡겨져야만 한다—마지막 비평은 설득력이 있다고 생각된다. 소유권을 지지하는 것은 다른 확고한 권리를 지지하는 것이기 때문에, 이런 권리들은 소유권을 가지고 있는 사람들에 의해 존중되어야 한다.

소유권에 대한 급진적인 비평이 궁극적으로 잘못된 것이라 할지라도, 기업의 모든 행동이 오직 "판매", "구매", "계약"등으로 기술되는 경우에만, 이익극대화와 도덕적 무관심정책은 도덕적으로 지지될 수 있다. 이와 같은 행동은 재산소유권에 의해 보호된다. 그러나 같은 행동이라도 방아쇠를 당기는 것이 때로는 살인을 저지르는 것으로 묘사될 수 있듯이 기업의 행동도 마찬가지이다. 기업이 "다른 사람의 권리를 침해하는 것"으로 기술되는 행동을 하는 한, 우리의 논의는 기업은 (법적으로 허용되더라도) 도덕적으로 그런 행동을 삼가야 한다는 것을 지적한다. 파이어스톤 타이어(Firestone Tire)사(社)가 너무 조잡하게 설계되어 쉽게 터지는 타이어를 판매한다면 다른 사람의 생존권을 존중해야 한다는 도덕적인 의무를 준수하지 않는 것이다. 이런 기업의 행동은 "제품을 판매한다"는 시각에서는 허용되더라도, "인간의 생존권을 위협하는 위험한 제품을 마케팅한다"는 시각에서는 허용될 수 없다.

소유권의 개념에 의존하는 의무론적인 논의는 도덕적 무관심이라는 기업정책을 정당화시키지 못하게 된다. 소유권의 관점에서의 논의가 실패했기 때문에, 결사권의 관점에서의 논의도 실패하게 된다. 후자는 전자에 달려 있기 때문이다. 소유권에 대한 논의가 이익극대화 정책과 일치하는 구매행위, 판매행위, 계약체결 및 종업원 고용을 허용한다 하더라도, 정책에 의해 요구되는 행동은 때로는 다른 사람의 권리를 침해하는 행동으로서 기술될 수 있기 때문에, 소유권을 근거로 하여 도덕적으로 무관심한 이익극대화 정책을 정당화할 수 없다.

제 2 절 목적론적 논의에 대한 비평

록히드항공(Lockheed Aircraft)사(社)의 사장 코취안(Carl Kotchian)이 일본 정부관리에게 현금이 가득 든 가방을 전달했을 때, 그는 미국의 어떤 법도 위반하지 않았다. 뇌물(賂物)을 제공한 코취안에 대한 정당화는 목적론적인 것이다. 비록 뇌물이 수백만 달러에 달하더라도 그 뇌물이 매우 이익이 큰 트라이-스타제트기(Tri-Star Jet)계약을 일본항공사와 성공적으로 체결하도록 해 주었다고 코취안은 주장했다.

이와 유사한 경우들이 회의론자(懷疑論者)로 하여금 이익극대화가 진실로 보이지 않는 손(invisible hand)의 작용을 나타내는가를 의심하게 해왔다. 앞장에서 언급된 목적론적인 논의, 즉 이익만을 추구하는 것은 자동적으로 기업의 이기심을 사회의 부로 변형시킨다는 주장에도 불구하고 비평가들은 논리적인 모순이 자유시장개념에 영향을 미치며, 장기적인 이익추구정책도 기업의 책임에 대한 불충분한 규정일 뿐이라는 것을 확신했다.

목적론적인 논리에 대한 비평은 무수히 많다. 가장 중요한 몇 가지를 살펴보자.

1. 순수경쟁에 대한 개념의 어려움

이익극대화를 지지하는 가장 강력한 도덕적 맥락은, 자유경쟁이 소비자에게 커다란 만족을 줄 수 있다는 것이다. 그러나 "경쟁"의 개념은 매우 중요하지만, 이해하기가 매우 어렵다.

현대 기업이론가 왈튼(Clarence Walton)은 "완전경쟁"(perfect competition)이란 동질적인 제품과의 가격경쟁형태이며, 모든 형태의 완전히 자유로운 시장에의 접근방법[13]으로 정의하였다. 우선 이 정의가 얼마나 좁게 이뤄졌는가를 보라. 이 정의는 모든 제품경쟁에 대해 언급하지 않고, 단지 동질적인 제품간의 경쟁에 대해서만 언급하였다. 또한 이것은 모든 측면에서의 경쟁에 대해 언급하는 것이 아니라, 가격과 관련된 경쟁만을 언급하였다. 다시 말해서, 이 정의는 펩시콜라와 코카콜라간의 경쟁을 포함하는 것이지, 펩시사(社)와 레모네이드사(社)와의 경쟁을 포함하지는 않는다. 그리고 이 정의는 펩시콜라와 코카콜라

13) Clarence Walton, *Conceptual Foundations of Business*(Homewood, Ⅲ.: Richard D. Irwin, 1969). p.345.

의 상대적인 가격과 관련된 경쟁을 포함하는 것이지, 상대적인 질을 포함하지는 않는다. 이 정의에 관한한 펩시콜라와 코카콜라는 음료수의 질에 대해서는 경쟁하지 않는 것이다. 가격을 파악하고 측정하는 것은 쉽지만, 질을 측정하는 것은 피카소의 작품과 렘브란트의 작품의 미적 가치를 측정하는 것만큼 어려운 작업이다.

이와 같은 정의의 다른 특색은 허구에 대한 것을 기술하고 있다는 것이다. 플라톤의 공화국(Republic)에서의 완전히 질서있는 세계처럼, 순수한 경쟁(pure competition)은 이상적인 것을 나타낸다. 시장에의 "완전히 자유로운 접근"(소비자와 생산자의 접근을 포함하여)을 유지하는 시장은 지금까지는 없었으며 앞으로도 없을 것이다. 그러한 시장은 궁극적으로 신제품의 출현을 바로 알게 되는 이성적인 소비자를 포함한다. 소비자는 더 값싼 쥐덫이 만들어졌다는 것, 그리고 전통적인 쥐덫 제조업자가 그 정보를 듣고 가격을 인하했다는 것을 알려주는 TV광고를 필요로 하지 않는다. 완전경쟁의 세계에서는 생산자는 소비자의 선택에 곧 대응한다. 월요일에 소비자가 더 작고 값싼 자동차를 원한다면, 화요일에 생산자는 그것을 준비해야 한다. 경쟁의 이상은 추상적이고 너무 고상하기 때문에 불합리성을 낳는다. 즉, 자신의 이익에 대해 추론하는 능력에서 미래를 잘 아는 신(神)과 같다고 생각하는 소비자는 시간과 공간의 평범한 한계가 적용되지 않는 세계에서 자기와 비슷한 능력을 가진 기업과 대면하게 된다.

1. 부정직(不正直) 문제 순수경쟁(pure competition)을 방해하는 개념적 어려움 중의 하나는 부정직(dishonesty)과 관련된 것이다. 순수경쟁에 참여하는 사람은 매우 이성적인 사람으로 가정되지만, 매우 정직한 사람으로는 가정되지 않는다. 실제로 생산자와 소비자는 자신의 이익을 최대화하는 데는 매우 이성적이기 때문에, 거짓말을 하면 이익이 되는 경우에는 부정직할 것이라고 예측해야 한다. 부정직에 대해 가지고 있는 도덕적인 단서는 제외하더라도, 자유경쟁이 사회적인 부를 극대화한다는 가정에 대해 부적당한 결과들이 있다. 당신 또는 내가 테이블이나 의자를 사려고 한다면, 우리들 자신의 이익은 우리로 하여금 정당한 가격을 매기고, 그 제품이 우리에게 어떤 가치가 있는가를 이야기하게끔 한다. 그렇지 않으면 우리는 너무 많이 지불하거나, 우리가 사고자 하는 가구를 얻지 못 할 것이다. 그러나 당신과 내가 도로와 일기예보와 같은 동일한 상품을 사용할 수 있는 경우를 생각해 보자. 도로가 우리에게 어떤 가치가 있는 가를 측정해야 하는 경우에 우리는 우리의 이익을 위해 낮게 평가하거나

거짓말을 할 것이다. 왜냐하면, 다른 사람도 이것을 인식할 만큼 현명하기 때문에, 그들도 낮게 평가할 것이며, 전체적인 보상은 사회적인 부를 극대화하는데 부적당할 것이다.

2. 영구성(永久性) 생산자와 소비자는 이용가능한 제품과 시장을 즉시 알기 때문에, 그리고 즉시 생산하고 구매할 수 있기 때문에, 순수경쟁 세계에서는 이익이 있을 수 없는 것같이 보인다. 내가 오렌지를 50센트에 판매하자마자, 당신은 49센트로 가격을 낮춘다. 소비자가 49센트에 구매하기 시작함과 동시에 내가 다시 48센트로 가격을 낮춘 사실을 알게 된다. 이와 같은 과정이 계속되면 우리는 최저가격, 즉 우리가 손해를 보는 가격에 도달할 때까지 가격을 낮추기 위해 경쟁하는 것이다. 그 최저가격이란 이익이 없는 상태이다. 순수경쟁은 이익을 허용하지 않는다. 그러나 보이지 않는 손 뒤에서 그 힘을 지원해주는 것은 이익이라는 미끼가 아닌가?

3. 내부적 모순(矛盾) 어느 비평가는 완전경쟁(perfect competition)에서 명백한 모순을 발견했다고 주장한다. 완전한 이성과 완전한 정보에 대한 완전경쟁의 가정은 모순이 된다는 홀리스(Mortin Hollis)와 넬(Edward Nell)의 주장을 생각해 보자. 완전경쟁은 모든 시장참여자가 자신의 이익을 촉진시키기 위해서 이성적으로 행동한다는 점에서 "완전한 이성"을 의미한다. 더 좋다는 것을 알면서도 시장참여자가 실수로 좋은 제품을 놓아두고 나쁜 제품을 선택했다면 보이지 않는 손은 분명히 제지당할 것이다. 마찬가지로 참여자가 정보가 부족하다면 보이지 않는 손은 방해받을 것이다. 왜냐하면, 이것은 소비자가 어떤 제품이 우수하다는 것에 대해 모르고 있다는 것을 의미하기 때문이다. 그러나 완전한 지식과 완전한 이성이 공존할 수 있는가? 정보를 수집하는 데 비용이 든다면 즉, 접시닦는 기계, 면도날 또는 주식매수권(stock options)에 대한 정보를 수집하는 것이 다른 곳에 쓰일 수 있는 시간을 소요한다면 "이성적"인 시장참여자는 "완전한"정보를 수집하기 위해 그의 모든 시간을 소비하지 않을 것이다. 그러므로 완전한 이성은 완전한 지식을 배제하는 것과 같다.[14)]

"완전한 정보(perfect information)"와 "완전한 유동성(perfect mobility)"에 대

14) Martin Hollis and Edward Nell, *Rational Economic Man*(London: Cambridge University Press, 1975), pp.228~33.

해서도 마찬가지다. 자원이 한 산업분야에서 다른 산업분야로 이동하는 것이 자유로워야 한다는 점에서 완전히 경쟁적인 시장은 완전한 유동성이 필요하다. 위젯(Widget: 대표적 상품)제품에서 큰 성공을 할 기회가 있다면, 생산자는 위젯 생산으로 전환하는 유동성을 가져야 한다. 그렇지 않으면 위젯의 가격은 상승할 것이다. 그러나 완전한 유동성의 효과가 나타난다면, 위젯에서 성공할 수 있는 기회는 모든 생산자를 위젯 생산으로 끌어들일 것이다. 그리고 위젯 생산에 참여하는 자가 매우 많아질 것이다. 그러나 완전한 정보를 소유하고 있기 때문에 어느 시장참여자는 다른 사람이 이미 하고 있던 활동을 그만둘 수 없다는 것을 알며, 자신이 과감하게 모험해야 한다는 것을 알게 된다. 그러나 이와 같은 사실은 완전한 정보는 시장의 비유동성에 대해서 알고 있다는 것을 의미한다. 그러므로 완전한 정보는 완전한 유동성을 배제하는 것과 같다.[15)]

2. 자유시장 가정은 사실과 일치하는가?

현실은 이상(理想)과 일치하지 않으며, 경쟁에 대한 이상도 예외는 아니다. 그러나 현실적 시장과 이상적 시장간의 불일치는 목적론적 논의에 영향을 미칠 수 있다. 왜냐하면 목적론적 논의가 이상적인 개념에 의존한다고 하면, 현실이 이상에 미치지 못하는 한 논의의 결과는 의심스러운 것이기 때문이다.

기존 시장의 불완전성은 정부의 탓으로 돌릴 수 있으며, 정부의 잘못이다. 기업이 정부에 의해 활동을 방해받는다면 그 기업은 활발하지 못하고 비효율적으로 된다고 자유시장(free market)을 지지하는 자들은 강력히 주장한다. 다시 말해서, 정부가 기업의 경쟁을 방해한다면, 그 비용은 사회로 돌아가게 된다. 1976년 한 경제학자는 병원에 대한 막대한 무상원조 때문에, 적어도 90,000개의 병원침대가 남아돌아갔다고 지적했다. 급격히 증가하는 목재에 대한 수요에도 불구하고 정부가 기업으로 하여금 숲을 벌목하지 못하게 하였기 때문에, 매년 국유림에서 60억 보드피트(목재의 계량 단위: 1피트평방은 두께 1인치) 이상의 목재가 죽어가고 있다고 연방일반회계국(Federal General Accounting Office)이 발표하였다.[16)] 기업이 스스로 경쟁할 수 있다면, 기업은 더욱 효율적일 수 있고, 목재를 더욱 싸게 판매할 수 있으며, 침대를 낭비하지 않고 환자를

---

15) Hollis and Nell, *Rational Economic Man*, pp.228~30.

16) *Saturday Review, July* 10 1976, p.25.

수용할 수 있다고 시장지지론자들은 주장한다.

그러나 많은 경우 시장의 불완전성은 정부의 잘못이라기 보다는 다른 이유 때문인 것 같다.

1. **제도적 세부사실** 자유시장(free market)에 대한 지지는 중요한 제도적인 세부사실을 간과하고 있다고 지적된다. 자유시장을 지지하는 이론은 모든 행위를 이익극대화의 산물로 보게 됨으로써, 적당한 사회학적인 자료를 이용하지 못할 수 있다. 미국의 흑인이 고용시장에 직면하는 경우, 이것은 수세기 동안의 차별정책의 영향을 반영한다. 시장은 위의 경우 이익을 최대화하지 않을지도 모른다. 즉, 인종차별을 하는 점포 주인은 부지런한 흑인 대신 게으른 백인을 선택할지도 모른다.

자유시장이론은 모든 시장교환(market exchange)이 근본적으로 비슷하다고 가정한다. 양상추도 가격을 가지며, 자본도 가격이 있다. 저축을 보유하고 최적 가격을 요구하는 힘은 노동력을 보유하는 힘보다 쉽게 행사된다. 정원사는 열심히 일해야 한다. 그렇지 않으면, 그의 가족은 굶주리게 되기 때문이다. 그러나 시의 공채에 투자한 사람은 적정가격에 제시될 때까지 그의 투자를 자유로이 유보할 수 있다.

이상적인 시장과는 달리 현실시장은 시장행위가 어느 정도 "생산적"인가에서 커다란 차이를 나타낸다. 자유시장 모델에 의하면, 판매되는 것은 생산적인 것이어야 한다. 즉, 판매되는 것은 소비자의 이익에 기여해야 한다. 그러나 비평가들은 기업은 가장 좋은 제품을 판매하지 않는 경우에 이익을 극대화할 수 있다고 주장한다. 영원히 켜지는 전구를 만드는 것이 임무인 전구설계기술자와 소비자로 하여금 계속 전구를 갈아 끼우게 하는 것이 임무인 판매담당자 사이에는 갈등이 있을 수 있다.[17] 따라서, 때로는 계획된 진부화(build-in obsolescence)를 촉진시키는 것이 전체 산업에는 이익이 될 수 있다고 비평가들은 주장한다. 이와 같은 사실 때문에 비평가들은 "신 그레샴법칙(Neo- Gresham's law)" 즉, "다른 조건이 일정하다면, 장기적으로 현실적인 경쟁조건 하에서 나쁜 제품이 좋은 제품을 몰아낼 것이다"라는 법칙을 만들게 되었다.[18]

---

17) Hollis and Nell, *Rational Economic Man*, pp.215~17.
18) Hollis and Nell, *Rational Economic Man*, pp.218~22.

"이익극대화란 경제적인 행위의 단순한 동기이다"라는 가정으로부터 잘못된 예측이 발생할 수 있다. 이상적인 시장에서는 이와 같은 가정이 유효하다. 그러나 현실시장에서는 대규모 기업은 소규모 기업과는 다른 동기를 가질 수 있고, 상층 관리자는 중간층 관리자와 다른 동기를 가질 수 있다. 기혼인 종업원의 동기는 미혼인 종업원의 동기와 다를지도 모른다. 신진 젊은 관리자의 동기는 더 많은 봉급, 더 커다란 사무실 및 지역 컨트리 클럽의 멤버쉽이 되는 것일 수 있는 반면, 원숙한 부사장의 동기는 가족을 위해 더 많은 시간을 할애하고, 산업분야에서의 좋은 명성일 수 있다.

기업은 이익 이외의 다른 목적을 가질 수 있다. 경제학자 보울딩(Kenneth Boulding)은 기업에서의 항상성수법(homeostasis mechanism: 사회조직 등의 평형유지력 기구)에 대해 저술할 때 이와 같은 사실을 처음으로 제안했다. 보울딩은 형평을 유지하고, 기업의 대차계정을 균형되게 유지하는데 이용되는 피드백 메커니즘(feedback mechanism : 송환수법)에 대해서 언급했다. 다시 말해서, 기업의 대차대조표는 재무적인 형평을 나타내기 위해 고안된 것이며, 따라서 판매가 재고를 초과하는 경우 형평을 되찾기 위해 재고를 보충할 필요가 있는 것이다. 그러한 대차대조표와 같은 명백한 회계적 도구도 기업의 행위에 영향을 미친다. 그는 이익은 단지 한 요소일 뿐이며, 비이익적인 요소가 더욱 우세할 수도 있다고 말한다. 이익을 극대화하는 것과 유동성 증대(즉, 건물 또는 기계와 같은 고정자산에 대한 현금 또는 유가증권과 같은 유동자산의 비율을 증대시키는 것) 중에서 하나를 선택하여야 한다면, 기업은 유동성을 선택할지도 모른다. 수년 동안 워드(Montgamery Ward)는 이익을 희생시켜 유동성을 유지시켰다. 보울딩이 이와 같은 비평을 시작한 이후로 다른 사람들은 비이익적인 기업의 동기의 항목을 첨가하였다. 이것들은 안전, 확장, 기술적 진보, 실패회피 및 책임의 조직적인 분산등에 대한 기대를 포함한다.[19)]

완전한 정보에 대한 가정은 완전한 이성에 대한 가정과 상충될 수 있다는 것을 우리는 이미 알고 있다. 완전한 정보에 대한 가정은 현실시장의 결과를 평가할 때 어려움을 초래한다. 시장참여자가 정보를 충분히 가지고 있는 경우에만 시장은 이익을 공동선(public good)으로 전환시킨다. 그릇된 정보를 가지고 있는 소비자는 자기 이익을 추구하지 못한다. 즉, 그들은 안전하지 못한 자동차

---

19) Christopher D. Ston, *Where the Law Ends*(New York: Haper & Row, Pub., 1957), p.236.

를 우수한 제품이라고 믿고 구매하거나, 무익한 약을 효과적인 것이라고 믿고 구매한다. 시장에 대해 많은 것을 모르는 것은 예외라기보다는 일반적인 것이다. 아무리 이성적인 소비자라도 기침약의 화학적 성질, 자동차 문의 인장도 및 DC-10기의 날개구조에 대해서 얼마나 알고 있겠는가? 이미 아는 바와 같이 정보를 얻는 것은 대가를 필요로 한다. 즉, 좋은 정보 대신에 소비자는 종종 광고로부터 알게 되는 것을 믿어야 한다. 또한 기업의 책임에 대한 목적론적인 논의가 정보를 알고 이익을 추구하는 것이 어떻게 최대의 부를 산출하는가를 보여주고자 하는 것이라면, 참여자가 그릇된 정보를 가지고 있는 한 비평은 실패할 것이다.

2. 세이의 법칙 케인즈(John Maynard Keynes)는 세이의 법칙(Say's law)에 도전하여 경제적인 혁명을 유발시켰다. 완전경쟁개념에서 도출된 세이의 법칙이란 경제에서는 전체적으로 공급은 반드시 비슷한 양의 수요를 창출한다는 법칙이다. 다시 말해서, 이상적인 시장에서는 공급이 수요에 미치지 못할 때 가격이 상승하고, 공급이 증대되면 가격이 하락할 뿐 아니라, 공급의 수준이 어느 정도이든 이에 상응하는 수요가 있을 것이다. 냉장고의 공급이 증대되면 냉장고의 가격은 하락할 것이다. 그러나 세이의 법칙에서는 사람들이 더 싼 냉장고를 계속해서 살 것이라는 것을 가정한다. 이것이 케인즈가 의문을 품은 사실이며, 대공황이 그의 의견을 증명해 주는 것으로 생각된다. 팔리지 않은 많은 재고와 가격의 대폭락에도 불구하고 구매자는 물건을 구입하러 시장에 나오지 않았다. 자유시장 지지자들은 그것은 단기적인 법칙이며, 결국 장기적으로는 세이의 법칙이 맞는 것이라고 주장한다. 이에 대해 케인즈는 “결국 우리 모두는 죽는다”라는 그의 유명한 답변을 하였다.

정부가 규칙적으로 돈을 경제에 공급함으로써 총수요를 보장해야 한다는 케인즈의 설명이 옳은 것인지는 우리에게 중요한 것이 아니다. 중요한 것은 목적론적 논의에 근거한 세이의 법칙을 부정한 케인즈의 결론이다. 케인즈가 옳다면, 보이지 않는 손의 작용 때문에 시장은 깊은 불황(depression)에 빠지게 될지도 모른다.

3. 외부적 비용 자유시장은 자발적인 교환체제를 의미한다. 양측이 동의하는 경우에만 스미스는 존즈와 거래하고, 존즈는 스미스와 거래한다. 제3자인

브라운은 어떤가? 스미스와 존즈간의 자발적인 거래에서 양측은 거래 후 더욱 형편이 좋아질 것이다. 그러나 스미스와 브라운은 서로 인접한 토지를 소유하고 있고, 스미스가 그의 토지를 제철소를 건설하려는 존즈에게 팔았다고 하자. 브라운에게 어떤 현상이 발생하겠는가? 제철소가 운영되면, 이산화유황가스와 매연이 배출될 것이다. 그러한 오염물질은 악취를 발생시키고, 서서히 철의 구조를 변화시키며, 생태계에 해를 끼치기 때문에, 그 지역의 브라운뿐만 아니라 그 지역의 다른 이들도 전보다 더욱 형편이 나빠진다. 더구나 브라운과 다른 사람들은 "외부적 비용"(external costs)이라고 불리는, 즉 생산자 이외의 다른 사람이 감당시키는 생산비용을 부담하게 된다. 모든 권리에 의해, 그러한 "외부적 비용"은 "내부적" 즉 존스에 의해 부담되도록 해야 한다. 그러나 자유시장은 스스로는 이러한 것을 달성할 장치(mechanism)가 없는 것 같다.

4. 불완전 경쟁 시장의 자연적인 힘이 시장의 자유를 방해한다고 어떤 비평가들은 주장한다. 때때로 이익동기화된 기업가는 독점적인 이익을 위해 노력한다는 사실 말고도 시장 자체가 독점과 과점에 대한 내부적인 경향을 내포하고 있을 수 있다. 이런 사실을 처음으로 제안한 사람중의 한 사람이 스라파(Pièro Sraffa)인데, 그는 더욱 현실적이고 세속적인 이론을 지지하여 순수경쟁에 대해 반박하는 이론을 제시했다. 그에 따르면, 순수경쟁의 가정은 구매자는 판매자에 대해 무관심하며, 가장 낮은 가격을 제시하는 자에게서 구매한다는 것이다. 그러나 실제로는 구매자는 전혀 무관심하지 않으며, 전통, 특수한 포장, 개인적 친분, 위치, 상표인지도(brand name loyalty) 및 신용편의 등에 크게 의존한다고 그는 지적하였다. 그러한 선호(preferences)가 비이성적이라는 것은 중요한 것이 아니다. 그러한 선호는 존재하며, 이것은 순수경쟁에 대한 가정을 반박한다. 모든 생산자가 공정하게 경쟁하는 시장에 관해서 언급하는 대신, 우리는 각각 준독점적 분야를 유지하고 있는 많은 시장들에 대해서 언급해야 한다.

기업이 경쟁사의 시장에 진출하기 위해서는 소비자가 그들의 구매관습과 인지도를 변경하도록 해야하며, 이를 위한 광고와 신용을 위해 상당한 비용을 필요로 한다. 실제로 이렇게 하는 것은 너무 비용이 많이 들기 때문에 기존의 생산자는 시장에 대해 불공평한 독점권을 가지고 있으며, 국가적인 독점가격을 요구할 수 있는 것으로 간주되어야 한다. 기업이 탐욕스러워 지더라도 지나치게 높은 가격을 요구하지 않는다면, 외부로부터의 경쟁을 효과적으로 제제할 수 있다.[20] 따라서 시장이 허용하는 것보다 약간 높은 가격을 요구하면서, 적당한 규제를 통해 코카콜라(Coca Cola)사(社)는 베스콜라(Vess Cola)사(社) 또는 캔필드콜라(Canfield Cola)사(社)로부터의 경쟁을 효과적으로 제지할 수 있었다.

과점적인 발전에 대한 문제는 밀접히 관계되어 있다. 한 회사가 비교적 소규모의 다른 생산자 집단과 함께 시장을 점유하고 있을 때, 과점현상이 발생한다. 과점을 규모의 경제(economy of scale)와 같이 시장이 통제할 수 없는 요인에 의해 발생될 수 있다. 효율적으로 자동차를 만들거나 철을 생산하는 것은 규모의 경제에 영향받는다. 즉, 자신의 뒤뜰에서 폭스바겐을 만들거나 금괴를 주조하는 것은 비용효과적(cost-effective)이지 못하기 때문에, 생산은 거대한 자본을 보유한 몇몇 사람에게 위임되어야 한다. 일단 둘, 셋 또는 기껏해야 네 개의 대규모 제조업자가 미국에서 자동차 생산에 참가한다면, 미국 시장은 포화상태가 될 것이며, 몇몇 기업이 과점적인 이점을 갖게 될 것이다. 이 기업들이 가격을 직접 책정하지 않더라도, 간접적인 가격결정 메커니즘이 이용될 수 있다. 예를 들어 모든 기업은 산업분야에서 이 산업선도자(industry leader)의 가격동향을 따를 수도 있다. 자유시장이론은 독점적 또는 과점적인 경향을 이해하는 대 도움이 되도록 재구성될 수 있으나, 그러한 경향의 부정적인 영향이 여전히 지속되고 있다고 비평가들은 주장한다.

5. 장기적 이익극대화 시장지지자들은 단기적인 이익극대화보다 장기적인 이익극대화를 지지하고 있다는 것을 앞장에서 보았다. 장기적인 이익극대화는 기업의 사회적 책임과 일치하는 것 같다. 따라서 존슨사(社)가 울트라 신(Ultra Sheen)을 "시원하고", "부드럽다"고 광고한 것은 대중을 현혹시킨 것이었다. 왜냐하면 강한 알카리성 물질이 들어있었기 때문이다. 그러나 그 회사가 이에 대해 미리 소비자에게 경고를 했다면 책임을 다할 수 있었을 것이며 점차 이익을 냈을 것이다. 소비자는 기업의 비윤리성을 깨닫고 구매하지 않을 것이기 때문에 결국 비윤리적 기업은 이익을 낼 수 없다. 소비자가 울트라 신에 강한 알카리성 물질이 포함되어 있다는 것을 알거나, 파이어스톤 타이어(Firestone

20) Piero Sraffa, "The Law of Return under Competitive Conditions," in *Readinf in Price Theory,* ed. George Stigler and Kenneth Boulding(Homewood, Ⅲ: Rochard D. Irwin, 1952).

Tire)가 안전하지 못하다는 것을 알거나, 상추재배자가 노동자를 착취한다는 것을 알자마자, 이 제품들의 판매는 감소할 것이다.

이러한 논의의 특별한 강점은 소비자의 인식에 의존한다는 것이다. 그러나 비평가들은 이와 같은 사실이 치명적인 약점이 될 수도 있다고 비판한다. 사람들은 도덕적인 문제를 인식할 때, 구매를 거부한다는 점에서, 소비자의 인식이 부정확할 때 또는 그들의 인식이 미래의 판매에 영향을 미치지 못할 때 장기적인 이익과 윤리성간의 관계는 무너진다. 음료수, 화장품, 커피 및 자동차 등과 같은 상품은 볼베어링, 무두질한 가죽, 전기모터 및 산업용 용광로에 비해 쉽게 눈에 띈다. 후자는 경제의 크나큰 부분을 구성하지만 사회적인 책임과 관련된 기업의 평판에 대해 무관심한(기업의 거래에서의 신용은 제외하고) 구매대리인(purchasing agents)에 의해 구매된다. 또는 소비자가 단 한 번 구매를 하는 경우를 생각해 보자. 플로리다주(州)의 국제혈장(Blood Plasma International)사(社)는 아프리카 원주민에게서 1파인트(pint: 0.473L(미국))당 동전 몇 닢으로 피(血)를 구매하여, 니카라과의 지진희생자에게 150배의 가격을 요구하였다. 대부분의 희생자에게는 피를 구매하는 단 한 번의 경우였기 때문에 이 기업에 대한 희생자의 인식은 이 기업의 미래의 이익에 타격을 주지 않는다.

장기적인 이익극대화 논의는 안전과 같은 소비자에 대한 즉각적인 이해관계를 갖는 제품 요소에 지나치게 의존할 수도 있다. 소비자는 머리카락을 보호해주는 제품이 알카리를 포함하고 있다는 것을 알게 되면, 그 제품을 구매하지 않는다. 그러나 울트라 신이 종업원을 착취한다는 사실을 들으면 소비자가 역시 구매를 중단할 것인가? 마찬가지로 울트라 신이 종업원을 착취한다는 사실을 알고 있기나 한가? 일반적으로 소비자는 제품이 제조되는 근로조건보다 제품에 대해서 더 많이 알고 있다.

끝으로, 기업경영자가 장기적인 이익과 윤리성이 항상 일치한다는 사실을 믿는다고 기대할 수 있는가? 파산에 직면한 기업을 생각해 보자. 사장이 도덕적으로 부당하지만, 기업을 구하기 위해서는 잠재적으로 이익이 되는 최후의 도박을, 비도덕적이기 때문에 거부할 것인가? 그는 도박을 하지 않는 한 미래도 없다고 판단할 수 있다.

3. 자유경쟁을 위한 규범적 문제

자유시장이 완전히 실현된다고 하더라도 자유시장이 변함없이 저렴한 가격의 많은 양질의 제품을 생산해 내더라도, 규범적인 근거에서는 여전히 의심스러운 것으로 생각될 수 있다. 즉, 자유시장은 확고한 도덕적인 원칙에 적합하지 않을지도 모른다. 이 장의 첫 부분에서의 케인즈(Keynes)의 말과 같이 매우 효율적인 체제도 "만족스러운 삶에 대한 우리의 인식을 침해 할"수 있기 때문이다.

1. 이차적(二次的)인 욕구의 창조　　자유시장이론은 제품과 용역이 소비자의 기호(嗜好)를 만족시킨다고 가정한다. 소비자의 기호는 시장수요를 조정하는데, 이것은 곧 "소비자 주권"이라는 표현이 의미하는 바이다. 그러나 어떤 사람에게는 자신의 욕구를 만족시킬 만한 제품뿐만 아니라 설득력있는 광고로 인해 그가 만족하고자 하는 욕구를 창조하는 제품도 존재한다.[21] 만약에 매디슨 애브뉴(Madison Avenue : 미국의 광고회사들이 집결되어 있는 거리의 이름)가 없었더라면, 우리는 유행에 따라 자주 넥타이의 폭이 좁아지고 넓어지는 것, 또는 여성의 치마길이가 짧아지고 길어지는 것을 깨닫지 못했을 지도 모른다. 따라서 비평가들은 음식과 주거에 대한 일차적 욕구를 만족시키는 것 뿐 아니라, 헤어스프레이, 전기칼, 발냄새 제거제 등에 대한 "2차적" 욕구를 강조하는 것이 시장의 권리인가에 대해 의문을 갖는다. 제품과 욕구가 없다고 해서, 또는 돈을 쓰지 못한다고 해서 만족하지 못한다고 할 수 있는가?

2. 공정-적응하는 욕구　　어떤 이는 자유시장에서의 문제는 (경쟁의)승리자들이 그들의 애완동물을 패배자들의 자식들보다 더 잘 먹이는 것이라고 말했다. 그러한 비평가의 입장에서 볼 때 시장은 욕구가 아닌 생산성을 보상해준다. 예를 들면, 맑스주의자는 "각자의 능력에 따른 보상으로부터 자신의 욕구에 따른 보상까지"라는 슬로건을 통해 욕구를 보상해야 한다고 주장한다. 그러나 맑스주의자는 욕구의 문제에 대해서는 시장을 더욱 비난한다.

철학자들은 롤즈가 『정의론』(*A Theory Justice*)에서 언급한 배분적 정의에 대한 분석을 잘 알고 있다. 자본주의에 대한 본질적인 비판은 아니지만, 롤즈는

21) Joan Robinson, "What Are the Rules of the Game," in *Property, Profits and Economic Justice*, ed. Virginia Held(Belmont, Calif.: Wadsworth, 1980). p.142.

어떤 공정분배이론에서도 욕구가 요인이 되어야 하며, 과도한 경쟁체제는 그 문제에서 실패한다고 암시하고 있다. 우리는 롤즈의 인상적인 이론에서 욕구와 관련된 부분을 보게 될 것이다.

롤즈는 돈이 돈을 낳는다는 사실을 지적했다. 자유시장에서도 은행원의 자식은 기술이 없는 노동자의 자식보다 부를 획득할 전망이 많다. 우연한 탄생이 그러한 기회의 불평등(inequality)을 만든다는 것은 공정하지 않다. 그러나 롤즈가 그러한 경우를 불공정(injustice)이라고 명명한 것은 아니다. 이와 같은 불평등이 노동자의 자식에게 해(害)가 된다는 것이 증명되기 전까지는 말이다. 부유한 박애주의자가 두 사람에게 많은 돈을 준다면 그 돈의 액수가 공평한 수준에 미치지 않더라도 전보다는 부유해지기 때문에 이들은 불공정을 불평하지 않을 것이다. 마찬가지로 다른 사람보다 어느 사람이 더 많이 갖는다는 것은 공정하다고 할 수 있기 때문에 자유시장체제는 이익이 충분하고 사회에 충분한 추가적인 부를 창조하는 것이 가능하다. 카네기(Andrew Carnegie ［1835~1919］) 는 자유시장의 이익에 대해 다음과 같이 주장했다. “가난한 사람도 이전의 부자가 누릴 수 없던 것을 누리고 있다. 사치품이었던 것이 생필품이 되고 몇 세기 전에는 농부가 가지고 있었던 사치품들을 이제는 노동자가 더 좋은 사치품을 가지고 있다. 경쟁의 법칙에 대해 사회가 치른 대가는 크다. 그러나 경쟁의 법칙의 이점은 여전히 많다.”[22] 카네기가 주장한 대로 실제로 부는 상류계층으로부터 하강하며, 노동자에게도 혜택이 돌아가는가? 롤즈는 그 가능성만큼은 인정했다. 정말 그렇다면 노동자의 자식과 은행원의 자식간의 생활기회의 불공평은 반드시 불공정하지만은 않다. 롤즈에게 있어 사회제도에 의해서 조장되는 불공평은 가장 피해받는 자를 포함해 모두의 이익을 위해서 존재하는 한 인정할 만한 것이다.[23]

그러나 자유시장에서 성행하는 기회의 불평등은 불공정을 발생시키지 않을 수도 있으나(하강가능성 때문에) 롤즈에 의하면 자유시장은 다른 측면에서 명백한 불공정을 발생시킨다. 시장은 소비자의 수요에 따라 재화와 용역을 분배하기 때문에 수요가 많으면 많은 제품을 공급하고, 수요가 적으면 제품을 적게 공급한다. 그러나 “수요”는 “완전경쟁”을 의미하는 것이 아니라, 사람들이 요구

22) Andrew Carnegie, "Wealth,": in *Ethical Issues in Business*, ed. T. Donaldson and P. Werhane(Englewood Cliffs, N.j.: Prantice-Hall, 1979), p.151.

23) John Rawls, *A Theory of Justice*(Cambridge, Mass.: Harvard University Press, 1971).

하고 대가를 지불할 수 있는 것을 의미한다. 내가 커피에 넣을 크림을 필요로 한다고 해도 내가 크림의 가격을 지불할 수 있지 않는 한 시장에는 아무런 변화를 주지 않는다. 음식물, 자동차, 집, 약품의 경우도 마찬가지다. 자유시장에서 지불할 수 있는 능력은 다음의 두 가지 요인과 관련된다: (1) 그 사람의 본래의 재산, (2) 그 사람의 노동력의 시장가치이다. 이 두 가지 요인은 사람의 욕구의 요인에 대한 것이 아니며, 욕구는 자유시장에서 부의 분배형태에서 작용하는 힘이 아니라는 결론이다. 롤즈가 말한 것처럼 "시장경제는 욕구의 요구를 무시한다."[24] 따라서 내가 활동이 불가능해지고, 정신적으로 고통을 받고, 시장에서 필요하지 않은 기술을 가지고 있으면 내 욕구는 시장에서 아무런 영향을 미치지 못한다. 내가 음식물, 집, 약품 등을 얼마나 필요로 하는가는 시장에 아무런 변화도 주지 않는다. 시장은 욕구가 아닌 "수요"를 기초로 작동하기 때문이다.

롤즈는 시장이 욕구를 무시하는 것으로부터 발생하는 불공평은 어느 정도의 시장자유를 희생하는 경우에 수정될 수 있다고 생각했다 정부는 "이전 분과(transfer branch)"를 통해 "욕구의 법칙을 고려해야 하며, 다른 상식적인 공정의 법칙을 고려하여 그 욕구에 정확한 가중치를 부여해야 한다."[25] 예를 들면 이것은 부유한 사람으로 하여금 돈을 필요로 하는 사람, 즉 노인, 장애인, 실업자 등에게 기부금을 내도록 (세금을 통하여) 강력히 요구하는 것을 의미한다.

그러나, 이론가들은 롤즈의 공정에 대한 일반적인 이론과 정부가 공정을 보장하기 위해 시장에 일관적으로 끼어들어야 한다는 그의 신념에 동의하지 않는다는 사실을 알아야 한다. 우리가 이미 알아본 노직(Robert Nozick)과 하이예크(F.A Hayek)의 견해는 다음의 이론에 대해 자세히 비평하고 있으며, 그의 이론에 대한 단점에도 불구하고 자유시장 체제는 공정을 최대화하고 불공정을 최소화한다고 주장한다. 배분적 정의 개념은 사회의 부는 분할되기를 기다리는 탁자 위의 파이(pie)와 같은 것이라고 가정하고 있다. "어떻게 파이를 분배해야 하는가"라고 물을 때 분배의 공정에 대한 문제를 신중히 고려하는 것이다.

그러나 비평가에게 매우 명백한 사실은 부는 파이와 같지 않다는 것이다. 즉, 탁자 위에서 분배되기를 기다리는 파이가 아니라 이미 분배된 파이라는 것이

24) John Rawls, "Distributive Justice," in *Ethical Issue in Business*, ed. T. Donaldson and P. Werhane(Englewood Cliffs, N.J.: Prentice-Hall, 1979), p. 223.

25) Rawls, "Distributive justice," p.230.

다. 따라서 그것이 누구에게 주어져야 하는가 뿐 아니라 누구로 부터 얻어내야 하는가도 감안해야 한다. 합법적으로 재산을 소유한 자로부터 재산을 빼앗는 것은 부정이기 때문에 이들 이론가에 의하면 "분배의 공정"에 대한 생각은 부정의 씨앗을 내포하고 있는 듯하다.

흥미롭게도 자유시장은 본질적으로 욕구의 주장과 융합할 수 없다는 롤즈의 주장은 경쟁시장이 공정을 최대화한다는 비평가의 주장이 옳다고 하는 것에 적용된다. 노직과 하이예크는 시장체제가 모든 불공정을 없앤다고 주장하지 않았으며, 노인, 장애인, 실업자들의 욕구는 정부의 활동 또는 개인의 자비에 의해서라도 만족되어야 한다고 인정했다. 따라서 정부의 일반적인 조정을 필요로 한다는 롤즈의 자유시장에 대한 이론은 틀린 것이라고 판명되더라도 그의 주장은 시장의 결함, 즉 시장은 욕구를 인식하는 방향으로 재화와 용역을 분배하지 않는다는 결함을 발견할 수 있게 하였다.

3. 협력적인 규칙의 역할 무시 현실 세계에서 규제되지 않는 경쟁의 결과는 극적인 불안정을 가져오기 쉽고, 최대의 사회의 부를 산출하는 대신 "대중의 비극"을 만들어 낸다고 비평가들은 말한다. 기업이든 개인이든 경제단위가 각기 자신의 이익을 최대화하려고 할 때, 그리고 그러한 최대화의 결합된 효과가 공동의 선을 해칠 때 비극은 발생한다.

가정적인 상황을 생각해 보자. 많은 양(sheep) 소유주들이 같은 땅에서 양들을 방목하고 있다. 아무도 그 땅을 소유한다고 할 수 없으니, 그것은 공동의 재산이라고 할 수 있다. 개인의 관점에서 볼 때 자기의 양떼에다 양을 더 늘리는 것이 이익이 되며, 모든 사람이 양을 늘리는 경우 순이익이 결국 목초지를 파괴한다고 해도 개인에게는 이익이 된다. 그 목초지가 수용할 수 있는 최대의 양의 수는 소유주의 수의 100배이기 때문에 각 개인이 양을 100마리로 한정함으로써 가장 많은 이익을 얻는다고 가정하자. 그러나 한 사람의 양을 100마리로 제한했는데도 다른 사람이 500마리로 양을 늘린다면, 전자는 분명히 손해를 본다. 양의 수를 늘리는 것이 점차적인 비극이라는 사실에도 불구하고, 양의 수를 늘리는 것은 당장 이익적인 행동이다. 이때 각자가 양의 수를 제한하는 규칙을 준수해야 하며, 그 규칙은 실시되어야 한다는 것이 답이다. 그러나 이것은 자유경쟁이 아니며, 자유경쟁이론이 그러한 규칙의 필요성을 설명하지도 않는다.

이 이야기의 교훈은 양(羊)에게만 국한된 것이 아니다. 이 교훈을 가장 잘 적용한 것 중의 하나는 운전사들이 연무(smog)와 공해에 직면한 로스엔젤레스와 같은 도시의 경우이다. 각 운전사의 관점에서 볼 때 그들의 이익은 운행회수를 줄이거나 납이 포함되지 않은 가솔린을 사용함으로써 극대화되지 않는다. 그들은 자신의 특별한 희생의 효과가 거의 가치가 없는 것이라고 확신한다. 그러나 모든 사람이 합리적이고 이기적인 이익에 따라 행동을 결정했을 때, 그 결과는 탁한 공기에 가슴이 답답하고, 눈물이 나는 것이다. 프리드만 같이 경쟁을 적극적으로 옹호하는 사람들도 "파급효과"(neighbourhood effect)라고 명명하며 이러한 문제의 어려움을 인정한다. 이들은 기업이 대기 또는 수로(水路)에 폐기물을 버리는 경우를 예로 든다. 프리드만은 이런 경우에 자유시장에 규제가 가해져야 된다고 주장한다.

이론가들은 이러한 문제의 심각성과 정도에 대해 논쟁한다. 어떤 사람은 그 문제는 자유시장의 측면에서는 심각한 것은 아니지만, 지속되는 근심거리라고 말하며, 어떤 사람은 궁극적인 자본주의의 몰락을 의미한다고 생각한다. 최소한 협력적인 규칙의 문제는 바다에 쓰레기를 버리는 것, 기름누출, 자가용 대(對) 대중교통수단 이용 및 핵폐기물 처리 등과 같은 문제에도 잇달아 있다.

4. 적은 것이 아름답다. 어느 비평가는 우리가 대규모주의(giantism)에 대한 우상숭배에 빠져 있다고 한다. 즉 사람들은 더 큰 집, 더 큰 자동차, 영원히 성장하는 GNP 등을 추구한다. 이런 경향은 자유시장개념에서 나온 것인지도 모른다. 아담 스미스 이래로 경제학자들은 자유시장의 장점은 경제성장이라고 주장하였다. 그러나 "많은 것"이 항상 "좋은 것"인가?

「적은 것이 아름답다.」(*Small is Beautiful*)의 저자(著者) 슈마커(E.F. Schumacher)는 "더 많은 것이 더 좋은 것이다"라는 가정에 도전하는 세력을 이끌었다.[26] 그는 "환경은 매우 제한되어 있음에도 불구하고, 오로지 부(富)의 추구만을 성취하려는 삶의 태도는 무제한적이기 때문에 그러한 태도는 이 세상에 적합하지 않다"고 슈마커는 기술했다. GNP에서 얻은 것에는 자유시장에 의해 얻는 것도 있다고 생각된다. 성장하는 GNP는 천연자원의 감소를 증명하는 거의 확실한 증거이다. 석유를 많이 소비하는 제품이 하나씩 추가될 때마다 GNP는 성장하

26) E.F Schumacher, *Small is Beautiful: Economics as if People Mattered* (New York: Harper & Row, Pub., 1973), pp.13~79.

지만, 그에 상응하여 석유의 낭비도 따른다. GNP산출에는 중동석유를 운반하는 거대한 석유탱크의 비용뿐 아니라, 석유의 누출 후에 해안을 정화하는데 소요되는 수백만 달러도 포함된다. 또한 GNP는 여성용 향수, 유명한 상표의 청바지, 값싼 총기류, 어린 물개가죽 코트 등의 제품에도 포함된다. 그러나 이것이 일반적인 부에 대한 공헌인가, 방해인가?

적은 것이 아름다운 것이라고 하는 사람들은 근본으로의 복귀를 지지(支持)한다. 사람들은 자신의 손으로 노동할 수 있는 중요한 능력을 상실해가고 있으며, 우리가 장인(匠人)이 살았던 중세시대로 시간을 돌이킬 수는 없지만, 기술을 인간에게 적용시킬 수는 있다고 그들은 주장한다. 작업장은 인간화되어야 한다. 즉, 작업장은 인간의 욕구와 가치를 만족시키도록 설계되어야 하며, 기술은 전체적인 사회의 욕구와 가치를 만족시키도록 고안되어야 한다. 특히 인도나 콜롬비아와 같은 미개발 국가는 소수의 사람들에게 고도의 기술직종을 제공하는 기술적인 자원의 낭비를 삼가해야한다. 이들 나라가 인구의 40%가 실직상태라 하더라도 소수의 사람들이 완전히 자동화된 공장에서 접시 닦는 기계를 생산하도록 해서는 안된다. 끝으로 이들 비평가들의 견해에 의하면, "효율"이라는 개념에 대한 정의를 다시 내려야 한다. 슈마커는 세계 총인구의 6%에도 채 안 되는 사람들에게 공급하기 위해 세계의 1차 자원의 40%를 소모하는 산업시스템은 "인간의 행복, 번영, 평화, 조화"라는 명목으로 확실하게 성공적인 결과를 얻었을 때에만 비로소 효율적이라고 불려질 수 있다고 주장했다. 물론 슈마커 역시 오늘날의 산업시스템이 이와 같은 결과를 가져오고 있는지에 대해서는 회의적이었다.

적은 것이 아름답다는 비평에 대해 여기서는 충분히 논의할 수 없다. 우리의 목적을 위해 이 비평의 중요한 도전은 자유시장의 경제성장에 대한 전통적인 강조에 있다. 수 백년 전에 아담 스미스는 국가의 부를 증대시키는 해결책으로 "보이지 않는 손"에 대해서 기술(記述)했다. 즉, 이와 같은 동일한 통찰력이 이익극대화와 기업의 도덕적 무관심에 대한 오늘날의 많은 논의에 깔려 있는 것으로 생각된다. 그러나 슈마커와 다른 학자들은 국가의 부를 증대시키는 것은 자원의 축소, 공해 및 개인의 가치에 대한 위협 등의 숨은 비용을 수반한다고 주장하였다.

5. 공평과 권리 시장에 대한 마지막 비평은 시장이 권리를 침해할 정도까지 불공평한 이점을 발생시킨다는 것이다. 우리는 이미 시장은 욕구와 일치하도록 분배하지 못한다는 주장을 살펴보았다. 어떤 비평가는 시장은 자동적으로 부자에게는 이점을 제공하고, 가난한 자에게는 불리한 점을 제공한다고 주장한다. 불공평이 모든 사람의 이익을 위해 작용한다면 불공평은 받아들여질 수 있다는 롤즈의 주장이 있지만, 현실적으로 석탄 광부의 자녀 또는 미국 인디언의 자녀의 인생전망과 비교하여 부유한 자본가의 자녀의 인생은 얼마나 유망한가에 대해 자문해 볼 수 있을 것이다.

자유시장은 자유시장이전(free market transfers)을 통해 부와 힘을 집중시키기 때문에 그러한 불공평을 발생시킨다고 한다. 즉, 자유시장은 시장참여자가 거래하고 이전하는데 방해받지 않도록 해준다. 이같은 사실은 받을 자격이 없는 사람들에게 부와 특권을 분배하는 경우에도 그러하다. 이익 뿐만 아니라 부담도 불공평하게 배분될 수 있다. 시장이 경기후퇴 또는 불황상태에 들어갈 때 수많은 사람들이 실업자가 되고, 절망하고, 재정적으로 궁핍해 진다. 무엇보다도 가장 곤란을 받는 자는 언제나 동일하다. 즉 가난한 자, 흑인, 노인, 장애인들이다.

자유시장의 활동이 사람의 권리를 침해하는 정도까지 계속될 것인가? 노직은 그것을 부인한다. 그에 의하면, 소유권 취득의 원리에 따라서 또는 정당한 소유권이전(所有權移轉)의 원칙을 통해서 개인이 소유권을 취득하는 한 그는 소유권에 대해 자격이 있다. 자발적인 시장협약은 모든 권리 중에서 가장 중요한 권리인 자유를 반영하고 있기 때문에 권리의 원칙과 자연스럽게 일치한다.

그러나 다른 이론가들은 노직의 견해에 이의를 제기하고, 자유롭고 공평한 교환체제가 권리를 침해할 수 있다고 한다. 골드만(A.H. Goldman)과 싱거(Peter Singer)의 견해를 살펴보자. 골드만은 저렴한 가격의 전기를 대중이 원한다는 사실을 시장이 나타내는 경우를 생각해 보자고 한다. 대부분의 소비자가 불안전한 핵원자로에 의해 전기를 발생시키는 데 관련되는 위험을 감수하려고 하고, 독립적인 공공기업(公共企業)이 핵원자로를 건설하려고 한다면, 이렇게 하는 것이 (이에 반대하는) 소수로 하여금 위험과 피해를 감수하게 함으로써 소수의 권리를 침해하는 것은 아닌가?[27]

---

27) Alan H. Goldman, "Business Ethics: Profits, Utilities, and Moral Rights," *Philosophy and Public Affairs*, 9(Spring 1980), p.275.

이와 비슷한 맥락에서, 싱거는 시장이 과거의 비상업적인 과정(noncommercial process)을 상업화한다면 어떠한 현상이 발생하는가를 생각해 보자고 한다. 혈액시장(blood market)을 생각해 보자. 모든 헌혈이 정부에 의해 관리되고 기부되는 영국과 같은 나라에서는 아무도 혈액에 대가를 치르지 않는다. 따라서 헌혈은 대가를 바라기보다 자선(慈善)을 위한 행위이다. 그러나 혈액시장의 부재(不在)가 사람들의 매혈(賣血)권리를 침해한다고 추정할 수 있다. 그러나 싱거는 그 반대가 사실이라고 말한다. 즉, 미국의 경우처럼 시장의 출현은 혈액을 필요로 하는 사람에게 무료로 헌혈하는 헌혈자의 권리를 침해한다. 시장이 없으면, 헌혈이 없는 경우 피를 필요로 하는 자들은 죽을 것이라고 걱정한다. 시장이 존재하는 경우 가장 중요한 것은 헌혈자의 행위가 그 중요성을 상실한다는 것이다. 즉, 그의 피가 수혈자에게 주어지지 않고, 판매된다는 사실을 알게 된다는 것이다. 우습게도 혈액시장으로 인해 시장 밖에서 헌혈하는 권리가 침해된다고 싱거는 말을 맺는다.[28)]

4. 자유시장에 대한 현대적 조정

지금까지의 비평의 설득력은 논의하기 나름이다. 그러나 그들의 비평이 옳다면, 보이지 않는 손을 비평하는 사람이 "보이지 않는 발"(invisible foot)이라고 이름붙인 자유시장의 문제들에 대한 영향력있는 집합을 찾아낸 것이다. 따라서 사회는 보이지 않는 손에 의해 도움을 받을 수 있지만, 보이지 않는 발에 의해 피해를 입을 수도 있다.

이와 같은 모든 비평을 수용하는 사람은 거의 없지만, 자유시장이론가들을 포함한 많은 경제학자들은 이와 같은 비평의 일부는 받아들인다. 대부분의 서구 경제학자들은 자유시장을 전적으로 포기하는 것을 중단하고 중요한 수정을 하였다. 즉, 이들은 암암리에 "자유"의 의미에 대한 조건들에 대해 언급하지 않고서는 자유시장에 대해 언급하지 않으며 많은 학자들이 시장의 불완전성을 지적하기 위해서 또는 실천적 영역에서 불완전성의 결과를 나타내기 위해서 이론들을 발전시켰다. 낙관적인 학자는 이러한 수정주의를 이론적운동을 설명하기 위해 완전하고 마찰력이 없는 평면의 개념을 활용하기는 하지만 실제 세계에서

28) Peter Singer, "Rights and the Market," in *Justice and Economic Distribution*, ed. John Arthur and William Shaw(Englewood Cliffs, N.J.: Prentice-Hall, 1978), pp.207~21.

는 "불완전성"의 이론을 따라야 하는 물리학자의 계산에 비유한다. 반면에, 비관주의적인 학자는 자유경쟁 이론이 적용되기 위해 만들어지지만, 적용될 때마다 만족스럽지 않은 것을 성급한 수선작업(patch job)과 비교한다.

시장의 불완전성을 인정하는 결과 중의 하나는 시장에서의 정부의 활동을 받아들이는 것이었다. 대공황 이후로 서구 정부는 완전고용 상태에서 생산되는 모든 제품이 판매될 것이라고 보장해 주는 자동장치(automatic mechanism)를 시장은 가지고 있지 않다는 케인즈(keynes)의 견해를 어느 정도는 받아들이고 있다(세이의 법칙에 대한 반박의 부산물이다). 기업인들은 침체된 수요는 공급자로 하여금 생산을 감축하고 따라서 낮은 고용상태로의 전환, 적은 수요, 적은 생산 등의 경제침체상태로 빠지게 한다고 걱정한다. 정부에 대한 기업인의 전통적인 회의주의에도 불구하고 대부분의 기업인은 실제적인 수요를 보장해 주는 정부의 노력을 받아들이고 긍정하기도 한다. 정부의 노력은 기업의 세금에 대한 특별정책, 자금공급에 대한 통제 및 이자율 제한 등과 같은 특별정책의 형태를 취한다. 기업이 그들의 중요한 목적을 충족하도록 미국 정부도 점차로 활동적인 역할을 한다. 임금과 가격을 안정시키고, 공공자금을 연구개발에 사용함으로써 지속적인 기술혁신을 장려하며, 기술자, 회계사, 화학자, 법률가 및 기업이 필요로하는 전문가를 양성하도록 대학에 많은 자금을 제공한다. "20세기는 이익의 자연적 조화의 원칙을 강력한 개선의 의지를 가진 정부에 대한 예찬으로 대체했다."[29]고 카아(E.H. Carr)는 말했다.

그러나 정부는 기업을 돕는 것 이상의 활동을 하기 위해서 자유시장에 개입하였다. 정부는 시장이 욕구에 따라 부(富)를 분배하지 못하는 것으로부터 발생한 문제들을 바로 잡으려고 하였다. 재화와 용역을 필요로 하지만, 자유시장에서 성공적으로 대항하지 못한 사람들은 현대 복지국가의 특별관심대상이 되었다. 최근에 저명한 경제학자는 "실제로 아무리 부적당하더라도 복지국가는 보장된 소득, 가족수당, 대중의료보험, 저소득계층을 위한 교육기회 등의 형태로 상당한 수준의 사회주의를 수반하면서 모든 산업사회의 모델로서 받아들여진다."[30]고 말했다. 한때는 자율적인 시장체제에서의 정부의 지속적인 개입은 어느 논평자로 하여금 현대를 "후기자본주의"(Postcapitalism)라고 언급하도록 하

29) E.H Carr, *The news Society*(New York: Macmillan, 1951).

30) Robert L. Heilbroner, *Business Civilization in Decline*(New York: W.W. Norton & Co., Inc., 1976).

였다.

따라서 자유시장이론은 20세기에 상당한 비평과 변화를 경험하였다. 비평가들은 독점적인 경향 및 다른 시장세력을 예측하지 못한 자유시장이론의 무능력에 대한 개념적인 근거를 비평할 뿐 아니라 현실세계에서 자유시장이론의 적용은 정부의 계획, 세금, 통제 등의 결합을 통해 약화되었다고 비평한다. 고전적인 자유시장의 독특한 이익이 무엇이든간에, 이것들은 현실과 비교하여 평가되어야 한다.

5. 목적론적 논의의 재구성(再構成)

지금까지의 논의가 타당성을 가지고 있다면 보이지 않는 손에 의해 기대되는 성과는 보이지 않는 발에 의해 위협받는다. 그러나 대부분의 기존경제체가 보이지 않는 손을 완전히 신용하지 않는다는 것도 보았다. 이와 같은 사실을 염두에 두고 최초의 논의－자유시장은 이익극대화와 도덕적 무관심을 정당화해준다는 주장－로 돌아가고, 현존하는 실재에 비추어 이것을 재구성하는 것은 가치가 있다.

우리는 여기서 다음과 같은 주장을 생각해 볼 수 있다.

1. 현대자본주의 경제체제(미국, 영국, 독일과 같은)는 불완전 하기는 해도 자유시장을 실현한다.
2. 이러한 체제의 자유시장 요소는 다른 대안적인 체제[비(非)자유시장]보다 소비자의 이익을 더욱 잘 만족시켜 주어야 하는 능력에 대해 책임이 있다.
3. 시장 참여자가 단지 이익을 극대화할 것이라고 하는 것은 자유시장 이론의 가정이다.
4. 그러므로 기업은 다만 이익을 극대화하여야 한다.

이와 같은 해석은 지금까지의 논의의 많은 어려움을 감소시켜 준다. 가장 중요한 것은 이와 같은 해석이 이상적인 제도보다는 실제적인 제도에 대해 언급하고 있다는 점이다. 그러나 이것은 더욱 많은 문제를 포함하고 있다. 우선 첫째로, 두 번째 전제는 논란의 여지가 있다. 한편으로는 영국, 독일, 프랑스 및 미국, 일본을 포함한 서부유럽 모든 국가들의 경제체제가 다른 나머지 국가들의 경제체제보다 우수한 물질적인 부의 수준을 달성했다는 사실은 틀림없다. 또한 그들 경제체제의 현저한 성공이 자본주의 경제로부터 발생했다는 가정을 증명해 주는 사실들도 많다. 그러나 타당한 이유가 있다 하더라도 그 가정은 "2+2=4"또는 "나는 탁자 위의 컵을 본다"라는 명제에서 찾을 수 있는 정확성을 가지고 있지는 못하다. 이것은 현대 경제체제를 창조하고 유지하는데 등장하는 많은 변수들 때문이다. 한 분석가는 영국과 미국과 같은 고도로 생산적인 국가는 자본주의 경제체제를 가지고 있다고 분석했다. 그러나 주어진 경제체제와 생산성의 수준간의 관계에 대해 깊은 이해를 하지 못한 다른 분석가는 이와 같은 나라에는 자본주의가 등장하기 이전에 상대적으로 높은 교육수준과 기술수준이 존재하고 있었다고 지적했다. 그래도 확신이 서지 않는 분석가는 경제적 성공에서 노동관습, 종교, 가족의 역할 등을 지적한다. 경제체제의 형태, 기술수준, 문화적 관습 등을 포함하여 확실히 여러가지 요인이 작용한다. 따라서 현실적인 의문은 이 요인들이 얼마만큼 작용하는가이다.

오늘날 많은 경제학자들은 역사적인 요인을 강조하며, 과거보다 사람들이 국가의 역사에 의해 더 영향받는다고 간주하는 경향이 있다. 인류학자이며 경제학자인 달톤(George Dalton)은 다음과 같이 적고 있다.

제 3세계의 산업화 또는 발전의 성공 또는 실패를 결정하는데 있어 문화의 전통적인 속성과 사회조직은 자본주의 또는 사회주의 제도보다 더 중요한 요인이다. 즉, 자본주의 국가인 일본이 자본주의 국가인 필리핀보다 더욱 성공했듯이, 같은 이유로, 공산주의 국가인 중국이 공산주의 국가인 쿠바보다 더 성공할 것이다. 준(準)사회주의 국가인 이스라엘은 사회주의 국가인 이집트와 시리아보다 더 성공할 것이다. 그리고 사회주의 국가인 기니아(Guinea)와 탄자니아는 자본주의 국가인 아이보리코스트(Ivory Coast)와 나이지리아보다 더 성공하지 못할 것이다.[31)]

달톤의 의견이 의심스러울 수도 있지만, 다른 경제적 가정처럼 달톤의 의견은 혼란스러운 미로(迷路)로부터 발생했기 때문에 즉시 문제를 해소시킬 수는 없다. 실험실에서 과학자들은 변수들을 분리한다. 그들은 한 실험 튜브에서 소금을 분리시켜 다른 튜브에 넣는다. 그러나 경제의 세계에서 과학자는 사라지기 쉬운 그의 주제를 있는 그대로 연구해야 한다.

---

31) George Dalton, *Economic Systems and Society*(Kingsport, Tenn:Kingspor Press, 1974), p.197.

그러나 더욱 어려운 문제가 처음 3가지 전제와 결론 사이의 관계에 놓여 있다. 그 전제들이 사실이라면, 1~3의 전제를 행하는 것은 기업이 단순히 이익을 극대화해야 한다는 것을 의미하는가? 전제 3을 자세히 보라. 그것은 자유시장 이론의 가정이 참여자는 단순히 이익을 극대화할 것이라고 표현하고 있다. 이미 우리가 살펴본 것처럼 이것은 사실이 아니다. 기업은 이익 이외의 목적을 추구하지만 지금은 이 사실을 논외로 해야한다. 더욱 중요한 것은 참여자가 이익을 극대화해야 한다는 것이 아니라 이익을 극대화할 것이라고 한 전제이다. 중요한 의문은 결론에서“해야한다”가 어떻게 도출되었느냐이다.

철학자들은 이 문제를 “당위”(ought)로부터 “존재”(is)를 끌어내는 문제로 인식할 것이다. 이 문제보다 철학자들을 더 괴롭혔고, 또 그들의 논의를 좌절시켰던 문제는 없었다. 분명히 사람들은 이기적이거나, 호전적이거나 공격적이라는 주장으로부터, 그들이 그래야 한다고 결론을 내리기는 어렵다. 그러나 사실이 가치를 뒷받침하지 않는다면 무엇이 가치를 뒷받침 할 수 있는가? 이러한 어려운 문제를 해결하려고 하지 않고 “당위(當爲)”는 “존재(存在)”로부터 도출될 수 있다고 믿는 철학자들조차 그렇게 하는 것은, 특별한 상황과 자세한 설명을 필요로 하는 것은 무척 지루한 작업이라고 생각한다.

논의 자체는 완결된 것이 아니다. 논의를 완성하기 위해서는, 시장 참여자가 이익을 극대화해야만 한다는 결론을 증명하기 위해 단순히 이익을 극대화할 것이라는 가정으로부터 생기는 행동을 설명해야 한다. 이것은 최소한 자유시장체제의 도덕적인 장점을 명시하는 것, 예를 들면 자유시장이 어떻게 인간의 복지에 공헌하는가를 포함할 것이다. 그러나 불행히도 이것은 최초의 자유시장 논의로의 순환을 의미하며 우리가 알아본 것처럼 이와 같은 논의는 논쟁의 여지가 많다. 따라서 재구성된 논의는 지금까지의 논의에 비해서 실질적으로 더 나아지지 않은 것 같다. 재구성된 논의는 초기의 목적론적 논의에 의해 강조된 것과 동일한 장점을 가지며, 동일한 의심을 불러일으킨다.

따라서 목적론적 논의는 많은 비평에 대해 이것이 불러일으킬 수 있는 반응만큼 강할 뿐이다. 그러나 마지막 평가가 독자에게 달려있지만, 증명해야 하는 부담은 목적론적 논의를 지지하는 사람들, 즉 이익극대화와 도덕적 무관심정책은 자유시장이론을 통해 정당화된다고 주장하는 사람들의 몫이다. 반론이 없는 경우 도덕적인 고려는 개인 또는 기업에 의해 자동적으로 극대화될 수 있다고 생각하는 사람은 없기 때문에 부담이 남는다. 더구나 그 부담은 치명적이다. 즉 많은 비평이 개별적으로 조사될 때 단점들이 나타나지만 집단적으로 고려될 때 그 단점들은 순수한 이익극대화에 대한 책임을 회피하려는 것에 대한 강력한 도전을 형성한다. 지금까지 이야기한 것은 기업이 도덕적인 문제에 대한 숙고를 면제받는다는 사실을 나타내는데 성공하지 못했다. 목적론적이거나 의무론적인 논의는 의미있는 의혹의 그림자를 떨쳐내지 못한다.

이것은 자유시장의 품위를 떨어뜨리지 않는다. 단지 무한한 힘이 부족하다는 것을 보여줄 뿐이다. 자유시장이 보장하는 수많은 이익에도 불구하고 자유기업체제는 도덕적인 문제에 직면해야 하는 사람들을 자유롭게 해 줄 수 없다. 자유시장이 개인들을 자유롭게 할 수 없듯이 기업도 그러하다.

원형 그대로의 이익극대화를 계속 지지하는 것은 순환의 오류에 빠지는 경향이 있다. 기업이 도덕적인 문제를 무시한다면, 사회는 기업의 비도덕성을 치유하고, 제품의 안정성 위반, 부정직(不正直), 종업원 문제 등을 치유하기 위해 기업 이상의 것을 찾으려고 할 것이다. 정부는 기업을 통제하는 충분한 힘이 있기 때문에 사회는 분명히 정부에 의지할 것이다. 그러나 이것은 보이지 않는 손이 반대하는 기업활동에 대한 정부의 간섭을 의미한다. 즉, 자유시장에 반대하는 무기로서 자유시장이 활용된다는 점에서 순환의 오류에 빠지는 것이다. 이와 같은 문제는 많은 논자로 하여금 기업의 윤리성을 반대하는 대신 자유시장이론이 실제로 기업이 윤리성의 필요성을 성립시킨다고 제안하도록 했다.

분명한 것은 기업의 근본적인 목적이 이익이어서는 안 된다는 것을 성공적으로 잘 증명하는 것은 지금까지 없었다는 것이다. 제4장에서 살펴 본 것처럼 시장체제는 이익동기를 활용함으로써 효율, 기업가정신 및 경제발전을 촉진하도록 고안되었다. 이익동기는 자본주의 체제에서 독특하게 도덕적인 역할을 할 수 있다. 이상하게 들릴지 모르겠지만 이익을 추구하는 기업은 도덕의 추구와 관계된다고 시장체제는 암시한다. "대천사가 기업가 대신 기업이사회에 앉아 있는 경우라도, 이들은 이익에 관심을 가질 것이다"[32]라고 피터 드러커(Peter Drucker)는 말했다.

그러나 우리가 알아본 것처럼 사회의 부정한 일을 수행하기 위해 보이지 않는 손에 의지해서는 안 된다. 이것은 의견을 전하기 위해 고안된 이론 이상의 것을 요구한다. "보이지 않는 손"을 주장한 아담 스미스조차 도덕적인 규칙은

32) Quoted in David Ewing, *Freedom Inside the Organization*(New York: McGraw-Hall, 1977), p.66.

시장이 적절히 기능하는 사회의 필요한 측면이며, 시장의 해결책이 반드시 사회적으로 최적의 것은 아니라고 생각했다. 그는 최적의 것이 되기 위해서는 도덕 자체가 시장에서의 주요 세력이어야 한다고 생각했다.

참 고 문 헌

Backer, Lawrence C., *Property Rights*. London: Routledge & Kegan Paul, 1978.

______, "*The Labor Theory of Propetty Acquisition*," Journal of Philosophy, 73(1976): pp. 653~64.

Chaudhuri, Joyotpaul, "Toward a Democratic of Property and the Modern Corporation," *Ethics*, 81(July 1971):pp.271~86.

Cohen, G.A., "The Labor Theory of Value and Concept of Exploitation," *Philosopy and Public Affairs*, 8(1979):pp.338~60.

Dalton, George, *Economic System and Society*. Kingsport, Tenn.: Kingsport Press, Inc., 1974.

Gibbard, Allan and Hal Varian "Economic Models," *Journal of Phillosophy*, 75(November 1978):pp.664~77.

Goldman, ALLAN, and HAL VARIAN., "Business Ethics: Profits, Utilities, and Moral Rights," *Philosophy and Public Affairs*, 9(Spring 1980): pp.260~86.

Hahn, Frank and Martin Hollis, eds., *Philosophy and Economic Theory*. Oxford University Press, 1979.

Harrington, Michael, *Socialism*. New York: Bantam Books, 1970.

________, *The Twilight of Capitalism*. New York: Simon & Schuster, 1972(First published 1953).

Held, Virginia, *Property, Profits, and Economic Justice*. Belmont, Calif.: Wadsworth, 1980.

Hollis, Martin and Edward Nell, *Rational Economic Man*. London: Cambridge University Press, 1975.

Keynes, J.M, *The End of Laissez-Faire*. London: L. & Wolf, 1926.

Loevinsohn, Ernest, "Liberty and the Redistribution of Property," *Philosophy and Public Affairs*, 6(Sping 1977): pp.226~39.

Macpherson, D.B., *Democratic Theory*. Oxford: Oxford University Press, 1973.

Milbrand, Ralph, *Marxism and Politics*. Oxford: Oxford University Press, 1977.

Nozick, Robert, *Anarchy, State, and Utopia*. New York: Basic Books, 1974.

Rescher, Nicholas, "Economic vs. Moral Philosophy," *Theory and Decision*, 10(1979):pp.169~79.

Rosen, Frederick, "Basic Needs and Justice," *Mind*, 86(1977):pp.88~94.

Schumacher, E.F., *Small Is Beautiful:Economics as if People Mattered.* New York: Harper & Row, Pub., 1973.

Schweickart, David, "Capitalism, Contribution, and Sacrifice," *The Philosophical Forum*(1976): pp.260~75.

Sen, Amartya, *On Economic Inequality*. Oxford: Clarendon Press, 1973.

_____, "Rational Fools: Critique of the Behavioral Foundations of Economic Theory," *Philosophy and Public Affairs*, 6(1979~1977):pp. 317~44.

Smith, Adam, *The Theory of Moral Sentiments*. London: Henry Bohn, 1853(first published 1759).

Sraffa, Piero, "The Laws of Return under Competitive Conditions," in *Readings in Price Theory*, ed. George Stigler and Kenneth Boulding, Homewood, Ⅲ.: Richard D. Irwin, 1952.

Wolin, Sheldon, *Politics and Vision*. Boston: Little, Brown, 1960.

제 6 장 기업관료주의에서의 책임

"인간은 자유롭게 태어났다. 그러나 그는 항상 조직이라는 울타리 안에 있다". 루소의 이 유명한 슬로건(solgan)은 현대 기업에서의 생활에 대해 생각하게 한다. 대기업은 관료주의화라는 압력에 굴복하게되고, 관료주의에 내재하는 전형적인 문제점들을 경험하게 된다. 이런 추이는 기업의 책임문제에 직접 시사하는 바가 크다. 왜냐하면 사람들이 관료주의에 의해 통제되고 구속받는 정도는 곧 개인의 책임이 위협당하는 정도이기 때문이다. 재벌 대기업에서 일하는 사람은 규칙에 따라 행동한다. 그러나 그는 규칙을 만들지는 않는다. 더구나 그 결과에 대해 직접적으로 책임을 지지도 않는다. 2장에서 우리는 기업이 도덕적 지위를 얻기 위해서는 진정한 의미에서 도덕적인 의사결정과정을 가져야 함을 배웠다. 여기서 우리는 그런 의사결정과정을 만들어내기 위해서 현대의 관료주의화에 의해 제기되는 복잡한 문제들을 규명하려고 한다.

제 1 절 관료주의(官僚主義)의 요소

조직이 커지면 커질수록 보다 더 관료주의화 되어간다. 그리고 현대의 기업들은 분명히 커지고 있다. 1946년에 1,000개의 대기업의 자산규모가 1973년에는 불과 200개 대기업의 자산 규모와 같다. 보다 중요한 것은 기업의 기본구조에 변화가 일어나고 있다는 것이다. 현대 기업은 명확한 권한과 책임구조를 가지는 전통적인 기업의 모습을 잃어가고 있을 뿐만 아니라 더 복잡화되고 비인격화되어 간다. 기술에 대한 요구가 기술자 중심의 대규모 기업조직(technostructure)의 발달을 가져왔고, 권한과 책임이라는 공통적인 경계선이 무너지게 되었다. 우리는 도덕적 책임이 궁극적으로 경험적인 문제이면서 또한 논리적인 문제임을 보게 될 것이다. 일을 통제할 수 있는 능력과 책임이 분리된 기업이 저지를 도덕적 실수에 대해 기업조직에 책임을 전가시키기에는 논리적인 어려움이 있다.

책임의 소재를 결정하는 것은 관료주의적인 기업에서 더욱 어려워진다. 조그맣고 단순한 조직에서는 책무성(accountability)이 쉽게 이해되는 반면에, 거대한 기업에서 책무성을 이해하기란 쉽지 않다. 예를 들면, 파이어스톤(Firestone)"500" 이나 쓰리마일 섬(Three-Mile Island) 사건으로 큰 물의를 빚었던 책무성 문제를 어떻게 다루어야 할지가 과제로 남아있다.

기업이 관료주의화되면 될수록 기업의 책임(responsibility)은 위태로워 진다. 다음 세 가지 특수한 경향이 관료주의화를 향한 전반적인 추세를 나타낸다.

1. 비인격적인(impersonal) 규칙의 증대
2. 중앙집권적인 의사결정
3. 조직구조 내에서 계층의 분리[1)]

각 항목은 제3절에서 개별적으로 설명할 것이다.

개인이 조직에 의해 지배당한다는 것은 오래된 사실이다. 우리는 현대기업을 검토하고 있지만 200년 전까지만 해도 조직에서의 통일성(conformity)이 직접적인 강압수단에 의해 달성되었음을 기억해야 한다. 철저한 헌신(devotion)이 [가톨릭 남자수도회] 예수회원(Jesuits)이나 프러시안 척탄병(Prussian Grenadiers)들에게 요구되었다. 그런 조직에서 떠난다는 것은 반역과 동일시되었다.[2)] 한편, 통일성을 달성하는 현대적인 방법은 좀 더 미묘하면서도 효율적이다. 특히 중요한 것은 비인격적인 규칙이나 규제조항이라는 정교한 시스템을 선호하는 직

1) 이것은 Michael Crozier가 *The Bureaucratic Phenomenon*(Chicago: Univ. of Chicago Press, 1964)에서 확인한 세 가지 추세를 나타낸 것이다.

2) Crozier, *Bureaucratic Phenomenon*, p.184.

*역주: 가톨릭 수도회 예수회원은 장상(長上)의 허락을 받아 예수회를 자유롭게 떠날 수 있다. 여기서 장상의 허락은 형식적은 요식절차에 불과하며 예수회원 개인의 자유로운 의사결정에 따른다.

접적인 감독시스템이 무너져가고 있다는 사실이다. 비록 규칙범위내의 일이 감독자의 감시로터 종업원을 자유롭게 하는 것은 사실이나 사기와 책임의 측면에서는 특수한 문제를 야기한다.

조직이론가들은 기업의 관료주의화가 증대되면 비인격적인 규칙이 증가된다는 점에 동의하고 있다. 베버(Max Weber[1864~1920])는 기업이 계속해서 대규모 조직으로 발전해 갈 것이라고 주장했다. 그리고 이런 발전을 하는 과정에서 필연적으로 규칙이 증가할 것이라고 생각했다. 효율성, 합리성, 예측성, 전문기술(expertise)을 증대시키기 위해서 조직은 효율적인 통제구조를 가져야 할 뿐만 아니라 일하는 범위를 규정하고 규칙의 수와 영향력을 증대시켜야만 한다.[3] 효율적인 조직에서는 개개인이 혼란을 일으키지 않고 교체되어야 한다. 이것은 의사결정이 사람이 아닌 규칙에 의해 이루어져야 함을 의미한다. 다른 요인들도 역시 비인격적인 규칙시스템을 촉진시킨다. 한 개인을 다른 사람에게 종속시킨다면 (특히 개인의 자유에 대한 갈망이 큰 사회에서는) 긴장상태를 유발할 것임을 쉽게 예측할 수 있다. 그리고 이러한 긴장상태는 비인격적인 관료주의 규범을 통하여 완화될 수 있을 것이다. 그러나 이로 인해 악순환이 전개될 수 있다. 비인격적인 규칙은 긴장상태를 영속화 시킨다. 즉 비인격적인 규칙은 작업에의 동기여부를 저해하고, 결과적으로 더 엄격한 감독이 필요하게끔 한다.

비인격적인 규칙이 생겨남으로써 얻게 되는 결과는 책임이 규칙 속에 흡수된다는 것이다. 규칙은 사람보다 수명이 더 길다는 이점이 있다. 따라서 조직은 특정개인의 통제에서 벗어날 수 있다. 그러나 이런 이점은 규칙에 의해 통제되는 개인이 자기 행동에 대해 책임지기를 거부한다는 점에서 도덕적 책임의 관점에서는 단점이 된다. "나는 규칙을 따랐을 뿐이야"라는 이 말은 전형적이고, 구태의연한 관료주의적 답변이다. 만약 종업원과 경영자간의 반목이 심하다면 심각한 의식(儀式)주의(ritualism) 현상이 생길 것이다. 우리는 규칙을 엄격하게 지키는 것이 조직의 현실을 무시하고 조직목표를 파괴하는 것인데도 불구하고 그렇게 행동하는 종업원이 있음을 알고 있다. 노동조합원들은 준법투쟁(working to rule) 즉, 계약에 명시된 수준까지만 일함으로써 경영자에게 대항한다.

---

3) Max Weber의 이상적(理想的)인 조직의 설명에 관해 그의 *The Thory of Social and Economic Organizations*, trans. Am. Henderson & Talcott Parsons(New York: Macmillan, 1947) and *Basic Concepts in Sociolgy*, trans. H. Secher(N. York: Philosophical Library, 1962)를 참조할 것.

관료주의 하에서 책임이 규칙에 흡수되면 궁극적인 책임은 그 규칙을 만든 자에게 귀착된다. 그러나 이런 생각은 논리적이지만 문제를 간단하게 하거나 해결해 주지도 않는다. 규칙은 그것을 만든 사람보다 더 오랫동안 남으며 나쁜 규칙에 대해서 책임질 한 사람을 가려내기란 거의 불가능하다. 게다가 관료주의 하에서는 개인이 홀로 규칙을 만들 수 없다. 통상위원회 또는 비공식그룹이 규칙을 만든다. 따라서 논리적으로 이 그룹들이 책임을 져야 한다. 그러나 위원회나 그룹은 그 명령을 따르는 종업원이나 근로자와는 직접적인 관련이 없을뿐더러 개회중일때만 그들의 활동에 대해 책임을 지기 때문에 문제가 된다.

기업의 관료주의는 비인격적인 규칙에 더하여 중앙집권적인 권한을 생성시킨다. 쿠르츠(Paul Kurtz)는 "조직의 논리는 본질적으로 보수적이다. 그러므로 조직에는 행위의 일관성과 표준화가 존재한다. 개인의 책임이 점점 더 기업의 책임으로 전가되는 경향이 있다. 그리고 개인은 기업이 한 일에 대해서 책임지기를 거부한다."[4] 기업의 하부계층에서 개인의 재량권을 없애는 것도 권력이 위로 집중하는 것을 가속화시킨다. 명령은 관료주의의 정점에서부터 맨 밑까지 전달된다. 또한 관료주의가 비대해질수록 책임의 연결고리는 지나치게 늘어난다. 랙스(John Lachs)는 이런 결과로 생기는 문제들을 마음의 거리(psychic distance)로 생각했다. 일본의 야마시다(Yamashita)장군이 제2차 세계대전을 일으킨 전범으로 재판을 받을 때(결국 사형이 집행되었다) 그는 그의 부하들이 태평양열도에서 저지른 잔악한 행위는 사령부와의 조직관계가 너무 멀리 떨어져 있어서 발생한 것이며, 본래 자신의 의도는 선했다고 항변했다. 랙스는 대규모 관료조직에 내재된 중앙집권화된 책임이 조직의 중앙에 부여되어야 한다는 점을 알았다. 그러나 중앙과 주변과의 마음의 거리가 너무 멀어서 효율적인 통제가 힘들다는 사실 때문에 이런 책임부여는 약화되고 만다.[5]

비인격적인 규칙의 문제가 중앙집권화와 밀접하게 관련되면 기업의 계층구조에서 계층간의 분리가 생긴다. 권한이 비인격적인 규칙으로 전환되고 궁극적인 권한은 기업의 중심부로 이전될 때 계층구조 상에서 계층이 분리되는 결과가

4) Paul Kurtz, "The Individual, the Organization, and Participatiory Democracy," in *Problems in Contemporary Society*, ed. Paul Kurtz(Englewood Cliffs, N.J.: Prertice-Hall, 1969), p.193.

5) John Lachs. "I Only Work Here: Mediation and Irresponsibility," in *Ethics, Free Enterprise, and Public Policy*, ed. Richard De George and Joseph Pichler(New York: Oxford Univ. Press, 1978), pp.201~213.

나타난다. 비인격적인 규칙은 얼굴과 얼굴을 맞대는 권한관계의 필요성을 감소시키는데 이것은 상부-하부 조직의 분리를 의미한다. 규칙을 준수하기만 하면 되고 더 이상 특정개인의 성향에 구속될 필요는 없다. 더 높은 권한에 복종할 필요가 없으면 동료의 압력(peer pressures)은 더 중요해진다. 그렇지만 복종해야 하는 동료들의 압력이 우연이든 고의적이든 조직의 행동에 대해 도덕적으로 책임을 지는 것은 아니다. 동료의 압력과 비인격적인 규칙으로 인해 기업의 관료주의 하에서 개개인은 날마다 의사결정을 할 필요가 없다. 그러나 진정한 도덕적 책임을 질 필요도 없다.

계층의 분리 때문에 조직의 중심부, 즉 조직의 의사결정의 핵은 일반대중과 직접 관련이 있는 조직의 주변과는 분리된다. 여기에서 계층의 분리 문제가 중앙집권화와 겹치게 된다. 조직 중심부의 경영자는 주변조직의 행동에 대해 책임을 지거나 효과적으로 대처해 나가기가 힘들다는 것을 알게 된다. 1946년에 지엠(GM)사(社)를 고전적으로 분석하면서 피터 드러커(Peter Drucker)는 기업의 가장 중요한 문제 중의 하나가 최고경영층이 일반 대중의 생각과는 분리되어 있다는 것이라고 밝혔다. 그리고 그는 이런 분리가 빈약한 홍보활동, 잘못된 투자결정을 야기시켰다고 지적했다.[6)]

제 2 절 전 문 인

관료적인 조직에 있어서는 주변조직에까지 그 재량권을 주지 못하기 때문에 의사결정은 힘이 있는 곳, 즉 중앙에서 행해지고 책임도 중앙에서 지게된다. 그러나 이런 규칙에 하나의 예외가 있다. 현대 기업은 비인격적인 규칙(impersonal rules)에 의해 그들의 행위가 이루어지는데 대해 강하게 저항하는 종업원 즉 전문인(professional)을 필요로 한다. 점점 더 기술적인 요구가 증대되고 사회적·법적·환경이 복잡해지기 때문에 전문인 역할이 필요하게 된다. 전문가로서 그들은 자기 분야의 일을 가장 잘 숙지하고 있다고 생각하고 있다. 전문지식 때문에 그들은 관료주의 세계에서 독특한 존재가 된다. 그들의 활동은 비인격적인 규칙을 통해 중앙에서 지시하는 일에만 국한되지 않는다. 왜냐하면 전문인

6) Peter Drucker, *Concept of the Corporation*, rev. ed. (New York:John Day Co., 1972), p.88.

들만이 그들 고유의 일을 할 능력이 있기 때문이다.

전문인들의 활동에서는 다음과 같은 두 가지 결과가 나온다.

첫째, 다른 종업원들과는 달리 전문인들은 그들의 행위를 평가하는 데 사용되는 두 가지 기준에 직면하게 된다. 그리고 이 두 가지 기준이 항상 양립하는 것은 아니다. 그들은 한편으로 조직의 목표달성에 부합하는 조직의 기준에 직면한다. 다른 한편으로는 전문인의 기준에 직면한다. 전문인은 조직관리자의 역할을 수행하게 될 때 거의 이런 곤경에 빠진다. 학장(學長)이 된 교수는 대학을 발전시키면서 교수로서의 학문적 목표도 만족시켜야 하는 의사결정을 해야만 하기에 곤란을 겪는다. 전문인이 조직의 중심부와 밀접하면 밀접할수록 그 갈등은 심해진다.

둘째, 모든 권한관계가 비인격적인 규칙으로 이루어지는 경향이 있는 관료적인 세계에서 상대적으로 전문인의 힘과 지위는 높아지게 된다. 크로찌어(Crozier)는 "전문인의 지위는 모든 것이 통제되고 규제되는 조직에서 더 강해진다."[7] 고 말하고 있다. 물론 그들의 과업이 규칙에 의해 제한 받지 않는다. 기업이 관료주의화 할수록 전문인의 힘은 비전문인의 힘에 비해 증대된다. 그러므로 관료주의는 전문화된 기술을 정치적인 힘으로 변형시킨다.

전통적인 전문인의 범주에 더하여 현대 기업은 새로운 전문인들을 만들어 낸다. 새로운 전문인, 즉 자료시스템 분석가, 마케팅 전문가, 노사관계 협상자, 경영이론가, 홍보(PR) 전문가 등은 현대 기업이 성공하기 위해서는 꼭 필요한 사람들이다. 이런 새로운 전문인들은 기존의 전문인이 가지고 있던 대부분의 전통적인 특성들을 다 갖고 있다. 즉 그들은 이론적인 지식에 의존하고 연구기관을 수료하며 그들의 지식을 실제문제에 적용시키고 그들의 일이 다른 전문인으로 부터 비평을 받고 검토될 수 있도록 한다.

그러나 이런 새로운 전문기술자(technocratic professional)들은 전통적인 전문인이 지닌 중요한 특성이 없다. 우리는 의사나 법조인, 전문교육자들에게서 이타주의나 봉사의 정신을 연상한다. 그러나 새로운 전문기술자들은 이런 특성이 없기 때문에 특별한 도덕적 책임문제가 생긴다. 우리는 (비록 그들이 돈을 받는 의사나 교수라 하더라도) 의사에게는 치료의 목적이 있고 교수에게는 지식전수의 목적이 있다고 생각한다. 그러나 마케팅 전문가나 홍보활동 전문가 또는 광고 전문가에게는 그들에게 걸맞는 목적이 없다. 새로운 전문인의 기준은

7) Crozier, *Bureaucratic Phenomenon*, p. 193.

분명히 도덕적인 기준을 포함하고 있지 않다. 왜냐하면 부분적으로 그의 직업이 그 직업의 전반적인 목적상 이타주의적 요소를 인정하지 않고 있기 때문이다. 과거의 전문인들도 그들의 전문적인 목적을 명시한 보고서에 나타나 있는 도덕적 기준을 적용하는데 실패하곤 했다. 그러나 새로운 전문인들은 도덕적 기준조차도 명시하려고 하지 않기 때문에 실패한 것 같다.

조직의 관료주의화의 정도, 그리고 요구되는 기술적 효율의 정도에 비례해서 전문인의 지위와 권력이 증가하기 때문에 그들의 직업을 통한 도덕적인 보강의 필요성도 증가된다. 포드(Henry Ford)는 T형차의 생산과 디자인에 대해 실제로 모든 의사결정을 했다. 그러나 오늘날 기술의 발달로 말미암아 기술에 대한 권한은 전문기술자(technocrat)의 몫이다. 포드(Ford)자동차에서도 중요한 의사결정을 제조 기술자나 디자인 공학자같은 전문가가 내릴 수 있도록 되어 있다. 전문인에게 부여된 권한은 그에 상응하는 책임을 요구한다. 즉 오늘날 포드(Ford)사(社) 제품을 생산하고 디자인하는 사람은 '핀토(pinto)의 가스탱크 폭발사고'와 같은 재난을 미리 방지해야 할 의무가 있는 것이다. 이것이 왜 많은 비평가가 현대 기업을 생각하면서 전문인 윤리를 개선해야 할 필요성을 강조하는지에 대한 이유이다.

1970년 드러커(P. Drucker)가 거의 20년만에 지엠(GM)사(社)에 돌아왔을 때 그는 지엠이 기업의 욕구와 "지역사회에 대한 배려와 환경에 대한 관심" 사이의 균형을 유지시키는 기본적인 과제도 풀지 못했다고 한탄했다. 드러커는 이런 실패에 대해 전문인의 책임이 크다고 결론내렸다. "지엠(GM)사(社)의 성공은 분명히 전문기술자의 성공이지만 지엠(GM)사(社)의 실패 역시 전문기술자의 실패다"[8] 라고 말했다.

제 3 절 관료주의의 복잡성

이제까지 우리는 기업이 점점 관료주의화되는 데서 연유되는 네 가지 기본적인 책임의 문제를 살펴보았다. 그것들은 다음에 관련되어 있다.

1. 비인격적인 규칙의 증대

8) Drucker, *Concept*, p.468.

2. 중앙집권적 의사결정의 증대
3. 조직구조상에서 계층간의 분리의 증대
4. 전문인의 상대적인 힘의 증대. 특히 도덕적 책임기준을 구체화시키는데 대한 전문인들의 실패

고려해야 할 다섯 번째이자 마지막 문제는 관료주의적 의사결정의 복잡성 문제이다. 관료주의는 개인이 직면하는 것보다 더욱 복잡한 의사결정 문제에 직면하게 된다. 그리고 때때로 이것은 관료주의의 결집된 능력조차도 헛되게 한다. 복잡성이 더 증대된다는 것은 통제가 감소한다는 것을 의미하고 이것은 다시 조직의 책임상에 문제가 생긴다는 것을 의미한다.

보통 인간은 의사결정을 할 때 미지의 사실들에 직면하게 된다. 식료품을 사는 평범한 의사결정도 많은 사실적 지식을 요구한다. 즉 상점이 문을 열었는지, 문을 닫았는지, 어떤 상품을 살 수 있는지, 운반은 어떻게 할 것인지, 어떤 것을 선택해야 욕구를 만족시킬 수 있을 것인지 등에 대해 알고 있어야 한다. 기업이 의사결정을 할 때, 이런 복잡성은 배가된다. 지엠(GM)사(社)가 공급자로부터 부품을 구입하려고 계획할 때에는 3년 내지 4년간의 토의, 수많은 종업원들의 자질, 대용량의 컴퓨터를 채울만한 충분한 정보 등을 필요로 한다. 그러나 이것들이 다 갖추어졌을 때 조차도 구매로 인한 손해를 입을 수 있다.

관료주의 의사결정의 복잡성을 더해 주는 세 가지 요소는 기술, 조직구조, 중재(mediation)이다. 첫째, 기술적인 문제가 복잡성을 가중시킨다. 다른 조건이 동일하다면 과업이 일상적일수록 의사결정은 단순해진다. 그러나 기술향상에 대한 지속적인 요구는 과업이 일상적인 것이 되도록 내버려 두지 않는다. 의약품, 자동차 엔진, 오디오제품에서의 계속적인 품질개선의 필요성 때문에 이런 제품을 제작하는 전문적인 기술자들은 그들의 의사결정을 다시 생각해 보아야 하고 제품의 디자인과 생산방식을 끊임없이 수정해야 한다. 오늘, 제니스(Zenith)사(社)가 1975년에 제작한 스테레오 시스템을 시장에 팔려고 내놓는다면 실패할 것이다. 복잡성을 증대시키는 다른 요인은 기술이 다양한 기능을 요구하는 경향이 있다는 점이다. 화학약품의 혼합과 같은 단순한 과업에 내재된 문제들은 단 한 사람의 화학자의 기능만을 요구하지만 최근의 헤어드라이어나 컴퓨터와 같은 제품의 제조나 설계는 야금학자. 유기화학자, 전기공학자 기타 안전전문가, [반도체전문가] 등의 다양한 기능을 필요로 한다. 많은 사람들이

하나의 과업에 가담하게 될 때 복잡성이 증대된다. 왜냐하면 각 사람의 노력이 다른 사람들의 노력과 통합되어야 할 뿐만 아니라 기술적인 기능이 요구될 때 전문가들 사이에 각기 다른 전문지식이 공유되지 못하기 때문이다. 플라스틱에 대한 전문가는 유기화학자나 전기공학자와 협력해야 한다. 그러나 그들 중 어느 누구도 다른 사람의 기능이나 접근법에 대해서는 자세히 알고 있지 않다.

둘째, 구직구조 그 자체가 복잡성을 만들어 낸다. 집단은 개인이 하는 것처럼 의사결정을 할 수 없다. 조직의 메커니즘이 복잡할 때 그 복잡성이 의사결정을 어렵게 한다. 예를 들면 기업은 전형적으로 라인 기능과 스텝기능으로 분리된다. 라인조직은 계층권한구조에 의해 특징 지워진다(공장장이 사업에 대해 부장에게 보고하는 식). 반면에 스텝조직은 전반적인 조직 내에서 그들이 수행해야 하는 특정기능에 의해 특징 지워진다(예를 들면 기업의 회계부와 연구개발부 등이다). 대부분의 현대의 기업은 두 가지 종류의 조직을 다 가지고 있다. 궁극적으로는 라인이나 스텝이 사장에게 보고하지만 이 양자간의 권한관계는 모호하다. 게다가 라인이나 스텝들은 기업이 프로젝트를 집행할 때 서로 협조하도록 되어 있다. 그러나 그런 협력은 복잡할 수도 있고 실패할 수도 있다.

이런 사실에 기업이 의사결정을 위해서 흔히 개인보다는 집단에 의존한다는 것을 부가시켜 보라. 의사결정에 영향을 미치는 변수들은 그 의사결정을 하는 사람의 수가 증가함에 따라 증가된다. 즉 집단의 의사결정은 복잡성을 증대시킨다. 다른 그룹의 구성원들은 다른 견해를 가질 뿐만 아니라 전체그룹을 고려할 때도 집단은 개인보다 장기적으로 일관성이 부족한 경향이 있다. 예를 들어 집단의 구성원이 바뀌면 기존 구성원의 생각이 크게 바뀌는 경우도 종종 있다. 집단이 커질수록 변화의 다양성도 커진다. 전체주의 국가(totalitarian countries) 지도자들이 자신들의 실패를 깨닫듯이, 대규모 집단의 의사결정도 변화함에 따라 민주정부의 공약도 수정될 수 있다.

중재라고 불리우는 현상이 기업의 관료주의에 복잡성을 조성하는 세 번째이자 마지막요소이다. 기업의 의사결정자에 대한 제약조건은 결정된 사항이 그것을 실행하는 개인과 집단에 전달되어야 한다는 것이다. 자기가 내린 결정을 자신이 이행하는 개인과 달리, 기업의 의사결정은 많은 사람들을 통해 중재된다. 의사전달과정에서 장애가 있을 뿐 아니라(일본의 전범인 야마시타의 경우처럼) 대규모의 조직에서는 아예 그런 장애가 예측가능하다. 이러한 장애는 자주 발생하기 때문에 의사결정자는 장애의 발생 가능성을 충분히 고려해야 한다. 교과서를 광고하고 공급하기 위한 절차를 고안하는 출판사의 마케팅팀은 몇몇 견본이 출판사의 지시에 따라 공급되지 못한다는 사실을 예상해야만 한다. 중재로부터 생겨나는 문제점을 예측하는 것이 관료적인 의사결정 문제를 더욱 더 복잡하게 만든다. 왜냐하면 어느 누구도 결과에 대해 전적인 통제를 할 수 없고 불확실성이라는 만만찮은 배경에서 선택을 해야 하기 때문이다.

아리스토텔레스가 발견한 자발적 행동에 대한 공식에 비추어 볼때, 만약 의사결정자가 그의 행동의 결과를 알지 못한다면 그의 행동은 자발적인 것이 아니라고 생각할 수 있다. 이것은 또 그가 그의 행동에 대해 도덕적으로 책임이 없음을 의미한다. 왜냐하면 '비난을 받을 것이다' 혹은 '칭찬을 들을 것이다'를 생각하기에 앞서 그 행동이 자발적이어야 하기 때문이다(예: 총에 탄알이 장전되었다는 사실을 몰랐을 때는 1급 살인죄에서 제외된다). 기술, 조직구조, 중재의 문제가 결합되어 기업에서의 의사결정의 복잡성이 가중되기 때문에 책임소재의 문제는 미궁에 빠진다. 불확실성이 가중되기 때문에 결과를 예측하기 위해서는 초인적인 지능이 요구된다. 예측할 수 없는 결과에 대한 어려움이 증대되고 그것과 더불어 진정한 책임을 설정하는 어려움이 증대된다.

제 4 절 관료주의적 문제점의 완화

책임문제가 미국 기업에 발생할 때 우리가 논의했던 문제 중의 하나 이상 관련된다. 예를 들면 1960년대 말에 굿리치(B.F. Goodrich)사(社)에서 일어난 비행기 브레이크(aircraft brake) 사건을 생각해 보자. 1968년 6월말에 공군의 A7D비행기는 시험비행을 하는 동안 브레이크를 테스트하기위해 에드워드 공군기지에 도착한 새 굿리치 브레이크를 달았다. 굿리치 브레이크는 계속 실패했다. 착륙하는 동안 브레이크 하나가 녹아서 1,500피트나 미끄러져 갔다. 다행히도 죽은 사람은 없었다. 비행기를 들어 올려 바퀴를 제거하고 금속막대를 사용하여 고장난 브레이크가 간신히 제거했다. 더욱 놀라운 것은 굿리치사에서 시험결과 브레이크가 불완전하다는 것이 밝혀진 몇 달 뒤에 이런 사고가 일어났다는 것이다(브레이크는 착륙할 때 과열되었고 미국 공군의 규격을 통과하지 못했다).그런데 거의 10명의 굿리치 사원들이 검사보고서를 조작하는데 공모했다는 것이다.

이 사고를 굿리치 사원의 단순한 실수로 생각해서 넘어갈 수도 있다. 또 사원들이 많은 사람들의 압력에 굴복했다고 생각할 수도 있다. 그러나 이 보고서를 조작하는데 참여했던 모든 사원들이 과거에 나쁜 행실을 한 적이 없었다. 즉 모두가 성실한 사원이자 선량한 시민이었다. 그런데 왜 이런 사람들이 보고서를 조작했는가?

그 답은 우리가 보아온 관료주의적 요소에 있다. 굿리치사(社)는 다른 주요 회사들과 마찬가지로 비인격적인 규칙, 중앙집권화된 권한체계, 조직계층간의 분리가 두드러진 특징이 있었다. 특히 굿리치사(社)는 계층간의 분리가 너무 심해서 공학적인 의사결정을 내리는 계층이 주요 정책결정을 내리는 계층과 거의 접촉할 수가 없었다. 미국 공군과 "어떤 대가를 치르더라도" 브레이크계약을 체결하겠다는 결정은 회사에서 이루어졌고 사전협의를 거치지 않고 공학담당부까지 내려 왔다. "어떤 대가를 치르더라도"라는 단서가 의미하는 바를 명확히 하기 위한 두 계층간의 의사소통은 이루어지지 않았다. 상부경영자는 그 명령이 어떻게 해석되는지 알지 못했고, 그 사건이 일어날 때까지 그 브레이크가 불완전한지도 모르고 있었다. 게다가 제작에 문제가 있다고 스스로 불만을 표현할 만한 용기있는 사원들은 라인과 스탭조직이 서로 중복되는 혼란 속에서 어쩔줄 모르고 있었다. 또한 어느 누구도 그들의 불평을 들으려고 하지 않았다. 부분적인 이유는 그 불평이 누구 때문인지를 모르고 있었기 때문이다. 하부계층에서는 그들의 의무가 단순히 그들의 일을 하면 되는 것이고 규칙만 따르면 되는 것이기 때문에 입을 열려고 하지 않았다. 공학담당부서의 감독관이 그들의 불평에 대해 약간 주의를 기울이긴 했지만, 그 자신도 공학에 대한 학위를 가지고 있지 않았기 때문에 제작팀의 전문적인 기술을 신뢰하라고 말할 수 밖에 없었다. 이러한 굿리치 사원들의 도덕적 소심함이 결국 굿리치 브레이크 사건에 일조했다. 그러나 분명히 그 사건은 굿리치의 관료주의적 성격 때문에 생긴 일이다.

관료주의 문제를 해결하기 위하여 정부나 노조를 통해 전통적인 해답을 찾을 수 있다. 그러나 기업이 전문인을 통제하기 어려운 것같이 정부도 전문인을 통제하기 어렵다. 즉 전문영역에서 인정받는 사람은 전문인 그 자신뿐이다. 노조는 사회나 소비자의 복지에 관심을 갖기보다는 그들 구성원들의 복지에 더 관심을 갖는다. 게다가 다음의 의문은 더욱 절망적이다. 기업이 관료주의가 되어가는 것으로부터 생기는 문제들을 어떻게 대규모의 관료조직인 정부나 노조를 통하여 해결할 수 있는가?

사회는 기업이 그들의 행위에 대해 도덕적으로 책임질 것을 요구하고 있다. 사회계약을 설명하면서 살펴보았듯이 사회는 기업이 종업원, 소비자, 일반 대중에 대해 책임있게 행동하도록 요구하고 있다. 그들은 제품의 안전성, 자연자원의 사용, 고용정책, 환경에 미치는 영향, 근로자에 대한 대우, 제3세계 국가와의 관계 등에 대한 어떤 규범을 준수해야 한다. 게다가 사회는 기업이 이런 규범을 지키지 않을 때 도덕적으로 비난을 받아야한다고 생각하고 있다.

우리는 관료주의가 기업의 행동에 대한 개인의 책임을 약화시킨다는 것을 보았다. 따라서 개인에 의존하지 않는 제도적인 메커니즘을 만들어 사회의 요구를 충족시킬 수 있을 것이라고 생각하는 것은 타당하다. 이러한 해결책은 자유민주주의와 자유방임주의 경제이론에서 구체화된 제도적인 해결책과 비슷하다. 자유민주주의 국가에서의 헌법상, 제도상의 조정은 견제와 균형을 통하여 국가이익을 방해하는 개인의 권력남용을 방지하는데 목적이 있다. 그리고 자유방임주의 경제체제에서도—우리가 4장에서 보았듯이—자동적으로 경제적인 자기이익의 추구가 대중의 복지로 바뀜으로써 개인의 미덕에 의존해야 할 필요성이 줄어들고 있다. 이러한 메커니즘이 완전히 효율적인지 아닌지는 문제가 안된다. 그것들은 현대 기업을 재구성하기 위한 하나의 전략을 제안해 주는 것이다.

그러한 메커니즘이 기업의 행위와 사회복지 사이의 가교역할을 더욱 충실히 하고 있지만 기업의 책임 그 자체에 대해서는 공헌하는 것이 거의 없다. 이사회에 대중을 대표하는 사람을 참가시키고, 소비자로 구성된 사회 감시위원회를 조직하고 도시거주자에게 기업의 의사결정권을 주는 것 등—현재 실행되고 있는 일부분만을 언급했지만—이 기업이 사회에 해를 끼치는 것을 방지해 줄지는 모른다. 그러나 이것은 책임 때문이 아니라 이해관계가 얽힌 당사자들이 더 나은 균형상태를 이루었기 때문이다. 기업으로부터 사람들을 보호하는 것은 기업에 더 많은 책임을 지게 하는 것과는 다르다. 도덕적인 책임을 증대시키기 위해서는 개인이나 단체가 도덕적인 규범에 따라서 행동하는 경향이 증대되어야 한다.

그러면 관료주의적인 기업에서 도덕적 책임문제에 대한 해결책은 무엇인가? 여기에서 우리는 어떤 경험적인 지침도 없고 입증된 전략도 없는 미개척 영역에 들어가고자 한다. 다행히 최근에 그런 문제들이 많은 관심을 끌어서 기업의 재구성에 대한 많은 제안들이 쏟아져 나왔다. 이들 중 어떤 것은 기업이 관료주의화되는 것과 직접 관련이 있는데 다음과 같이 분류할 수 있다.

1. 관료주의에서 개인의 책임을 회복시키기 위한 노력
2. 관료주의에서 전문인의 책무성(accountability)을 높이기 위한 노력
3. 관료주의에서 의사결정을 개선하기 위한 노력

1. 개인의 책무성회복 첫 번째 제안은 관료주의 때문에 책임이 박탈 된 개인의 문제에 대한 치유책에 관한 것이다. 이 문제는 특히 종업원이나 조립공처럼 기업의 하부계층에 있는 개인을 괴롭힌다. 우리는 좋지 않은 관료주의 집단이 조성되는 것을 보았다. 즉 직접적인 권한관계의 문제를 해결하기 위해 비인격적인 규칙이 강요되지만 그것은 사기(士氣)의 저하만을 가져올 뿐이고 더 강한 권한관계만을 요구할 뿐이다. 프랑스 관료들 사이에서는 비인격적인 규칙을 강요한 결과로 생기는 관료들의 태도에 대해 다음과 같은 말이 떠돈다. "우리는 보고서만 작성하면 된다. 시민에 대한 우리의 봉사는 부산물일 뿐이다."

관료주의에 의해 파괴된 개인의 책무성을 회복시키기 위해서는 두 가지 수단을 강구해야 한다. 첫번째는, 기업조직이 원점으로 되돌아가 개인간, 그리고 기업계층간의 직접적인 권한관계를 재정립하여 비인격적 규칙의 필요성을 줄이고 분리되어 있는 책무성을 재통합시키는 것이다. 두번째는, 기업이 전적으로 민주적인 새로운 책무성모델을 개발하고 개인을 제도적인 조직을 통하여 참여시키는 것이다. 이런 두 가지 대안은 에밋트(Dorothy Emmet)의 기계적인 조직(mechanistic organizations)과 유기체적인 조직(organic organizations)의 구별과 거의 일치한다. 기계적인 조직은 수직적으로 권한, 통제, 의사전달이 이루어지고 조직의 중심부에 지식과 정보가 집중되어 있는 조직을 말하고, 유기체적인 조직은 수직적으로 의사전달이 이루어지기보다는 수평적으로 이루어지고 개별적인 과업에 대해 계속적인 조정과 재구성이 이루어지고 상호 협조하여 의사결정을 하는 조직을 말한다.9)

첫 번째 모델은 고전적인 피라미드형의 조직으로 복귀한 것이다. 전통적 조직의 붕괴를 가져왔던 요인이 오늘날에도 그 조직을 붕괴시킬 것이기 때문에 첫 번째 모델은 성공할 것 같지 않다. 두 번째 모델이 그럴듯 하지만 너무 이상적인 것처럼 보인다. 참여적 민주주의라는 이상이 현대기업이 속한 험난한 환경에서 살아남을 수 있겠는가? 철학자 쿠르츠(P. Kurtz)는 참여적 모델이 관

---

9) Dorothy Emmet, *Rules, Roles, and Relation* (New York: St. Martin's Press, 1967), pp.118~215.

료주의적인 제도에 진정한 책무성을 회복시킬 유일한 수단이라고 주장한다. 그는 "우리는 조직의 권리, 노예해방선언을 필요로 하는데 이것들을 통해 우리는 다수결 민주주의를 세울 수가 있다"[10]고 말했다. 이는 기업에서 어떤 형태의 해방이 일어나야 하는지를 명시하지 않았지만, 기업의 종업원들이 기업의 목표를 규정하고 기업의 규칙을 정하는 의사결정에 (비록 제한적이겠지만) 참여해야 한다는 의미로 생각할 수 있다. 비록 비인격적 규칙이 존재하는 등 관료주의적인 특성이 남아 있겠지만, 종업원들이 참여한다는 사실은 규칙의 형식과 영향에 대해 규칙을 만들어 낸 사람들이 책무성을 져야 한다는 것을 의미한다. 결국 비인격적인 규칙을 만들어 낸 사람들이 책무성을 져야 한다는 것을 의미한다. 결국 비인격적인 규칙을 적용하는데 대한 개인의 책무성은 증가한다. 동시에 참여적 메케니즘은 중앙집권화로부터 생기는 책무성문제와 기업계층간의 분리현상을 완화시켜 준다. 참여는 중앙집권화나 수직적인 의사결정에 대한 반대를 의미하고, 통찰력 있는 의사결정(knowledgeable decision-making)이란 기업의 한 계층에서의 참여자가 다른 계층에서 생기는 일을 알고 있음을 의미한다.

참여적 모델은 이와 같은 장점이 있는가 하면 단점도 있다. 종업원이 그들의 일과 정신적으로 분리되지 못하게 한다. 어떤 사람이 규칙을 만드는데 참여했다고 해서 "나는 틀림없이 그 규칙을 따른다"라고 말하기는 힘들다. 요컨대, 어떤 사람의 정신이 조직과 떨어지지 못하게 한다. 그러나 개인주의의 영향을 받은 사회의 사람들은 조직과의 분리를 열망하는 경우가 많다. 다른 단점은 조직의 주변에서 참여하는 것이 조직의 중심부에서 일하는 사람의 일을 경감시키기는 커녕 오히려 증가시킨다는 것이다. 모든 사람이 승진결정에 참여한다면 복잡한 절차를 만들어야 하고 정교한 정치적 문제를 처리하기 위해서는 더 많은 관리자를 두어야한다.[11] 완전히 민주적인 학술분과위원회의 의장이 절감하듯이, 민주주의는 번거로운 것일 수 있다. 여기에 모든 민주적인 사회활동의 어려움이 있다. 즉 참여적 통제는 관료주의적인 조직을 통해서만 가능하고 관료주의적인 조직은 민주주의의 가치를 파괴할 수 있다.

작업환경의 설계에 많은 근로자가 참여할수록 생산성이 증가한다는 증거가 있다. 그러나 그 증거는 퍽 빈약한 것이고 호손 효과(Hawthorne Effect)[12]의 측

---

10) Kurtz, "The Individual," p.195.

11) Emmet, *Rules*, pp195~196.

12) Richard Sennett, "The Boss's New Clothes," *The New York Review of Books*, February

면에서 신중하게 고려해야 한다(호손 실험은 경영자가 어떤 변화이든지 작업환경을 바꿀 때마다 생산성이 증가하는 경향이 있다는 것을 보여준다).

그럼에도 불구하고 참여적 메커니즘을 도입하여 책임문제를 해결하려는 노력에 대한 궁극적인 도덕적 정당화가 생산성의 증대는 아니다. 어떠한 행위가 많은 사람들의 복지에 영향을 미친다면 우리의 도덕적 이상은 그에 대한 책임을 요구할 것이다. 그리고 기업이 많은 사람들에게 영향을 미친다는 것은 사실이다. 이러한 문제점이 있음에도 불구하고 참여적 메커니즘은 실험할 가치가 있어 보인다. 기업이 관료주의화되면 책임이 약화되는 경향이 있고 개인의 참여를 증가시키면 개인의 책임이 강화된다. 참여적인 메커니즘을 설계하고 이행하는 것은 어려운 과업이지만 처음부터 시행할 수 없다고 생각하는 것은 현명한 일이 아니다. 7장에서는 특히 "작업조건(quality of work life)"이라는 표제하에서 종업원의 참여 시스템에 대한 실험 몇 가지를 설명할 것이다.

완전히 종업원이 통제하지는 못하더라도 즉시 시행할 수 있고 경영자로부터 이득을 얻어낼 수 있는 종업원 참여수단이 있을 수 있다. 그런 수단중의 하나는 기업이 종업원으로 하여금 불만을 말하거나 반대할 수 있는 권리를 제도적으로 마련해 주는 것이다. 즉 종업원에게 위험한 작업환경이나 위험한 제품에 대해 어떤 불이익도 당하지 않고 불평할 수 있는 권리를 주어야 한다. 종업원 권리를 다루는 장에서 이 문제에 관해 더 자세히 논의할 것이다. 그런 권리는 종업원이 참여하는 분위기가 조성되어야 비로소 이뤄질수 있다는 것을 알아둘 필요가 있다. 기업이 보복이 두려워 단순히 침묵하기를 원했던 종업원도 이러한 분위기에서는 용기가 날 것이다. 굿리치의 경우 굿리치의 은폐된 사고에 대해 입을 연 공학기사는 쫓겨날 각오를 했다(후에 그는 그 회사를 떠났다. 반면에 그 사고 직접 관련이 된 사람들은 굿리치회장에 의해 더 높은 자리로 승진되었다). 굿리치에 비밀을 말할 수 있는 권리를 인정해 주는 공식 정책이 있었다면 굿리치회장이 회사를 떠나야 했을 것이다.

그런 정책에 대해 최고 경영자들은 강하게 반대한다. 지엠(GM)사(社)의 전 회장 로취(James M. Roche)는 불만을 토로하는 문제에 대해 다음과 같은 견해를 피력했다. "산업첩보행위, 불만토로, 혹은 전문적인 책임을 아무리 미화해도 그것은 인화단결을 해치고 갈등을 유발시키기 위한 또 하나의 전술일 뿐이다."[13] 이런 태도와는 대조적으로 어떤 비평가는 "원자력산업에서와 같이 조그만

22, 1979, p.44.

안전문제가 비참한 결과를 가져올 수 있는 산업에서 비밀을 폭로할 권리가 없다는 것은 놀랄만한 일이다."라고 말한다.

기업의 하부계층에 있는 종업원들은 자기 자신이 존경받을 수 있도록 해 주면 더 많은 책임을 떠맡으려는 경향이 있다. 조립라인에서 매일같이 일하는 종업원들은 그들의 일이 규칙적일 뿐만 아니라 정해진 동작만하면 되기 때문에 고용주에 대해 더 나쁜 감정을 가지게 된다. 지엠(GM)사(社)가 몇 년 전에 오하이오주의 로드스타운(Lordstown)에 베가(Vega) 조립공장을 세웠을 때 작업 근로자들은 작업속도가 굉장히 빨라서 물 마시러 갈 시간도 없었다. 근로자들은 태업(sabotage)을 함으로써 그에 항의하였다. 자존심을 침해당하고 기계화되고 비인격화된 일을 하는 사람들은 자기가 생산한 것에 대해 도덕적 책임을 지려고 하지 않는다. 때때로 그들의 나쁜 감정은 회사에 대한 단순한 증오 이상이다. 한 산업심리학자는 "근로자들은 그들의 고용주뿐만 아니라 사회전체에 대해 분명한 적의를 느끼고 그들의 역할이 기계에 거의 종속된 것 이라고 생각한다."[14]라고 말했다.

2. 전문인의 책무성(accountability)제고 두 번째의 치유책은 기업의 전문인들에게, 특히 새로운 전문인들에게 투철한 도덕심을 제공해 주기 위한 것이다. 더 많은 권한은 더 많은 책임을 의미한다. 그러나 우리가 앞에서 보았듯이 기업에서의 기술적인 필요성은 전문인의 활동에 규칙을 적용할 수 없게 만들었고, 전문인에게 책임을 부여하지 않고 권한만 강화 시켰다. 많은 사람들이 전문적인 교육에 윤리적인 요소가 포함되어야 한다고 제안한다. 그래야 공학, 법률학, 의학, 경영학부를 졸업한 사람들이 기업에서 일어날 수 있는 윤리적인 도전을 예측해서 준비할 수 있기 때문이다.

어떤 전문인의 윤리적 도전을 예측할 수 있다는 것은 분명하다. 변호사가 고객에 대한 정보를 보유할 것인가, 밝힐 것인가 하는 결정에 윤리적인 문제가 수반될 것이라는 것을 예측할 수 있다. 회계사는 세금에 대한 청구권을 받아들일 것인가, 거부할 것인가 하는 결정에서 윤리적인 문제가 생기리라는 것을 예측할 수 있다. 마찬가지로 공학기사는 비용과 제품 안전간의 상관관계가 존재

---

13) "The Whistle Blowers," *Time*, April 17, 1972, p.85.

14) Christopher D. Stone, *Where the Law Ends* (New York: Harper & Row, Pub., 1975), p.235.

하는 제품을 어떻게 제작할 것인가를 결정할 때 윤리적인 문제가 생긴다는 것을 예측할 수 있다. 윤리적 훈련은 특별히 마케팅 분석가, 컴퓨터 프로그래머 등과 같은 소위 새로운 전문직에게 절실하다. 그들의 전문적인 일은 이타적(利他的)인 면이 부족하다. 예를 들면 컴퓨터 전문가는 히포크라테스 선서도 하지 않으며 타락하여 유죄를 선고받더라도 전문적인 조직으로부터 자격박탈을 당하지 않는다. 그러나 그들의 기술은 변호사나 의사처럼 쉽게 그들의 일을 타락시킬 수 있는 것이다.

몇 년 전에 에쿼티 펀딩(Equity Funding)사(社)가 그들의 고객과 체결한 것과 같은 가짜 보험계약을 만들어 돈을 빌림으로써 수백만 달러를 모았다는 사실이 밝혀졌다. 이어서 에쿼티 펀딩사가 단순히 수많은 고객의 이름을 날조했다는 사실이 드러났다. 에쿼티 펀딩사는 규칙적으로 자사의 장부를 검사한 회계사나 컴퓨터 전문가와 공모하여 채권자를 속였다. 이 전문가들은 날조한 이름이 실제로 존재하는 사람의 이름인 것처럼 컴퓨터에 입력시켰다. 전문적인 기술이 특별한 능력을 발휘할 때 전문인에 대한 교육에 윤리가 포함되어야만 한다고 주장할 수 있겠다.

많은 비판가들은 전문인들에게 대해 특별한 규제를 해야 한다고 주장한다. 굿리치 사건 등을 언급하면서 스톤(Christopher Stone)은 신뢰성이 필요한 기업의 자리를 맡고 있는 사람에게는 특정한 자격이 요구된다고 제안했다. 굿리치의 경우, 공학담당부분의 감독자는 공학에 대한 학위가 없었다. 따라서 브레이크의 안전에 대한 불평을 이해할 수가 없었다. 만약 굿리치가 그의 직무의 조건으로서 공학 학위를 요구했더라면 그런 재난은 피할 수 있었을 것이다.

잘못된 일을 한 전문인에게 일정기간 동안 일을 하지 못하도록 하는 것이 전문인의 기준을 높일 수 있다. 그 예로 캘리포니아의 센 페르난도(San Fernando) 계곡에 터널을 건설하기로 계약한 록히드(Lockheed)조선회사를 들 수 있다. 계속된 경고와 종업원으로부터의 불만에도 불구하고 공학기사들은 위험한 가스광맥을 탐지하는 추가장비의 투입을 거부했다. 피할 수 없는 사건이 일어났다. 1971년 7월 23일에 가스가 폭발하였고 4명이 중상을 입었다. 근로자들은 탐지시스템이 설치되기 전까지는 갱도에 들어가기를 거부하였고, 회사는 그냥 계속하도록 강요했다. 다음날 더 많은 가스가 발견되었고 광산이 폭발하였다. 17명이 죽고 3명이 다쳤다.[15] 그 회사와 2명의 안전관리기사를 재판한 판사는 "동

15) Stone, *Where the Law Ends*, p.194.

일한 환경에서 전날 밤에 일어났던 치명적인 폭발을 오늘밤에 다시 볼 수 있다는 것, 그리고 이를 묵인할 수 있다는 사실은 믿기 어려운 일이다."[16]라고 말했다. 비록 두 안전관리기사가 집행유예 중이지만 언젠가는 그 전문직을 다시 찾을 수 있을 것이다. 스톤 교수는 다음과 같은 분명한 질문을 하고 있다. "그런 전문인이 반복해서 같은 실수를 할 수 있도록 내버려두어야만 되는가?"

3. 관료주의적 의사결정방식 개선 마지막 제안은 관료주의로 인해 의사결정을 잘못하게 되는 경향을 막으려는 것이다. 그런 경향은 조직계층간의 의사소통의 부족, 그리고 관료주의적인 과정에 내재되어 있는 복잡성 때문에 증가된다. 여기에서 스톤(Christopher Stone)은 다음과 같은 제안을 우리에게 하고 있다.

1. 이사회에 정보를 넘겨주고 찾아줄 수 있는, 그리고 이사회의 승인하에 조사를 할 수 있는 전문요원을 이사회에 둔다.
2. 윤리적으로 중요한 정보가 이사회에 갈 수 있도록 정보망을 확립한다. (예: 공학담당부서는 제품안전시험에 관한 중요한 문제점들에 대한 정보를 보내도록 요구됨).
3. 경영자가 정보를 수집하고 각 정보의 필요한 용도를 정하는데 있어 도움을 줄 수 있는 정보기구를 설치한다.
4. 테스트자료, 경영자의 메모, 소비자로부터의 불평, 불만에 관한 편지 등 윤리적으로 중요한 정보를 처리, 보관한다.
5. 테스트보고서는 테스트를 한 사람이 서명하도록 한다.
6. 하향식 정보흐름을 개선하여 윤리적으로 관련있는 정보가 기업의 하부 관리자까지 전달될 수 있도록 한다(예: 종업원들이 뇌물수수에 관한 기업의 정책에 대해서도 알 수 있도록 한다).[17]

이런 제안들은 기업의 정보망을 개선할 수 있는 방법으로 건의된 것이다. 스톤 교수는 법적인 수단을 통한 강제적인 이행을 주장했지만 기업의 경영자들이 주도하여 자발적으로 이행할 수도 있을 것이다. 이런 조치들은 특히 기업관료주의의 내재적인 복잡성과 계층의 분리문제를 개선하기 위하여 고안된 것들이

16) Stone, *Where the Law Ends*, p.194.
17) 스톤은 지면의 제약상 여기에 포함되지 않는 제안들도 거론했다.

다. 개인이 그들의 기억력과 지각력을 개선할 수 있듯이, 기업도 의사결정의 신뢰성과 정확성을 높일 수 있는 가능성이 있다. 기업의 이사회에 스탭을 가담시켜야 한다는 제안을 생각해 보자. 대부분의 이사들, 특히 기업의 종업원이 아닌 사람들은 이사회의 일에 그들 시간의 전부를 할애할 수 없다. 따라서 관련 정보를 수집하고, 조사하여 정부규제를 연구할 시간이 부족하다. 전임스탭(full time staff)이 이 기능을 수행할 수 있으며 기업이 의사결정을 할 때 도덕적인 민감성을 높일 수 있다. 굿리치 및 이와 비슷한 사건들의 경우에 이사들이 그 사건을 유발시킨 행위를 알기만 하였어도 그 행위를 묵인하지 않았을 것이다.

이런 제안들이 기업의 책임을 위협하는 관료주의의 문제들을 완화시킬 수 있는가? 이런 제안들이 효율적이라고 입증될지의 여부는 실증적인 방법에 의해 검토되어야 할 것이다. 즉 회사가 이런 제안들을 시험해 보고 결과가 어떤지 보아야 한다. 성공에는 지름길이 없다.

여하튼 이 제안에 포함된 전략들은 무척 매력적이다. 관료주의가 개인의 책임을 붕괴시키는 경향이 있기 때문에 개인의 책임을 회복하려고 노력하는 것은 분명히 이치에 맞는 일이다. 또 관료주의가 전문인의 힘을 강화시키는 경향이 있기 때문에 전문인의 긍지에 도덕적인 책임을 결부시키려고 노력하는 것 역시 이치에 들어맞는다. 그리고 관료주의가 정보의 효율적인 흐름을 방해하는 경향이 있기 때문에 기업이 의사결정을 할 때 정보의 기능을 개선하려고 노력하는 것도 분명히 이치에 맞는 일이다(이것은 어떤 사람의 도덕적 책임은 그가 무엇을 하고 있는가를 아는 그 사람의 능력에 근거한다는 아리스토텔레스 원칙의 단순한 확장이다). 요컨대, 어떤 제안들을 시험해 보지도 않고 찬성하는 것이 현명하지 않다해도, 개인의 책임을 높이고, 전문인들이 책임을 느끼도록 해주고, 기업의 의사결정시 정보의 기능을 개선하는 등 관료주의 문제를 완화시키기 위한 청사진을 제시할 수는 있다. 한마디로, 처음에 논의했던 기업의 관료주의화를 구성하는 요소들을 억제하는 책임을 향상시킬 수 있을 것이다.

제 5 절 기업의 책임 : 관료주의적 모델

2장에서는 기업에서의 도덕적 행위자의 문제가 주로 소수의 개인이 조직의 행동을 통제할 수 없는 대규모 조직 즉 대기업에서 일어난다고 밝혔다. 2장의 결론은 관료주의에 관한 우리의 논의에 의해 더 확고해질 것이다. 대규모의 관료주의적 기업은 단순히 "도덕적 인간"의 개념으로 다루어서는 안된다. 왜냐하면 기업이 관료주의화되면 개인이 직면하는 문제와는 달리 기업의 책임에 대한 문제가 생기기 때문이다. 이 장에서 관료주의화의 두드러진 특징(즉 규칙, 계층의 분리, 중앙집권화, 전문화, 복잡성)들이 기업의 책임에 대한 문제를 야기시키고, 이런 문제들이 개인의 문제와는 확연히 다르다는 것을 밝혔다. 이것은 결국 대기업에서는 개인의 것과는 다른 책임에 대한 좀 더 복잡하고 상이한 모델이 있어야 한다는 것을 암시한다.

우선 도덕적 판단의 주제로서 기업의 모델은 기업의 전반적인 행위뿐 아니라 기업의 구조까지 포함해야 한다. 인간의 정신구조와 가장 유사한 기업의 정신구조는 기업의 의사결정구조이다. 우리는 사람들이 정신구조상 통제할 수 없는 것들에 대해서 책임져야 한다고 주장할 수 없지만 기업은 의사결정구조에 대해 책임질 수 있어야 한다. 앞장에서 보았듯이 도덕적 행위자가 될 수 있는 기업은 의사결정구조를 통제해야 한다. 그 조직이 너무 분산되고 세분화되어서 부서간의 의사소통이 잘 되지 않고 그 문제를 치유할 수단이 없는 기업은 맹목적으로 행동하는 기업이다. 그런 기업에서는 한쪽에서 다른 사람들이 하고 있는 일을 알 수 없으며, 그런 기업은 도덕적 행위자가 될 수 없다. 또한 도덕적 행위자인 기업은 굿리치(B.F.Goodrich)사(社)처럼 조직이 불완전하기 때문에 일상적인 의사소통을 수용할 수 없었다는 이유로 책임을 부인해서는 안 된다. 기업의 책임에 관한 우리의 모델은 드러난 행동에 대해서도 책임을 지며 그러한 행동을 야기한 조직구조를 만들어 유지하는 것에도 책임이 돌아갈 수 있을만큼 정교해야 한다.

관료주의적 기업에서 책임에 대한 모델은 "지성(intelligence)"이라는 더 복잡한 개념을 필요로 한다. 어떤 윤리학자들은 도덕적으로 칭찬받기 위해서는 개인의 의사결정이 사랑(애정)에 의해서 이루어져야 한다고 주장한다. 즉 학식이 아닌 사랑의 동기가 필요하다는 것이다. 이것은 개인에게는 사실일지 몰라도 대기업에 대해서는 그렇지 않다. 기업은 개인의 조그만 지식과는 비교가 안 되는 실제적이고 이론적인 지식에 접근할 수 있으며 또 그래야만 한다. 웨스팅하우스(Westinghouse)사(社)가 원자력 발전공장에 쓰기 위해서 기계를 제조했을 때 일어날 수 있는 수많은 결과(인간의 오류가 일어날 수 있을까? 그런 오류는 어떻게 처리해야 하는가? 정탐행위가 일어나지 않을까? 인간시스템과 기계시스템이 어떻게 접합될 수 있을까? 등등)를 예측하고 그 가능성을 정밀하게 측정할 수 있도록 많은 자원이 필요하다

기존의 장소에 원자력기계를 설치할 것인가 하는 문제와는 별개의 문제이다 (물론 이 문제 역시 웨스팅하우스사(社)가 고려해야할 문제이다). 웨스팅하우스사(社)의 좋은 의도만으로는 부족하다. 웨스팅하우스사(社)는 좋은 의도뿐 아니라 초인적 지성도 가져야 한다.

역설적으로 기업의 통찰력(knowledgeability)에 대해 통상적 기준보다 더 높은 기준이 필요한 고려사항이 어떤 영역에서는 더 낮은 기준만 충족해도 된다. 개인이 뇌물받기를 거부하기로 결정하고 실천하기는 쉽다. 그러나 기업의 경우에는 다르다. 예를 들면, 미국철강사(社)(U.S. Steel Co.)가 판매원들이 고객에게서 선물을 받지 못하도록 결정했을 때 그 결정을 실천한다는 것은 방만한 의사소통 체계, 소비자의 습관, 판매원의 태도 때문에 어려워진다. 그러므로 기업의 책임에 대한 적절한 모델은 의도된 행동을 야기시키는 영역에서 개인보다 낮은 기준을 요구한다. 만약 선물을 받기를 거부하기로 결정한 후 미국철강회사에서 판매원이 전부는 아니더라도 대부분의 선물을 거부했다면 책임에 대해 높은 점수를 얻는 것이다.

기업의 책임에 대한 모델은 상벌에 관한 특별한 기준을 포함한다. 기업에 있어서의 책임은 내부적인 기준뿐만 아니라 외부적인 기준도 포함한다. 기업을 사람으로 생각해서 외부적인 행위만이 상벌의 대상이 된다고 생각하면 이런 가정은 기업의 자멸을 초래할 것이다. 우리가 정신적 행동을 통제할 수 있다고 가정하더라도 개인의 경우에는 내부적인 행위, 즉 모든 책임을 구성하는 정신적인 행위는 대상이 안 되고 외부적인 행위만이 대상이 된다. 그러나 만약 기업이 생산하는 제품, 체결한 계약, 발표한 공적인 성명서에만 책임을 져야 한다면 기업의 내부적인 행위－그들 중 대부분은 외부로 드러난 행위를 하게 한다－는 조사를 받지 않는다. 파이어 스톤 러퍼(Frestone Ruffer)사(社)는 내구성있는 타이어를 판매하는 것에 대해서는 물론이고, 부품의 내구성을 장기적으로 분석하고 종업원들을 존중하는 내부의 행위에 대해서도 도덕적으로 보상받아야 한다. 실제 파이어스톤이 내부 행위의 도덕적 평가에 따라서 신상필벌(信賞必罰)의 원칙을 갖지 않는다면 외부적인 행위도 잘 할 수 없을 것이다.

이것은 기업이 의사결정구조에 대해 책임을 져야 한다는 처음의 주장과 비슷하다. 그러나 약간 다른 점은 있다. 처음의 주장은 기업이 통제해야하는 내부적

사건들이 의사결정구조의 형식이라는 것이다. 우리는 개인이 의사결정구조에 책임이 있다고는 생각하지 않는다. 왜냐하면 그들은 거기에 대해 통제를 할 수 없다. 그러나 기업의 도덕적 행위자는 그런 통제를 해야 한다. 두 번째는 기업은 의사결정구조뿐만 아니라 종업원에 대한 대우, 품질통제절차, 경영자의 선임과 같은 광범위한 내부적인 행위에 대해서도 책임이 있다는 것이다. 여기에 통제의 문제는 존재하지 않는다. 개인은 내부적인 정신적 사상에 대해 중요한 통제를 한다. 그리고 기업도 내부적인 행위에 대해 중요한 통제를 한다. 그러나 우리는 사람이 생각하는 것에 대해서는 비난을 삼가하는 경향이 있지만 기업이 내부적으로 행하는 것에 대해서는 비판해야 한다.

마지막으로 우리는 행동에 대해 책임을 질 수 있는 능력이나 사건을 통제할 수 있는 능력이 분리되는 기업의 책임모델을 구축해야 한다. 2장에서 나타난 책임의 중요요소는 도덕적으로 자기의 행동에 대해 책임을 질 수 있는 능력이다. 즉 도덕적인 이성을 사용하여 자기의 행위에 대해 도덕적인 설명을 하는 것이다. 보통의 경우, 행위에 대해 책임을 질 의무는 행위를 통제할 수 있는 능력에 의존한다. 우리는 근육경련에 대해 한 개인에게 책임이 있다고 하지 않는다. 그러나 기업에서는 행위에 영향을 미치는 한 개인이나 위원회가 일반 대중에 대해 답변을 할 수 없는 경우가 있다. 특히 전문가가 대중과의 의사소통을 전담하는 경우에는 더욱 그러하다. 우리가 보았듯이 한 개인 또는 하나의 위원회는 기업행동을 완전히 통제할 수 없다. 더글라스(Douglas Aircraft)사(社)가 새로운 비행기를 팔기 위해서는 디자인과 재료선택, 시장성 등 수많은 작은 결정도 내려야 하는데, 이것은 한 개인 혹은 하나의 위원회가 감당할 수 없는 것이다.

기업에서의 책임은 두 가지 방법으로 통제와 구별될 수 있다.

1. 책임을 지는 사람은 통제하는 사람이 아닐 수 있다.
2. 통제하고 책임져야 하는 사람일지라도 그들이 책임져야 하는 행위에 대해 부분적으로만 통제할 수 있을 것이다.

이런 점에서 대기업에서의 책임에 관한 모델은 개인의 책임에 관한 모델과 다르다. 기업의 도덕적 행위자 문제에 대해 이것이 의미하는 것은 대기업이 도덕적 행위자가 될 수 있다고 할지라도, 개인과는 다른 종류의 행위자라는 것이다. 이런 차이를 이해하는 한 가지 방법은 책임있는 기업이 책임있는 개인과 어떻게 다른가를 묻는 것이다. 책임있는 기업은 책임있는 개인과 비교해 볼 때 정보의 흐름과 저장, 내부적・외부적인 책임, 개인간의 통제 메커니즘 등의 구조적인 설계에 대해서 더 언급해야 한다. 즉 기업은 한 단위로 간주되지만, 책임있는 개인보다 실제적으로나 이론적으로 더 알아야 한다. 그러나 자기 행위를 통제할 수 있는 능력은 개인보다 적다. 기업의 관료주의화에 내재하고 있는 책임의 문제는 다른 큰 관료주의에 의해서만 공유된다. 법에 의해서 법인으로 생각됨에도 불구하고 현대의 대기업은 이런 특별한 도덕적 지위와 그런 지위 때문에 부딪히는 특별한 도덕적 문제를 인식해야 한다.

이 장에서 우리는 관료주의화가 의사결정에 대해 책임질 수 있는 능력을 약화시키는 모습들을 살펴보았다. 관료주의는 규칙, 중앙집권적 의사결정, 계층간의 분리, 의사결정의 복잡성, 전문인의 상대적인 힘의 증가라는 문제들을 담고 있다. 이 모두가 기업의 도덕적 책임에 대해 문제를 제기한다. 그리고 그 문제들은 두 가지로 분리될 수 있다. 첫째는 단순히 기업이 도덕적 행위자가 될 수 있는가의 문제이다. 2장에서 보았듯이 도덕적 행위자가 되기 위해서는 기업은 의사결정시 도덕적인 이성을 사용해야 한다. 즉 도덕적으로 책임을 져야만 한다. 그리고 의사결정과정의 구조 그 자체를 통제해야만 한다. 관료주의화의 문제가 너무 심해서 의사소통의 단절, 계층의 분리, 복잡성 등이 책임을 무너뜨린다면 그런 문제들은 기업이 도덕적 행위자가 될 수 없게 만든다. 이 경우에 기업은 정신병을 앓고 있어서 정신상태가 책임을 감당할 수 없는 사람과 비슷해진다. 그러나 사회는 이러한 기업에 속해 있는 개인들의 실패에 대해서나 기업헌장을 어기는 것에 대한 책임을 지도록 요구한다.

둘째는 관료주의가 도덕적 행위를 무너뜨릴 정도는 되지 못해도 기업의 책임을 방해할 수 있다는 것이다. 최선의 정책, 가장 현명한 경영자가 있음에도 불구하고 심하게 관료주의화된 기업은 좋은 의도를 실행할 수 없게 된다. 그런 기업의 우선적인 책임은 관료주의의 행태를 재고하고 개혁하는 것이다.

이번 장에서는 관료주의의 문제점을 완화시키기 위한 일반적인 전략들을 설명하고 대기업에서의 책임을 위한 새로운 모델을 제안하고 있다. 일반적인 전략은

① 개인의 책임을 회복시키고,
② 전문인의 책임을 높이고,
③ 관료주의적인 의사결정을 개선하는 것이다.

책임에 대한 새로운 모델은 개인과 기업이 도덕적 행위자로서의 차이를 보여준다.

그래도 문제는 남아 있다. 관료주의화의 함정을 극복할 수 있다 하더라도 중요한 의미를 지니는 다른 것들이 있다. 기업은 자연의 산물이 아닌 인위적인 창조물이다. 기업은 사람과는 달리 도덕에 대한 지향성이나 도덕적이어야 한다는 내재적인 욕망이 없다. 기업이 도덕적 행위자가 될 때나 관료주의의 문제점을 극복한 후라도 규범을 잘 지킬 것이라고 기대할 수 있는가? 관료주의화의 문제점들을 해결한다 해도 책임있는 행위를 보장할 수 없다.

이 장은 대기업의 책임에 대한 새로운 모델 즉 관료주의적인 조직의 특성에 의해 특징 지워지는 모델을 발전시켰다. 그리고 이 모델이 개인의 책임에 대한 모델과는 다른 종류라는 것을 보았다. 그러나 그 모델은 기업의 도덕적인 행위를 개선하는 수단을 규정하려고도 하지 않았고, 규정하지도 못했다. 우리가 보았듯이 기업의 관료주의는 특정한 도덕적 논리에 따라 기능을 한다. 다음 장들에서는 기업의 관료주의에 대한 중요한 도덕적인 재조정을 할 수 있는가를 보기 위해 관료주의의 도덕적 논리를 살펴볼 것이다.

참 고 문 헌

Baum, R., and A. Flores, *Ethical Problems in Engineering*. New York: Rensselaer Polytechnic Institute., London: Routledge & Kegan Paul, 1965.

Crozier, Michael, *The Bureaucratic Phenomenon*. Chicago: University of Chicago Press, 1964.

Emmet, Dorothy, *Rules, Roles, and Relations*. New York: St. Martin's Press, 1967.

Haskell, Thomas L., "*Professionalism as Cultural Reform*," Humanities in Sociey, 1(Spring 1978) : pp.103~114.

Kanter, Rosabeth, *Men and Women of the Corporation*. Basic Books, 1977.

Kurtz, Paul, "*The Individual, the Organization, and Participatory Democracy,*" *in Problems in Contemporary Society*, ed. Paul Kurtz, Englewood Cliffs, N.J.: Prentice-Hall, 1969.

McGregor, Douglas, *The Human Side of Enterprise*. New York: McGraw Hill, 1960.

Weber, Max, *The Protestant Ethic and the Spirit of Copitalism*. New York: Scribners', 1958.

_____, *The Theory of Social and Economic Organization*. Glencoe, Ill.: Free Press, 1947.

제 7 장 종업원의 권리

대규모의 관료적인 기업들이 책임이란 문제를 어떻게 피할 수 있을까? 앞장에서는 기업의 관료주의와 관련된 문제들을 살펴 보았다. 그리고 기업의 행위를 이해하기 위해서는 인간 개인의 기능과는 다른 새로운 유형이 필요하다는 것을 밝혔다. 만약 기업의 책무성(accountability)이 지켜져야 하는 것이라면 관료주의화시키는 요인은 제거되어야 한다. 앞에서 살펴본 바와 같이 그러한 요인 중에서 가장 치명적인 것 중의 하나가 종업원에게 규칙이란 틀을 부여함으로써 개인의 도덕적 책임을 말살시키려고 하는 경향이다. 즉, 규칙의 관점에서 개인의 책임을 규정함으로써 종업원은 규칙의 망에 걸려 고객에 대한 깊은 책임의식을 망각하게 되는 것이다. 관료적인 회사에서 사무직원이나 기술공, 안전검사원의 행위는 정상적인 규범으로 볼 때 적어도 외관상으로는 아무 문제가 없다. 왜냐하면, 그는 "규칙대로 따랐을 뿐이다"라고 말함으로써 자신의 행위에 대한 책임을 회피할 수 있기 때문이다.

일부 학자들은 개인의 책임을 위협하는 관료주의의 압력을 경감시키고 종업원이 관료주의의 망에 사로잡히지 않도록 하는 가장 좋은 방법은 종업원의 권리를 공식적으로 인정하고 보호하는 것이라고 주장하고 있다.

"종업원권리"란 말은 과거 10년 [2010년도 기준 37년] 동안 상당히 유행되어 왔으며, 현재는 종업원의 본질적인 가치와 중심적 역할을 인식하기 위한 여러 제안들과 관련되어 사용되고 있다. 그러한 권리들 중에서도 특히 강조되는 것은 다음과 같다.

1. 처벌받지 않고 위험한 제품이나 작업에 대하여 이의(異議)를 제기할 수 있는 권리
2. 처벌받지 않고 근무지 밖에서 정치적인 활동에 참여할 수 있는 권리
3. 처벌받지 않고 거짓말 탐지기(Lie-detector) 테스트를 거부할 수 있는 권리
4. 해고당하기 전에 미리 해고소식을 알 권리
5. 처벌받지 않고 비도덕적인 명령을 거부할 수 있는 권리

위의 권리들이 모든 권리들을 나열한 것은 아니다. (다른 권리들은 뒤에서 언급한다). 그러나 위의 권리들은 종업원 권리의 지지자들이 촉구하는 도덕적 개혁(改革)의 특징을 보여주고 있다. 이러한 권리들은 회사에 있는 종업원뿐만 아니라, 개인 상점의 종업원, 정부기관의 공무원들에게도 적용된다. 본 장에서는 종업원의 권리를 살펴보고 그러한 종업원 권리가 어떻게 정당화되고 또 그것들을 어떻게 이행할 것인가 하는 문제들을 다루기로 한다.

제 1 절 종업원 권리의 현황

과거 200년 동안 고용주가 종업원을 대하는 태도는 혁신적인 변화를 거듭했다. "공모법(共謀法: conspiracy laws)"의 두려움 때문에 노동조합을 구성하는 것조차 금지되었던 것이 지금은 대부분의 종업원들이 노동조합에 가입할 권리를 가지고 있고, 미국에서는 노동관계조정법(Taft-Hartley Act)과 같은 포괄적인 연방법률에 의해서 그 권리가 보호되고 있다. 요즈음의 종업원들은 가부장제(家父長制)하에서 지배를 받는 것처럼 대우받게 되면 경영자들을 상대로 소송을 제기할 것이다. 1878년 뉴욕의 운수회사에 붙여진 다음과 같은 글귀는 오늘날의 작업장애서는 결코 볼 수 없을 것이다.

"각 종업원은 교회의 일에도 참여하여야 하고, 영주(領主)의 집안 일도 자발적으로 도와야 한다...모든 종업원들은 저녁 10시에 취침하여야 한다.

예외 : 남자 종업원에게는 구애를 할 수 있도록 1주일에 하루 저녁은 시간을 줌...[1]"

그러나 여전히 고용주들은 막대한 특권을 가지고 있다. 종업원의 권리를 가장 먼저 주창한 어윙(David Ewing)은 헌법에 의해 보장되는 모든 미국 국민들의 권리조차도 종업원이 일터로 들어갈 때는 "문 밖에 두고"간다고 주장한다. 어윙은 언론의 자유가 엄연히 헌법에 보장되어 있지만 종업원이 위험한 제품에 대해서 이의를 제기하게 되면 그것 때문에 해고될 수도 있다고 지적했다. 그러한 예를 들어보면 다음과 같다 :

[사례 Ⅰ] 듀퐁(Du Pont)사(社)의 기술자 맥킨티어(Louis V. McIintire)씨는 소설을 썼는데, 소설 속에 글럼(Marmaduke Glumm)이란 인물을 설정하여 회사 경영자에 의해 희생당하는 사람으로 묘사했다. 글럼이 일하는 가상의 회사는 듀퐁사(社)와 매우 비슷하게 묘사되었다. 소설에서 글럼은, 기술자들이 노동조합을 조직해야 하고, 종업원 지향적인 연방법률을 제정하도록 압력을 넣어야 한다고 주장한다. 듀퐁사(社)의 경영자가 그 소설의 내용을 알게 되자 맥킨티어씨가 15년 동안이나 훌륭하게 근무해 왔음에도 불구하고 그를 해고해 버렸다. 그는 듀퐁사(社)를 상대로 손해배상 청구소송을 걸었으나 법정은 표현의 자유(freedom of speech)에 대한 권리가 침해되었다는 그의 주장을 기각해 버렸다.[2]

[사례 Ⅱ] 대규모 철강회사에서 일하는 게리(George Geary)씨는 자기 회사가 팔고 있는 철제파이프가 불완전하여 위험하다고 제언했다. 그러나 그의 상사 중 어느 누구도 그의 말에 귀를 기울이지 않았고, 그저 그 파이프는 적절하게 검사된 것이라고 퉁명스럽게 대답했다. 그가 마지막으로 부사장을 찾아갔을 때, 그는 해고당했다. 그리고 펜실바니아 대법원(大法院)은 그의 복직소송을 기각해 버렸다.[3]

---

1) Quoted in David Ewing, *Freedom Inside the Organization*(New York: McGraw-Hall, 1977), p.120.
2) Ewing, *Inside the Organization*, p.99.
3) David Ewing, "Sunlight in the Salt Mines," *Harvard Low School Bulletin* (Fall 1977), p.133.

[사례 Ⅲ] 진먼(Shirley Zinman)양은 조그만 회사에 비서로 근무하고 있었다. 그녀는 사장이 고객과의 전화통화를 녹음하라는 사장의 지시를 거절하였다. 그녀는 고객에게 먼저 알리지 않고는 그렇게 할 수 없다고 말했다. 그 문제로 해서 그녀는 사직하라는 압력을 받았다. 사법당국은 그녀가 실업보험금을 받을 권리에 대해서는 인정했지만 그녀가 다시 복직할 권리를 가지고 있다는 것은 인정하지 않았다.[4)]

위와 같은 경우들로 인해 무감각한 경영자에 대한 비난이 쏟아졌고 비평가들은 종업원들의 "권리장전"(Bill of Rights)을 선언하기에 이르렀다. 그들은 공식적인 수단만이 종업원의 이익보다 조직의 목표에 우선순위를 두는 경영자의 사고방식을 변화시킬 수 있다고 말한다. 노동조합은 경영자가 종업원의 편에 서도록 압력을 가할 수 있으며 보다 안전한 작업환경 속에서 보다 인간적인 대우를 받으며, 보다 높은 임금을 받을 수 있도록 하는데 힘이 되기도 한다. 그러나 비평가의 눈으로 볼 때는 노동조합이 종업원 권리의 문제를 해결할 수 있는 것은 아니다. 역사적으로 볼 때 노동조합은 권리 및 자유와 연관된 문제에 관심을 갖기 보다는 임금과 부가 급부(fringe benefits)에 더 많은 관심을 가져왔다. 임금이 높을수록 더 많은 조합비를 거둘 수 있으므로 조합의 운영에도 유익했다. 그러나 종업원 권리의 증진이라는 제안은 조합자체의 운영에 특별한 이익을 가져다 주는 것이 없어 뒷전으로 밀려났다. 비평가들은 노동조합이 종업원의 권리문제에 대하여 진지한 태도를 갖게 된다 하더라도 그들이 미치는 영향은 미미하다고 주장한다. 왜냐하면, 미국 종업원의 대부분은 노동조합에 가입되어 있지 않고 겨우 1/5정도만이 노동조합에 가입되어 있기 때문이다.

대부분의 경우, 고용주들은 종업원을 마음대로 해고할 수 있는 법적 권한을 가지고 있다. 법이론가인 브래드즈(Lawrence Blades)씨는 다음과 같이 말한다. "고용주들은 그들의 종업원을 마음대로 쫓아낼 수 있다...옳은 이유든, 그른 이유든, 심지어는 도덕적으로 잘못된 이유든 간에 법적 제재에 대한 두려움도 없다."[5)]유명한 예를 보면, 어느 고용주는 종업원을 해고했는데 나중에 법정에서 위법으로 판결되어 다시 그 종업원을 채용했다. 그러고서는 바로 다시 내쫓았다. 그런데 이번에는 그 법정에서 고용주의 해고결정을 지지했다. 법에서 고용

---

4) Ewing, *Inside the Orgarnization*, 116.

5) Lawrence E. Blades, "Employment at Will vs. Individual Freedom: On Limting the Abusive Exercise of Employer Power," *Columbia Law Review*, 67(1967), 1405.

주의 해고 특권을 제한하지 않으려하는 이면에는 노동자와 고용주 사이의 자발적인 합의를 방해하지 않겠다는 오랜 전통에 그 이유가 있다. 노동자는 자발적으로 일하는 것에 대해 동의한다.

그러나 다른 규정이 없는 한 그들의 동의는 어느 한쪽이 마음대로 깨뜨릴 수 있는 것이다. 자발적인 동의의 신성함이 고용주가 종업원을 마음대로 해고하는 것을 정당화시킬 수 있는지의 여부는 뒤에서 검토할 문제이다.

종업원들은 자신들의 권리가 부족함에 대해 불평한다. 현대사회에서는 노동 그 자체가 인간성을 빼앗는 것이기 때문에 많은 사람들이 종업원은 권리가 없다는 것을 보다 민감하게 느낀다고 주장한다. 종업원의 권리는 기계화된 일상생활의 비인간적인 경향과 기술, 경제성에 의해서 야기되는 지루함을 방지하기 위해서도 필요하다.

작업광경을 오랫동안 관찰해 온 터켈(Studs Terkel)은 자신의 저서 『노동』(*Working*)의 서두에서 다음과 같이 말했다.

"노동에 관하여 쓴 이 책은 본질적으로 육체적 폭력뿐만 아니라 정신적 폭력에 관한 것이다. 이것은 우연한 사고뿐만 아니라 오랜 병폐에 관한 것이고, 치고받는 싸움뿐만 아니라 말다툼에 관한 것이다. 또 육체적 혹사뿐만 아니라 정신적 학대에 관한 것이다. 무엇보다도 그것은 일상의 굴욕에 관한 것이다. 그날을 무사히 넘겼다는 것은 작업 중 부상당한 많은 사람들을 볼 때 충분히 성공을 거둔 것이다".[6]

만약에 노동이 인간성을 말살하는 것이 사실이라면 그 이유는 두 가지로 생각해 볼 수 있다. 즉 노동 그 자체가 본질적으로 인간성을 말살하는 경우와 (유사한 예로, 달리기는 본질적으로 피곤하게 한다), 작업장의 어떤 특징이나 경영자의 어떤 행위 때문에 노동이 인간성을 파괴하므로 인간성을 말살하는 원인을 제거하면 문제가 해결되는 경우, 둘 중 어느 하나일 것이다. 만약에 전자의 견해를 따른다면 종업원의 권리가 비인간화의 문제를 경감 시킬 수 있다는 확신은 잘못된 것이고, 비인간화의 문제가 없는 노동은 존재하지 않는다. 그러나 만약에 후자의 입장을 취한다면 노동자의 권리를 인정하는 것과 같은 변화가 노동자에게 자율과 자존심을 부여하여 비인간화(dehumanization)의 문제를 감소시킬 수 있다는 확신은 잘못된 것이고, 비인간화의 문제가 없는 노동은 존

6) Studs Terkel, *Working*(New York: Avon Paperbacks, 1975), p.1.

재하지 않는다. 그러나 만약에 후자의 입장을 취한다면 노동자의 권리를 인정하는 것과 같은 변화가 노동자에게 자율과 자존심을 부여하여 비인간화의 문제를 감소시킬 수 있게 된다.

후자의 견해를 따르게 되면 종업원의 권리를 도입하는 것은 노동자를 위해 작업조건을 개선하고 임금을 인상하는 등의 역사적인 진보와 동일하게 간주된다. 한 단계 더 진보의 개념을 확대하여, 어떤 학자들은 종업원의 권리를 인정하는 것을 정치적 무대에서 시민에게 법적·제도적 권리를 부여하는 진보적 과정에서 나타나는 본질적이고 피할 수 없는 것으로 본다. 따라서 군주들이 시민의 권리를 보장하는 민주적 정부를 위해서 양보했던 것과 같이 기업의 경영자들도 종업원의 권리를 보장하는 보다 더 종업원 중심적인 회사가 되도록 양보할 수 밖에 없다. 종업원 권리의 실현을 위한 단 하나의 선행조건은 법적·정치적 권리의 기초를 확고히 하는 것이다. 따라서, 종업원 권리는 보다 기본적인 권리－즉 언론의 자유, 투표의 자유－가 보장되지 않는 나라에서는 제기되지 않는다. 미국, 영국, 스웨덴 등과 같이 기본권의 전통이 오래된 나라에서나 종업원의 권리를 찾아볼 수 있다. 그러나 아르헨티나·스페인·소련 등과 같이 기본적인 권리들의 전통이 짧거나 아예 없는 나라에서는 찾아볼 수가 없다.

그와 같은 거대한 진보의 가능성이 정당화되든 안 되든 간에 최근의 고용관계법의 변화는 종업원의 권리를 좀 더 인정하는 방향으로 나아가고 있다. 1950년대부터 오늘날까지 미국에서 종업원과 관련된 법률을 검토해 보면 초기에는 고용주들이 종업원을 다루는데 있어 법적 제약이 전혀 없었음을 알 수 있다. '1958년 법률개정안(Restatement of Agency)'의 383항과 385항에 의하면 종업원은 고용주의 모든 "정당한" 명령에 복종할 의무를 가지고 있었다. 이것은 종업원들이 불법적이거나, 비도덕적(非道德的) 행위를 하도록 요구하는 그 행위들이 정당하지 않다는 이유로 거부할 수 있다는 것을 암시하지만, 그것은 오로지 종업원이 사직할 자유가 있다는 것을 의미할 뿐이고, 비도덕적인 명령을 거부할 때 자신의 직위를 지킬 수 있는 권리가 그에게 주어진 것은 아니다. 또 387항은 주종관계(agent - principal relationships)에서 종업원은 "불성실하게 말하거나 행동하지 않을 의무가 있다."는 단서로 고용주의 특권을 강화했다.

오늘날에는 옳든 그르든, 이유가 어떻든 간에 종업원을 해고할 수 있는 고용주의 법적 권리가 여전히 존재하지만 예외가 인정되고 있다. 유명한 "연방노동위원회－존스, 로글린철강회사소송(NLRB v. Jones and Laughlin Steel Co)"의 판례(判例)에서 법원은 종업원을 해고할 수 있는 고용주의 정상적인 권리를 재차 인정했지만 종업원은 노동조합을 결성할 권리가 있고, 고용주가 노동조합에 찬성하는 종업원을 고의로 해고함으로써 종업원의 권리를 침해할 수 없다고 판결했다.[7] 1970년대에는 종업원에게 불리하게 가해지는 회사관행을 금지하기 위해 고용주에게 제약을 가하는 새로운 법률들이 제정되었다. 1974년에 통과된 탄광안전법(Coal Mine Safety Act)은 어떤 종업원도 이 법을 어기는 행위를 보고했다고 해서 처벌받을 수 없다고 명시하고 있다. 직업안전보건법(Occupational Safety and Health Act; OSHA)도 마찬가지로 보건과 안전에 위배되는 것을 불평하는 종업원을 처벌하지 못하게 하고 있다. 수질오염방지법(Water Pollution Control Act)도 수질오염행위에 대해 불평을 하는 종업원의 처벌을 금지하고 있다. 1970년대 말까지 대규모의 법적 기구가 종업원들의 표현의 자유를 보호하기 위하여 설치되었다. 그러나 대부분은 특별히 규정된 법률의 강화와 관련되어 있는 한정적(限定的)인 권리만을 보호하는 것에 그치고 있다.

제 2 절 종업원 권리의 정의

종업원 권리를 주장하는 사람들은 법률위반에 대해 이의를 제기할 수 있는 일반적인 권리 이상의 것을 요구했다. 그들은 비윤리적 행위에 대해서 이의를 제기할 수 있는 권리, 작업장 밖에서 정치적 활동에 참여할 수 있는 권리, 사적인 대화를 회사 간부들에 의해서 도청당하지 않을 권리와 같은 종업원에 대하여 광범위하게 해석된 권리를 요구한다. 그러나 그러한 권리에 대한 요구를 어떻게 받아들여야 할 것인가? 종업원의 권리를 지지하는 사람들은 이러한 권리가 정치적 권리의 연장으로 간주되어야 한다고 말한다. 그리고 노동자들은 작업장으로 들어갈 때 그들의 정치적 권리를 문 밖에다 버려두고 들어가기 때문에 그 해결책은 작업장 내로 그러한 권리들을 연장시키는 것이라고 주장한다.

그러나 이것은 확실히 잘못된 해석이다. 종업원들이 작업장 내로 들어갈 때 그들의 정치적 권리가 취소되는 것은 아니다. 비록 그들이 특정한 종업원의 권리가 무시된다고 이의를 제기할지는 몰라도 정치적 권리와 종업원 권리를 동일시하는 것은 잘못된 생각이다. 예를 들면, 그들이 집에서 가지고 있는 미국헌법

7) Ewing, *Inside the Organization*, p.32

제1차 수정(First Amendment)에서 보장한 정치적 권리는 직장에서도 역시 가지고 있다. 그리고 그들은 정부의 보복에 대한 두려움 없이 어디에서든 그들의 마음 속에 있는 말을 자유롭게 표현 할 권리를 가지고 있다. 맑스주의를 선언하거나 비윤리적 행위에 대해 이의를 제기하는 것을 금하는 법률은 없다. 또 그로 인하여 벌금부과나 실형선고 같은 것을 당할 두려움을 가질 필요도 없다. 그러나 제1차 수정에서는 단지 표현의 자유에 대해서만 이야기 할 뿐이지, 기업이 종업원에게 그렇게 할 수 있게끔 해야 할 의무가 있다고는 말하지 않았다. 따라서 비윤리적 행위에 대해 불평하여 해고당한다고 해도 표현의 자유에 대한 한 사람의 정치적 권리가 박탈당한 것은 아니다. 만약에 그것이 한 사람의 권리를 침해한 것이라면 그것은 종업원 권리를 침해한 것이다.

그러면 종업원 권리는 다른 권리들과 어떤 점에서 유사하고, 어떤 점에서 상이한가? 우리는 독립선언문(Declaration of Independence)이나 헌법(Constitution)에 명시된 정치적 권리, 즉 "생존, 자유, 행복추구"에 대한 "신으로부터 받은" 그리고 "빼앗길 수 없는" 권리에 대해서 이야기한다. 또 민족자결권이나 고문당하지 않을 권리와 같은 인권(특히 미국의 외교정책에서 많이 사용하는)에 대해서도 종종 이야기한다. 또 여성, 흑인, 다른 소수 민족들이 동일한 대우를 받는 것을 포함하는 시민권에 대해서도 종종 이야기한다. 그러면 이러한 권리들이 공통으로 가지고 있는 것은 무엇일까?

철학자들은 모든 권리들의 공통적인 특성이 무엇인지, 즉 권리의 개념을 어떻게 정의해야 할 것인지에 대해서 의견이 엇갈린다. 그 중 가장 많은 지지를 받고 있는 정의에 의하면 권리는 "양심으로부터 나오는, 어떤 것에 관한, 그리고 어떤 사람에 대한 정당한 요구"[8]이다. 즉 어떤 권리이든 무언가를 요구하도록 한다. 예를 들면, 표현의 자유라는 권리는 자유롭게 표현할 수 있도록 요구하고, 평등한 대우를 받을 권리는 거의 유사한 상황하에서 다른 모든 사람들이 대우받는 것처럼 대우받기를 요구한다. 또 권리는 어떤 사람에 대해서 요구하는 것이다. 예를 들면, 나의 표현의 자유는 내가 표현을 자유롭게 할 수 있도록 허락하는 어떤 사람에 대해 요구하는 것이다. 또 평등한 대우를 받을 권리는

---

8) This definition, philosophers will recognize, comes from Joel Feinberg, See Feinberg, "Duties, Rights, and Claims," *American Philosophical Quarterly*, 3(1966), 134~4.; Also Feinberg, "The Nature and Value of Rights," *Journal of Value Inquiry*, 4(1970), 243~57.

내가 평등하게 대우 받을 수 있도록 해주는 어떤 사람에게 요구하는 것이다.

또 다른 정의에 의하면 권리는 요구가 아니고 어떤 것을 하거나, 가지거나, 즐기는 것에 대한 자격이다. 이 정의에 의하면 권리를 누구에게 요구할 것인가에서 누구를 규정할 필요는 없다. 따라서 권리란 사람들이 그 권리를 얻기 위해 다른 특별한 의무를 부담하지 않으면서 어떤 특정한 것－즉 자유, 생활, 선택된 사람들과 관련된 것－에 대해 자격을 가지는 것이다.[9] 또 다른 정의에 의하면 권리를 집단적 목표를 초월하는 "으뜸"(trumps)의 것, 다시 말하여 집단적 욕구의 압력 속에서도 가장 우선순위를 갖는 것으로 해석한다.[10] 이것은 권리를 침해함으로써 대중의 복지를 증진시킬 수 있더라도 개인의 권리가 우선적으로 지켜져야 한다는 것을 의미한다. 따라서 프라이버시에 대한 권리는 개인의 전화를 도청함으로써 국가의 복지가 증대된다고 하더라도 미중앙정보국(CIA)의 도청 요구보다 우선순위를 갖는 것이다. 여기에서 프라이버시에 대한 권리는 집단적인 국가의 목표를 초월하는 "으뜸패"인 것이다.

위의 정의들은 완전히 상반된 것은 아니지만 권리(權利)의 개념에 있어 중심이 되는 특성들을 각각 다르게 표현하고 있다. 불행히도 여기서는 어떤 정의가 가장 좋은 것인지를 논의할 여유가 없다. 따라서 여기서는 단순히 권리는 "비록 규정되지 않은 것일지라도 다른 것에 대해 제한이나 의무의 부담을 지우는, 그리고 집단적인 목표가 개인의 이익을 위협하는 것을 방지하는 정당한 요구 또는 자격"으로 정의하겠다. 여러 가지 상반된 정의를 종합한 이러한 정의는 이 책의 목적에도 적합할 것이다.

다음 단계는 여러 종류의 권리를 구분하는 것이다. 예를 들면 도덕적 권리는 법률상의 권리와는 분명히 구별된다. 전자는 법률의 공식적인 승인 없이도 존재할 수 있지만, 후자는 반드시 그것을 필요로 한다. 적어도 미국에서는 투표권이 미국 헌법과 같은 공식적인 문서에 규정된 법적 권리이다. 반면에, 진실을 들을 권리(만약에 그러한 권리가 존재한다면)는 도덕적 권리이기 때문에 법률적으로 규정할 필요가 없다. 만일 친구가 나에게 거짓말을 했다면, 그녀는 나의 진실을 들을 권리를 침해하기는 했지만 법률을 위반한 것은 아니다. 또 그런

9) H.J McClosky, "Human Needs, Rights, and Political Values", *American Philosophical Quarterly*, 13(1976), 1~11.

10) Ronald Dworkin, *Taking Rights Seriously*(Cambridge, Mass.: Harvard University Press, 1977).

경우에 나는 나의 권리가 법적으로 강제되어야 한다고 주장하지도 않는다.

또 다른 유용한 구분은 전통적 권리(traditional right), 근대적 권리(modern right), 선언적 권리(manifesto right)로 나누는 것이다. 법적 권리와 도덕적 권리의 구분과는 달리, 이러한 구분은 그 권리들이 최근에 얼마나 증진되었는지에 초점을 맞출 수 있다. 전통적 권리는 거의 1세기에 걸쳐 증진되어왔고, 서유럽 대부분의 국가에서는 인정되고 있다. 그 예로는 사유재산권, 신앙의 자유, 투표권 등이 있다.

반면에 근대적 권리는 보다 최근에 증진되었다. 그 권리들은 일반적으로 받아들여지기는 했지만 국가의 헌법에 명시되지 않는 경우가 많았다. 이러한 권리에는 의무교육을 받을 권리, 고용 및 해고시 차별 받지 않을 권리, 사회보장을 받을 권리 등이 있는데, 이와 같은 근대적 권리는 권리장전(Bill of Rights)에 특별히 명시되지는 않았다. 그럼에도 불구하고 그러한 권리들은 받아들여지고 있다.

선언적 권리는 가장 최근에 증진되고 또 가장 적게 인정되고 있는 권리이다. "선언적 권리"란 말은 화인버그(Joel Feinberg)에 의해서 처음 사용되었는데 그것은 개혁가들이 제안한 권리로써, 그 권리를 지키는 의무를 가진 사람을 규정하지 않은 채로 남겨둔 권리이다. 선언적 권리는 진보된 사회의 특성을 갖고 있으며 사람들로 하여금 지금까지 무시되어왔던 인간의 권익을 인식하게 만들었다. 그러한 권리에는 직업, 의료혜택, 최저생활을 보장받을 권리 등이 있다. 이러한 권리들이 완전히 성숙된 근대적 권리가 되기 위해서는 누가 이러한 권리들을 보장할 책임이 있는지를 규정할 필요가 있다. 예를 들어 모든 사람들에게 충분한 직장을 확보해 줌으로써 직업을 가질 권리를 보장해 줄 책임이 정부에게 있다고 말하는 것이다. 선언적 권리 중 많은 것들은 유엔인권선언에 명시되어 있음에도 불구하고 격렬한 논쟁의 대상이 되고 있고, 어떤 학자들은 그러한 권리가 실제로 존재하지 않는다고 주장하기도 한다.

이 권리를 비판하는 사람들은 선언적 권리가 전통적 권리나 근대적 권리와 모순된다고 주장한다. 왜냐하면 선언적 권리가 그것을 이행할 책임을 가진 사람을 규정하지 않은 채로 남겨두고 있지만 분명히 그 의무는 어떤 사람에게 부여될 것이고, 그러한 부담을 지는 사람은 불공평한 부담을 지게 되어있기 때문이다. 예를 들어 미국이 직업을 가질 권리를 법적 권리로 격상시킨다면 실업자—그들 중의 일부는 게으름뱅이거나 일을 하지 못하는 사람일 수도 있다—에게 직업을 제공하는 부담 때문에 재정적인 어려움에 처하게 된다. 이것은 마음 내키는 대로 자신들의 돈을 쓰고자 하는 사람들의 권리를 침해하게 된다. 반면에 선언적 권리를 지지하는 사람들은 그렇게 생각하지 않는다. 그들은 선언적 권리가 불공평한 부담을 가져온다고 믿지 않는다. 또 자유에 대한 권리와 같은 전통적 권리조차도 그것이 특권을 가진 소수의 사람들에게 불편을 준다는 이유로 반론이 제기되었던 것처럼 선언적 권리를 지지하는 사람들은 그러한 것을 권리의 역사적 진보의 과정으로 생각했다. 예를 들면 자유를 누릴 권리는 노예소유자에게 불공평한 부담을 준다는 이유로 한 때 반대되었다.

만약에 종업원 권리가 존재한다면, 그 권리들은 도덕적 권리나 선언적 권리로 분류해야 한다고 생각한다. 그것들은 현재 사법 당국에 의해 강제되는 것이 아니기 때문에 법적 권리라기 보다는 도덕적 권리임에 틀림없다. 앞으로 언젠가는 법적 권리로 전환될지도 모르지만, 진정한 의미에서 그 권리를 유지하는데 있어 그러한 전환이 본질적인 것은 아니다. (몇몇 종업원 권리를 지지하는 자들은 종업원 권리가 법적 권리가 되어야 한다는 주장을 비난하면서, 그렇게 하는 것은 그러한 권리를 강화시킬 책임을 고용주로부터 정부로 전환시키는 것뿐이라고 주장했다). 또 종업원 권리는 현재 일반적으로 받아들여지지 않고 있으며, 오늘날 조직개편의 필요성과 관련하여 나타나는 것이기 때문에 선언적 권리로 분류해야 한다.

제 3 절 종업원 권리의 정당성

이제 종업원 권리를 찬성하는 자들이 그 권리가 존재한다는 것을 입증하기 위해 어떻게 해야 하는가하는 의문이 생긴다. 종업원 권리를 반대하는 사람들은 종업원 권리의 존재가 자명하다는 사실을 인정하지 않을 것이다. 그러면 그들을 어떻게 설득해야 할 것인가? 종업원 권리의 개념을 뒷받침하는 기본적 논리는 무엇인가? 종업원 권리의 내용 속에 어떤 권리가 포함되어야 할 것인가? 이러한 것들이 종업원 권리를 찬성하는 사람들이 풀어야 할 숙제들이다. 이러한 것들을 이론적으로 정당화하지 못한다면 그러한 권리들은 무의미한 것이 되고 만다.

종업원 권리에 대해 정당성을 부여하는 것은 종업원 권리라는 문제가 기업의 예민한 신경에 거슬리는 것이기 때문에 더욱 필요하다. 종업원 권리를 찬성하는자들이 노동자들은 이의를 제기할 권리(rights to blow the whistle)를 가지고 있다고 주장했을 때 사실상 종업원 권리를 인정하지 않는 모든 회사의 경영자를 공격하는 것이 된다.

이에 반해 경영자들은 종업원 권리를 주장하는 것이, 정당한 권한을 가진 개인이나 회사로부터 그 권한을 빼앗기 위해 위장된 것이며, 그것은 혼란과 비효율을 초래하게 될 것이라고 대답할 지도 모른다. 따라서 종업원 권리의 뒷받침이 되는 이론적 근거를 제시할 책임은 종업원 권리를 주장하는 사람이 지게 된다.

종업원 권리에 대한 이론적 근거는 3장에서 고찰했던 사회계약에서 찾아볼 수 있다. 사회에서는 생산조직이 "노동자의 단조로움과 비인간화를 최소화할" 의무를 가지고 있다고 규정했다. 또 사회계약은 잠재적으로 노동자가 단조로움과 비인간화를 당할 가능성이 많은 분야에서, 회사가 종업원을 대우하는 기준들을 마련하도록 촉진시켰다. 그러한 기준들은 종업원 권리의 본질에 대한 의미를 변화시킨다. 불행히도 사회계약이란 용어는 너무나 불명확해서 종업원의 권리와 관련된 문제들을 경감시키기 쉽다. 예를 들어 어떤 것을 "비인간화"로 간주할 것인가? 부패된 회사의 관행에 대해 불만을 이야기할 수 있는 권리를 거부당한 종업원들은 "비인간화"되었다고 볼 수 있는가? 이러한 것들이 논쟁거리가 될 수 있다. 따라서 보다 체계적인 대책이 종업원 권리를 위해 필요하다.

종업원권리를 반대하는 사람들은 종업원들이 권리를 가지고 있는 것과 마찬가지로 고용주도 권리를 가지고 있다고 주장한다. 심지어는 고용주는 자유재량으로 종업원을 해고하거나 처벌할 권리를 가져야 한다고 주장한다. 그러나 이런 권리들은 분명히 종업원 권리들과 상충한다. 그 이유는 종업원 권리의 대다수가 고용주들이 종업원을 해고하거나 처벌하는 자유에 의해 제한을 받기 때문이다. 광범위한 고용주의 권리는 "계약자유주의"(종업원과 고용주의 관계를 계약의 형식을 통한 자발적인 합의로 본다. 그러므로 쌍방 중 일방의 임의대로 계약 관계를 중단할 수 있다)에 의해 변호되고 있다. 스미스(Jim Smith)란 사람이 애크미(Acme)사(社)에 입사했다면 그와 회사는 둘 다 어느 한쪽도 그만두자고 요청할 때까지는 계약에 동의한 것으로 추정된다. 그러나 계약은 노동조합에 의한 협상계약이 그런 것처럼 보다 구체적일 수도 있다. 만약에 회사가 스미스씨를 괴롭히기 시작한다면 스미스씨는 자유로이 그 회사를 그만 둘 수 있다. 또 마찬가지로 스미스씨가 위험한 제품에 대해 불평을 함으로써 회사에서 문제를 일으켰다면 회사는 스미스씨를 해고할 수도 있다. 자유기업의 경제 하에서는 자발적인 합의에 대한 제약들을 제거해야 하는데 종업원 권리는 바로 그러한 제약을 초래하는 것이다. 따라서 표면적으로는 자유계약주의가 종업원 권리를 반박하는 것처럼 보인다.

종업원권리를 찬성하는 사람들은 합의를 하는 쌍방, 즉 회사와 종업원이 동등한 위치에 있지 않기 때문에 자유계약주의는 적절하지 못하다고 주장한다. 계약의 자유는 힘을 가진 회사의 입장에서 볼 때 좋은 것이지만 상대적으로 힘이 약한 종업원의 경우에는 그렇지 못하다. 회사가 다른 종업원을 새로 고용하는 것보다는 종업원이 새 일자리를 찾는 것이 더 어렵고 비용이 많이 든다. 고용주는 광고도 하면서 새로운 종업원을 뽑지만 종업원은 새 일자리를 위해 때때로 집을 팔아야 하고, 가족들이 흩어지기도 하고, 새로운 곳으로 이사를 가기도 한다. 회사가 종업원을 새로 충원하여 교육을 시키자면 비용이 들기는 하지만 종업원 보다는 나은 것이다.

그러나 자유계약주의가 계약당사자간의 힘의 균형을 가정하지 않았다 하여 자유계약주의를 폐기하지 못한다. 아담 스미스(Adam Smith)와 같은 사람들은 자발적인 협상이 본인들을 위해서 좋으며 경제적 효율성을 제고시킨다고 믿기 때문에 시장에서의 자유계약을 찬성한다. 그들은 계약당사자들이 현실적으로 불공평한 협상능력을 가질 수 있다는 사실을 잘 알고 있다. 자유계약주의에 따르면 쌍방에 의한 자발적인 합의가 있을 경우에만 가난한 여인이 부자에게 그녀의 가보를 팔 수 있다고 한다. 그러나 자유계약주의에는 동등한 힘에 대한 가정은 없다. 따라서 힘의 균형이 결여되어 있는 모든 경우에 대해서 의문을 제기할 수 없다면, 힘의 불균형이 자유계약주의에 대한 비판의 근거가 될 수 없다.

종업원 권리는 전혀 다른 논리에 의해 공격을 받기도 한다. 즉 종업원의 권리를 설정하게 되면 절차적인 형식에 치우침으로써 전체적으로 비효율성을 가져온다고 비난을 받는다. 그리고 "어떤 종업원도 그냥 해고하거나 강등시킬 수 없다"라는 특별한 권리가 있음으로써 공식적인 변명기회를 가져야 하고, 타당한 절차를 확실하게 수행하기 위해서는 복잡한 조직기구를 설치해야 한다는 것이다. 종업원 권리 때문에 종업원을 처벌하거나 해고하는 것이 거의 불가능한 환경에서 일하는 회사 경영자를 상상해 볼 수 있다. 추측하건데, 그 결과는 작업능률이 떨어지고, 종업원들은 게을러지며, 전반적으로 비효율성이 나타날 것이다.

이러한 주장과는 달리 어떤 사람들은 종업원 권리가 종업원의 사기를 높이고 그로 인하여 효율성이 제고되기 때문에 오히려 전체적으로 볼 때 효율성이 증진된다고 주장한다. 그러나 이러한 주장에 대한 설득력있는 증거가 제시될 수 있는지의 여부는 논란의 여지가 있다. 작업조건의 기본적인 변화가 장기적으로 생산성에 어떤 영향을 미치는가를 판단할 수 있는 믿을 만한 통계를 얻기는 어렵다. 작업조건의 변화와 함께 다른 여러 변수들도 동시에 영향을 미치기 때문에 생산성 증대의 원인을 정확하게 규명하기는 사실상 불가능하다.

종업원 권리에 대해 완전히 상반된 두 가지 주장이 서로 대립될 때, 종업원 권리를 찬성하는 사람들을 위해서는 단 하나의 탈출구가 있는 것 같다. 그것은 종업원 권리가 이미 완전한 인정을 받고 있는 전통적 및 근대적 권리와 동일한 위치에 있다는 것을 입증한다.

계약의 자유는 존재하고 있는 권리를 침해하지 않는 범위내에서 계약을 하는 자유로 해석된다. 예를 들어 생명이나 재산에 대한 다른 사람들의 권리를 침해하는 계약에 참여할 자유를 가진 사람은 없다. 이러한 이유로 해서 종업원의 권리와 상충되는 계약에 참여할 자유를 가진 개인이나 회사도 없다.

만약에 종업원 권리가 존재한다는 것이 입증되면, 효율성의 고려로 종업원 권리의 옳고 그름을 판단할 수는 없다. 1950년대에 몇몇 변호사들이 인종에 따라 분리시키는 학교시스템이 보다 경제적이고, 보다 효율적이라고 생각하여 분리를 주장했을 때도 그들의 주장은 인정되지 않았다. 어느 재판관도 그 주장을 진지하게 고려하지 않았다. 왜냐하면 그 주장이 비효율적이 아니라 그것은 권리, 즉 모든 인종이 동일한 교육적 기회를 가질 권리와 관련된 문제이기 때문이다. 만약에 종업원의 권리가 다른 전통적 권리나 근대적 권리와 동일한 권리라는 것이 입증된다면 계약의 자유를 고려하거나, 효율성을 이유로 그 권리들의 정당성을 뒤집지는 못할 것이다. 따라서 종업원 권리의 지지자들에게 있어서는 논리적이고 설득력있는 방법을 사용하여 종업원 권리의 존재를 입증하여야 하는 불가피한 과업이 주어지게 된다. 과연 어떻게 해야 그러한 과업을 달성할 수 있을까?

어떤 제안들은 너무 막연해서 아무런 도움이 되지 못한다. 권리를 "양심을 일깨움으로써 인지된 타당한 요구"라고 한 화인버그(Joel Feinberg)의 정의를 고려해 보자. 즉 종업원 권리를 "양심의 깨우침"으로 보느냐의 문제 때문에 큰 혼란이 일어나게 된다. 종업원 권리를 반대하는 사람들은 그 권리가 "양심의 일깨워짐"에 의한 것이라는 점을 인정하려고 하지 않을 것이고, 반면에 찬성자들은 그 권리가 "깨달은 양심"에 의해 인정된 것이 자명하다고 주장할 것이다. 이러한 것은 권리의 일반적 해석들을 사용하여 권리를 도출하고자 시도하는 경우에도 동일하다. 예를 들어 블랙스톤(William T. Blackstone)은 권리는 '순리와 자유에 대한 모든 사람들의 능력에 기초를 둔 것'이라고 주장했다.[11] 그러나 순리나 자유가 무엇을 의미하며, 그러한 개념으로부터 어떻게 권리를 도출할 것인가? 블래스토스(Gregory Vlastos)는 권리는 '모든 사람들의 동등한 가치와 행복하고 자유롭게 될 수 있는 그들의 능력에 기초를 둔 것'이라고 주장했다.[12] 그러나 그 점을 주장하기 위해 그러한 용어들을 어떻게 정의해야 할까? 권리의 개념에 대한 이러한 모든 해석들은 그 자체로 볼 때는 정당하지만 종업원 권리의 정당성을 확고한 지위에 올려놓기에는 역부족이다.

지금까지 제시한 것보다 더 성확하게 종업원 권리의 존재를 입증할 수 있는 방법이 강구되어야 한다. 따라서 종업원 권리를 도출하기 위해 다음 네 가지 영역을 살펴보기로 하자.

1. 완전한 의무(perfect duties)
2. 기본적 욕구와 관심(basic needs and interests)
3. 평등한 자유를 누릴 권리(right to equal freedom)
4. 책임있게 행동할 권리(right to behave responsibly)

1. 완전한 의무 권리를 도출하는 한 가지 방법은 의무로부터 끌어내는 것이다. 만약에 명백한 의무나 책무(accountability)가 존재한다면 그것과 관련된 권리를 유추할 수 있다. 내가 너에게 $100을 지불할 것을 약속함으로써 생긴 나의 의무는 너에게 나로부터 $100을 받을 권리를 준 것과 같다. 물론 이 방법은 특정한 상황하에서 특정한 계층의 사람에게만 부과되는 약속을 지킬 의무와 같은 완전한 의무의 경우에만 해당되며 언제, 어떻게, 누구에게 의무가 이

---

11) William T. Blackstone, "Ethics and Ecology," in *Ethical Issues in Business*, ed. T. Donaldson and P. Werhane(Englewood Cliffs, N.J.: Prentice-Hall, 1979)

12) Gregory Vlastos, "Justice and Equality," in *Ethical Issues in Business*, ed. T.Donaldson and P.Werhane(Enlgewood Cliffs, N.J.: Prentice-Hall, 1979) pp.257~70.

행되어야 하는지가 분명하지 않은 불완전한 의무의 경우에는 해당되지 않는다. 예컨데, 자비를 베풀어야 하는 당신의 의무가 당연히 당신의 자비를 받을 권리를 나에게 주는 것은 아니다.

그러나 의무 그 자체가 존재한다는 사실에 동의하는 한 완전한 의무의 개념으로부터 종업원 권리를 도출해 낼 수 있다. 계약과 관련된 권리, 즉 합의를 함으로써 조직에 참여하는 사람이 가지는 권리는 합의를 존중하는 의무로부터 끌어낼 수 있다. 종업원들은 자기의 고용주와 합의한 임금수준이 있으면 그 임금수준을 기대할 권리를 가지고 있다. 또 해고나 승진결정에 있어 또는 임금지급시에 인종이나 성별에 의해서 차별을 받지 않을 권리는 모든 사람을 평등하게 대우하여야 한다는 완전한 의무(그 의무는 경영자들이나 회사 임원들을 포함한 모든 사람들이 져야 한다.)로부터 도출할 수 있다. 그러면 적어도 몇 개의 종업원 권리들을 도출하는 방법으로써 완전한 의무로부터 권리를 도출하는 방법을 인정할 수 있을 것이다. 그러나 불행히도 제도적 권리에 이 방법을 적용하는 것은 때때로 관련된 의무 그 자체가 권리와 마찬가지로 의문시 된다는 이유 때문에 제한된다. 또 리언즈(David Lyons)와 같은 철학자들이 지적했듯이 어떤 권리들은 그와 관련된 통상의 의무를 가지지 않는 것들도 있다. 이러한 이유 때문에 완전한 의무로부터 권리를 도출하는 방법은 종업원 권리의 지지자들이 잘 사용하지 않고 있다. 오히려 그 반대의 경우가 더 많다. 즉 논쟁의 여지가 적은 권리를 먼저 설정하고 논쟁의 여지가 많은 의무를 나중에 규정한다. 이러한 이유로 종업원의 권리를 도출하기 위해 필요한 다른 방법들을 찾을 수밖에 없다.

2. 기본적 욕구와 관심 종업원 권리를 도출하는데 두 번째 가능한 방법은 기본적인 욕구나 관심으로부터 그 권리를 도출하는 것이다. 닉켈(James Nickel)과 같은 현대의 철학자들은 권리에 대한 전제는 “어떤 것에 대한 기본적이고 강한 관심의 존재”라고 주장한다.[13)]

이렇게 보면 음식, 의료혜택에 대한 욕구가 그러한 것에 대한 권리의 기초가 된다. 여기서 문제가 되는 관심이나 욕구는 기본적이어야 하고 가장 보편적인 것이어야 한다. 의사가 되고자 하는 관심을 아무리 가져도 모든 사람들이 의사

---

13) James Nickel, "Is There a Human Right to Employment?" forthcoming in the *Philosophical Forum*.

가 된다는 권리를 뒷받침해 주지는 않는다. 반면에 개인의 안전이나 음식에 대한 관심은 그러한 권리를 뒷받침해 준다. 결과적으로 정당한 권리를 도출하기 위한 이러한 방법은 기본적이고 보편적인 욕구를 찾아내고 관련된 권리와 연결시키는 것도 포함한다. 이와 유사한 접근법으로 화인버그는 자연적 욕구(말하자면 음식에 대한)가 선언적 권리의 존재를 정당화시킨다고 주장한다. 즉 단순한 자연적 욕구의 존재는 배고픈 사람들의 음식에 대한 요구를 정당화시킨다. 그러나 화인버그는 이러한 선언적 권리는 그 요구를 누구에게 할 것인가, 즉 권리를 이행할 의무가 누구에게 주어졌는가가 분명하게 될 때까지 완전히 인정되는 것은 아니라고 강조한다.

화인버그가 '단순한 욕구가 완전히 인정된 권리를 창출한다'는 주장을 주저한 것은 종업원 권리의 문제와도 관계가 있다. 모든 기본적이고 보편적인 욕구가 진정한 권리를 창출하는 것 같지는 않다. 예를 들면, 로센(Frederick Rosen)은 기본적 욕구를 충족시키는 것은 때때로 권리의 문제라기 보다는 자비의 문제라고 지적했다. "만약에 어떤 사람이 등산을 가서 길을 잃어 허기를 느꼈다고 하면, 그의 기본적인 욕구는 충족되지 않았지만 우리는 어느 누구도 그를 불공평하게 대우했다고 질책할 수 없다는 것을 인정할 것이다."[14] 탐험가로 자처하는 사람은 비록 자비를 받을 자격은 가지고 있지만 구조될 권리를 가지고 있는지에 대해서는 의문이 많다. 또 다른 문제를 고려해 보자. 어떤 사람들은 (프로이드(Freud)와 같은) 음식이나 의료혜택과 마찬가지로 성적 욕구와 공격적 욕구도 기본적이고 거의 보편적인 관심이 된다고 주장한다. 그러나 이러한 관심으로 (그것과 관련된 의무의 문제를 언급하지 않고) 성적 욕구나 공격적 욕구에 대한 권리를 뒷받침하려는 것은 잘못된 것 같다. 따라서 기본적 욕구를 사용하여 권리를 도출해 내는 방법은 너무 많은 권리를 창출하게 되는 문제에 부딪치게 된다.

지나치게 권리가 많다는 문제점은 만약에 권리의 수를 줄이는 방법을 찾는다면 해결할 수 있을 것이다. 그 한 가지 방법은 "특별한 보호가 가장 필요한" 것으로 권리를 제한하는 것이다. 따라서 숨을 쉴 수 있는 권리나 공격적이 되는 권리는 진정한 권리로 볼 수 없다. 왜냐하면 전형적으로 그러한 권리들을 만족시키기 위해 특별한 조치를 취할 필요가 없기 때문이다. 반면에 자유에 대한 권리는 침해당하기 쉬운 특성 때문에 진정한 권리가 될 수 있다. 그러나 이

14) Fredrick Rosen, "Basic Needs and Justice," *Mind*, 86(1977), 88~94.

러한 단서도 개인의 지위나 명성과 같은 거의 보편적인 관심들이 권리를 정당화시키기 위한 기초로서는 인정될 수 없는 것 같은데도 불구하고 그러한 관심을 만족시키기 위한 노력이 계속되고 있기 때문에 지나치게 권리가 많게 된다는 문제점을 완전히 해결할 수 없다. 대부분의 사람들은 낮은 지위보다 높은 지위의 일을 더 좋아하지만, 높은 사회적 지위에 오르기는 어렵다. 그러나 높은 지위의 일자리로 옮겨 갈 권리를 가지고 있다고 주장하는 사람은 거의 없다.

기본적 관심에 의한 접근법을 채택하기 위한 마지막 방법은 "자존심"(self-respect)을 기준으로 하여 권리를 제한하는 것이다. 어떤 사람은 권리를 창출하는 것과 관련된 욕구와 관심들은 만약 그것이 만족되지 않을 때 품위나 자존심의 손상을 야기시키는 그러한 종류의 것이라고 주장하기도 한다.[15] 즉 사람의 고유가치와 자존심의 상태에 초점을 맞춘 것이다. 특정한 욕구를 만족시키지 못하여 자존심이 손상되면 사람들은 그러한 욕구를 만족시킬 평등한 권리를 부여받는다. 이러한 욕구들을 구체적으로 식별할 수 있다면 그와 관련된 권리를 식별할 수 있을 것이다. 예를 들어, 정치적 영역에서 사람들이 투표할 기회를 박탈당한다면 그것은 그들이 자제력을 잃게되고, 자신의 의지를 다른 사람들에게 종속시키기 때문에 그들의 자존심이 심각하게 손상당했다고 주장할 수 있다. 이러한 경우에 자기 결정의 욕구는 그것이 좌절될 경우 자존심을 손상시키므로 투표할 권리를 창출하는데 사용되어질 수 있다.

이제 종업원권리의 문제에 대해 이 방법을 적용해 보기로 하자. 먼저 프라이버시에 대한 종업원 권리, 보다 구체적으로 직장에서 마음대로 종업원의 책상이 수색당하지 않을 권리를 고려해 보자. 종업원들은 그들의 책상이 마음대로 수색당하게 되면 자존심이 크게 상하는 프라이버시에 대한 욕구를 가지고 있다고 주장할 수 있다. 이렇게 자존심의 기준을 사용함으로써 마음대로 책상을 수색당하지 않을 종업원 권리에 대한 사례를 만들 수 있다.

그러나 다른 종업원 권리는 이러한 방법을 사용할 수 없는 것처럼 보인다. 종업원이 처벌받지 않고 경영자를 비판할 수 있는 권리를 가지고 있는지 여부를 결정하기 위해서는 보편적인 관심이 그러한 권리의 바탕이 되는지, 그리고 그러한 권리가 거부됨으로써 개인의 자존심이 크게 상하는지 여부를 결정할 필요가 있다. 그러나 누구의 자존심을 문제삼을 것인가? 자기 회사를 비난하여 해고당한 사람은 그 해고로 인해 자신의 자존심에 상처를 입었다고 생각하기보

15) Nickel, "Human Right?" p.21.

다는 자신의 돈지갑이나 생활보장에 더 큰 타격을 받았다고 생각할 것이다. 또 어떤 조직에서 한 번도 승진해 보지 못한 종업원들은 기본적 욕구를 만족시키지 못하고 있고 그 결과로 자존심이 상하게 된다는 주장을 할 수도 있다(승진하는 보편적인 권리를 획득하는 사람은 별로 많지 않다). 자존심이 어떤 종업원권리에 대한 효과적인 지표의 역할을 수행하기 위해서는 먼저 자존심의 개념을 명확하게 설명해야 한다. 자존심을 이유로 종업원 권리를 부분적으로 설명할 수 있을지는 몰라도 현재의 모든 권리들을 설명할 수는 없다.

3. 평등한 자유를 누릴 권리 권리를 바탕으로 자유의 개념을 사용하고자 시도한 것 중에서 가장 널리 알려진 것은 아마 20세기의 법률학자 하트(H.L.A. Hart)의 논문 「천부적 권리(자연권)라는 것이 존재하는가?」일 것이다. 그 논문에서 하트는 "만약에 어떤 도덕적 권리가 존재한다면 그것은 하나의 천부적 권리(자연권) 즉, 인간은 누구나 자유로울 수 있는 권리를 동등하게 가지고 있다는 결론이 나온다."[16]고 주장한다. 하트의 주장의 요점은 너무도 간단하다. 즉 만약에 어떤 권리가 존재한다면 이러한 권리는 권리의 보유자에게 자격을 주고 그 자격이 다른 사람에 의해서 승인되면 이는 필연적으로 타인의 자유를 제한하게 된다(만약에 내가 당신의 권리를 승인하게 되면, 나는 내가 원하는 어떤 것도 할 수가 없다. 특히 나는 당신의 권리를 방해할 수 없게 되는 것이다). 하트는 그러한 관계에서 내재하는 중요한 가정 즉 권리를 요구하는 사람이 다른 사람의 자유를 방해하기 위해서는 도덕적 정당성을 입증해야 한다는 사실을 끌어낼 수 있었다. 달리 말하면 이것은 권리를 요구하는 사람들에게 모든 사람들이 자유로울 수 있는 평등한 권리를 확인하도록 위임한 것이다. 따라서 권리는 자유를 제한하는 것을 정당화시키는 것이기 때문에 평등한 자유는 권리를 요구하는 그 행위의 전제조건이 되는 것이다.

하트는 고전주의 철학자 칸트(Immanuel Kant[1724~1804])가 그의 저서 『정의의 형이상학적 요소』(*Metaphysical Elements of Justice*)에서 "권리란 한 사람의 자유가 다른 사람에 의해서 제한될 때 확정되는 것과 관련된 것이다."[17]라

16) H.L.A. Hart, "Are There Any Natural Rights?" *Philosophical Review*, 64(1955), reprinted in *Rights*, ed. David Lyons(Belmont, Cal,; Wadsworth Publishing Co., 1979), p.14.

17) Immanuel Kant, *The Metaphysical Elements of Justice*, trans. John Ladd (New York: Bobbs-Merrill, 1965).

고 말한 것과는 다르게 주장하고 있다. 하트가 제안한 것처럼 평등한 자유를 누릴 권리를 바탕으로 한다면, 이러한 기본적 권리는 종업원 권리를 포함한 파생적 권리를 도출하는 발판으로 사용될 수 있다. 다시 말해서 평등한 자유를 누릴 권리는 특정한 종업원 권리를 도출하는 수단으로 사용될 수 있다.

그러나 이러한 강점에도 불구하고 하트의 견해는 조그마한 약점에 의해서 영향을 받는다. 하트는 "만약에 어떤 권리가 존재한다면... 그곳에는 자유에 대한 평등한 권리가 존재한다"로 시작했다. 그러나 왜 시작에서 "만약에"라는 말을 넣었는가? 왜 하트는 단순히 모든 사람들은 자유에 대하여 평등한 권리를 가지고 있다고 말하지 않았는가? 더구나 평등한 자유를 누릴 권리 그 자체를 먼저 정당화시키지 않고 종업원 권리를 정당화시키기 위해 어떻게 사용할 수가 있는가?

하트의 견해가 지니는 문제점을 해결하기 위해서는 그의 주장에서 "만약에"라는 말을 반드시 제거해야 한다. 즉 실제적으로 사람들이 평등한 자유를 누릴 권리를 가지고 있다는 것을 보여주어야 한다. 이렇게 하기 위한 가장 좋은 방법은 일반적으로 도덕적 행위를 하기 위한 조건을 분석하고, 어떤 도덕적 행위가 평등한 자유를 누릴 권리를 어떻게 필요로 하는지를 보여주는 것이다. 다시 말하면 어떤 행위의 도덕적 평가를 위해 필요한 것은 무엇인가? 즉 사람들이 책임있게 또는 무책임하게, 관대하게, 또는 잔인하게 행동하기 위해서 필요한 것은 무엇인가라고 묻는다고 가정하자. 진정한 도덕적 행위를 하기 위해 필요한 단 하나의 조건은 사람들이 행동할 자유를 갖는 것이다. 왜냐하면, 만약에 그들이 행동하는 것에 제약을 받는다면, 또는 만약에 그들의 행위가 외부적 영향의 통제하에 놓이게 된다면, 그러한 행위들은 도덕적인 견지에서 평가할 수 없다. 따라서 자유는 어떤 도덕적 행위를 위해서든 간에 필수불가결한 조건이 된다. 그 결과 개인적인 특성에도 불구하고 도덕적 행위자로 간주될 수 있는 어떤 도덕적 행위자도 자유에 대한 권리를 가지고 있다고 결론을 내릴 수 있다.[18)]

자유에 대한 권리를 확실하게 하기 위해서 필요한 다음 단계는 자유를 누릴 동등한 권리가 어떻게 다른 권리, 특히 종업원 권리를 창출할 수 있는지를 보여주는 것이다. 얼핏보면 자유의 개념은 일반적이고 애매하여 어떤 것을 도출하기 위한 수단으로는 어울리지 않는 것처럼 보인다. 한 철학자가 논평한 것처럼 자유로울 수 있는 권리는 "결정된"(determinate) 권리라기보다는 "결정될 수

---

18) Hillel Steiner, "The Natural Right to Equal Freedom," *Mind*, 83(1974), pp.194~210.

있는"(determinable) 권리인 것처럼 보인다. 즉 "색(色)"이란 용어는 빨강, 파랑 등과 같은 결정된 용어에 의해서 결정될 수 있는 용어이다. 따라서 자유로울 수 있는 권리에서 종업원 권리를 도출하는 것은 "색(色)"이란 개념에서 "빨강"이란 개념을 도출할 때 야기되는 문제점과 동일한 문제점을 가지는 것으로 생각한다.

그러나 자유라는 개념은 표면적으로 생각되는 것처럼 그렇게 공허한 것은 아닐 것이다. 자유롭게 될 권리로부터 제도적 권리를 엄밀한 의미에서 추론할 수 없는 것은 사실이지만 몇몇의 제도적 권리는 약한 의미에서는 추론할 수 있는 것 같다. 예를 들어 칸트가 주장한 "모든 사람들은 자유에 대한 권리(타인에 의한 폭력이나 압제로부터 보호될 권리)를 가지고 있기 때문에 폭력을 방지하고 자유를 수호하는 정치적 질서 하에서 살 권리를 가지고 있다"[19]를 고려해 보자. 여기서 칸트는 자유에 대한 권리로부터 엄격히 말해서 논리적 의미의 "도출"은 아닐지라도 특정한 권리를 도출했다. 그러나 칸트가 자유의 개념으로부터 정치적 질서 하에서 살 권리를 도출한 것이 논리적이어야 할 필요는 없다는 사실에 주의해야 한다. 논리적으로 볼 때 정치적 질서 이외의 다른 수단이 효과적으로 자유를 보장할 수도 있다(즉, 멀지 않아 발견될 최고의 의약품으로 인정받는 것). 또 만약에 인긴의 본성이 동인하지 않거나 다른 사람들의 자유를 간섭할 생각이 없다면 자유를 보장할 필요도 없을 것이다. 그러나 인간의 본성이 주어져 있고, 가까운 장래에 사람들이 다른 사람들의 자유를 간섭하게 될 것이라면 자유에 대한 권리와 정치적 상태 하에서 살 권리와의 관계는 설정되어야 한다.

여기에서 말하는 논리적 관계란 결론이 논리적 필연성을 따르지는 않는다 해도 일종의 논리를 따르는 실제적인 추론과 다르지 않다. 예를 들어, (1) 나는 행복하게 되고 싶다. (2) 나는 X를 행하는 것이 행복하게 되는 수단이라고 생각한다는 (두 가지) 전제 하에서 나는 반드시 X를 행해야 한다는 결론이 나오는 것은 아니다. 왜냐하면 Y를 행하는 것도 행복하게되는 하나의 수단이 될 수 있기 때문이다. 이와 마찬가지로 자유에 대한 권리로부터 정치적 질서 하에서 살 권리를 도출하지 않고 어떤 사람은 자신의 자유를 보장하는 다른 수단에 대한 권리를 갖고 있다고 추론할 수 있다. 그런데 자유를 보장하는 최선의 수단이 정치적 질서 하에서 살 권리라는 실증적 증가가 있을 수도 있다. 이러한 관

19) Kant, *Elements of Justice*.

점을 생각하면서 약한 의미의 추론에 의해 평등한 자유를 누릴 권리로부터 어떤 종업원의 권리를 도출할 수 있는지를 살펴보기 위해 종업원 권리의 문제로 돌아가 보자.

하나의 기본적인 종업원 권리, 즉 종업원이 평등한 자유를 누릴 권리를 실행할 수 있는 권리를 도출할 수 있다. 이러한 권리는 추상적이기 때문에 종업원들과 조직들을 체계화시키는 방법이 중요하다. 왜냐하면, 만약에 종업원들이 그러한 권리를 가지게 되면 기업, 전문가조직, 노동조합과 같은 조직들은 강제성을 피하고, 조직구성원이 어느 정도 사람과 재산을 보호하는 것을 허용할 수 있도록 조직되어야 하기 때문이다.

그러면 자유에 대한 권리로부터 보다 구체적인 종업원 권리들을 도출할 수 있을까? 그 전망은 극히 어둡다. 단순히 평등한 자유의 개념을 연장해서는 이의를 제기할 권리나 자신에 대한 인사서류를 볼 수 있는 권리와 같은 종업원 권리를 설명할 수 없는 듯하다. 물론 종업원에게 이의를 제기할 권리나 개인에 대한 인사서류를 볼 수 있는 권리를 주는 것은 종업원이 가지는 자유의 범위를 확대시키지만, 그렇게 되면 부당한 다른 권리들도 나타나게 될 것이다. 즉 처벌의 두려움 없이 상관에게 거짓말을 할 수 있는 권리 또는 회사의 재무관계 서류를 모두 취급할 수 있는 권리 등을 종업원에게 주는 것도 역시 자유의 확장이라고 할 수 있는 것이다. 그러나 아직 그러한 권리를 찬성하는 사람은 아무도 없다. 따라서 단순히 자유의 개념을 종업원 권리의 문제로 확장시키는 것은, 너무 많은 권리의 발생 가능성 때문에 받아들일 수 없다.

어떤 종업원 권리들에는 이 방법을 효과적으로 적용할 수 있다. 특히 작업장 밖에서 처벌받지 않고 어떤 사람을 선출하는 정치적 활동에 참여할 수 있는 권리와 같이 도덕적(道德的)인 고려에 의해 영향을 받는 권리들을 도출하기는 쉬운 것 같다. 이러한 권리의 입장에서 보면 그러한 권리는 종업원이 가지는 자유의 한계를 확대시킨다. 뿐만 아니라 모든 다른 조건이 동일하다면 회사나 고용주들은 작업장 내의 행위만큼 작업장 밖의 행위를 제한할 수 없다고 주장할 수 있다. 결국 종업원은 정치적 활동과 무관하게 채용되어 작업장 내에서 일한 만큼의 보수를 받는다. 평등한 자유에 대한 권리에 이러한 추가적인 도덕적 고려를 덧붙인다면, 특정한 종업원 권리를 창출할 가능성이 증진된다.

4. 책임있게 행동할 권리 지금까지 언급한 어떤 방법도 종업원의 이의를 제기할 권리를 적절하게 설명해 주지 못하는 것 같다. 하지만 이의제기권은 종업원 권리 지지자들이 가장 많이 거론하고 또 수긍하고 있는 것이기 때문에 반드시 해결해야 한다. 그러면 그러한 권리를 정당화시킬 방법은 없을까?

평등한 자유를 누릴 권리에 대해 논의했던 것을 다시 돌이켜 보면, 사람이 도덕적 가치에 따른 어떤 행동을 하기 위한 전제조건은 자유였다는 것을 떠올릴 수 있다. 도덕적으로 옳든, 그르든 간에 말이다. 따라서 도덕적 행위자로 간주되는 사람은 자유에 대한 권리를 가지고 있는 것이다. 그러나 만약에 어떤 사람이 책임있게 혹은 무책임하게 행동하기 위해 전제조건이 되는 권리를 가지고 있다면, 당연히 그 사람은 적어도 책임있게 행동하기 위해 전제조건이 되는 권리는 가지고 있을 것이다. 다시 말해서 어떤 사람이 "일반적으로" 도덕적 행위(옳은 행위와 최소한의 그릇된 행위)를 하기 위한 조건에 대한 동등한 권리를 가지고 있다면 "필연적으로" 옳은 행위를 하기 위한 조건에 대하여 동등한 권리를 가지게 된다.

그러나 만약 옳은 도덕적 행위나 또는 책임있는 도덕적 행위가 모든 도덕적 행위 중 한 가지라면 왜 일반적으로 도덕적 행위에 대한 권리에 추가해서 책임있게 행동할 권리를 언급해야 하는가? 책임있게 행동하기 위한 조건에 대한 권리는 모든 도덕적 행위를 위한 조건에 대한 권리, 즉 평등한 자유에 대한 권리를 통하여 이미 주어진 것이 아닌가?

여기에서 도덕적으로 행동할 권리와 책임있게 행동할 권리 사이의 상대적인 비중을 구별하는 일이 중요하다. 즉, 어떤 사람은 책임있게 행동할 권리가 무책임하게 행동할 권리보다 더 강한 권리라고 주장할 수 있다. 또 어떤 사람은 거짓말을 하고 사기를 치며 다른 사람을 해칠 권리(이러한 행위를 하는 "권리"를 사람들이 가지고 있다고 가정하면)보다는 진실을 말하고 관대하게 대하며 자기의 권리를 요구할 수 있는 권리가 더 강하다고 주장할 수 있다. 다시 말하면 무책임하게 행동하기 위한 전제조건이 되는 권리보다 책임있게 행동하기 위한 전제조건이 되는 권리가 더 강하다고 주장할 수 있다.

만약에 이것이 사실이라면 그리고 그러한 견해를 취한다면 중요한 종업원권리, 즉 작업장에서 책임있게 행동할 권리를 도출하는 것이 가능해진다. 또 이 권리는 다음 두 가지 권리를 도출하는 데 사용될 수 있다.

1. 윗사람의 비도덕적 명령을 거부할 권리.
2. 잠재적으로 위험한 제품이나 작업에 대해 불평할 권리.

위의 권리 중 두 번째 권리는 대체로 이의를 제기할 권리에 의해서 나타나는 것이다.

다시 말해서, 만약에 모든 사람들이 책임있게 행위를 하기 위한 조건이 되는 권리를 가지고 있다면 회사와 다른 고용주들은 책임있는 행위에 적합한 조건을 만들기 위한 의무를 가지고 있다고 주장할 수 있다. 그리고 만약에 회사가 도덕적으로 책임있는 행동 즉 1) 비도덕적인 명령을 거부하거나, 2) 위험한 제품에 대해 불평을 제기하는 것과 같은 행동을 행한 사람을 해고한다면 고용주들은 책임있는 행위를 억제하게 되어 결국은 종업원 권리를 침해하게 되는 것이다.

이 방법은 거짓말을 할 자유 또는 엉터리 작업을 할 자유와 이의를 제기할 자유 또는 비도덕적 명령을 거부할 자유를 구별하는데 있어 앞의 방법(동등한 자유에 대한 권리를 사용한 방법)보다 분명히 장점을 가지고 있다. 왜냐하면, 후자의 기초가 되는 권리가 전자의 기초가 되는 권리보다 더 큰 비중이라고 주장할 수 있기 때문이다.

이런식으로 이 방법은 왜 처벌을 받지 않고 이의를 제기할 권리는 획득할 수 있는 반면, 처벌을 받지 않고 엉터리 작업을 할 권리는 갖지 못하는지를 설명할 수 있다.

종업원 권리를 도출하는 방법으로 위의 네 가지 방법만 있는 것은 아니다. 종업원 권리를 지지하는 사람들은 이와는 다른 방법들을 제안할 수도 있다. 그러한 방법들은 종업원 권리의 문제를 해결할 수 있는 잠재적인 해결책을 제시해 줄 수도 있고 그러한 권리들의 철학적 근거에 대해 보다 분명한 견해를 제시해 줄 수도 있다. 이러한 의미에서 어떤 방법이 종업원 권리를 도출하는데 더 나은 방법인가 하는 것은 중요한 것이 아니다. 기업 개혁가의 전략에 따라 이 중 어떤 방법도 선택될 수 있는 것이다.

이제 구체적인 상황 하에서 종업원 권리를 어떻게 도출하고 정당화하는가 하는 문제로 방향을 돌려 보자. 지금까지는 종업원 권리가 무엇이며 어떻게 그것을 정당화하는가에 대해서 언급했다. 그러나 만약 지엠(GM)사(社)나 엑손(Exxon)사(社)가 진지하게 그러한 권리를 검토하고자 할 때 종업원 권리가 무엇을 의미하는지에 대해서는 애써 논의를 피해왔다. 다음에는 네 가지 권리, 즉 1) 표현의 자유(freedom of speech), 2) 프라이버시(privacy), 3) 정당한 절차(due process), 4) 종업원참여(employee participation)를 검토하기로 한다.

제 4 절 표현의 자유

표현의 자유라는 종업원 권리는 두 가지 분명한 내용으로 구분할 수 있다. 그것들은 1) 조직 내의 업무, 2) 조직과 직접 관련되지 않은 것에 대해서 표현할 수 있는 권리들이다. 이의를 제기하는 것이 첫 번째 권리와 관련된 것이라면 정치후보자를 위해서 종업원들이 선거운동을 하는 것과 같이 작업시간외의 정치적 활동에 관한 것은 두 번째 권리와 관련된 것이다. 2)보다 1)을 더 찬성하거나 또는 반대로 1)보다 2)를 더 주장할 수 있지만 종업원 권리를 주장하는 학자들은 2)보다 1)을 더 강조해 왔다.

종업원권리에 대한 격렬한 논쟁은 1975년 미국 상원 법안 1210(Senate Bill 1210)에 대한 케네디 청문회가 정부기관에 의한 잠재적 권리의 남용 실례를 폭로함으로써 일어났다. 사례는 다음과 같다.

1) 경제기회사무국(Office of Economic Opportunity)에 근무하던 어떤 사람은 빈민보호기금의 임의적인 지출에 대해서 폭로하자 곧 해고당했다.
2) 인디언 건강 서비스(Indian Health Service)에 근무했던 두 여자는 인디언 병원에서 환자들을 어떻게 다루고 있는지에 대한 편지를 닉슨 대통령에게 보내고 나서 해고당했다.
3) 보건교육복지국(Department of Health Education and Welfare)에서 일하는 또 다른 여자는 직원 채용시의 차별에 대해 문제를 제기한 것 때문에 처벌을 받았다.[20]

비평가들은 이러한 경우가 결코 있어서는 안 된다고 주장한다. 이러한 사례들은 종업원 권리를 공식적으로 선언해야 할 필요성을 입증했다고 할 수 있다.

물론 그렇게 생각하지 않는 회사 경영자도 있다. 그들은 종업원 권리가 생산

20) Ewing, *Inside the Organization*, pp.77~78.

성을 감소시킬 수 있기 때문에 이의를 제기할 권리의 존재를 인정하지 않으려고 한다. 앞장에서 지엠(GM)사(社)의 사장이 이의를 제기할 권리를 "불화를 조장시키고 갈등을 야기시키는 또 다른 술책"으로 규정했던 것을 기억할 것이다. 최근의 법률에서는 종업원 권리의 찬성자들에게 호의를 보여왔다. 많은 미국의 주에서는 작업장 밖에서 정치적 활동에 참여한 종업원을 해고하는 것은 위법이라고 규정한 법률을 채택했다. 과거에는 특정 정치후보자에 대해 투표하기를 거부하는 모든 종업원들을 해고하는 것을 회사의 입장에서 합법적인 것으로 인정했고, 몇몇 회사들은 실제로 그렇게 했다.[21] 그러나 오늘날 캘리포니아, 위스콘신, 미조리, 미네소타 등의 주에서 그렇게 해고하는 것은 위법이다.[22] 그리고 법에 의한 제재가 많은 사람들이 생각하는 것만큼 그렇게 강한 것은 아니지만, 표현의 자유를 옹호하는 법안들이 계속 나타나고 있는 추세이다.

이러한 추세는 1960년대 후반 미국 대법원에서 고등학교 교사가 학교정책을 비판함으로써 해고당했을 때 교사를 복직시키라고 판결한 픽커링(Pickering)사건이 계기가 되었다. 교사인 픽커링은 체육을 너무 강조한 나머지 학문적인 질이 저하된다고 비난하는 글을 지방신문에 실었다. 이 선고에서 법정은 픽커링의 비판은 일반대중들이 관심을 가지고 있는 문제이므로 그러한 문제에 대한 의견개진은 제1차 수정헌법(First Amendment)에 따라 보호해야 한다고 강조했다.

또 다른 경우인 「홀로드나크(Holodnak) 대 애브코(Avco)사(社)(1974)」의 재판은 종업원의 표현의 자유에 대한 권리를 픽커링 사건과 같은 문제에서 정부와 중요한 계약을 맺고 있는 사기업의 문제로까지 확대시켰다. 홀로드나크는 애브코 철강회사의 종업원이었는데 그는 철강회사들과 미국 자동차 연합노조가 노동자의 불평처리 절차를 파괴한다고 고발하는 글을 지방신문에 실었다. 홀로드나크의 이 고발에 화가 난 노동조합은 그와 회사의 싸움을 중재하지 않았다. 법정은 사기업 고용주들에게 픽커링의 판례를 적용할 수 없음을 알았지만 철강회사 영업의 80%가 정부와 관계된 것임을 주목하여 표현의 자유에 대한 권리를 정당화하기에 충분하다고 결정했다. 법정은 애브코가 홀로드나크에게 보상하라고 명령했다.[23] 그러나 이러한 판례에도 불구하고 대부분의 기업들은 회사

---

21) Ralph Nader and Mark Green, "Owing Your Soul to the Company Store," in *Ethical Issues in Business*, ed. T. Donaldson and P. Werhane (Englewood Cliffs, N.J.: Prentice-Hall, 1979), pp.197~207.

22) Ewing, *Inside the Organization*, pp.123.

23) *Holodnak v. Avco Corporation*, Avco-Lycoming Division, et. al., Civil Action No.

를 비판하는 사람들을 마음대로 해고할 자유를 가지고 있다. 대부분 기업들의 영업상대는 다른 사기업이거나 일반 고객들이기 때문에 홀로드나크 판례의 효력을 피하고 있다. 이러한 기업들에 있어서는 여전히 이의를 제기할 권리는 문제로 남게 된다.

종업원들이 표현의 자유를 가진다는 것은 인정할 수 있지만 모든 경우에 표현의 자유를 보장해야 한다는 것은 인정할 수 없다. 토마스 가레트(Thomas Garrett)교수는 기업윤리에 관한 그의 저서에서 표현의 자유는 보호되어야 하지만 다음과 같은 점에 주의해야 한다고 주장했다. "만약에 부사장이 미국 나치당에 가입되어 있다면 그 상황은 조금 다르다. 왜냐하면, 사람들은 그런 사람이나 또는 중요한 자리에 그러한 사람을 앉힌 회사와 거래하지 않으려고 할 지 모르기 때문이다."[24] 또 하나의 예로 흑인사회에서 인기를 끌고 있는 레코드를 전문적으로 배급하는 큰 레코드회사의 마케팅 담당이사가 케이케이케이(KKK)단(團)(Ku Klux Klan: 3K단은 영국왕의 기사라는 뜻)과 관계를 맺고 있다는 것을 떠벌린다고 하자. 그렇게 함으로써 회사의 매출액이 곤두박칠 치더라도 회사의 회장에게 그 이사를 옹호할 도덕적 의무를 지울 수가 있을까?

그러한 경우는 골치 아픈 경우이다. 설령 그런 경우라도, 이사의 정치적 견해가 매출에 영향을 미친다는 단순한 사실이 표현의 자유를 제한하기에는 그 자체만으로는 부적합하다는 점에 주의해야 한다. 유색인(有色人) 지위향상 전국협회(NAACP)에 회원으로 가입되어 있는 어느 부사장이 인종차별주의자인 고객들을 잃는 결과를 초래한다고 가정할 때 인종차별주의자들에 의한 재무적 손실이 그 부사장의 해고를 정당화시킬 수 있는가?

만약에 노동자에게 특정한 표현의 자유에 대한 권리를 인정함으로써 조직내에 불화나 마찰이 야기될 때 그러한 권리들을 부당한 권리로 간주할 수 있을까? 겉으로 볼 때는 그렇지 않은 것 같다. 왜냐하면 불화와 마찰은 때로는 긍정적인 결과를 초래하기도 하기 때문이다. 정치적 영역에서는 불화의 상태로 몰아넣는다는 비난을 받는 경우에도 언론의 자유가 허용된다. 미국의 외교정책을 비난하는 마르크스주의자들을 용인하고 인종차별주의자들도 그들의 견해를 표현할 수 있도록 허용된다. 비록 그렇게 함으로써 사회의 평화와 조화가 깨뜨려진다 해도 어느 정도의 마찰은 자유의 대가라고 얘기된다. 그러한 마찰이 없

B-15(1974) U.S. District Ct., Connecticut.

24) Thomas Garrett, *Business Ethics*(Englewood Cliffs, N.J.; Prentice-Hall 1966), p. 68.

이 널리 인정되는 사고는 비판에 의한 발전을 이룰 수 없다. 아마도 이것은 직장에 있어서도 마찬가지일 것이다. 비판이 없다면 회사는 자신의 과실을 알지 못하고 회사의 잘못을 치유해 줄 수 있는 종업원을 처벌하는 실수를 저지르게 된다. 여기서 현실적인 문제는 그러한 비판을 어느 정도 허용할 것이며 언제 허용할 것인가 하는 것이다.

표현의 자유라는 종업원의 권리가 폭넓은 지지를 받고 있기 때문에 중요한 것은 권리 그 자체를 어떻게 구체화할 수 있는가이다. 정치적 분야에서 언론의 자유를 구체화하듯 이 문제는 간단한 것처럼 보인다. 그러나 정치적 분야에서도 만원인 극장 안에서 사람들이 "불이야"하고 외치는 것을 허용하지 않듯이 현실적으로 표현의 자유 중 어떤 행동은 허용되지 않는다는 사실을 알게 되면 보다 복잡한 문제가 발생한다. 즉 표현의 자유라는 종업원 권리를 "직장 안팎에서 아무 처벌을 받지 않고 하고 싶은대로 이야기 할 권리"라고 정의할 수는 없는 것이다.

이 정의대로 라면, 처벌받을 두려움 없이 종업원이 상관에게 일상적인 업무에 대해 거짓말을 할 수 있도록 하거나 고의적으로 동료 종업원을 비방할 수 있게 된다. 그것보다 좀 더 나은 표현은 다음과 같은 것일 것이다.

종업원들은 처벌을 받지 않고 위험하거나 불공정한 활동에 대해 자유스럽게 비판할 수 있으며 직장 밖에서 그들이 선택한 정치적 활동에 참여할 수 있다.

이 정의는 "위험하고", "불공정한" 활동에 초점을 맞춤으로써 앞의 정의가 지니는 문제점을 피할 수 있다. 그럼에도 불구하고 이것도 문제를 해결하는데는 충분하지 않다. 예를 들면 현실적으로 누가 어떠한 행동이 "위험한지" 또는 "불공정한지"를 결정할 것인가? 조직 그 자체인가? 예를 들어 사장이나 부사장이 그러한 결정을 내리면 객관성이 결여되지는 않겠는가? 아마 이 문제는 공정한 종업원들과 경영자들로 구성된 검토위원회를 구성함으로써 해결할 수 있을 것이다. 그러나 그렇다 하더라도 여전히 문제는 존재한다. 위에서 정의한 것처럼 그 권리에 논란의 소지가 있는 경우에는 그 권리의 적용 여부를 판단할 수 있는 사람들이 있어야 한다.

표현의 자유에 대한 권리를 정의하고 해석하는 일은 그 권리를 이행하는 것과 직접 연결되어 있다. 만약에 권리가 의미있는 것이고 단순한 겉치레가 아니라면 그러한 권리는 마땅히 지켜져야 한다. 그러한 권리를 이행하도록 하는데에는 상반된 두 가지 방법이 있다.

하나는 벌금이나 소송을 통해서 정부나 법원이 회사로 하여금 이행하게끔 명령하도록 하는 것이다. 이 방법은 회사가 이 권리를 반드시 지키도록 할 수 있지만 관료적인 형식에 치우치기 쉽고 기업과 정부간의 관계를 악화시킨다는 단점이 있다.

다른 방법은 회사 스스로 지키도록 하거나 노동조합이나 전문단체의 적당한 압력을 통해 스스로 지키도록 하는 것이다. 이것은 회사가 자발적으로 "종업원 권리약관"을 이행하도록 하고 약관의 이행을 위해 필요한 절차와 조정위원회를 설치하게끔 하는 것이다. 이 방법은 정부통제의 문제점을 피할 수 있고, 최근의 기업 경향으로 볼 때 지지를 받고 있다. 많은 회사들은 종업원 권리약관을 채택하고 있고 미국화학회(American Chemical Society)와 같은 많은 전문단체가 그러한 약관의 채택과 사용을 찬성하고 있다. 그러나 이 방법 역시 문제점을 지니고 있다. 즉 노동조합이나 전문단체의 도움을 받는다고 해서 회사가 정부의 통제없이 종업원 권리를 준수할 것으로 믿을 수 있을까?

만약에 회사들이 이의 제기권을 인정하고 직장 밖에서 정치적 활동을 할 수 있도록 보장하기 위해 안전장치를 만들었다 하더라도 조직의 관습에 따르지 않는 종업원에 대해 비공식적인 보복을 한다면 이를 보호할 방법은 없다. 만약 종업원이 자기 회사의 인전절차에 대해 불평을 하거나 직장 밖에서 자신이 지지하는 정치후보자를 위해 적극적으로 캠페인을 벌였을 때, 직장을 잃거나 지위가 강등되지는 않는다고 해도 사무실에서 그를 피하는 동료나 인사권을 쥐고 있는 상관으로부터 보호받을 수 있겠는가? 공식적으로 보호받을 수 있을지는 몰라도 완전한 보호를 받는 것은 불가능하다.

제 5 절 프라이버시

사적(私的)개인의 자유라고 하는 프라이버시(privacy)에 대한 권리는 정치적 분야에서 오랫동안 옹호되었다. 그러나 극히 최근에 이르러서야 종업원권리 중 하나로 인정되고 있다. 미국의 시민들은 1960년대 후반에 CIA가 개인전화를 마음대로 도청했던 것처럼 정부가 그들의 사생활(私生活)을 침해하면 매우 분개한다는 것은 잘 알려져 있다. 그러나 최근에야 다음과 같은 경우의 기업내의 조치가 종업원 권리를 침해한다는 것이 관심을 끌기 시작했다.

1. 종업원들의 개인전화에 대한 상관의 도청
2. 종업원 책상의 무단수색
3. 거짓말탐지기 테스트를 거부한 종업원의 해고 또는 처벌
4. 종업원들이 자신의 인사파일에 접근하는 것을 불인정

현존하는 법률들은 위와 같은 일들을 대부분 묵인하고 있다. 이에 대해 어윙(David Ewing)은 2개의 주를 제외한 모든 주에서 고용주들이 종업원들에게 알리지 않고 회사 전화를 통해 종업원의 대화를 자유로이 감시할 수 있다고 보고했다.[25] 법원에서는 고용주가 어렴풋한 심증만 가지고 종업원이 없을 때 책상을 수색할 수 없다고 판결했지만 정당성을 증명하기 위해 필요한 경우는 인정하고 있다. 경영자는 의도적으로 무엇을 찾아내려고 하지 않아도 "송장(invoice)을 찾는다", 또는 "특별한 서류를 찾는다"는 구실로 자리에 없는 종업원의 책상을 뒤질 수 있다. 거짓말탐지기 테스트의 경우는 노동조합의 강력한 항의가 있음에도 불구하고 많은 회사들은 입사후보자에게 만약 입사한다면 필요에 따라서는 거짓말탐지기 테스트를 받을 수 있다는 진술서에 서명을 하도록 요구하고 있고, 테스트를 거부한 종업원을 해고해 왔다. 한 연방 연구보고서에 의하면 1974년에 약 20만에서 30만대의 거짓말탐지기(Polygraph)가 있는 것으로 나타났다. 법에서는 종업원들이 자신의 인사파일을 볼 수 있게 하라고 회사에 요구하고 있지만 많은 회사들은 그렇게 하지 않고 있다. 1970년대 중반에 의회에서는 대학에서 학생들이 파일에 있는 자신들의 성적을 볼 수 있도록 하는 버클리 수정조항(Buckley Amendment)을 제정했지만 이 법률이 종업원들의 동일한 권리를 보호하지는 못했다.

아마도 위의 문제들 중에서 가장 큰 문제는 거짓말탐지기의 사용문제일 것이다. 기업들은 종업원들이 저지르는 절도에 의해서 연간 40억 달러의 손해를 보고 있다고 주장한다. 그래서 그들이 내린 결론은 정기적으로 거짓말탐지기 테스트를 해야 한다는 것이다. 다른 측면에서 문제를 바라보는 종업원들은 강제적인 거짓말탐지기 테스트는 프라이버시의 침해라고 주장한다. 범죄의 용의자라 할지라도 법률에 의해 거짓말탐지기를 통한 증거를 거부할 수 있는데, 하물며 종업원들이 왜 거짓말탐지기의 사용을 거부할 수 없는가? 더구나 거짓말탐지기의 정확성이 70%정도 밖에 되지 않는데 테스트의 예기치 않은 오류로 직

25) Ewing, *Inside the Organization*, p.130.

장을 잃어버리게 되는 결백한 종업원들을 어떻게 보호할 것인가? (회사 경영자들은 거짓말탐지기 결과가 95%에서 99%까지 정확하다고 주장한다). 하지만 거짓말탐지기 테스트를 비판함으로써 잘 알려진 변호사 버어키(Lee Burkey)는 반론(反論)을 제기한다.[26] 종업원이 되고자 하는 사람에게 거짓말탐지기를 사용하여 다음과 같은 질문을 해봄으로써 사례를 증명해 보았다. "경찰에 체포되었던 적이 있습니까?" "이전의 직장에서 해고되었던 적이 있습니까?" 그 사람은 유유히 통과했다. 그러나 뒤에 알고 보니 그는 제2급 살인죄의 선고를 받았던 적이 있었던 것으로 나타났다.

어떤 법정에서도 피의자 본인의 허락없이 거짓말탐지기 검사결과를 증거로 인정하지 않는다. 또 대부분의 법정은 본인의 허락하에서 했다고 하더라도 그러한 사실을 증거로 채택하지 않는다. 아마 그 근본적인 이유는 거짓말탐지기는 오류가 발생하기 쉬운 기계이고 그로 인하여 판결이나 평결이 잘못될지도 모르기 때문일 것이다. 그러면 왜 기업에서 거짓말탐지기를 사용하는 것을 허용하는가? 하고 종업원들이 의문을 제기한다.

거짓말탐지기 테스트에 대한 반대는 회사가 종업원 절도를 방지하기 위해 필사적이 되면 될수록 거세지는 것이다. 미국시민자유연맹(The America Civil Liberties Union)은 노동조합에 의해 보호되지 않는 사람들, 즉 보통의 입사지원자를 보호하기 위해 법률을 제정할 것을 주장해 왔다. 이 글을 쓰는 현재 16개 주는 고용주가 입사지원자에게 입사조건으로 거짓말탐지기 테스트를 받을 수도 있다고 서약하지 못하도록 금지하고 있다. 공공부문에 있어서도 그러한 테스트를 거부하는 종업원들(경찰관이나 공무원 등)을 주, 연방, 지방정부가 해고하지 못하도록 하는 법안이 제출되었다. 그러나 공공부문에 있어서도 그러한 테스트를 거부하는 종업원들을 해고해 왔다(테스트를 거부했다는 이유 때문이 아니라 "불복종"을 이유로 해서).[27] 사기업 부문에서는 거짓말탐지기 테스트 거부권을 인정하는 것을 지연해 왔다. 외부의 압력없이 고용주들이 거부권을 인정할 지는 의심스럽다.

위의 문제보다는 덜 중요하지만, 역시 주장되고 있는 권리는 종업원들에 대한 정보의 수집과 보관에 관련된 것이다. 1975년 이후로 많은 주에서 회사들의

26) Ewing, *Inside the Organization*, p.131.

27) Lee Burkey, from a speech given to the Institute of Industrial Relations, Loyola University, October 1979.

행위에 대한 기준을 설정하는 법률을 제정해 왔지만, 그 법률은 주에 따라서 그 특징과 미치는 영향이 각각 다르다. 종업원권리를 주장하는 사람들은 회사가 내부적 원칙을 정할 것을 주장한다. 그들이 제안한 원칙은 다음과 같다.

1. 4년 이상 된 종업원의 업적평가자료를 종업원의 파일에 존속시켜서는 안 된다
2. 종업원은 인사파일을 열람할 수 있어야 하며, 인사파일에 어떤 내용이 있는가를 알아야 한다.
3. 자리를 비운 종업원의 책상을 상대방의 허락없이 뒤지지 말 것(또는 자리를 비운 종업원의 책상을 특정한 상급경영자로부터의 서면허가 없이 뒤지지 말 것).
4. 종업원의 전화를 몰래 도청하지 말 것.
5. 종업원의 인사파일에 대한 접근은 특별히 지정된 몇 사람만으로 제한할 것.
6. 종업원들의 파일에 있는 정보가 외부의 다른 사람이나 기관에 알려질 경우 반드시 해당 종업원에게 이 사실을 알릴 것.[28]

제 6 절 정당한 절차

정당한 절차(due process)와 관련된 문제는 모든 종업원 권리에 관한 문제들과 연결되어 있다. 왜냐하면 정당한 절차, 달리 말하면 기업 내부의 논쟁에 있어 정확한 결론을 내리도록 하는 절차가 없고서는 어떤 종업원 권리도 제대로 지켜질 수 없기 때문이다. 그러나 공교롭게도 정당한 절차 그 자체가 하나의 독립된 권리로 간주되고 있다. 정당한 절차는 종업원들이 단순히 독단적인 이유로 해서 해고당했을 때, 예를 들어, 여자 종업원이 자기 상관의 유혹을 거부했다는 이유로 해고되었을 때 문제가 되는 것이다. 실제로 1974년 뉴햄프셔 대법원은 세 아이가 있는 기혼여성이 그녀의 감독관과의 데이트를 거절한 이유로 해고당했다면 손해배상을 받을 수 있다고 판결했다.[29] 다른 경우 지역감독관이

---

28) See Ewing's Longer List of Suggestions in *Inside in the Organization*, esp. pp.133~38.
29) Kenneth Walters, "Your Employees' Right to Blow the Whistle," *Harvard Business*

여자 종업원에게는 정장을 하도록 하고 남자 종업원에게는 머리를 짧게 깍으라고 지시한 예가 있었다. 4명의 남자 종업원이 그 지시에 따르지 않자 그는 그들을 모두 해고해 버렸는데 법원은 종업원의 이의신청을 기각해 버렸다.[30]

비평가들이 요구하는 것은 정당한 절차를 유도하는 법적 제재라기 보다는 기업 스스로의 인식이다. "정당한 절차"란 용어는 특정한 권리와 절차하에서 공적으로 판단하도록 요구하는 법제도로부터 나온 것이다. 모든 사람들은 변호사를 선임하고 재판을 받을 권리를 가지고 있다. 또 자신에게 불리한 판결이라고 생각하면 상급법원에 항소할 권리를 가지고 있다. 따라서 개인의 판단 뿐만 아니라 절차에 있어서도 신뢰할 수 있어야 한다. 이러한 모든 권리들과 절차들이 정당하게 지켜졌다면 정당한 절차는 준수된 것이다.

사람들은 회사에 있어서도 이와 유사한 정당한 절차가 필요하다고 주장한다. 그러나 정당한 절차란 하나 이상의 제도에 의해서 수행될 수도 있음을 대부분 인정한다. 정당한 절차를 지키기 위한 한 가지 제안으로 특정한 수준 이상의 경력을 지닌 종업원들은 적어도 두 명의 상위계층의 간부들이 합의할 때만 해고할 수 있도록 하는 방법이 있다. [미국화학회 (The American Chemical Society)]는 이러한 아이디어를 찬성하고 있다. 또 다른 방법으로 제안된 것은 법원에 제소하는 것과 같이, 보다 높은 계층에 이의를 제기할 수 있는 공식적인 제소 절차를 마련하자는 것이다. 예를 들면 보스턴에 있는 후드(H.P. Hood)사(社)는 사장에게 직접 보고하는 특별위원회에 종업원이 제소할 수 있는 공식적인 절차를 가지고 있다. 그리고 그 특별위원회는 종업원이 임의로 선택한 5명의 비관리직 종업원으로 구성된다. 폴라로이드(Polaroid)사(社)는 동료 종업원에 의해 선출된 사람들로 구성된 비슷한 위원회를 가지고 있다. 또한 위원회에서 종업원의 제소를 기각하면 그 종업원은 외부의 중재인에게 다시 제소할 수 있다. 만약에 이러한 제도가 보편화된다면 종업원권리의 지지자들이 주장하는 불공정하고 독단적인 해고는 훨씬 줄어들 수 있을 것이다.

Review, 53(July-August 1975), 1~7.

30) Ewing, *Inside the Organization*, p. 139.

제 7 절 참 여

종업원 권리의 마지막 영역이야말로 논란의 여지가 가장 많다. 그것은 바로 종업원이 회사의 경영에 참여(participation)할 권리이다. 회사의 모든 것을 완전히 통제할 수 있도록 하는 종업원 권리를 주장하는 사람은 거의 없다. 자본주의 사회에서 이러한 극단적인 요구는 주주의 권리와 상충한다. 그러나, 주요한 위원회에 종업원을 참여시키거나 종업원이 고위 경영자와 접촉할 수 있는 길을 열어주는 것과 같이, 그보다 온건한 요구는 지지받고 있다. 종업원의 참여권을 찬성한 사람으로 교황 요한 23세(Pope John XXIII)가 있다. 그는 1962년의 회칙「Mater et Magistra」(어머니요 스승)에서 다음과 같이 말했다.

"선임교황들과 마찬가지로 노동자가 자신이 수행하는 작업에 관여하려는 욕구는 정당하다고 확신한다...노동자는 자신이 고용된 곳과 관련된 활동에 적극적으로 참여(參與)할 수 있어야 한다."고 했다.

국가의 의사결정에 대한 시민 참여의 역사처럼, 종업원권리 옹호자들은 참여권에 대한 지지가 천천히, 그러나 불가피하게 증진될 수 밖에 없는 진화적인 형태라고 주장한다. 전제군주들의 완고한 전제정치에서 민주적이고 참여적인 정부가 생겨날 수 밖에 없었듯이 권위에 의한 고정된 조직으로부터 새롭고 종업원 중심적인 회사조직이 생겨날 수 밖에 없다. 이러한 권리를 주장하는 사람들은 벌써 이러한 진화의 조짐이 보이고 있다고 주장한다. 많은 서구의 기업들은 경영에 있어 종업원의 의견을 반영하기 위한 장치를 마련하고 있으며, 가장 철저한 참여조직이 있는 공산주의 국가인 유고슬라비아에서는 노동자들이 공장을 소유하면서 운영하고 있다.

조직에서 발언권을 요구하는 새로운 형태의 종업원들이 출현하고 있다고 주장하는 사람들도 참여권을 지지한다. 오늘날의 종업원들은 과거의 종업원들에 비해 교육수준이 높고 독립심도 강하다. 한때는 드물었던 대학교육을 받은 종업원들이 이제는 보편화되었고 그들은 조직의 신념에 대해 개인의 신념을 종속시키려 하지 않는다. 기술자, 회계사, 변호사들과 같은 전문직종의 종업원 수가 점점 늘어나고 있고 그들은 고용주보다는 자신의 전문직에 더 충실한 경우가 많다.

학자들은 이러한 경향을 반영하는 새로운 이론을 개발해 왔다. 오늘날 과학적 관리에서 가장 유명한 이론 중의 하나가 "협동적"(cooperative) 접근법이라고 하는 것이다. 이 이론은, 생산성은 종업원의 동기유발과 관련되고 동기유발을 또다시 협동적인 작업과 관련된 것으로 보는 이론이다. 즉 종업원들이 의사결정에 참여하게 되면 더 많은 동기유발이 되어 하기 싫은 작업이라 할지라도 더 열심히 일하게 된다는 것이다.[31)]

협동적 경향은 전통적 접근법과 대비되는데 전통적 접근법은 "직무만족"(job contentment)접근법과 "과학적 관리"(scientific management) 접근법으로 나눌 수 있다.

매슬로우(Abraham Maslow)와 같은 학자들이 심리학적 관찰로부터 도출한 첫 번째 접근법은 자존심에 대한 욕구와 같은 종업원들의 상위계층의 욕구는 경영에 있어 인간적 감수성을 필요로 한다는 것을 강조하였다. 따라서 직무만족 접근법에 의해서는 종업원들을 행복하게 해주는 방안, 예컨대 공장에서 음악을 틀어준다든가, 조립작업에서 속도의 변화를 주는 방법들이 고안되었다. 반면에 과학적 관리 접근법은 스키너(Skinner)의 심리학을 작업장에 적용시키고자 하였고 보상과 처벌을 적절히 사용해 생산성을 증진시키고자 하였다. 이 접근법은 인간의 본성은 냉정하다는 견해에서 출발하는데 인간의 본성은 보상지향적이며 보다 상위의 가치는 고려하지 않는 것으로 본다. 이러한 접근법을 "X이론"이라고 하는데 이와 비교하여, 보다 인본주의적이고 비행동주의적인 접근법을 "Y이론"이라고 한다. 'X이론'의 한 예를 들어보자. 몇몇의 과학적 연구학자들이 구성해 놓은 전략은 다음과 같은 내용을 포함한다. 5분간의 높은 생산성과는 5분의 유급휴식을 얻는다. 이른바 "보상시계"(reward clocks)이다.[32)]

협동적 접근법은 위의 두 접근방식을 모두 부정한다. 즉 모든 노동자들이 '본질적으로 일은 즐거운 것이다'라고 받아들일 수 있다는 사실을 부정한다. 대신 협동을 통하여 책임감을 계발하려고 했다. 또 노동자들이 처벌과 보상에 따라 움직이는 기계가 아니라고 주장했고, 자기 통제와 참여에 대한 인간 본성을 도출하려고 노력했다.

협동적 접근방법을 위한 특정집단 내에서의 재미있는 실험이 많이 이루어 졌는데 가장 잘 알려진 것이 스웨덴의 볼보(Volvo)사(社)에 의해 이루어진 실험이다. 볼보사는 조립라인을 없애고 팀을 구성해 자동차를 제작했으며 이사회에

31) Richard Sennett, "The Boss's New Clothes," *The New York Review of Books*, February 22, 1979, p.43.

32) Sennett, "New Closthes," p.43.

종업원 대표를 참석시켜 모든 회사의 정보를 종업원 위원회가 알 수 있도록 허용했다. 미국에서는 지엠(GM)사(社)가 1969년 이후로 작업조건에 영향을 미치는 의사결정에 종업원의 참여도를 높이는 "작업프로그램의 질(質)" (Quality of Worklife Program)을 통해서 성공을 거뒀다. 지엠(GM)사(社)의 테리타운 공장에서는 공장간부가 노동조합과 밀접한 협동을 가지며 종업원 자신의 생산목표를 결정하는 임무를 가진 종업원팀을 만들었다. 그 결과 오늘날까지도 테리타운공장의 계획은 성공적이었다고 이야기하고 있다.33)

다른 미국 회사들은 다른 방법을 통해 종업원의 참여를 이끌어 냈다. [미국] 테네시의 볼리바에 있는 하만-카돈(Harman-Kardon)사(社)의 공장은 원가절감, 자본투자, 보상, 작업시간 등과 같은 문제들을 다루는 노동자 위원회제도를 도입했다. 볼리바 공장은 이 제도를 도입한 이후 노동자의 사기가 높아짐에 따라 생산성이 향상되었다. 그보다는 격이 낮지만, 역시 혁신적인 방법이 코네티켓 상호 생명보험(Connecticut Mutual Life Insurance)사(社)와 미국항공(American Airlines)사(社)에 의해서 수행됐다. 코네티켓 상호 생명보험사는 종업원에게 이사와 같은 식탁에서 식사를 할 수 있게 했는데 자유스러운 점심식사 시간을 통하여 솔직한 질문과 의견교환이 이루어졌다. 미국항공사(社)는 광범위한 지역을 망라하는 회사신문의 한 페이지의 전면에 회사경영에 대한 종업원의 비평을 실었다. 또 다른 회사들은 "핫라인; 긴급직통전화"(hot lines), "문호개방정책" (open door policy), "경영자-종업원" (management-employee) 회합제도를 개발했다. 그것들을 통해서 종업원들은 가끔 익명으로 경영자에게 불평을 할 수도 있고 조언을 할 수도 있게 되었다.

이러한 경영참여를 비판하는 사람들은 종업원의 경영참여로 비효율성이 발생할 가능성이 있고, 그것은 주주의 권리를 짓밟는 것이라고 주장한다. 즉 경영에 대하여 훈련을 받은 사람은 종업원이 아니고 경영자들이며 만약에 종업원들이 경영에 참여하게 되면 그들은 회사 전체를 잘못 이끌고 갈지도 모른다는 것이다. 자본투자와 관련된 문제를 결정하기 위해서는 재무적 추세, 시장경쟁의 예측, 투자상황, 기본적인 회계지식에 대해서 많이 알고 있어야 한다. 그런데 선반 또는 조립공장에서 하루에 8시간씩 일하는 사람들이 어떻게 그런 지식을 가질 수 있겠는가? 그러한 노동자가 좋은 결정을 내릴 수 있을까? 주주 권리의

---

33) A Presentation by Stephen Fuller, Vice-president in Change of Personnel, General Motors, at Bentley College's Third National Conference on Business Ethics.

입장에서 또 다른 문제를 제기할 수 있다. 주주들은 회사가 그들의 투자수익율을 극대화할 것이라는 가정 하에 자본을 투자하여 손실에 대한 위험을 감수한다. 그러나 노동자들은 주주들과는 다른 이해관계를 가지고 있다. 높은 보수, 보다 좋은 작업조건, 보다 신장된 지위에 매달리면 이익극대화라는 주주의 요구를 만족시키지 못할 위험이 있다.

이러한 비판들을 어떻게 극복하느냐는 "참여의 권리"를 어떻게 규정하느냐에 달려 있다. 만약에 그 권리를 "기업의 활등을 민주적 기업활동을 통하여 통제하는 것"으로 규정한다면 이것은 강력하게 비난받을 것이다. 회사의 운영에 대한 결정권은 주주들이 가지고 있지 않은가? 사회계약에서 서술된 바와 같이 민주적인 통제가 생산성 목표를 잘 달성할 수 있다는 증거가 있는가? 반면에 만약 그 권리를 "회사의 관리(governance)에 참여할 수 있는" 노동자의 권리로 규정한다면 비난은 크게 줄어든다. 이 규정은 회사의 경영에 적극적인 입장을 가진 주주, 경영자들을 포함한 다른 이해관계자 그룹을 인정한다. 또 각 이해관계자 그룹이 가지는 상대적인 영향력이 크기를 규정하지 않고 수정될 여지를 남겨 둔다. 따라서 이것은 의사결정의 대부분을 경영자가 갖고 일부만 종업원에게 주는 권한의 분산에 적합한 것이다. 또 이 규정은 사회계약 그 자체, 특히 작업조건 결정에 대한 노동자의 참여도를 높여야하는 회사의 규정에 의해서도 지지를 받는다. 사실 어느 정도 종업원이 경영의사결정에 참여하는 것은 사회계약에 의해서도 필요한 것으로 보인다.

"종업원 권리장전"(Bill of Employee Rights)에서는 어떠한 것들이 포함되어야 하는가? 첫째로, 지금까지 다룬 네가지 분야 1) 표현의 자유, 2) 프라이버시, 3) 정당한 절차, 4) 참여권을 포함시킬 수 있을 것이다. 또 다음과 같은 권리들이 포함될 수 있을 것이다.

· 처벌받지 않고 비윤리적인 명령을 거부할 권리
· 블랙리스트 관행으로부터 자유로울 수 있는 권리(고용주들은 블랙리스트를 작성함으로써 종업원들이 딴 곳에서 일자리를 구하기 힘들게 한다)
· 처벌에 대한 두려움 없이 승진 또는 전근 명령을 거부할 수 있는 권리

최근의 하버드 비즈니스 리뷰(Harvard Business Review)에 발표된 논문에서는 경영자들이 종업원 권리, 특히 이의를 제기할 권리를 인정하는 것이 증가한 것으로 나타났다. 조사대상 경영자 중 61%가 이의를 제기한 사람이 "고객이나

주주 또는 그 사회에 대해서 진심으로 관심을 가지고 행동한 것이라면 처벌해서는 안 된다"고 대답했다.[34] 3분의 1 정도만이 이의를 제기한 사람이 회사가 싫다면 그만두어야 할 것이라고 답했고 10%도 안 되는 사람만이 이의를 제기한 사람이 영업에 악영향을 미쳤다는 증거가 있으면 처벌해야 한다고 대답했다.[35] 프라이버시나 참여 등과 같은 다른 권리들은 논쟁의 여지가 더 많지만 일반적으로 종업원 권리를 바라보는 시선이 온정적이고 너그러워지는 추세다.

이 장은 이론적 측면에서, 또 실제적 측면에서 종업원 권리와 관련된 문제들을 검토해 보았다. 이론적 측면에서 보면 종업원은 여러 가지의 자유와 특권과 관련된 권리들뿐만 아니라 고용주에 대해 요구할 수 있는 권리도 가지고 있다는 견해를 지지했다. 그러한 권리 중 가장 중요한 것들은 표현의 자유, 프라이버시, 정당한 절차, 참여이다. 현재로서는 이러한 권리들은 도덕적 권리일 뿐이지, 법적 권리는 아니다. 또 이러한 권리들은 그러한 권리들을 보호할 책임을 누구에게 부여할 것인가에 대해 사회적으로 합의하지 못하고 있으므로 선언적(宣言的) 권리로 분류할 수 있다. 더구나 이러한 권리들의 존재는 논쟁의 여지가 많다. 고용주들은 그러한 권리들의 영향으로 영업의 효율성과 종업원의 충성심이 떨어진다고 주장하기도 한다.

종업원 권리들을 둘러싼 이러한 논쟁에도 불구하고 이번 장에서는 특정한 권리들의 존재를 정당화시키기 위한 방법들을 제시했다. 작업장 밖에서 정치적 활동에 참가할 수 있는 권리, 상관으로부터의 비도덕적 명령을 거부할 권리, 잠재적인 위험을 가진 제품에 대해 비판할 수 있는 권리 등은 보다 기본적인 도덕적 개념으로부터 도출할 수 있었다.

실제적인 측면을 고려해 본다면 종업원 권리들은 실행의 문제에 부딪힌다. 종업원 권리를 이행하는 방법에는 두 가지가 있다. 하나는 법원이나 정부의 중재기관을 통해 외부에서 이행하는 것이고, 또 하나는 기업의 자발적인 자기규칙에 의해 내부적으로 이행하는 것이다. 최근에 이르러서는 법원이 정부와 관련된 영업을 하는 회사에 대해 종업원 권리를 보장하도록 판결하는 큰 진전이 있었다. 그러나 종업원 권리를 이행하는 방법 중 두 번째 방법이 더 좋다. 대부분의 국민들이 인정하는 도덕적인 설득이 정부에 의한 강제보다 훨씬 나은 것

34) David Ewing, "What Business Think about Employee Rights," *Harvard Business Review*, 55(September-October 1977), pp.91~94.

35) Ewing, "What Business Thinks about Employee Rights," p.91.

이다. 그러나 그러한 권리들이 기업에 의해서 자발적으로 보장될 수 있을까? 해답은 개개의 기업과 기업 전반에 걸친 도덕적 태도에 달려 있다. 따라서 다음 장에서는 현대 기업의 도덕적 태도를 향상시키는 문제를 다룰 것이다.

참 고 문 헌

Dworkin, Ronald, *Taking Rights Seriously*. Cambridge, Mass.: Harvard University Press, 1977.

Ewing, David, *Freedom Inside the Organization*. New York: McGraw- Hill. 1977.

_____, "What Business Thinks About Employee Rights," Harvard Business Review, 55(September-October 1977):pp.91~94.

Hart, H.L.A. "*Are There Any Natural Rights*?" Philosophical Review, 64(1955), reprint in A.I Meldon, ed., Human Rights, Belmont, California: Wadsworth, 1970.

Margolis, Joseph, "*The Rights of Man*," Social Theory and Practice, 4(Spring 1978): pp.423~44.

Nickel, James, "*Is There a Human Right to Employment*?" Philosophical Forum. (forthcoming)

Philosophical Forum. "*Special Issue: Work,*" vol. X, nos. 2-4 1978~1979.

Richards, Norvin "*Using people*." Mind, 87(Jan. 1978): pp.98~104.

Steiner, Hillel, "*The Natural Right to Equal Freedom*," Mind, 83 (1974): pp.194~210.

Walters, Kenneth, "*Your Employees' Right to Blow the Whistle*," Harvard Business Review, 53(July-August 1975): pp.1~7.

Werhane, Patricia H., "*The Obligatory Nature of Moral Rights*," American Philosophical Association Western Division Meeting, Detroit, Michigan, Apil 29, 1980.

Westin, Alan and Stephan Salisbury, eds., *Individual Rights in the Corporation: A Reader on Employee Rights*, New York: Pantheon, 1980.

Young, Robert, "*Dispensing with Moral Rights*," Political Theory, 6 (February 1978): pp.63~74.

제 8 장 기업윤리의 제고 : 기본적 문제들

지금까지는 기업들이 부담해야 하는 도덕적 책임의 특성에 대해서 의문을 제기했다. 그리고 사회계약, 자유시장 경제하에서의 윤리, 종업원 권리와 같은 문제들에 초점을 맞추었다. 그러나 기업의 도덕적 의무가 무엇이며, 또 그러한 의무를 어떻게 이행할 것인가에 대해서는 사람들이 스스로의 기준에 따라 결정하는 것으로 가정했다. 기업은 종업원 권리, 제품의 안전성, 환경오염 등 여러 분야에서 개선되어야 한다고 결론을 내릴 수는 있지만, 경제적 이익이라는 수백년 묵은 고정관념에 사로잡힌 기업이 어떻게 그런 개선을 해 나갈 수 있는 지는 의심스러울 수 밖에 없다. 따라서 기업이 어떻게 도덕적 측면에서 개선되도록 할 수 있는가 하는 문제가 앞으로 다룰 8장과 9장의 주제가 된다. 8장에서는 먼저 기업들의 도덕적 개선을 촉진시킬 수 있는 여러 제안들을 평가하기 위해 사용할 수 있는 이론적인 원칙들을 도출할 것이다. 그리고 마지막 9장에서는 그러한 제안들을 제시하고 평가하게 될 것이다.

2장과 6장에서 살펴보았듯이, 기업은 도덕적 행위에 대한 최소한의 기준만 만족하는 경우라도 보통의 도덕적 행위자와는 달리 기업 자체의 도덕적 논리를 체계화한다. 기업이 도덕적 행위를 개선시키는 방법은 갑(甲)이라는 사람이 거짓말을 하지 않도록 하는 것 또는 을(乙)이라는 사람이 담배를 피우지 않도록 하는 방법을 찾는 것과는 다르다. 지엠(GM)사(社)와 같은 기업은 갑과 같은 사람들이 전혀 생각지도 못했던 관료주의의 문제들에 직면한다. 지엠(GM)사(社)가 도덕적으로 성공하기 위해서는 책무성(accountability)이라는 시스템을 개발해야 한다. 6장에서 지적했듯이, 그 과정에서 분열된 의사결정구조, 비효율적 정보시스템 등 책무성을 흐리게 하는 관료주의의 문제점을 극복하게 된다. 이러한 관료주의의 문제들은 인간 개인의 도덕적 행위의 경우에는 아예 존재하지 않거나, 전혀 다른 것이다.

그러나 기업의 독특한 도덕적 논리에도 불구하고, 기업은 하나의 도덕적 행위자로서 사람과 마찬가지의 복잡한 문제를 발생시킨다. 기업은 왜 바람직한 행위를 하지 못하는가? 그러한 행위를 개선시킬 수 있는 방법에는 어떤 것이 있는가? 만약에 모든 책임문제가 해결된다고 하면 기업은 사람과 마찬가지로 완전히 책임을 지겠지만 그것은 잘못된 기준에 따른 책임일 수 있다. 또 기업의 모든 관료주의적 문제를 제거했다고 하더라도 기업은 여전히 잘못된 행위를 계속할 수 있다. 이러한 점을 잘 보여주는 다음 사례를 살펴보기로 하자.

<미드(Mead)사(社)의 사례>

미국에 본사를 두고 있는 거대한 다국적 기업인 미드사(社)는 미시간주의 에스캐나바(Escanaba)란 조그마한 마을에 대규모 펄프 제지공장을 세워 제지 생산을 확장하기를 희망했다. 노동성(Department of Labor)에서 이미 경제적 낙후지역으로 지정한 바 있는 에스캐나바 마을에서는 그 공장이 주민의 경제에 미치는 잠재적인 효과를 들어 환영했지만, 미드사(社)가 이용하려는 특수 크라프트(Kraft) 펄프 생산공정에서 발생하는 "썩은 달걀" 같은 악취(惡臭)와 공기오염 문제였다. 에스캐나바는 경치가 아름다운 숲과 호수로 둘러싸인 유명한 관광 휴양지였다. 따라서 주민들은 "미국에서 가장 깨끗한 공기"를 마신다는 자부심을 가지고 있었다. 미드사(社)가 공장의 건설계획을 발표하자마자 주민들은 곧 "공기보존위원회"(the Save Our Air Committee)를 만들었다.[1)]

반면에 미드사(社)는 계속 증가하는 종이 수요를 충당하기 위해서 새공장을 짓기 원했다. 당시 경기 호황이었고, 전문잡지들이 급속하게 증가했기 때문에 질기고 가벼운 종이의 수요는 폭발적이었다. 미드사(社)가 에스캐나바에 새로운 크라프트지(紙) 생산공장을 짓는다면 경쟁시장에서 선도적 위치를 차지하여 높은 시장점유율을 확보할 수 있었다. 미시간주에는 공해방지법이 있는 데도 불구하고 미드사(社)는 공장건축의 첫 단계에 대해 미시간주 공해방지위원회(Michigan State Air Pollution Control Commission)의 승인을 받았다. 미드사(社)는 또 주정부에 대한 그들의 정치적 영향력이 상당하다는 것과, 자기 회사 직원 중 2명이 에스캐나바지역 지도위원회(County Board of Supervisors)의 위원이라는 사실을 알고 있었다. 주민들의 반대가 성가시겠지만, 미드사(社)는 15,000명 밖에 안 되는 주민들의 정치적인 힘이라는게 별볼일 없다는 것도 알고 있었다. 미드사(社)는 자신의 계획을 그대로 밀어부쳤다. 고위 경영자들은 처음에는 크라프트지 생산공정과 거기서 발생하는 악취에 대해서는 이야기하지 않고 공장의 건설이 주민경제에 미치는 효과만을 강조했다.

주민들은 자신들의 환경을 보호하기 위해 뭉쳤다. 그들은 미드사(社)로부터 공기를 깨끗하게 보전할 것을 보증하라고 요구했다. 또 4,5백명의 주민들이 "우리의 공기를 구하자"라는 글이 쓰여진 어깨띠를 두른 10대 소녀들의 성원을 받으며 집회를 열고, 구호를 외쳤다. 그들은 미시간주 공해방지위원회에 편지를 써서 공장의 신설을 금지하는 규정을 제정하라고 압력을 가했다. 주민 델타지역 지도위원회(Delta County Board of Supervisors)가 제정한 공해기준에 새공장 건설이 저촉되지 않아야 한다는 조례를 통과시켰을 때만 해도 주민들은 자신들의 노력이 성공을 거둔 줄 알았다.

한편, 미드사(社)는 에스캐나바 주민들의 대화를 최소한으로 줄이는 정책을 고수했다. 그리고 미시간주 공해방지위원회와의 협상을 계속 하는 한편, 악취의 문제가 있음에도 불구하고, 크라프트 공정만이 경제성이 있다고 주장했다. 위원회는 6 : 2로 미드사가 공장을 세우는 것을 승인해 버렸다. 그러자 미드사(社)는 에스캐나바 주민들에게 공장이 악취문제를 발생시킬 것이라고는 생각하지

1) John Collins, "Escanaba A and B." in *Business and Society: Cases and Text*, ed., Robert Hay and Edmund Gray (Cincinnati. South-Western, 1976), pp.132~146

않지만 그에 대한 보장은 할 수 없다고 발표했다.

미드사(社)는 결국 승리했다. 주민들의 반대를 무릅쓰고 계획한 대로 크라프트지 제조공장을 건설했다. 그리고 예상했듯이 주민들은 그 공장에서 나오는 "썩은 달걀" 같은 악취로 고통을 받았다. 그 악취를 금지하고자 지역 지도위원회가 조례를 통과시켰으나 성공하지 못했다. 미시간주 법무부장관은 지역정부는 그러한 법률을 통과시킬 권한이 없기 때문에 그 조례는 부당하다고 규정했다. 공기보존위원회의 위원장은 에스캐나바 주민들의 반응을 다음과 같은 말로써 대신했다. "내가 하고 싶은 말을 종이에 담을 수 없었다." 그는 다시 말했다. "우리들의 노력은 수포로 돌아가 버린 것 같다."2)

만약에 미드사(社)가 에스캐나바 주민들에 대한 책임을 다하지 못했다면, 앞에서 언급한 책무성과 관료주의화의 문제는 하나도 해결되지 않은 것이다. 이 경우에는 회사의 정보시스템이 잘못된 것도 아니고, 엄중하게 책임지는 전문기술자(technocrat)가 있지도 않았으며, "규칙에 따라 행동하는" 데는 아무런 문제도 없었다. 또 책임을 부담하는 것에 대해서 미드사(社)측의 잘못도 없는 것 같다. 미드사(社)는 그들 자신의 기준을 따라 잘 이행했다. 그러나 문제는 그러한 기준들이 자기 회사의 경제적 이득을 얻기 위한 것일 뿐, 에스캐나바 주민들의 복지에 미치는 영향은 고려하지 않았다는데 있다. 아무도 미드사(社)가 그들의 소비자를 무시했다고는 이야기할 수 없다. 오히려 그러한 행위들이 소비자의 이익을 증진시키는 것처럼 보인다. 그러나 그 회사의 기준은 공평한 처리의 개념 또는 (사회계약의 용어를 사용하면) 공정(justice)에 대한 요구를 조정할 필요성을 언급하지 않았다. 미드사(社)는 주민들과 개방적으로 대화하기를 거부했다. 그래서 다른 잘못이 없다고 하는 태도가 나빴다고 탓할 수 있다. 미드사(社)가 그 지역에 경제적 이익을 주었다 하더라도 마찬가지이다. 그러면 미드사(社)와 같은 거대한 기업을 개선시킬 수는 없는가?

미드사의 사례는 보다 더 강도 높은 법률에 대한 요구를 증대시킨다. 사람과 달리 미드사(社)는 그들을 동조하는 그룹에 의해서 소외되지 않을 것이고, 죄책감을 느끼지도 않을 것이다. 따라서 많은 이들은 미드사와 같은 회사들은 정부에 의해서 강력히 규제되어야 한다고 주장한다.

2) Collins, "Escanaba," p.146.

제 1 절 정부의 규제

1. 기업의 폐습과 관련된 미국 법률의 분류

법이 기업의 윤리성을 확보할 수 있는가? 이 의문을 해결하기 위해서는 현존하는 법적 통제 수단과 법적 변화에 대한 제안, 양자에 대해 살펴볼 필요가 있다. 현존하는 많은 법들이 확실히 기업의 잘못을 제지하거나 감소시켜 왔다. "유인(bait)과 바꿈(switch)"으로 잘 알려진 오래된 전략을 살펴보자. 한 도매회사는 낮은 가격으로 상품을 선전하고는 그 상품의 재고를 바닥내어 버린다. 일단 소비자가 가게로 "유인"되면 소비자들에게 보다 비싼 제품으로 "바꿔" 구입하도록 설득한다. 미국과 서구에서는 이제 이러한 기만행위를 금지하고 있다. 선전한 제품이 품절되었을 때 소매상들은 찾아온 소비자들에게 우선 구입권을 주어야만 한다. 이와 유사하게 광고 분야에 적용되는 법률도 있다. 1960년대의 TV의 면도날 광고에서 "한 브랜드가 사포(sandpaper) 면도한다"라고 선전하며 사포에 비누거품 칠을 하여 깨끗이 면도하는 광경을 보여준 적이 있었다. 연방교역위원회(Federal Trade Commission)는 이러한 광고를 금지하고 있다. 그 광고는 플랙시 유리 위에 보통의 모래를 흩어 놓고 그 위에 다시 면도크림으로 표면을 덮어 사포처럼 만들어 놓은 것을 TV카메라가 위에서 찍은 것이었다. 따라서 그 면도날은 모래를 깨끗하게 밀어낼 수 있었다. 이처럼 문제의 소지가 있는 많은 관행들이 법률의 규제에 의해서 줄어들고 있다.

오늘날 법이 미치는 영향을 살펴보기 위해서 기업의 잘못을 통제하는 미국 법률을 분류해 보자. 기업과 관련된 법률은 1) 시민들이 기업에 대해서 소송을 제기할 수 있도록 하는 절차, 2) 기업과 주주들의 관계에 영향을 미치는 법률, 3) 특별한 규제 당국과 그 정책을 규정한 법률의 세 가지로 나눌 수 있다. 이 세 가지의 오늘날 형태는 영국으로 부터 유래한 관습법에 뿌리를 둔 기업법의 전통에서 연유하는 것이다.

2. 19세기 후반부터 가속화되고 있는 법적 규제의 증가

19세기 후반부터는 50년간의 자유방임주의(laissez-faire)의 결과로 기업의 독점과 노동자의 불만이 증대하자 법적 통제가 점차 강화되었다. 연방정부는 셔먼 · 클레이튼 법(Sherman and Clayton Acts)을 통해서 독점 기업을 깨뜨릴 권리를 선언하고 그 이후 계속되는 법적 판결을 통해서 노동조합의 권리를 공식적으로 인정하기 시작했다.

이 시기에 제품과 관련된 손해에 대해서 기업을 제소할 수 있는 소비자의 힘도 급격히 커졌고 오늘날도 계속 커지고 있다. 제품을 구입한 소비자들이 상대 회사만을 제소할 수 있도록 제한한 "당사자(privity)"주의가 1853년 폐지되자 소비자들은 기업 내부에 더욱 깊숙이 개입할 수 있었다. 한 교훈적인 사례가 그렇게 되도록 촉구하는 계기가 되었다. 한 소비자가 약사로부터 "민들레"라고 표시된 약병을 구입했다. 그러나 그것은 제조업자가 상표를 잘못 붙인 것이었는데, 실제로는 일종의 독약인 벨라도나가 들어 있었다. 당사자주의에 의하면 약사만을 제소할 수 있었다. 그러나 법정에서는 당사자주의를 무시하고 제조업자에게 책임을 묻는 판결을 내렸다. 오늘날은 당사자주의에 대한 주장은 더 이상 존재하지 않는다. 더구나 오늘날의 소비자들은 제품에 결함이 있을 경우뿐만 아니라 디자인이 불완전한 경우에도 제소를 한다. 만약에 동력톱이 잘못 설계되어 기계를 작동하는 사람 쪽으로 나무가 튕겨, 작동하는 사람이 눈을 다쳤다면 그는 동력톱 제작회사에 대해서 제소할 수 있다. "엄격한 책임(strict liability)" 주의 하에서는 소비자들은 그들이 회사의 과실을 증명하지 못하는 경우라도 제품과 관련된 손해에 대해서 회사를 상대로 제소할 수 있다. 때때로 철학적 수수께끼 같지만 엄격한 책임주의는 불법행위에 대해서 증명할 필요도 없이 책임을 부여하는 것이다. 만약에 소비자가 헤어스프레이 1개를 샀는데 그것이 폭발했다면 회사가 그 스프레에 제조과정에서 믿을 수 있는 안전 예방책을 취했는지 여부는 상관하지 않는다. 심지어 완벽한 품질관리 시스템을 사용했다 하더라도, 즉 그 회사 자신은 정당하게 행동했다 하더라도 소비자에게 입힌 손해는 보상해야 한다.

회사를 제소할 수 있는 대중들의 힘은 이제 제품이 가지는 의무의 범위를 넘어서고 있다. 사람들은 환경오염, 즉 수질오염, 대기오염, 방사능오염 등에 대해서는 회사를 상대로 소송을 제기할 수 있다. 또 많은 사람들의 이해관계가 하나의 소송에 관련된 집단소송을 통해서도 회사는 사회적인 해악으로 인하여 피소당할 수 있다.

법은 회사와 주주간 거래에 대해서도 통제의 힘을 뻗치고 있다. 주주들에 의한 소유권의 요구가 강조되었기 때문이다. 1933년의 증권법(Securities Act)과

1934년의 증권거래법(Securities Exchange Act [Securities Exchange Commission; SEC] 이 법에 의하여 증권거래이원회가 설치되었다.)을 통하여 법은 주주들의 투표권을 보장하고 기업의 재무정보를 정기적으로 공시하도록 요구하고, 회사의 경영자로 하여금 주주에 대한 특정한 의무를 이행하도록 요구하고 있다.[3] 나중에 다시 살펴보겠지만 이러한 법률들은 주주 이상으로 회사에 대한 통제권을 행사하려고 하는 것이 아니라 회사의 경영자가 주주 대부분의 가장 중요한 관심인 투자수익율을 진지하게 고려하도록 압력을 넣는 것이다.

3. 규제 당국의 수 증가

사람들은 규제의 수가 1920년대 이후로 미국에서 갑자기 불어났다는 사실은 모두 잘 알고 있으나, 그러한 변화가 얼마나 급격히 이루어졌는지는 잘 모른다. 한때 기업들이 가장 염려한 것은 내부 수익 서비스(Internal Revenue Service)였다. 오늘날 소규모 기업들은 당국의 규제에 대처하기 위한 재무적 부담을 견디지 못할 정도로 약하기 때문에 대기업과 경쟁할 수 없다고 주장하고 있다. 미국에 있는 기업을 통제하는 임무를 가진 미국정부의 규제당국을 모두 나열하기에는 너무 많지만 그 중 중요한 몇 개를 들면 다음과 같은 것들이 있다.

식품의약품관리국(FDA: Food and Drug Administration), 평등고용기회위원회(EEOC: Equal Employment Opportunity Commission), 연방교역위원회(FTC: Federal Trade Commission), 연방커뮤니케이션위원회(FCC: Federal Communication Commission), 연방항공관리국(FAA: Federal Aviation Administration), 증권거래위원회(SEC: Securities and Exchange Commission), 소비자제품안전위원회(CPSC: Consumer Product Safety Commission), 환경보전국(EPA: Environmental Protection Agency), 연방준비은행제도(FRS: Federal Reserve System), 주정부간 통상위원회(ICC: Interstate Commerce Commission), 원자력 규제위원회(NRC: Nuclear Regulatory Commission).

이러한 규제기관 각각에 대해서는 특정한 활동을 할 수 있도록 권한을 부여하고 어떤 활동에 대해서는 규제를 가할 수 있는 법률이 존재한다. 예를 들어 환경보전국은 1963년에 제정된 연방공기정화법(Federal Clean Air Act)에 의해

---

3) Marvin A. Chirelstein, "Corporate Law Reform," in *Social Responsibility and the Business Predicament*, ed., James W. McKie(Washington, D.C.: The Brooking Institution, 1974), pp.41~77.

서 설립되었고, 그 활동범위는 위의 법과 1970년에 개정된 연방공기정화법(Federal Clean Air Amendments Act), 1972년에 개정된 연방수질오염방지법(Federal Water Pollution Control Act Amendments)에 의해서 규정되어 있다. 이러한 법률들은 해당 기관이 기업으로 하여금 지켜야 하는 "이행기준"을 설정할 수 있고 그 기준을 지키도록 규제할 수 있는 힘을 가지는 일반적 기능을 부여했다. 예를 들어 환경보전국은 이행명령을 내릴 수 있고 그것을 위반할 때에는 연방법원에 민사소송을 제기할 수 있다. 다른 기관들도 이와 비슷한 권한을 가진다.4)

4. 소비자 불만을 반영한 새로운 법률의 제정

미국에서 규제를 하기 시작한 역사적인 근원은 소비자의 불만을 반영한 새로운 법률이 생겨난 1930년대로 거슬러 올라간다. 자연식품과 의약품문제 및 잘못된 광고문제가 소비자의 관심의 대상이 되었다. 그 결과 의회에서는 1934년에 정부가 어류 가공공장을 검사할 수 있도록 하는 해양식품법(Sea Food Act)과 광고기준을 설정한 휠러리어법(Wheeler Lea Act)을, 그리고 1939년에는 모직제품에 정확한 라벨을 붙이도록 규정한 모직라벨법(Wool Labeling Act)을 통과시켰다. 이러한 사소한 것에서 시작하여 오늘날 거대하고 복잡한 규제제도가 형성된 것이다.

5. 기업법의 세 가지 문제점

법에 의해서 기업의 행위를 통제하는 3가지 형태 모두가 함께 사용되면 어떻게 될까? 기존의 규제방식이 기업윤리를 만족할 만한 수준으로 끌어올리기에 충분한가? 이에 대한 의견들은 각각 다르다. 어떤 기업 변호사는 현재의 모든 법적 수단은 "무디고 꼴사나운"5)것으로 결코 대중이 요구하는 도덕성 수준으로 증진시킬 수 없다고 주장했다. 또 다른 많은 사람들은 법을 유일한 해결책으로 본다. 그런데 사람들의 의견이 무엇이든 간에 법에 대한 기대와 법이 발휘하는 능력 사이에는 차이가 존재한다는 것을 인정해야 한다. 이러한 이유 중의 하나는 법에 의한 위협과 기업경영자들의 이해 사이에 조화가 부족하기 때

4) See *Business and Society*, ed., Hay and Gray(Cincinnati : South Western. 1976), pp.90~99.
5) Chirelstein, "Corporate Law Reform," p.46.

문이다. 즉, 법은 위반행위를 한 행위자 즉 기업을 처벌하기 위해서 고안된 것이다. 따라서 의사결정을 내린 경영자가 아닌 회사가 벌금을 내고 보상을 하며, 영업거래를 규제받는다. 만약 파이어스톤 러버(Ferestone Rubber)사(社)가 위험한 방사상(放射狀) 타이어를 개발했기 때문에 피소되었다면 그 결과 변상을 해야 하는 사람은 그러한 제품을 개발하도록 의사결정을 내린 기업의 경영자가 아니라, 그 기업 자체이다. 그러한 결과는 기업의 경영자들이 이익극대화라는 목표 아래 회사의 입장에서 위험을 감수하는 것으로 나타나기도 한다. 기업의 경영자들은 그들 자신이 벌금을 물거나 실형선고를 받는 것이 아니므로 그들의 이해가 직접적으로 걸려 있는 것은 아니다. 따라서 법은 직접적인 원인까지는 손이 닿지 않아 문제를 해결하지 못하는 수도 있는 것이다.

[1] 비록 현재의 법이 기업윤리를 제고하기 위한 것이지만 그 가정 중의 일부는 그것이 추구하는 목표와 부분적으로 모순된다. 현재의 기업과 그 주주들 간의 관계를 규제한 기업법은 주주의 주 관심이 재무적인 이익을 극대화하는 것이므로 기업의 의무는 일편단심 이익을 추구해야 하는 것으로 가정했다. 다시 말해서 법은 기업의 투자의사 결정은 도덕적 문제를 고려할 필요 없이 보다 높은 주가를 희망하는 주주들의 요구에 입각하여 이루어져야 한다는 것을 가정한 것이다.[6] 이것은 기업이 주주들의 돈을 낭비하거나 기업 경영자들이 그들 자신의 부를 충족시키기 위해 기업의 자원을 마음대로 사용하는 여건 하에서는 적절하다고 볼 수 있다. 그러나 이익극대화 이외의 다른 기업목표들은 공식적으로 인식하지 못하는 역설적인 결과를 초래하기도 한다. 기업이 행할 수 있는 자선행위도 특정 범위 내에서 제한되고 그것이 기업에 대해 간접적으로라도 이익을 가져다 준다는 전제 하에서만 허용하게 된다. 그런데 오랫동안 법은 윤리의 편에 서 있다고 주장되어 왔다.

[2] 현재의 법에 대한 두 번째 비판은 법률 그 자체에 관련된 것이라기 보다는 그것에 수반되는 사회적 관습, 특히 기업의 편에서 일하는 변호사의 태도에 관련된 것이다. 기업에 널리 퍼진 풍토는 그저 최소한의 규제기준에 맞추고 법의 영향을 줄이는데 초점을 맞추는 것이다. 이것이 기업의 고문변호사들 사이에 유행하는 풍조이며 또 기업에 채용되기 위해서 그들이 법과대학에서 훈련받은 것이다. 따라서 아무리 가치가 있는 것이라도 규제에 따라야 한다는 것은

6) Chirelstein, "Corporate Law Reform," pp41, 73.

기업에서 볼 때 피해야 하는 부담으로 보이는 것이다.

[3] 마지막으로 법은 자국민중심주의의 경향을 가진다는 점에서도 비판을 받는다. 국내법은 자국민을 보호하기 위해서 제정된 것이기 때문에 다른 나라의 국민들에게 영향을 미치는 행위의 윤리성은 고려하지 않는다. 미국에서는 소비자제품안전위원회가 “트리스-트리티드(Tris-treated)”라는 어린이용 잠옷이 암을 유발한다는 사실을 알고나서 이 상품의 판매를 금지했다. 그러나 제조업자들은 그 잠옷을 해외로 수출할 수 있었다. 이 글을 쓰는 지금에도 살충제와 약품 등을 포함한 많은 제품들이 합법적으로 수출되고 있다. 수회법(Bribery Laws)이 있지만 록히드 항공사가 트라이스타(Tri-Star)기의 판매를 위해서 일본 정부에게 수백만 달러의 뇌물을 주었을 때도 록히드사(社) 사장은 미국 법률을 어긴 것은 아니라고 주장할 수 있었다. 대부분의 경우에 있어 법의 자국민중심주의는 피할 수 없다. 왜냐하면 법의 공식적인 기능이란 자국 국민을 보호하는 것이지, 다른 나라의 국민을 보호하는 것은 아니기 때문이다.

현존하는 법적 통제수단을 통해서는 모든 경우에 있어 기업의 도덕적 행위를 받아들일 수 있을 만한 수준으로 제고시키기란 어렵다. 미드(Mead)사(社)의 예가 이 점을 잘 보여준다. 미드사(社)와 주민 사이의 싸움에서도 법적 수단이 등장했었다. 그 결과 미드사(社)는 미시간주 당국으로부터의 제재뿐만 아니라 주민들로부터 제소를 당했다. 그러나 어떤 법적 수단도 미드사(社)로 하여금 주민들과 좋은 관계를 가지기 위해 협상하도록 설득하지는 못했다. 미드사(社)는 법적 대리인 (법무부장관)이 미드사(社)의 행위를 바꾸기 위해 투쟁하는 주민들의 시도를 봉쇄하는 한, 법을 위반하지는 않은 것이다.

제 2 절 법적 해결이 지니는 단점

만약에 현행법률이 기업의 선행을 보장하지 못한다면, 왜 더 강력한 새 법률을 제정하지 않는가? 그렇게 하는 것이 기업의 완전한 도덕적 행위를 보장하지는 못할지라도 기업의 도덕적 수준을 높일 수 있지 않은가? 이러한 의문에 대한 해답이 무엇이든 간에 불행히도 기업윤리를 제고시키는 법의 능력에 영향을 미치는 더 중대한 문제점들이 존재한다. 그리고 이러한 문제점들은 법과 윤리의 핵심과 잇닿아 있다.

[1] 법적 수단을 어떤 식으로 재구성하든지 법은 표준화되고 일반적 규칙에 의해서 적용될 필요가 있다. 그러나 표준화된 방식이 모든 상황에 정확하게 적용될 수 없기 때문에 비도덕적인 행위지만 법적으로 허용되는 경우는 여전히 존재하게 된다. 한 예로 흑인, 미국 인디언, 스페인 성을 가진 사람들을 위한 소수인종지위 보장법률을 고려해 보자. 로버트 얼 리(Robert Earl Lee)라는 이름을 가진 한 백인이 법적으로 이름을 "로베르또 에두아르도"(Roberto Eduardo)로 바꿨다고 하자. 그러면 그는 소수민족 지위에 대한 자격을 가지게 된다. 즉 그는 소수민족 할당제를 통해 기업에 취직할 수 있게 된다.[7] 법은 결코 개인이나 기업에 대해 완벽하게 적용될 수는 없으므로 도덕적으로 볼 때는 영원히 허점이 생기게 되는 것이다.

[2] 다음으로 토마스 아퀴나스(St. Thomas Aquinas)와 칸트(Immanuel Kant) 등과 같은 도덕 철학자들이 언급한 법의 "부정적" 효과에 대한 문제이다. 법은 사람들에게 긍정적인 언어를 사용해서 무엇을 해야 한다고 하기보다는 부정적인 언어를 사용해서 무엇을 해서는 안된다고 규정하는 경향이 있다. 법은 사람들이 자동차의 속도를 시속 55마일 이상 내지 못하게 하고, 죄를 짓지않게 하며, 환경을 오염시키지 말라고 규정한다. 결국 법은 최소한도로 용납할 수 있는 행위에 대한 기준을 제시한다. 그러나 법은 사람들이 그 기준을 넘어서 행동하고자 할 때는 무엇을 해야 하는지를 가르쳐 주지 않는다. 현실적으로 법은 처벌의 공포를 주는 능력과 연결되어있기 때문에 법대로 행동하지 않는데 대한 처벌을 설정하지 않고서도 높은 수준의 도덕적 행위를 규정할 수는 없다.

또 처벌이 설정되었다 하더라도 그러한 경향은 윤리를 제고시킨다기 보다는 오히려 파괴시킬 것이다. 그러한 조치에 의해서 나타나는 도덕적 행위는 강제된 행위이고, 4장에서도 살펴본 바와 같이 행위가 강제되면 될수록 마음에서 우러나온 도덕적 행위를 장려하기 어렵다. 법은 용납할 수 있는 행위의 최소한의 기준들을 규정할 수는 있지만 결코 진정으로 윤리성을 제고할 수 없다. 즉 지엠(GM)사(社)로 하여금 자동차에 안전장치를 설치하도록 강요하고, 공장 내 오염물질을 통제하며, 소수 민족들을 고용하도록 강제할 수는 있지만, 지엠(GM)사(社)가 종업원들과 소비자들을 위해서 진정한 관심을 가지게 할 수는 없다.

---

7) *U.S News and World Report*, April 17, 1979, p.60.

[3] 법은 또 새롭고 비정상적인 환경을 미리 예상하여 조치하는 능력이 부족하다고 하는 점에서도 비판을 받는다. 법은 사건들을 예상하여 제정되기 보다는 사건들에 대응해서 뒤늦게 제정되는 경향이 있다. 문제를 인식하는 것과 법이 그 문제를 통제할 수 있게 되는 것 사이에는 시간적 차이가 불가피하다.

그래서 법은 항상 윤리적 문제보다 뒤늦게 되고, 사람이 자기 코트 뒷자락을 잡으려고 뱅뱅 도는 것처럼 결코 그러한 문제점들을 완전히 해결할 수 없다. 고기와 통조림의 포장을 규제하는 법이 등장했던 경우를 살펴보자. 소설가 싱클레어(Upton Sinclair)는 그의 소설『정글』(*The Jungle*)에서 1906년 당시의 고기포장 산업의 불결한 상태 즉 병든 고기덩어리, 심지어 통 안의 음식물 사이에 쥐가 들어있는 것 등을 폭로했다. 그러나 수년이 흐른 뒤에야 순수식품·의약품관리국(Pure Food and Drug administration)을 통해서 법이 효과적으로 통제할 수 있었다. 이러한 예는 오늘날에도 얼마든지 있다. 안전벨트 착용 요구, 핵발전과 관련된 통제 등 모두 문제가 밝혀지고 난 다음에야 규제가 이루어졌다.

만약에 법이 윤리문제를 해결하는 것과 보조를 맞출 수 있다고 하더라도 어떤 문제들은 법의 규제를 교묘히 빠져나갈 수 있다. 법은 때때로 기업의 경영자들이 나서기 꺼려하는 문제를 해결하는데 효과적이다. 예를들어 법은 리스터린(Listerine)같은 기업에게 TV광고에서 신중하게 선전하라고 요구할 수도 있고, 또 그 기업의 치약이 "감기를 물리친다"라는 주장을 철회하라고 요구할 수도 있다. 그러나 법이 기업의 폐해를 방지하는 데 실질적으로 전혀 도움이 되지 않는 경우들도 존재한다. 즉 기업의 경영자들이 할 수만 있다면 스스로 제거해야하는 많은 기업의 도덕적 폐해들에 있어 회사의 고위층 경영자들은 그러한 폐해를 발생시키는 하위계층에서의 사건들을 잘 모르고 있다. 그 중에 어떤 것은 만약에 그들이 그 사실에 대해서 알기만 했어도 그렇게 되지 않도록 했을 것이다. 그러한 문제들은 의사소통의 실패와 조직구조의 혼란으로부터 야기되는 데 이는 관료주의의 문제점이란 주제 하에서 이미 검토한 바있다. 이러한 문제들은 특히 법적인 압력에 저항한다. 만약에 법적 수단으로 그것들을 해결하고자 한다면 그 수단들은 지금 현존하는 것과는 완전히 다른 것이어야 한다.

[4] 마지막으로 기업의 효율성과 규제 사이에는 오래 묵은 갈등이 존재한다. 기업에서 규제에 대해 계속적으로 불평을 하는 것도 타당성이 있다. 최대한 효율적으로 규제하기 위해서는 기업의 문제에 대해 잘 아는 사람이 규제를 해야

하는데 이를 기대하기란 어렵다. 즉 이사나 중간관리자 또는 감독은 오랫동안 기업의 일을 해왔기 때문에 기업의 업무에 대해서 충분히 잘 알고 있지만, 규제를 하는 사람은 전혀 경험이 없고 표준에 맞지 않는 상황에 무조건 표준화된 규칙을 적용하고자 한다. 따라서 기업의 경영자들이 규제의 목표에 공감하는 경우에도 규제당국이 요구하는 것이 적합하지 않고 경비가 많이 들며, 비효율적인 것임을 알게 된다. 또 규제당국이 그들이 규제하고자 하는 산업에 전문가를 고용하여 이와 같은 문제점을 피하고자 하는 경우에도 규제에 반대되는 교육을 받은 사람들이 규제를 해야만 하는 딜레마에 빠진다. 기업의 경영자들이 관료주의적 규제 때문에 매년 수백만 달러를 낭비한다고 발표하는 것을 좋아하는 것은 전혀 놀랄 일이 아니다. 그들의 입장에서는 규제의 문제점들이 보이는 것이다.

법을 통해서 윤리성을 제고하는 것에 많은 문제점이 있다고 해서 규제가 완전히 없어져야 한다는 것은 아니다. 단 규제절차가 지니는 한계점을 분명히 제시하는 것이다. 기업의 윤리적 행위를 고양하기 위해서는 법에 의한 외부적 위협이 아닌 다른 것이 필요하다. 이러한 이유로 완전히 다른 방법을 검토해 보려는 것이다.

제 3 절 기업 내부로부터의 변화

1. 사이몬의 접근법

기업 외부로부터의 규칙을 따르도록 강요하는 것 대신에 왜 내부에서 기업의 윤리적 행위를 증진시키도록 기업의 계획과 구조를 전환시키지 않는가? 다시 말해서, 왜 기업 내부에서 적절한 동기부여와 통제를 하지 않는가? 이러한 주장은 조직의 설계가 조직행위의 확고한 결정요인이라는 증거가 증가한다는 점에서 더욱 흥미를 끌고 있다. 노벨 경제학상을 수상한 사이몬(Herbert Simon)은 이러한 접근법에 대한 기초를 제공했다. 그는 대기업의 행위는 많은 사람들이 주장하듯이 시장구조와 시장의 영향력에 의해서 결정되는 것이 아니라 조직의 설계에 의해서 결정된다고 주장했다. 조직은 법에 의해서만 변화되는 것이 아니라 내부에서부터 변화할 수 있다. 설사 법적 압력이 변화를 시작하기 위해서 필요하다고해도 그러한 압력은 자기 통제의 내부적인 수단이 개발되면 제거될 수 있는 것이다.

2. 기업 내부로부터의 변화 제안

기업 내부에 책임을 부담시키는 것은 현대의 많은 기업이론가들에 의해서도 지지를 받고 있다. 그들이 제안하는 것은 다음과 같다.

1. 기업의 이사회에 종업원 대표와 소비자 대표를 포함시킬 것
2. 도덕적 행위를 장려하는 종업원 보상 제도를 개발 할 것
3. 도덕적 목표를 규정한 기업 규약을 확립할 것

위의 제안들은 기타 다른 것과 함께 다음 9장에서 자세하게 검토할 것이다. 여기에서는 도덕적 행위를 제고시키는 제안들이 지니는 효과를 측정하기 위해서 "내부적 변화"의 제안들을 평가할 방법들이 필요하다. 대부분의 제안들은 아직 실행된 적이 없기 때문에 과거의 경험은 논외로 하겠다. 성공적인 제안에 대한 기준을 설정하기 위해서 또 어떤 제안들이 사용할 것인가를 결정하기 위해서 방법이 필요하게 된다. 그러한 기준들은 그것의 목적이 기업윤리를 제고하기 위한 제안들을 평가하고자 하는 것이므로 도덕적이고 윤리적인 의미를 지니고 있을 것이다. 먼저 기업이 비윤리적이 되는 원인을 분석하기로 하자. **왜냐 하면 비윤리를 조장하는 원인을 발견함으로써 어떻게 그 원인을 제거할 것인가에 초점을 맞출 수가 있기 때문이다.** 그러면 그러한 기본적인 원인을 구분해 보자.

제 4 절 기업의 비윤리성의 원인

1. 이 익

기업이 비윤리적 행위를 하는 원인 중 하나는 명백하다. 기업은 이익을 추구하는 과정에서는 윤리문제에 대해서 망각하는 경향이 있다는 것이다. 이미 3장과 4장에서 지적한 것처럼 이윤동기는 효율성과 동기부여의 제고라는 점에서

사회에 유익할지는 몰라도, 임금동결의 빌미가 되고 위험한 제품을 판매하며 종업원의 노동을 착취하는 구실이 되기도 한다. 우리는 이익만을 추구하다 범죄를 저질러 유죄선고를 받은 사업가들의 개인적인 증언을 찾아볼 수 있다. 그 중의 대다수의 사업가들은 더 많은 이익이라는 미끼에 유혹당했음을 입증하고 있다. 갈등의 본질은 각 경우마다 다르다고 할지라도 갈등의 일반적인 모습은 동일하다. 갈등은 이익과 책임 사이에서 발생한다. 그러면 단적인 예들을 살펴보기로 하자. 정직하지 못한 TV광고를 통해서 이익을 추구하는 기업은 소비자에게 신뢰할 수 있는 정보를 제공하도록 요구하는 것과 싸우게 될 것이다. 또한 노동자의 생산성을 높임으로써 이익을 추구하고자 하는 기업은 적절하고 안전한 작업조건을 제공해야 한다는 요구와 싸우게 될 것이다. 만약에 이러한 갈등이 감소되거나 제거될 수 있다면 기업윤리를 제고하는 데 도움이 될 것이다. 그러나 그것은 결코 간단하지 않다. 기업들에게 단순히 이익추구를 중지하라고 요구하는 것은 터무니없는 짓이다. 설사 그러한 요구가 받아들여진다 하더라도 그렇게 되면 또 다른 폐해를 낳게 된다. 왜냐하면 5장에서 살펴본 것처럼 자유시장의 경제체제에서는 이익추구가 기업의 도덕적 의무이기 때문이다. 그렇다면 어떻게 해야 한단 말인가?

이익이라는 목표를 제거하기 보다는 다른 목표, 즉 도덕적 목표를 기업의 의사 결정 구조에 도입하는 것이 보다 합리적인 접근법이다. 그래야만 기업의 행위를 개선하려는 동기와 이익에 대한 동기가 균형을 이루게 된다. 이러한 접근법은 시장 시스템이 효율적으로 운용되기 위해서도 이익 이외의 다른 규범이 필요하다는 것을 인식하게 한다. 필요한 합병이나 매각, 취득, 투기(speculations) 등 시장의 전반적인 시스템이 효율적으로 작동하려면 계약이 존중되어야 하고, 정보가 일반적으로 신뢰할 수 있어야 하며, 거래 당사자 사이의 신용이 필요하다. 도덕에 기반을 둔 신뢰가 없는 시장시스템은 동료들도 믿지 못하고 훔칠거리만 찾으려고 모든 시간을 낭비하는 도둑처럼 될 것이다.

시장시스템이 사회에 미치는 이익을 극대화하기 위해서는 합리적 가격으로 양질의 제품을 생산하여야 하고, 아담 스미스(Adam Smith)와 같은 사람들이 믿고 있는 "자유시장시스템이 최적의 결과를 가져온다"라는 것이 실현되어야 한다. 뿐만 아니라, 시장시스템은 기본적 가치 즉, 도덕적 규범의 준수라는 목표를 달성해야 한다. 시장시스템이 사회의 욕구를 만족시키고 합리적인 도덕적 기대에 부응할 때 사회에 가장 많은 혜택을 줄 수 있다는 것은 자명하다. 따라서 기업조직의 재편성이 의미있는지의 여부를 평가하기 위한 하나의 기준은 이익목표와 함께 도덕적 목표를 도입할 수 있는 능력이라는 사실도 자명해진다.

2. 시스템으로부터 야기된 문제점

기업의 비윤리성을 야기시키는 또 다른 요인은 기업 그 자체의 구조, 즉 목표추구형 시스템이라고 할 수 있다. 이 요인은 도덕적 행위자(2장), 관료주의(6장)와 관련하여 이미 설명한 바 있으나, 이 요인을 기업 윤리제고의 관점에서 분석할 필요가 있다. 사이몬(Herbert Simon)이나 래드(John Ladd)의 조직이론의 입장에서 기업을 이해하는 사람들은 기업을 "특정 목표의 추구를 용이하게 하기 위해 조직화된 것"으로 보는 경향이 있다. 2장에서 많은 기업들이 도덕적 행위자로서의 최소한의 조건을 만족할 수 있기 때문에, 래드가 이익추구 기업은 도덕적 행위자가 될 수 없다고 생각한 것은 잘못된 것이라는 사실을 보여주었다. 그러나 그렇다 하더라도, 래드의 비판은 기업들의 윤리적 실패를 구분하는데 도움이 된다. 기업들이 단순한 목표추구의 수단인 한 그들이 도덕적 원칙들을 따르는데는 어려움이 따른다. 즉 기업들은 그 자체의 논리적인 결함에 의해서 괴로움을 당하는 것처럼 보인다. 그들이 추구하는 목표에 합당한 행위는 도덕적 원칙에 따른 행위와는 영원한 갈등을 빚게 된다. 사람의 경우에서도 개인적인 목표만 추구하는 사람은 정직이라든가 상호존중 등의 원칙들을 따라야 한다는 필요성을 느끼지 못한다. 따라서 기업의 목표지향적인 조직설계는 이와 마찬가지로 기업의 눈을 멀게 한다.

그러나 구체적으로 기업들이 어떻게 눈이 멀게 되는가? 한 기업이 W, X, Y, Z라는 목표를 주어진 시간 내에 달성하기 위해 조직화되었다고 가정해 보자. 그리고 여기서 목표 W, X, Y, Z는 최대의 이익, 적십자사에 매년 50,000달러의 기부, 5년 내에 5% 정도 시장점유율의 확대, 부채비율의 감소를 나타낸다고 하자. 또 그 기업은 목표를 세우고 검토하며, 그러한 목표의 달성 정도에 따라 기업의 성과를 평가하는 위원회시스템을 유지한다고 가정해 보자. 마지막으로 기업 내의 경영자를 포함한 모든 종업원들은 기업의 목표를 얼마나 잘 달성했는가 하는 견지에서 평가를 받으며 그에 따른 보상을 받는다고 가정하자. 그러면 그 기업은 그 검토수단의 덕택으로 부채비율을 감소시키고 이익과 시장점유율을 제고시키며, 적십자사에 50,000달러의 기부금을 내는 데는 성공할 수 있을지 모르지만 공정, 정직, 종업원에 대한 존중 등의 도덕적 원칙을 따르지는 못할 수 있다. 따라서 그 기업은 도덕적으로는 앞일이나 사물전체를 보지 못하고 눈앞의 부분적은 것만 보는 사고방식에 빠진다.

이러한 근시안적(近視眼的)사고방식은 "미해결 문제 논법"(open question argument)으로 알려진 오래된 철학적 방법을 통해서 이해할 수 있다. 이 논법은 선, 또는 도덕적 책임과 같은 특정한 도덕적 개념은 완전히 정의될 수 없다는 것을 보여주기 위해서도 사용되어 왔다. 한 기업이 그 기업의 특정한 목표들(목표들이 무엇인가 하는 것에 따른 차이는 없다)을 달성함으로써 도덕적 책임을 이행하고자 한다고 생각해 보자. 미해결 문제 논법은 목표들이 무엇이라 하더라도, 그러한 목표를 달성하는 것을 기업의 도덕적 의무를 이행하는 것과 동일시 할 수 있는지 여부를 묻는 것이 항상 "의미있는"것 이라고 지적한다. 즉 문제가 되는 명제를 부정하는 것은 "총각은 결혼하지 않은 남자" 또는 "물은 H_2O"라는 명제를 비난하는 것과 같은 자기 모순을 포함하지 않는다는 의미에서 "의미있는" 것 이다. 한 기업이 대규모의 구조적 개편을 한 후에 종업원의 급료를 인상시키고, 임금 및 초과조업수당을 높이고 보너스를 더 많이 준다는 목표를 추구하기 시작했다고 하자. 여기에서 종업원 급료를 인상하는 것이 기업의 도덕적 책임을 반족시키는 것과 같은지 여부를 묻는 데는 논리적인 문제는 없다. 또 이러한 목표 이외에 아무리 많은 목표들을 추가한다고 하더라도 그 질문은 여전히 의미가 있다. 결론적으로 한 기업의 도덕적 책임들은 X가 뜻하는 것이 무엇이라 할지라도 "X를 달성하는 것"으로 규정할 수 없다. 왜냐하면 X를 달성하는 것이 기업의 도덕적 책임들을 만족하는 것과 같은지의 여부는 항상 미해결 문제이기 때문이다.

따라서 기업이 어떤 목표들을 추구한다 하더라도 도덕적 책임은 한정된 목표들을 추구하는 것과 같을 수는 없다는 것을 인식해야 한다. 많은 철학자들은 도덕적 목표들을 포함한 목표들을 추구하는 것에 추가하여 기업들은 특정한 도덕적 원칙들도 따라야 한다고 주장한다. 만약에 기업이 단순히 목표들만을 추구한다면 정직하게 광고하는 것과 공정한 임금, 종업원에 대한 존중 등의 원칙들을 따르는 의무를 어떻게 이행할 수 있겠는가? 그리고 기업들이 사회계약에서 규정한 정의의 원칙들을 준수할 의무를 어떻게 이행할 수 있겠는가?

책임있는 기업행위란 특정한 목표들을 달성하는 것과 특정한 원칙들을 따르는 이 두 가지의 행위로 정의할 수 있는가? 그 대답은 불명확하다. 사람들은

"원칙 X를 따르는 것이 책임있는 기업의 행위인가?"라는 의미있는 질문을 항상 할 수 있다는 점에서 미해결 문제 논법에 의해 이의를 제기당할 수 있다. 반면에, "항상 노동자들을 존중한다" 또는 "결코 불공평하게 대하지 않는다"와 같은 원칙들은 책임있는 기업행위에 대한 진정한 정의의 일부분으로 해석되는데 보편적으로 적용될 수 있는 것 같다. 이 문제의 결과가 무엇이든 간에 한 가지는 분명하다. 미해결 문제 논법을 통하여 특정한 목표들이 가치있는 것이라고 할지라도 그러한 목표들을 달성하는 것과 그 기업의 책임을 동일시하는 것은 그만두어야 한다는 것이다.

위에서 마지막으로 지적한 것은 구체적으로 입증할 수 있다. 훌륭한 목표들을 공식적인 조직 내규에 포함시킨 조직들은 많이 있다. 그러한 조직에는 종교단체, 주(州) 복지국, 공제(우애)조합, 그리고 미국 보이스카웃 같은 조직들이 있다. 전형적으로 이러한 조직들은 본래 가난한 사람을 돕고 도덕적 교육을 강화하는 등의 도덕적 목적을 가지고 설립된 것이다. 그러나 이러한 조직들도 각각의 훌륭한 목표들을 추구함에 있어 다른 인간적인 고려를 하지 않는다는 점에서 비판을 받을 수 있다. 교육목표를 추구하기 위해 조직된 단체도 다른 사안에 구조적으로 무감각한 목표 즉 인종차별을 하거나, 상위부유계층의 사람들을 선호하는 것을 추구할 수 있다 (사실 많은 대학들이 이러한 문제 때문에 비판을 받고 있다). 이렇게 됨으로써 "목표우선"의 입장에서 특정한 목표들의 추구에 따라 잘못되는 경향이 초래된다.

목표우선의 경향은 윤리를 포기한 이익추구 경향과 부분적으로 중첩된다. 윤리를 포기한 이익추구 경향에 대한 비판은 기업조직의 특정한 목표, 즉 이익과 도덕적 규범을 따라야 하는 것 사이의 갈등에서 확인할 수 있다. 그러나 목표우선의 경향은 기업의 목표와 책임 사이의 갈등에서 빚어지는 것이지만 조직적 목표가 어떤 것이든 갈등이 빚어질 수밖에 없다는 것이다. 이러한 목표 우선의 경향은 주어진 목표들을 추구하도록 조직화되어 있는 조직인 한 영리조직뿐만 아니라 정부기관을 포함한 비영리조직에도 적용된다.

이와 같은 목표우선의 경향을 없애기 위해서 기업들은 광범위하게 도덕적 의사결정 절차를 개발해야 한다. 이익과 기술진보 및 공동체의 개혁 추구에 덧붙여 정직, 공정, 종업원 존엄성의 존중 등의 원칙들을 따르는 것도 필요하다. 즉 기업들은 특정한 목표를 따라야할 뿐만 아니라, 끝없이 도덕적으로 행동하고 사회계약을 준수해야 한다. 어떤 면에서는 그것은 목표가 아니다. 오히려 옳게 행동해야 하는 일반적인 관심이다. 한 기업이 옳게 행동하는 것에 대한 일반적 관심은 개인의 미덕에 대한 일반적 관심과 비슷할 것이다.

따라서 목표우선의 문제점 분석으로부터 두 번째 기준을 도출해 낼 수 있다. 기업들은 목표우선을 피하고 옳게 행동해야 한다는 일반적 관심을 반영한 의사결정 절차를 개발하여야 한다.

다음 9장에서는 기업윤리를 제고하기 위한 구체적인 제안을 살펴볼 것이다. 그러나 위에서 제시한 기준을 이행하기 위해서는 몇 가지 특별한 조건들이 반드시 필요하다.

제 5 절 두 기준의 이행

1. 도덕적 책임의 이해

윤리에 대한 일반적인 관심을 반영하기 위해 기업의 내부적인 변화를 꾀할 때에는 구체적으로 문제들에 어떻게 적용시킬 것인가를 규정해야 한다. 단순히 윤리적 개념을 늘어놓기만 해서는 설득력이 부족하다. 주주에게 제출하는 보고서에 "우리 기업은 기업윤리에 대해 관심을 가지고 있다"라고 하거나 기업의 도덕적 관심의 정도에 대해서 강조하는 것은 때때로 안하니만 못한 경우도 있다. 책임있는 기업의 행위는 "다음 달부터 아스피린병에 있는 잘못된 라벨을 없애는 것이다"거나 "기계의 소음을 120데시벨(decibel)에서 80데시벨로 낮추는 것이다"라고 말하는 방식이어야 한다.

사회계약에서 찾아볼 수 있는 기업 의무규정 조차도 천연자원의 오염이나 고갈을 최소화할 필요성과 같은 일반적인 의무만 규정했을 뿐이고, 용광로 유출물에서 황화물 성분이 100만분의 3수준 이내에만 허용된다는 등과 같이 구체적으로 규정할 수 없기 때문에 부적절하다. 특정한 의무를 규정하고 공식화하여 전달할 수 있는 능력이 없다면, 도덕적 관심에 대한 일반적인 개념은 적용하고자 할 때 너무 추상적이어서 그 유용성을 상실하게 된다.

구체적으로 도덕적 개념을 적용할 필요성은 도덕적 차원에서의 평가시스템을 개발할 필요성과 밀접하게 연관되어 있다. 만약에 종업원의 사고율을 낮추고, 제품의 안정성을 높이고, 흑인과 여자 종업원의 수를 늘리는 것이 회사의 목표라면 경영자들은 이에 대해서 이야기해야 하고, 그러한 목표의 달성 여부가 평가되어야 한다. 앞서 언급했던 굿리치(B.F. Goodrich)사(社)의 경우 자동차 브레이크 조립의 안정성 테스트를 거짓으로 조작한 종업원들 중 많은 사람들이 승진의 보상을 받았다. 이처럼 기업목표에 맞춘 성과에 대한 평가는 도덕적 차원을 반영시키지 못한다.

2. 종업원과 소비자의 의견 반영

사회계약이 기업의 의무를 명확하게 규정할 수는 없지만, 기업의 개선방법에 대한 암시는 주고 있다. 우리는 사회계약이 두 가지 측면을 가지고 있다는 것을 기억한다. 하나는 소비자를 위한 것, 즉 소비자 이익의 증진을 요구하는 것이고, 또 하나는 종업원을 위한 것, 즉 종업원 이익의 증진을 요구하는 것이다. 기업은 소비자와 종업원 양쪽을 만족시키는데 관심을 기울여야 하기 때문에 기업은 두 집단으로 부터의 의견을 반영할 수 있는 시스템을 개발해야 한다. 두 집단이 가지는 관심 중 어떤 것은 명백한 것이다. 예를 들어, 여자 종업원들은 특별한 "임신휴가"보다는 정규직으로 일하는 "일시적 노동불능휴가"를 더 좋아하게 될 수도 있다. 소비자와 종업원의 관심을 반영하는 시스템의 개발은 기업의 의사결정을 개선할 수도 있다. 그 시스템은 의사결정자로 하여금 종업원들이 보다 높은 특별급여(fringe benefits)와 낮은 급료를 원하는지, 또는 그 반대를 원하는지를 알 수 있도록 해 준다.

기업들은 대개 종업원의 의견보다는 소비자의 의견을 더 잘 반영시킨다. 소비자의 의견을 반영하는 것도 그것이 판매와 관련이 있을 때는 더욱 잘 반영한다. 아침 식사용 시리얼(cereal)을 판매하는 기업의 마케팅 부서는 소비자들이 납작한 통 보다는 내용물이 더 많아 보이는 길쭉한 통을 더 선호한다는 사실을 잘 알고 있다. 또 아기 엄마들은 비타민과 미네랄의 성분이 더 많이 포함된 것을 찾는다는 것도 잘 알고 있다. 그러나 구매습관과 관련되지 않은 소비자의 관심은 그렇게 잘 알지 못하고 있다. 즉 어린이의 영양에 관한 관심이라든가 그 식품이 어린이의 성장과 건강에 어떻게 영향을 미치는지에 대해서는 잘 모르고 있다. 때때로 노동조합은 종업원들의 관심을 경영자에게 전달하기도 한다. 그러나 여기에도 문제가 있다. 다음의 예를 들어보자. 남부에 있는 한 대규모 합성고무회사는 1969년까지 업무를 네 가지로 구분하였다. 실험실기사, 관리직,

기술자, 노동자 등 앞의 세 부류에 속하는 자리에는 모든 백인들로 채웠고, 네 번째 부류의 자리에는 모두 흑인들로 채웠다. 모든 직종은 노동조합에 의해서 분류되었다. 그러나 엄청난 인종차별에도 불구하고, 1967년까지는 실질적으로 종업원들의 불평을 듣지 않았으며, 미연방고용기회균등위원회 대표자를 통해서만 전달되었다. 그것은 그 때까지만 해도 그러한 인종차별이 일상적인 사실로 받아 들여졌기 때문이다.[8] 노동조합에 의존할 수 없는 또 다른 이유는 미국 노동자들의 5분의 4가 노동조합에 가입되지 않고 있다는 사실에도 있었다.

3. 권한과 통제시스템

기업윤리를 제고하기 위한 내부적 변화는 권한과 통제의 전진하는 시스템과 반드시 연결되어야 한다. 어떤 의미에서 이것은 "의무는 가능을 의미한다" 또는 "책임의 한계는 그 행동에 영향을 미칠 수 있는 사람의 권한한계와 일치해야 한다"는 철학적 격언의 응용이다. 한 기업의 의사결정과정이 책임을 규정하고 개인에게 도덕적 의무를 부과하고, 소비자와 종업원의 관심을 알 수 있을지는 몰라도 그러한 의사결정을 수행할 권한이 없다면 아무런 효과가 없는 것이다. 이사회에 부여된 권한은 절대적이다. 완고한 이사회는 경영자들이나 종업원들이 가장 원하는 것을 슬쩍 피해버릴 수도 있으며, 때때로 필요한 분야에 자금을 할당하는 것을 거부함으로써 미래의 문제들을 앞당길 것이다.

제 6 절 개혁으로 인한 부작용 회피

1. 비효율성

이제 몇 가지 유의해야 할 사항들을 점검해 보자. 기업윤리를 제고함으로써 새로운 문제들이 발생한다면 이는 바람직한 것이 아니다. 기업에게 많은 죄악이 있을지는 몰라도 역사적으로 볼 때 기업은 생활수준을 향상시키는데 지대한 공헌을 해 왔다. 따라서 기업이 주는 경제적 이익이 잘못된 도덕적 개혁으로

---

8) Lee Stokes, "Friendly Vistis form E.E.O.C.," in *Business and Society*, ed., Hay and Gray (Cincinnati South-Western, 1976), pp.236~39.

인해 크게 손상되어서는 안 된다. 그렇지 않으면, 하나의 선(善)이 또 다른 악(惡)의 대가로 얻어지게 된다. 대기업의 조직구조에 변화를 꾀하거나, 경영자가 사회적 책임을 통감하게 될 때 그 변화로 인하여 생산의 효율성을 떨어뜨리는 것은 피해야 한다. 3장에서 살펴본 바와 같이 기업의 생산조직은 가장 효율적으로 소비자의 관심을 만족시키기 위해 존재한다. 그리고 효율성을 유지하면서 향상 시키는 것은 언제나 기업의 가장 중요한 목표이어야 한다.

2. 경쟁적 불이익

스스로 개선하고자 하는 기업은 경쟁적 불이익에 처할 위험을 가질 수 있다. 자진해서 개선하고자 함으로써 경쟁에서 뒤쳐질지도 모르고 도덕적 이유로 해서 인기품목의 생산을 중지해야 될지도 모른다. 또 파렴치한 경쟁자에 의해서 타격을 받을지도 모른다. "만약에 우리가 담배회사와의 거래를 거부한다면 다른 경쟁자들이 그 거래를 가로챌 것이다. 우리가 얻는 것은 무엇인가?"라고 광고담당 이사가 주장할 것이다. 제품의 안전성을 높이기 위해서 제품의 디자인을 바꾸거나, 발암성분이 있는 것으로 의심이 가는 물질을 제거하고, 흑인이나 여성 종업원의 비율을 높이고자 하는 의사결정을 어떤 한 기업만 하게 된다면 그 기업은 경쟁적 불이익을 당할 것이다.

그렇다면 어떻게 해야 경쟁적 불이익을 피해갈 수 있을까? 한 가지 방법은 현실적으로 경쟁적 이점이 있는 개혁을 택하는 것이다. 이 방법에 부합하는 내부적 변화들은 많이 있다. 종업원과 경영자 사이의 원활한 의사소통, 보다 안전한 제품의 생산, 기업의 도덕적 행위 등은 분명히 경제적인 이익을 가져다 줄 수 있다. 그러나 이러한 방법들은 문제를 피할 수 있을 뿐이지, 근본적으로 문제를 해결하지는 못한다. 잠재적으로 볼 때 조직의 개혁이 기업의 경쟁적 위치를 위협하게 될 때 보다나은 방법은 한 기업만의 변화가 아닌 산업 전체의 변화를 요구하는 것이다. 만약에 한 산업 내에 있는 모든 기업이 변화를 이행한다면 더 이상 경쟁적 불이익의 문제는 발생하지 않을 것이다. 즉 보건안전기준, 종업원 채용기준, 기타 유사한 조항으로 최저수준을 정부가 설정하는 것과 같이 외부에서 그 변화를 이행하도록 규정할 수 있을 것이다. 그러나 피할 수 없는 문제들이 있고 정부의 규제가 부당하다면 차선의 선택은 산업 스스로의 개혁이다.

산업 스스로가 나선 개혁이 보다 놀랄 만한 성과를 가진 역사가 있었다. 재미있게도 자기규제를 한 산업들 중 선도적인 역할을 한 산업의 하나가 광고산업이었다. 1911년에 선도적 광고잡지인 『프린터즈 잉크』(Printers Ink)는 잘못된 광고에 대한 규제 기준의 제정을 적극 후원했다.[9]뒤에 전국방송인연합(National Association of Broadcasters)의 라디오 및 TV규약 당국은 모든 방송회원사들이 준수하여야 하는 보다 상세한 기준을 정했다. 지금까지도 이 기준에 의해 점술(占術: fortune telling)이나 성(性: sex)에 관련된 특정제품의 광고를 금지하고 있다. 또 "살빼는 약, 도박, 독한 술, 환각제, 여드름약과 같은 제품들을 선전하지 못하도록 규제하는 특별 규칙도 있다. 또한 그 특별규칙은 어린이들을 겨냥한 광고에 기준을 부과하고 있다. 그리고 이러한 기준뿐만 아니라 광고가 법에 위배되는지 여부를 외부 전문위원회를 통해서 결정하고 있다".[10] 이와 유사한 규약이나 자발적인 규제기관이 다른 산업에도 있다.

산업 내의 협력이 정부의 규제를 대신하여 그 문제를 해결할 수 있을지는 미지수이다. 그러한 방식 하에서는 다음 장에 언급할 산업내 상호간의 윤리적 규약과 관련하여 예기치 않은 법적 문제들이 발생된다. 그러나 단점이 무엇이든간에 산업내 상호간의 개혁은 경쟁적 불이익을 피할 수 있는 장점을 지니고 있다. 왜냐하면 한 기업이 감수해야하는 불이익을 다른 경쟁 기업들도 똑같이 감수해야 하기 때문이다.

3. 주주들의 권리

마지막으로 어떠한 도덕적 변화도 주주의 권리를 침해해서는 안 된다. 5장에서 강조했듯이 주주의 재산권이 소비자, 종업원, 기타 시민들의 권리를 침해하거나 사회계약의 원칙들을 무시하게 되는 자유를 가지는 것은 아니다. 그러나 이같이 말하기에 앞서, 우리는 재산권을 존중하는 사회에서는 주주들이 한정된 특권을 가지고 있다는 사실을 먼저 인정해야 한다. 예를 들어 주주의 투자가치

9) "Truth in Advertising-A Panel Discussion," in *Business and Society*, ed., Hay and Gray (Cincinnati: South-Western, 1976), pp.342~57.

10) Robert Moskin, ed., "The Case for Advertising: Highlights of the Industry Presentation to the Federal Trade Commission" (New York: American Association of Advertising, 1973), remarks made by attorney Phillip Schwartz of Davis. Gilbert, Levine & Schwartz

에 영향을 미치는 경영구조의 변화가 이루어진다면 주주들도 이를 알고 있어야 한다. 주주는 수익을 올릴 목적으로 주식에 투자했으므로 그러한 변화를 원하지 않을 수도 있다. 따라서 기업의 실질적인 소유주가 원하는 것은 기업의 의사결정에서 반드시 고려되어야 한다.

이 장은 기본적인 복잡한 문제들을 제시함으로써 '기업윤리의 제고'를 다루었다. 처음에는 기업의 비윤리를 초래하는 두 가지 경향을 구분하였고, 이것에 의해 기업의 내부적 개혁을 효과적으로 하기 위한 두 가지 일반적인 기준을 제시할 수 있었다. 즉 기업의 개혁이 의미있으려면 1) 이익극대화의 목표와 함께 도덕적 목표를 기업의 목표로 삼아야 한다. 2) 옳게 행동하려는 일반적 관심을 반영한 의사결정절차를 도입하여야 한다. 또 기업 내부의 변화는,

1. 특정한 경우에 있어 도덕적 책임을 정확하게 규정할 수 있는 절차를 마련해야 한다.
2. 전반적인 기업윤리를 증진시킬 수 있도록 기업내 직원들의 개별의무를 규정해야 한다.
3. 소비자나 종업원들의 의견을 효과적으로 반영할 수 있는 의사결정절차를 확보해야 한다.
4. 도덕적 지침을 이행하기 위한 적절한 권한을 발휘하는 의사결정 절차를 개발해야 한다.

라고 주장했다. 그리고 변화로 인하여 생길 수 있는 세 가지 단서 :

1. 생산효율성의 감소를 피하거나 최소화할 수 있도록 해야 하고,
2. 불공정한 경쟁적 불이익이 발생하지 않도록 하거나 최소화할 수 있도록 해야 하며,
3. 주주들의 권리를 침해하지 않아야 한다.

이 8장의 목적은 기업의 내부적 의사결정을 하기 위한 구체적인 제안들을 올바로 살펴보기 위해 필요한 이론적인 토대를 마련하는데 있었다. 다음 9장의 과제는 이러한 구체적인 제안들을 평가하게 될 것이다.

참 고 문 헌

Ackerman, R.W., *Corporate Social Responsiveness: The Modern Dilemma. Reston, Reston* Publishing, 1976.

Baumhart, Raymond S.J., *An honest Porfit*. New York: Holt, Rinehart & Winson, 1968.

Cavanagh, Gerald, *American Business Values in Transition*. Englewood Cliffs, N.J.: Prentice-Hall, 1976.

Chayes, Abraham, "The Modern Corporation and the Rule of Law," in *The Corportion in Modern Society,* ed. Edward Mason. Cambrige, Mass.: Harvard University Press, 1960.

Goodpaster, K., and K. Sayre, eds., *Ethics and Problems of the 21 st Century*. Notre Dame, Ind.: Notre Dame University Press, 1979.

Gothie, David ed., *Business Ethics and Social Responsibilities*. Charlottesville, Va.: University of Virginia Press, 1974.

Hampshire, Stuart, ed., *Public and Private Morality*. London: Cambridge University Press, 1978.

Hay, Robert, E. Gray, and J. Gates, eds., *Business and Society: Cases and Text*. Cincinnati: South-Western Publishing Co., 1976.

McMahon, Thomas, *Report on the Teaching of Socio-Ethical Issues in Collegiate Schools of Business Administration*. Charlottesville, Va.: University of Virginia Press, 1975.

Powers, Charles and David Vogel, *Ethics in the Education of Business Managers*. New York: Hastings Institute, 1980.

Southard, Samuel, *Ethics for Executives*. New York: Cornerstone, 1977.

Steiner, George and John Steiner, eds. *Issues in Business and Society*. New York: Random House, 1972.

Vagts, Detlev, "The Governance of the Corporation: The Options Available and the Power to Prescribe", *Special Issue: Business Lawyer,* 31(1976)

Williams, Oliver, and John Houk, *Full Value*. San Francisco: Harper & Row, Pub., 1978.

제 9 장 기업의 윤리 : 제안

기업은 본질적으로 변화되어 간다. 교회나 가정 혹은 정부처럼 기업은 점진적으로 발전하며, 그 과정에서 기업의 구성원뿐만 아니라 권력과 구조 등이 변화되어 간다. 지난 200년 동안 서방(西方)의 정부들은 기업들이 가진 권력과 권위에 대해 마지못해 규제해 왔고, 유사한 방식으로 기업들도 점점 더 법적인 구속, 즉 금지사항, 할당(Quotas), 최저수준 및 강제규정 등에 부득이 복종할 수밖에 없었다. 어느 학자는 미래에 있어서 기업의 변화유형이 정치적인 혁명과정과 유사할 것이라고 주장하기도 한다. 즉, 정부가 자체 내의 억제와 균형정책을 실시함으로써 구조를 변경시키는 것과 마찬가지로 대기업들도 경영체제 및 주주들과의 관계를 재조직해야 한다는 것이다. 그리고 바람직한 외적인 면모를 갖추기 위해서는 내부의 변화에 전문기술(nuts and bolts)을 사용해야 할 것이다.

이 장에서는 다음과 같이 두 가지 측면에서 기업조직의 개혁문제를 논하고자 한다. 첫째, 현행 기업조직 개혁의 제안에 대한 이론들을 살펴보고, 둘째, 그 제안들을 분석하고 그 특성을 평가하려 한다. 기업조직의 개혁에 대해서 자세히 조감하고 설명하여 분류하는 것은 합리적인 평가를 용이하게 하기 위해서 필수 불가결한 것이다. 그러나 대부분의 평가는 독자들의 몫이다. 여기서는 단지 분명하게 정의된 이론들을 다수 제공하는데 그칠 것이다. 이 장에서의 평가는 이미 잘 알려진 이론들의 표준평가들과 앞장에서 설명한 평가의 기준에 기초하고 있다. 그러나 이러한 이론적인 평가에는 항상 주의를 해야 한다. 왜냐하면 이러한 종류의 조사는 흔히 정확성이 결여되기 쉬우며 기업조직의 개혁을 위한 이론을 어떻게 잘 적용하느냐 하는 것은 주로 경험적인 문제이기 때문이다. 결국 이론은 현실 세계의 시험을 거쳐야 한다. 하지만 이론적인 고찰이라고 해서 완전히 무익한 것만은 아니다. 왜냐하면 그것은 종종 믿음직하지 못한 가설로부터 분리시킬 수도 있기 때문이다. 그러나 우리가 적당한 주의없이 추상적 사고에 머무른다면, 달이 유리와 같이 완벽한 구로 되어 있다고 주장했던 16세기의 종교인들과 다를 바 없다. 좀 더 현명했더라면 그들은 갈릴레오(Galileo)와 같이 망원경을 통해 관찰하였을 것이다.

〈기업 개혁에 관한 다양한 가설〉

기업의 개혁을 제안하는 사람들은 제각기 다른 종류의 가설을 내세우고 있다.

1. **외부규제의 필요성**　　어떤 사람들은 기업조직이 본질적으로 융통성이 없기 때문에 지속적인 외부의 규제를 받아야 하나고 주장한다. 우리는 앞장에서 이러한 주장들의 결함을 살펴보았다. 즉 규제를 함으로써 나타나게 되는 결과 중의 하나는 기업조직의 외부에 있는 의사결정기관, 예를 들면 정부나 의회 또는 법원 등의 의사결정시스템에 의존하는 것이다. 재무적 의사결정에 대한 기업의 능력에 관해서는 낙관적이면서도 윤리적 의사결정에 대한 기업의 능력에 관해서는 비관적인 견해를 가지는 것은 "원격조정(remote control)체제"를 지지하는 것에 불과하다.

2. **기업의 자율적인 윤리적 통제**　　또 어떤 학자들은 이러한 주장에 상반되는 가정을 내세우면서 기업들이 과거의 자율적인 윤리적 통제에 실패한 경우가 많았다는 것은 인정하되, 기업들은 스스로 윤리적인 통제를 할 수 있는 능력을 갖추고 있다고 본다. 이러한 접근방법은 기업 내부의 의사결정기구에 의존하는 것이며 일종의 윤리적 자율을 지지하는 것이다.

3. 절충적 대안 위와 같이 상반되는 두 가지 견해를 절충시키는 제3의 견해가 있다. 이 견해는 기업조직이 경직되어 있고 환경의 변화에 저항하므로, 기업조직의 발전 가능성이 희박하다고 믿는 반면에 원격조정의 견해를 지지하지도 않는다. 대신에, 이 견해는 외부의 압력이 기업 내부에서의 윤리적인 자율에 필요한 의사결정구조를 창출하는 데에 사용되어야 한다는 것이다. 이와 같이 기업조직의 윤리적인 통제가 기업 내부의 의사결정구조에서 이루어져야 한다는 면에 있어서 이 견해는 자율규제의 견해와 일치한다. 이러한 제3의 견해는 기업이 강제적으로 재조직되어야 하는 것을 지지하지만 그러한 재조직이 기업의 자율을 증진시키기 위해서 이루어져야 한다고 주장하고 있다. 즉 제3의 견해는 "강제화된 자율(enforced autonomy)"이라고 할 수 있다. 이 견해에 의하면 루소(Rousseau)가 사람들에게는 때때로 "자유로워 지도록 강요받는 것(forced to be free)"이 필요하다고 주장한 것처럼 기업들도 자율적인 환경을 조성하기 위해서 때때로 강제되어야 한다는 것이다.

이 장에서는 두 번째 견해와 세 번째 견해만을 논의하고자 한다. 그 이유는 첫 번째 견해가 고려될 만한 가치가 없기 때문이 아니다. 오히려 첫 번째 견해는 현재 사용되고 있는 방법과 유사하며, 현재의 법적인 통제는 8장에서 설명된 문제점들이 나타나기 때문이다. 현새의 법에 의한 통제가 기업이 사회에 끼칠 수 있는 위협을 완화시키는데 도움이 되었다는 것은 의심할 여지가 없다. 아마도 법에 의한 통제는 단점이 있음에도 불구하고 더욱 강화되어야 할지도 모른다. 그러나 그러한 통제형태들은 이미 우리에게 친숙하고 그러한 통제가 미치는 윤리적인 효과는 비교적 단순하고 논쟁거리가 되지 않는다.

두 번째와 세 번째 접근방법은 법에 의한 규제로 인한 통상적인 역효과 없이 개선된 기업윤리를 제시해 줄 것이다. 현재 대부분의 기업개혁을 위한 이론들은 이 두 가지 방법들을 종합한 것이 많다. 그리고 이러한 이론들 중에는 성공적인 것도 있고 그렇지 못한 것도 있으므로 이들을 분류하고 평가하는 것이 필요하다.

〈가설들의 변동유형에 따른 분류〉

두 번째와 세 번째 접근방법하에서 제시되는 이론들은 다음과 같이 변화유형에 따라서 3가지 유형으로 세분될 수 있다.

1. 조직 구성원간의 권력의 이동
2. 기업 내부의 규정과 절차의 확립
3. 공식적인 조직 구조의 변경

각각의 유형에 대해 차례로 살펴보기로 하자.

제 1 절 조직구성원간 권력의 이동방안

기업조직에서 구성원간의 권력을 이동시킴으로써 혹은 그 권력의 상대적인 비율을 변화시킴으로써 기업의 행위를 극적으로 변화시키는 것이 가능하다. 상이(相異)한 계층에 있는 조직구성원들은 각자 이해관계가 다르다. 따라서 그들은 주어진 권한도 서로 상이하게 사용하려할 것이다. 주주, 중간관리자, 시민, 전문기술자, 소비자, 상위관리자, 기업 내·외부의 중역 및 하위노동자 등 기업에 영향을 미치는 모든 사람들 중 어느 한 계층에 있는 사람들의 역할이 기업의 의사결정과정에서 커진다면, 기업의 행위는 그 계층에 있는 사람들의 이해관계에 따라 좌우될 것이다. 어떤 비평가들은 현재의 기업들이 종업원, 소비자 또는 특정 지역의 시민들을 조직적으로 배척하고 있다고 비난하기도 한다. 그들은 기업들이 모든 사람들을 체계적으로 포함시켜야 한다고 주장하고 있다. 또 다른 비평가들은 현재의 기업들이 경영자에게 너무 많은 권한을 부여한다고 비난하면서 거대한 권한을 원래 있어야 할 자리인 주주들의 손으로 되돌려 주어야 한다고 주장한다. 이러한 모든 이론들은 상충하는 이해관계를 자동적으로 조정시키는 정치적 시스템의 필요성을 강조한 18세기의 철학자인 몽테스키외(Montesquieu)의 사상과 유사한 조직개혁정신을 나타내고 있다. 즉 이러한 사고는 발전이라는 측면보다 억제(抑制)와 균형(均衡)(checks and balance) 시스템을 통하여 사람들의 이해관계를 조정하는 것이다.

〈기업의 이해관계 조정에 대한 일반적인 이론들〉

기업을 둘러싼 이해관계를 조정하기 위한 가장 일반화된 이론들은 다음과 같다. 즉 (1) 기업의 유권자인 주주들과 함께 "기업민주주의"(corporate democracy)를 창조하는 방안, (2) "기업 사내이사"로부터 "기업 사외이사"들에게 권한을 이전시키는 방안, (3) 기업의 이사회에 노동자들과 소비자들을 참여시키는 방안, (4) 기업에 영향을 미치는 모든 사람들로 하여금 기업행위를 공동으로 통제할 수 있도록 급진적인 "기업민주주의"를 창조하는 방안 등이 있다. 이와 같은 이론들은 기업내에서 권한의 위치를 이동시키는 것을 목적으로 내세우고 있으나 동일한 기본적인 조직구조, 즉 단일 이사회, 주주총회 등의 전통적인 기업조직구조를 유지하고 있다. 기업의 조직구조가 변경되는 것이 아니라 조직구조의 이면에 있는 권한이 변화하는 것이다.

1. 기업민주주의

"기업민주주의(corporate democracy)"란 현대 기업의 개혁에서 가장 일반화된 운동 중의 하나이다. 이 개념은 경영자에게 집중된 권한의 일부를 주주들에게 이전시킴으로써 기업 전반에 걸쳐 윤리적인 통제를 할 수 있게 하는 것이다. 현재까지 주주들이 보여주었던 행동을 생각해 볼 때 주주들이 배당금을 찾는 것 이상의 일을 할 것이라고 생각하는 것은 합리적인 것이다. 예를 들어 1960년대 후반 이후에 주주들은 수많은 기업들로 하여금 네이팜의 제조를 중단하도록 촉구했고, 자동차 내부에 안전벨트를 설치하게 했고, 저개발국가에 대한 유아용 이유식의 판매를 금지시켰으며, 남아프리카 공화국과의 거래를 중지하도록 촉구한 바 있다.

(1) 주주의 행동에 관련된 사례

[사례1 : 랄프네이더의 지엠(GM)사(社) 보통주 구매행위]

이러한 주주들의 행동 중 유명한 것은 1970년 1월 그의 동료들과 지엠(GM)사(社)의 보통주 12주를 구매한 랄프 네이더(Ralph Nader)의 행위이다. 기업에 대한 영향력이 전적으로 소유주식에 비례하는 것은 아니다. 그들은 주주들의 연차보고서에 특별안을 포함시키도록 밀어 붙였으며, 끝내는 그 안을 접수시켰다. 그 안 중 하나는 지엠(GM)사(社)로 하여금 사회적 책임을 위한 위원회를 구성하도록 하는 것이다. 또 다른 하나는 지엠(GM)사(社)의 이사회에 공익을 대변할 수 있는 새로운 대표자들을 참석시키자는 것이었다. 결국 주주총회에서의 투표결과 네이더의 안은 압도적인 표차로 부결되었으나 결국 지엠(GM)사(社)는 사회적 압력에 굴복하였고 사회적 책임을 위한 위원회를 설립하였다. 그

위원회는 단순한 골격에 불과했으나 지엠(GM)사(社)의 사회에 대한 태도를 전환시키는 계기가 되었다.[1] 그다지 알려지지는 않았으나 이보다 훨씬 성공을 거둔 사례들도 있다.

[사례2 : 브리스톨메이어스사(社)와 가톨릭 수녀회 사이의 이유식 관련 분쟁]

예를 들어 로마 가톨릭 수녀회는 1978년 브리스톨메이어스(Bristol-Meyers)사(社)가 저개발국가에 대하여 갓난아기의 이유식을 판매하기 위하여 벌인 마케팅 활동이 그 나라의 어린 아이들을 영양실조에 걸리게 한 원인이 되었다고 주장했다. 그리고 이사회와의 분쟁을 법정밖에서 해결한 바 있다. 이 회사의 주식 1000주를 소유하고 있는 보혈선교수녀회(Missionary Sisters of Precious Blood)는 1977년 주주들이 제시한 안을 회사가 반대했을 때, 회사가 주주들을 속였다는 이유로, 이 회사를 고소해 버렸다. 그들은 브리스톨메이어스사(社)의 마케팅 활동이 어머니들로 하여금 모유를 포기하고 그 회사의 이유식을 사용하도록 유도했다고 주장했다. 저개발국가에서 어머니들은 무지하기 때문에 이유식에 타는 근처의 물에 박테리아가 많이 포함되어 있는 것을 깨닫지 못했다. 그리고 이들은 가난해서 제품을 살 돈이 부족했으며, 가난하더라도 일단 수유를 중단하고 이유식을 사용하게 되면 계속해서 이유식에 의존할 수 밖에 없었다. 그 결과 이유식을 먹는 어린아이들이 통계적으로 높은 수준의 영양실조를 가져왔다. 결국 브리스톨메이어스사(社)는 제3세계 국가들에 대한 이유식 문제를 해결하는데에 있어서 수녀들의 의견을 따르기로 결정하였다.[2]

[사례3 : 대학의 기업정책에 대한 관여 사례]

또 하나의 예로 대학생들이 대학 당국으로 하여금 그 대학이 주식을 소유하고 있는 기업의 정책을 변경시키기 위해서 주주로서의 권리를 행사하도록 요구한 적이 있다. 대부분의 큰 대학들은 포트폴리오(Portfolio)를 형성할 수 있을 만큼 기업의 주식들을 상당량 소유하고 있었으나 과거에 주주로서의 그들의 태도는 매우 수동적이었다. 1970년 후반에 들어서 대학생들은 제이피 스티븐스(J.P. Stevens)사(社)와 같이 노동조합을 싫어하는 기업들과 폴라로이드(Polaroid)

1) John W. Colline, "Campaign to Make General Motors Responsible," in *Business and Sociiety: Cases and Text*, ed.,, Robert Hay and Edmund Gray (Cincinnati: South-Western, 1976), pp.51~69.

2) *Chicago Tribune*, January 26, "Nun-Shareholders Win Infant Formula Battle."

사(社)와 같이 남아프리카 공화국 정부와 강력한 유대관계를 유지하고 있는 기업들에 대하여 항의소동을 벌였다. 예컨대, 1979년 시카고 대학생들은 1960년대 후반에 나타난 급진주의 학생들과 유사한 시대정신을 보이면서 시위를 벌였는데, 그들은 대학 당국이 보유하고 있는 주식 중 남아프리카 공화국에서 사업을 하고 있는 기업의 주식을 모두 팔아버리거나, 그 기업으로 하여금 남아프리카 공화국과 같은 나라와는 거래를 중단하도록 설득할 것을 요구했다. 이러한 요구사항에 대하여 대학 당국은 그 기업에 대한 투자는 수익성이 매우 높다는 이유로, 주식의 매각을 거절했으나 과거와 같이 주주로서의 책임을 기업의 경영자에게 위임하는 대신에 주식의 의결권을 대학 당국이 행사하는 데에는 동의하였다.

기업에 대한 이러한 행동들은 미국 내에서 이른바 기업민주주의 운동에 불을 붙였다.[3] 만일 소액주주들이 지엠(GM)사(社), 제이피 스티븐스(J.P. Stevens)사(社) 및 브리스톨메이어스(Bristol-Meyers)사(社)와 같은 대기업들에 영향력을 행사할 수만 있다면 법에 의하여 주주들의 역할을 강화함으로써 모든 대기업에 있어서 인도주의적인 기준을 상승시킬 수 있을 것이다. 의결권을 지니고 있는 주주들이 민주적으로 기업을 통제해야 한다는 사상은 기업이 정치적인 시스템으로 해석될 수 있다는 것을 전제로 한 것이다. 그러한 전제가 주어진다면 정부의 권력구조와 같이 기업의 권력구조도 민주화되어야 할 것이다.

이미 기업의 소유자로서 주주들이 기업을 통제하고 있다고 전제하면 주주들이 기업을 통제할 수 있도록 기업에 압력을 가하는 것이 이상해 보일수도 있다. 그러나 그러한 전제는 그릇된 것이다. 즉 주주들은 기업을 소유하고 있으나, 기업의 의사결정과는 무관한 소규모 기업과 가족 기업을 제외한 대부분의 기업에서 주주들은 기업의 경영권을 전문경영자에게 위임한 채 기업의 의사결정에 참여하지 않고 있다. 주주들이 기업의 의사결정에 참여하지 않는 것은 단순히 '주주들의 성향'으로 치부할 수 있는 문제가 아니다. 왜냐하면 법에서도 경영자에 의한 통제를 장려하고 있기 때문이다. 주법률하에서 소위 "경영판단(business-judgment)"이라는 규칙은 경영자에게 기업의 일상적인 업무에 관한 행위에 대하여 배타적인 권한을 부여하였다.[4] 그러나 기업의 관리에 있어서 주

---

3) David Vogel, *Lobbying the Corporation: Citizen Challenges to Business Authority*(New York: Basic Books, 1978).

4) Marvin A. Chirelstein, "Corporate Law Reform," in *Social Responsibility and the*

주들이 보다 더 큰 힘을 지니기 위해서는, 이 법은 재해석될 필요가 있다. 더욱이 지난 수십년 동안의 미국 기업의 역사를 돌이켜 볼 때 주주들은 순수한 경제적 사안조차도 경영자가 내린 결정을 뒤집을 수 없었다. 기업의 역사에서는 민주주의 정치제도의 역사와 같은 모습을 읽을 수가 없다.

(2) 미국의 주주와 경영자 사이의 법적 권리에 대한 역사

미국에서 기업민주주의 옹호론자들이 꿈꾸는 미래를 이해하기 위해 주주와 경영자들의 법적인 권리에 대한 역사를 간단히 살펴보고자 한다. 권리의 문제는 기업의 자선활동에 관한 논쟁, 즉 자선활동을 하려는 경영자와 이를 반대하는 주주들과의 충돌에서 처음으로 표면화되었다. 일찍이 보통법(common law)에서는 증여(贈與)로 인하여 이익의 형태를 지니는 "직접적인 이익(direct benefit)"이 뒤따르지 않을 경우 기부행위는 투자수익률을 최대화하려는 주주들의 권리를 침해하는 것이라고 간주했다. 그러나 지난 40~50년 동안 이러한 법칙은 일련의 획기적인 판례에 의해서 파괴되어 졌다.

[사례1 : 에이피 스미스(A.P. Smith)사(社) v. 발로우(Barlow) 사건]

이러한 판례 중의 하나는 에이피 스미스(A.P. Smith)사(社) v. 발로우(Barlow) 사건이었는데 이는 기업이 프린스턴 대학교에 증여를 함으로써 주주들의 이윤을 손상시켰다는 어느 한 주주의 불평에 관한 것이었다. 이러한 증여는 기업에 직접적인 이익을 제공하지 않았을지 모르지만 공공관계의 강화를 통하여 간접적인 이익을 제공해 주었다는 이유로 지지를 받았다.[5)]

그러나 비록 간접적이기는 하지만 기업의 자선행위에 대한 법적인 금지사항이 남아 있고 기부금과 기업 자신의 이익과의 관련성이 증명되어야 한다. 실제적으로 법원에서는 기업의 기부금의 한도액을 이익의 5퍼센트로 정하였으나 한도액을 초과하는 기업은 거의 없고 평균적으로 이익의 1퍼센트 수준에 그치고 있다.

[사례2 : 증권거래법의 윤리적 책임 강화와 다우 사건]

1933년과 1934년에 제정된 두 개의 증권거래법에서는 주주들이 더 엄격한

Business Predicament, ed., James W. McKie(Washington, D.C.: The Brooking Institution, 1974), p.46.

5) Chirelstein, "Corporate Law Reform," p.50.

윤리적인 기준(대개 재정적 영역에서)에 책임을 질 수 있는 상위관리자를 선출할 수 있도록 하였다. 증권거래위원회(SEC)에 의해 제정된 이러한 법들은 부당한 증권거래로부터 시민들을 보호하려는 정부의 권위를 이론적 근거로 하여 경영행위의 지침을 제공하였다. 1934년에 제정된 법(法)중에서 10-b조와 14a-8조 등 두 개의 조항들은 특히 중요한 의미를 지니고 있다. 10-b조에서는 부정한 방법으로 이루어지는 증권의 매매를 금하고 있다. 예를 들면 기업의 경영자들이 기업의 내부정보를 이용하여 증권에 투자하여, 이익을 챙기는 행위를 금지하고 있다. 14a-8조는 주주들에 관한 조항인데 경영자로 하여금 주주들의 의결권 행사에 관한 사항을 주주들에게 통지하도록 요구하고 있다.

14a-8조는 주주들이 기업민주주의를 관철시킬 수 있다는 점에서 법적인 논쟁의 장이 되었다. 즉, 그 규칙은 증권거래위원회에 의해서 통제되는 주주의 의결권 행사 절차를 위한 대리기구의 일부이며, 기업의 경영자로 하여금 기타 다른 자료와 함께 주주들의 제안도 받아들이도록 하는 절차를 규정하고 있다. 다만 다음과 같은 상황에서는 주주들의 제안을 제외시킬 수도 있다.

1. 제안들이 주법(State law)에서 규정된 주주들의 행동으로서 적합하지 않은 경우(주법에서는 정상적인 영입활동에 관한 문제를 제기할 수 없도록 하였다. 이는 정상적인 영업활동에 관한 제안을 제외한다는 것을 의미한다).
2. 제안들이 사회적, 경제적, 또는 정치적인 주장을 내세우기 위해서 제출되는 경우.

위의 두 번째 기준은 논쟁의 여지가 있으며, 계속해서 큰 문제를 불러 일으켜 왔다.6)

인권을 위한 의료위원회(Medical Committee for Human Rights)와 증권거래위원회(SEC) 판례는 주주들이 사회적인 문제에 관한 제안을 한 것으로서 14a-8조를 적용한 첫 번째 사례이다. '인권을 위한 의료위원회'라고 자칭하는 시민들은 다우화학(Dow Chemical)사(社)의 주식을 약간 구입하고 나서, 다우화학(Dow Chemical)사(社)가 사람의 피부에 강하게 접착되어서 강한 화력으로 살갗을 태워버리는 젤리와 같은 물질인 네이팜(Napalm)을 제조하고 판매하여 인권을 유린했다고 고소했다. 당시(1968년) 다우화학(Dow Chemical)사(社)는

6) Chirelstein, "Corporate Law Reform," p.55.

네이팜을 미국정부에 판매하였고 미국 정부는 그것을 베트남 전쟁에서 정글의 잎을 태우고 적군을 밀림지대에서 뛰쳐나오게 하는데에 사용하고 있었다.[7] 그 위원회는 다우화학(Dow Chemical)사(社)의 이사회로 하여금 네이팜이 인간에게 사용되지 않을 것이라는 확신이 없는 한 판매를 금지하겠다는 개정안을 기업의 정관에 덧붙일 것을 고려하고 있다는 내용의 제안을 주주들에게 제출할 것을 요청하는 서신을 보냈다.

다우화학(Dow Chemical)사(社)는 그 제안을 주주들에게 보내는 것을 거절했다. 다우화학사(社)는 그 제안이 증권거래위원회 기준에 비추어볼 때 타당성이 없다고 주장했다. 즉 그러한 제안은 주법이 규정하는 적합한 주주의 행동에서 벗어나며 정치적인 주장이라는 것이었다. 증권거래위원회는 그 문제를 조사한 후에 다우화학(Dow Chemical)사(社)의 거절이 정당하다고 인정하였다.

증권거래위원회의 결정에도 굴하지 않고 그 위원회는 연방법원에 항소하였다. 연방법원에서는 그 위원회에 동의하여 증권거래위원회에게 보다 더 행정적인 행동을 취하라고 사건을 되돌려 보냈다. 연방법원은 판결문에서 다우화학(Dow Chemical)사(社)가 그 제안을 거절한 것은 "기업민주주의를 촉진시키고 기업의 주주들로 하여금 기업의 소유주로서의 능력을 발휘하여 그들에게 영향을 미치는 중요한 결정사항들을 통제할 수 있도록 주주의 권리(혹은 의무)를 확인시켜야 한다는 규칙 **14a-8**조의 정신에 위배된다고 명시하였다."[8] 연방법원은 그 제안이 규칙 **14a-8**조에서 규정한 두 가지 예외사항의 의미에 적합하다는 주장을 다음과 같은 이유로 일축하였다. 첫째, 델라웨어(Delaware)주법은 기업이 제조하고 있는 제품에 관련된 문제는 사무적인 일이고 경영자에게 속한 사항이라고 명시하고 있다. 그러나 그 위원회에서 제안한 것은 기업의 정관을 개정하라는 것이며 주법에서는 정관의 개정을 주주에게 관련된 문제라고 명시하고 있다. 둘째, 네이팜의 문제는 어떤 의미에서 정치적이라고 할 수 있으나, 주주들이 재산의 사용을 제한할 수 있다는 의미에서는 정치적인 문제가 아니라고 할 수 있다.

연방법원에서는 "주주가 사회적인 책임을 더 잘 수행할 수 있다고 믿고 있는 방식으로 그들의 재산을 사용하려고 하는가의 문제"[9]에 대하여 다우(Dow)측이

---

7) "The Napalm Affair," in *Business and Society*, ed., R. Hay and G. Gray, pp.32~83.

8) *Medical Committee for Human Rights v. SEC,* 432, F. 2d, pp.680~81.

9) *Medical Committee v. SEC,* p.681.

그들의 공동 소유자인 주주들이 관심을 기울일 수 있도록 하는 것을 저지할 수 있는 정당한 이유를 제시하고 있지 않다고 언급하였다. 또한 이 사건을 담당한 탐(Tamm)판사는 그 제안(提案)이 윤리적이고 정치적인 색채를 지니고 있음에도 불구하고 회사측에서 그 제안을 받아들여야 하는 것을 지지하기 위해 다우(Dow)사(社)가 이익 때문에 네이팜을 제조하는 것이 아니라 윤리적이고 정치적인 이유 때문에 제조하는 것이라고 주장해 온 점을 강조하였다.[10]

다우사건의 판결은 주주들의 의결사항이 윤리적이고 정치적인 색채를 띠고 있는 제안도 거의 대부분 주주들의 의결 사항으로 적합한 문제라는 사실을 보여준다. 이러한 사실은 경영자에게 주어진 윤리적인 권위에 상당한 위협을 가하고 있으며 기업민주주의 운동에서 결정적인 역할을 하고 있다. 누구나 이러한 문제에 논쟁의 여지가 많다고 생각할 것이다. 그러나 이러한 논쟁들에서 비판의 초점은 기업법이 전통적으로 훼손행위 즉 "승인된 목적이 이익을 가져 올 수 있는 기회를 포기하거나 현존하는 기업의 자산을 가치가 적은 유형자산으로 대체하는 행위"[11]를 승인받으려면 주주 전원의 동의를 요구하고 있다는 사실에 두어야 한다. 따라서 주주들에 의해서 승인된 사회적, 윤리적인 색채를 지니는 제안들이 기업의 주식가치를 감소시킬 것으로 예상되는 한 이러한 제안을 주장한 주주들은 경영자로 하여금 이 제안을 받아들이도록 강요할 수 없게 된다. 이러한 것은 만장일치의 의결의 단점에서 발생하게 된다.

이상의 사항들은 기업의 민주화 운동에 장애가 된다고 할 수 있다. 왜냐하면 주식의 가치가 감소하게 되는 경우 대다수의 주주들이 투자수익률만을 최대화하려는 극소수의 주주들에게 힘을 발휘할 수 없기 때문이다. 앞장에서 살펴본 바와 같이 일반적인 기업법에서는 기업의 의사결정이 주식의 시장가치를 높이려는 주주들의 선호에 따라 이루어져야 한다고 가정하는 경향이 많다. 그러므로 이익만을 추구하는 투자자들은 대다수의 주주들이 반대하는 상황에서조차도 기업법이 주식가치가 보다 높아지기를 선호한다는 가정을 지지한다는 것을 알기 때문에 두터운 보호벽을 지니게 된다. 이러한 해석에 의하면 다우사건의 판결에 대한 유일한 정당화는 이익을 위해서가 아니라 윤리적인 이유 때문에 기업을 운영해 왔다는 다우측의 자백에 달려있다. 결국 이러한 해석에 따르면 기업의 민주주의운동은 거의 명맥이 다했다고 할 수 있다. 왜냐하면 기업법이 민

10) 'The Napalm Affair," p.83.
11) Chirelstein, "Corporate Law Reform," p.60.

주주의 절차의 핵심인 다수결의 원칙의 적용을 매우 강하게 부인하기 때문이다.

반면에 다우판결에 있어서 변호인측은 주주들의 기업통제권한을 효과적으로 부인하는 동시에 주주에게 전통적으로 기업통제권한과 관련되어 있는 재산권을 귀속시키는 것은 명백한 모순을 지니고 있다고 지적하였다. 즉 주주들은 기업의 중요한 정책이나 정관의 개정 등에 관한 결정권을 가지지 않는 한 말 그대로 소유자에 불과한 것이다, 만일 이것이 참이라면, 주주들은 재산의 소유권과 관련된 전통적인 통제력을 지니고 있지는 않으나, 확실하게 정의된 상황 하에서 재무적인 효익을 받을 권리만을 소유함으로써 단순히 법적인 수익자에 불과한 것이다. 만일 주주들이 기업재산의 소유자라면 소유권의 권리가 허용되어야만 한다. 그러나 만일 소유자가 아니라면 소유자로서의 주주들을 둘러싸고 있는 신화들은－주주(소유자)와 경영자(대리인)간의 신탁관계의 개념 등을 포함하여－포기되어야 한다.

다우사건의 판결에 대한 비판은 단순히 윤리적인 면에 치우친 주주들의 제안이 대다수 주주들의 지지를 얻는데에 실패하였다는－아마도 미래에도 지지를 얻지 못할 것이지만－사실에도 불구하고 기업민주주의에 의해서 경영자들로 하여금 위협을 느끼게 하는 이유가 되었다. 다우사건외의 유명한 사례에서도 윤리적인 행위를 주장하는 주주들의 제안은 주주총회에서 극소수의 찬성밖에 얻지 못했다. 예를 들면 지엠(GM)사(社)의 주주총회에서 네이더(Nader)와 뜻을 같이 하는 주주들은 총투표수의 4%의 지지밖에 얻지 못했고, 다우화학사(社)의 주주총회에서도 인권을 위한 의료위원회측은 총투표수의 2%의 지지밖에 얻지 못했다. 그러나 4%의 찬성투표 후에도 왜 지엠(GM)사(社)가 사회적 책임을 위한 위원회를 설립하였는가? 그리고 왜 2%의 반대투표 후에도 다우화학사(社)는 네이팜 생산을 중지하였는가?

물론 이에 대한 답변은 사회적 압력때문이라고 할 수 있다. 즉 사회적 압력은 다우 사건의 판결에 대한 비판이 왜 기업민주주의 운동을 두려워하게 되는 동기가 되었는가를 잘 설명해 준다. 매년 주주총회는 기업의 경영자와 큰 소리로 떠들어대는 활동적인 주주들과의 격렬한 대결의 장이 되어왔다. 그리고 다우사건의 판결 이후 주주총회는 윤리적인 문제를 자유롭게 토의하는 장소로 선호되었으며 결국 일반 대중에게 윤리적인 문제를 널리 알리는 장소를 제공해 주게 되었다. 주목해야 할 사실은 기업의 경영자들이 예전과는 달리 논리적인 근거를 가지고 그들의 정책을 변호해야만 하게 되었다는 것이다. 물론 이러한 성과들은 기업민주주의의 운동에 의해 얻어진 것이다. 기업민주주의 운동은 주주총회 선거에서의 승리를 목적으로 하는 것이 아니라, 일반 대중의 여론대결에서의 승리를 목적으로 하고 있다. 1977년의 경우 150개 이상의 기업의 주주들이 600건의 공공이익을 위한 결의문을 주주총회에 제출하였다.[12)]

(3) 기업민주주의 운동에 대한 견해

〔비관적 견해〕

기업민주주의 운동은 관습적으로 "더 높은 수익률"을 선호하는 주주들과의 대결에서 승리하더라도 수많은 이론적 장벽에 부딪칠 수 있다. 기업민주주의 운동에 있어서 가장 유명한 해설가인 보겔(David Vogel)교수는 기업의 윤리적인 활동을 장려하려는 운동은 본질적으로 기업의 행위를 결정하는 외부의 압력에 의해서 제한을 받는다고 주장한다. 즉 보겔 교수는 민주적으로 수립된 정부와는 달리 기업을 정치적으로 설명할 수 없는 이유는 기업에서 이루어지는 가장 중요한 의사결정 사항들이 기업의 통제범위 밖에 있는 경제적 압력에 의해서 결정되기 때문이라고 주장한다.[13)] 그리고 보겔 교수는 기업이 시장의 명령에 대항하기 위한 유일한 힘은 정부의 힘이라고 결론짓고 있다.

〔낙관적 견해〕

보겔 교수가 기업민주주의 운동을 쇠퇴시키는 중요한 요인들을 지적하여 왔다는 것은 의심할 여지가 없다. 그러나 정부의 관리들과는 달리 융통성이 많은 경영구조 속에서 기업을 경영하는 경영자라 할지라도 그 기업조직의 방향을 자유자재로 계획할 수는 없다. 즉 기업의 경영자들은 기업의 생존을 위해서 요구되는 이익실현의 압력과 경쟁의 압력에 의해서 구속을 받게 된다고 할 수 있다. 다른 한편, 보겔 교수 자신이 인정한 것처럼 시장의 압력이 기업의 윤리적인 행동을 완전히 구속하는 것은 아니라고 할 수 있다. 왜냐하면 윤리적으로 동기화된 기업의 행동은 그 기업의 이익을 증가시킬지언정 감소시키지는 않을 것이고, 윤리적인 행동을 하는 데에 요구되는 재정적인 희생들은 정상적인 이익에서 추출해 낼 수도 있기 때문이다. 그리고 시장은 조건을 강요하기는 하지만 기업의 행위를 완전하게 결정하지는 않기 때문에 주주들의 의식수준을 높이

12) Vogel, *Lobbying the Corporation*, p.4.
13) Vogel, *Lobbying the Corporation*, p.225.

려는 프로그램이 희망적인 결과를 가져다 줄지도 모른다.

[주주들의 책임을 지지하는 견해]

이러한 낙관적인 이론과 함께 주주들의 책임을 지지하는 현대이론가들인 사이몬(John Simon)과 파워스(Charles Powers) 및 군네만(Jon Gunnemann) 등은 투자자들의 행위에 대한 기준을 설정하고 정의했다. 예를 들면 증권시장에 투자하고 있는 대학 당국이 (1) 대학교 운영과 투자의사결정을 분리시켜야 하고, (2) 학교사회에서 일반적으로 인정될 수 있는 원칙에 입각하여 투자문제를 결정해야 하고, (3) 개인의 건강, 안전, 그리고 기본적인 자유의 박탈행위로부터 사람들을 보호하기 위해서 제정된 국내법 또는 국제법들의 규칙이나 시행세칙 등을 준수하지 않거나 또는 파괴시키는 기업의 영업행위에 관심을 기울여야 한다고 주장하였다.[14] 그들이 주장하는 바는 만일 대학 당국과 기타 투자자들이 정당한 윤리기준을 준수하기만 한다면, 최소한 시장의 제약하에서 허용되는 자유의 범위 내에서라도 기업행위의 개선에 영향을 끼칠 수 있을 것이다. 따라서 보겔 교수의 비판을 고려하더라도 기업의 민주주의 운동을 지지하는 사람들의 주장은 일리가 있으며, 보다 더 혹독한 비판이 없다면 기업 민주주의 운동에 대한 전망은 매우 밝다고 할 수 있다.

[주주의 통제와 민주주의에서의 정치적 통제의 차이점]

기업에 있어서 주주들의 통제와 민주주의에서의 정치적인 통제가 유사하다는 가정은 과거부터 비판을 받아왔다. 이 두 가지 통제제도는 상당한 차이점이 있다고 할 수 있다. 첫째, 정치적인 민주주의는 1인 1표를 의미하는 것이지 1주당 1표를 의미하는 것은 아니다. 기업민주주의 모형에서는 기업의 권력이 주주들의 소유주식의 수에 비례하여 행사된다는 원칙 때문에 정치적인 평등주의는 이루어지지 않는다. 즉, 대리투표에 있어서 1주당 1표의 원칙은 확고부동한 규범이라고 할 수 있다. 둘째, 민주주의 정치시스템에 있어서 시민들은 전체사회의 부를 극대화하기 위한 방안을 결정하려고 투표하는 것으로 예측할 수 있는

14) John Simon, Charles Powers, and Jon Gunnemann, *The Ethical Investor: Universities and Corporate Responsibility*(New Haven and London: Yale University Press, 1972), p.88.

반면에, 이와 동일한 가정을 기업에도 적용하기는 어렵다. 즉 보통선거권을 인정하고 있는 정치적인 민주주의에 있어서 선거권자들은 그들의 투표권 행사에 의해서 직접적으로 영향을 받게 되는 사람들이거나, 또는 최소한 국제적인 영향보다는 국내에 영향을 끼치는 결정사항을 위해서 투표권을 행사하게 된다. 그러나 소위 기업민주주의에서는 주주들은 그들의 결정사항에 의해서 영향을 받게 되는 사람들 중 일부분만을 대표한다. 그럼에도 불구하고 주주들의 결정사항은 기업의 종업원, 소비자, 그리고 (환경적인 문제로서) 일반 대중들에게도 영향을 미치게 된다.

정치적인 민주주의는 개인의 이해관계가 사회전체의 부와 일치하기 때문에 작용한다. 그러나 그러한 일치성은 기업민주주의에서는 파괴된다고 할 수 있다. 주주들은 종업원이나 소비자 또는 일반 대중이 아닌 주주 자신에게만 이익을 주는 사항들을 결정한다고 할 수 있는데 과연 주주들이 그들의 이익보다 양심을 위해서 투표할 수 있을까? 이러한 것은 주주들의 투표역사에서는 찾아볼 수 없다. 아무튼 정치적인 민주주의는 선거권자들의 이타주의에 크게 의존하지 않고서도 성공적이다. 이러한 사실은 기업민주주의에도 상당한 이점이 있으리라는 것을 분명히 보여준다. 행동주의적인 주주들(그들의 주장은 대다수의 주주들에 의해서 계속적으로 기각되어 왔음)의 성공 여부는 주주들의 이타주의가 아니라 소액주주들에 의해 일반 대중의 압력을 발생시킬 수 있는가에 달려있다. 이러한 사실은 기업이 지니는 문제점을 일반 대중에게 주지시킬 수 있는 기구(mechanism)의 필요성을 제시해 준다. 그러나 기업이 주주들에 의해서 민주적으로 통제되어야 하는 필요성을 제시해 주지는 않는다.

［주주에 대한 시각］

주주들은 과연 복잡한 관리적 의사결정까지 할 수 있는 자격을 지니고 있는가? 이 문제에 대해서는 많은 사람들이 의심스럽게 생각한다. 특히 다알(Robert Dahl)은 "투자자들이 기업의 경영에 특별히 많은 관심을 가지고 있거나 또는 기업을 운영할 수 있는 능력을 지니고 있다고 볼 수 없다"고 주장한다.[15] 기술이 어느 한 사람으로 하여금 생산 및 마케팅 활동을 할 수 있게끔 허용하던 19세기 후반의 경우나 20세기 초반의 경우와는 달리 현대의 기업경영문제는 전문화된 기술을 요구하고 있으며 복잡한 기업시스템에 관한 상세한 지식을 요

15) Quoted in Chirelstein, "Corporate law Reform," pp.19~20.

구하고 있다. 따라서 주주들이 이러한 기업경영의 문제들을 이해하고 해결하는 데에 아무리 많은 관심을 지니고 있다고 하더라도 실제로 그러한 행동을 하는 데에는 문제들의 복잡성과 거리감에 의해서 많은 방해를 받게 될 것이다. 한편 주주들의 통제를 지지하는 사람들은 "투자자들이 개인이든 집단이든 간에 그들이 투자한 기업을 통치할 수 있는 특별한 권한을 지니고 있다는 검증될 수 없는 기본적인 가정"에 의존한다고 다알은 지적한다. 다알은 "나는 그러한 권한에 대해서 절대적으로 윤리적이거나 철학적인 어떠한 기준도 발견할 수 없다"고 결론짓고 있다.[16)]

어떤 사람들은 주주들이 전통적으로 소유권과 결합된 권리를 소유하고 있는 재산 소유자로서가 아니라, 소비자모형에 의해서 고찰되어야 한다고 주장하기도 한다. 이들의 주장에 의하면, 재산소유권의 모형이 그릇된 것이라는 것이다. 왜냐하면 기업의 역사가 시작되었던 초기단계에서 조차도 주주들은 선주인(船主人)이나 지주들의 재산통제방식과 동일한 방식에 의해서 기업의 영업행위를 통제하지는 않았기 때문이다. 또한 주주들 자신도 그들이 기업의 소유자라고 생각하지는 않는다는 것이다. 즉 엑손(Exxon)사(社)의 주식 가운데 겨우 몇 주를 구입한 여자가 자신을 그 기업의 소유주라고 생각하겠는가? 아니다. 오히려 그녀는 자신을 소유주보다는 소비자로 간주하는 것이 타당하다고 생각할 것이다. 일반적으로 기업은 주주들에게 그들이 투자한 자본에 대한 보상을 제공한다. 이러한 의미에서는 기업의 주주와 국채나 공채 등에 투자한 채권자들은 별다른 차이가 없다고 할 수 있다. 채권자들이 그 채권을 발행한 정부나 시당국의 소유자가 아니듯, 주주들은 기업의 통제를 목적으로 하는 소유주가 아니라는 것이다. 요컨대, 주주들은 가족기업 형태의 레스토랑의 후원자처럼 해당 기업에 관여할 권리 —이러한 경우의 권리란 기업으로부터 배당금을 받을 권리, 주식분할의 통지를 받을 권리 등을 말한다—만을 지니게 된다는 것이다. 그러나 레스토랑의 후원자처럼 기업경영에 직접 참여할 수 있는 권리를 지니지는 못한다.[17)]

〔주주 통제의 수정〕

마지막으로 주주들이 기업의 경영정책에 반대하는 의사를 표시할 수 있는 전형적인 방법은 기업경영에 통제권을 발휘하는 것이 아니라 그 기업의 주식을

16) Quoted in Chirelstein, "Corporate law Reform," p.67.
17) Carl Schneider, discussion in *Special Issue: Business Lawyer*, 31(1976), 976.

매각해 버리는 것이다. 이상과 같은 의미에 있어서 주주들은 기업의 소유주라기 보다는 소비자로서 간주되어야 할 것이다.

기업민주주의에 대한 이러한 비판들은 기업민주주의를 지지하는 사람들이 주주통제의 수정된 방법을 인정하게끔 만들었다.

〈바그츠의 주장〉 기업민주주의에 대한 이론가 중의 한 사람인 바그츠(Detlev Vagts)는 주주에 의한 직접통제를 부인하고 "개방적인 대리권과 임명권"의 가능성을 제시하였다. 그의 이론에 의하면 더욱 자유스러운 이러한 과정 속에서 주주들은 주주총회에서 의결할 수 있는 제안을 추천할 수 있게 되고 이사회에 참가할 수 있는 인원들을 임명할 수 있게 된다는 것이다.[18] 또한 그는 주주들이 추천한 사람이 총투표수의 일정비율 이상의 표를 얻게 되는 경우 주주들은 그 사람을 이사회의 한 구성원으로 임명할 수 있게 된다고 설명하고 있다. 더욱이 기업은 그러한 주주들의 선거운동에 자금을 조달해 주고 그 업무를 수행하도록 요구받는다. 이상과 같은 제안들은 기업민주주의에 부합하는 완전한 주주에 의한 통제의 개념과는 달리 전문경영인에게 상당히 많은 권한을 부여하는 반면에 주주들에게 주어지는 권한에 있어서는 완만한 증가를 목적으로 하고 있다.

기업민주주의의 장래는 아마도 이와 같이 수정된 계획들을 어떻게 실행 할 수 있을 것인가? 그리고 다우사건의 판결 하에서 허용될 수 있었던 일반 대중의 압력을 어떻게 유지할 것인가에 달려 있다고 할 수 있다. 그리고 전술한 문제들 때문에 현대의 이론가들은 주주에 의한 전면적인 기업민주주의를 옹호할 만한 방법으로는 간주하지 않고 있다.

〈스톤의 주장〉 기업의 통제권으로부터 소유권을 분리하는 것은 본질적으로 대기업에 존재하고 있는 현상으로 불행처럼 보이나 실은 이익이 될 수 있다. 소규모의 족벌기업에 있어서 경영자와 주주들은 굉장히 밀착된 동일집단에 속하며 경영자의 결정은 항상 가족의 이해관계에 영향을 미치게 된다. 그러나 대기업에 있어서 경영자와 주주들은 각각 견해를 달리 하는 개인들로 구성된 집단이기 때문에 서로 상이한 관점에서 문제를 바라본다. 아마도 경영자와 주

18) Detlev Vagts, "The Governance of the Corporation: The Options Available and the Power to Prescribe," *Special Issue: Business Lawyer*, 31(1976), 902.

주들을 분리하는 결정적인 이유는 스톤(Christopher Stone)의 다음과 같은 주장에서 찾아볼 수 있을 것이다. 스톤은 "...소유주와 경영자의 이해관계가 하나일 때... 모든 절충적인 경영활동은 기업 자신의 호주머니에서 이익을 꺼내가는 것이다. …그러나 거대하고 광범위하게 소유된 기업에서는 이러한 일이 일어나지 않는다"라고 강조하고 있다.19)

〔주주에 의한 통제의 문제점〕

전면적인 주주통제의 제안에서 중요한 문제점은 앞장에서 설명된 바 있는 평가기준 중의 하나에 의해서 명확하게 설명할 수 있다. 즉, 그 기준이란 사회계약에서 언급한 두 개의 주요 집단인 종업원과 소비자들로부터 압력(input)을 받는 의사결정 모형에 요구되는 기준을 말한다. 이러한 두 집단의 이해관계는 주주들의 이해관계와 유사한 것도 아니고, 주주에 의해서 미리 파악될 수 있는 것도 아니다. 따라서 주주들은 소비자와 종업원들의 이해관계를 무시하고 그들 자신만의 이익을 위해서 기업에 대한 의결권을 행사할 것이다(물론 종업원이나 소비자들이 주주인 경우는 제외한다).

2. 이사회 구성원들간의 권력의 이동 방안

경영자로부터 주주에게로 기업의 권력을 이전시키는 것은 실현가능성이 의심스럽지만 권력 조정을 통해 바람직한 대안을 찾을 수는 있다. 특히 이사회 구성원들간의 권력을 이동시키고 이사회 구성원이 아닌 사람들에게 이사회에 참가할 수 있는 자격을 부여하는 방법 등이 여러 가지 제안에 의해서 제시되고 있다. 즉 경영자도 주주도 아닌 "사외이사들(outside directors)"의 수를 증가시키자는 제안이 있었고 종업원, 소비자, 정부, 그리고 일반 대중들의 대표자에게 이사직을 맡기자는 제안도 있었다.

주주들의 측면보다는 기업구조상의 경영자의 측면에 초점을 맞추는 것은 어떤 실제적인 문제들을 해결할 수 있을 것이다. 기업민주주의를 괴롭히는 법적인 문제, 즉 이익이 감소하는 제안을 고려하고 있는 주주들이 소액주주들에게 자신들을 따르도록 강요할 수 없다는 사실은 정상적인 경영활동을 하는 기업에

---

19) Christopher D. Stone, *Where the Law Ends* (New York: Harper & Row, Pub, 1975), p.223

서는 문제가 되지 않는다. 법은 기업의 경영자를 속박에서 벗어날 수 있도록 허용하는 면에서는 지나치게 관대하다. 경영자가 기업의 이익에서 자선기부금으로 사용할 수 있는 비율, 즉 이익의 5퍼센트는 제한되어 있더라도 키렐슈타인(Marvin Chirelstein)의 말을 빌리면 일상적인 사업계산은 "본질적으로 법이 관여할 수 있는 것이 아니다."[20] 계속해서 키렐슈타인은 "현재의 위임제도의 중요성은 복잡한 현재가치 기준계산에서 나오는 극단적이고 합법적인 저항과 함께...경영자로 하여금 수탁의무의 부담없이도 기타 영향을 받는 집단들의 이익에 대하여 주주들의 이익을 일치시킬 것을 허용하고 있다."[21]고 강조하고 있다. 경영자가 수탁의무를 게을리하고 불량한 재무적 의사결정을 하고 있다고 소송을 제기하는 주주들은 재판관들이 이러한 사건에 대하여 완강한 거부 반응을 나타내는 것을 발견하게 될 것이다. 이러한 소송들은 예외없이 패소하게 된다. 그리고 주법은 경영자의 재무적인 자유를 제한하지도 않고 있다. 예를 들면 주기업법은 기업이 이사회에 의해서 운영되어야만 한다고 명시하기만 하고 더 이상 이에 대해서는 구체적인 언급을 하지 않고 있다.[22]

이사회 구성원들간의 권력을 이동시킴으로써 기업윤리를 개선시키기 위한 시도에 있어서 나타나는 문제점 중의 하나는 기업의 이사회가 각각 기업에 대해서 최소한의 통제 권한만을 지니고 있다는 것이다. 만일 기업의 이사회가 기업을 전혀 통제할 수 없다면 이사회의 구성원들간의 권력을 변경시킴으로써 기업의 행위를 변경시키는 일은 실패로 돌아갈 것이다. 기업의 이사회는 주법에 규정된 대로 그리고 기업의 조직도에 나타나 있는 대로 막대한 명목적인 권한을 지니고 있으나 그 권한을 사용하지 못하고 있는 실정이다. 어떤 해설가는 다음과 같이 주장하고 있다. "전형적인 이사회에서 주요 문제들을 적극적으로 토의할 수 있는 능력을 잃어버리게 되면...대부분의 이사회는 전통적인 종교적 의식을 닮아가는 결과가 초래된다."[23] 즉, 대다수의 기업에서 미리 이사회 총회의 회의록을 작성하는 것이 가능할 것이다.

만일 재구성된 이사회가 기업행위에 영향을 미칠 수 있으려면 이사회에 주어진 명목적인 권한은 실제적인 권한이 되어야만 할 것이다. 통상 이사회가 권한

---

20) Chirelstein, "Corporate Law Reform," p.52.
21) Chirelstein, "Corporate Law Reform," p.52.
22) Vagts, "Governance of the Corporation," p.931.
23) Myles L. Mace, "The President and the Borad of Directors," *Harvard Business Review* (March-April 1972), p.42

의 행사에서 실패하는 이유는 구조적이고 조직적인 장애에 있다기보다는, 이사회 구성원의 성향과 습성에 있다. 이사회는 그들이 원한다면 좀 더 큰 힘을 행사할 수 있다. 문제는 그 권력을 이동시키고 둘 다 책임있게 수행되는 것인데, 이것은 권력을 사용하고 싶어하는 사람들의 손에 달려있다. 이사회의 권한 이동을 지지하는 사람들은 새 의결권을 가질 이들이 전반적인 기업 행위에 걸쳐 이사회의 통제력을 확대시키기를 바란다.

한 가지 특별한 제안은 “사내이사(inside directors)”의 수에 비해 “사외이사(outside directors)"의 수를 증가시키는 것이다. 이사회에 기업에 의해서 고용되지 아니한 사람들의 수를 증가시킴으로써 자기 자신의 이익만을 위한 의사결정을 하는 사람들이 감소하게 될 것이다. 여기서 사외이사라는 용어는 기업에 의해서 고용된 사람이 아니면서 기업의 가치에 호의적이고 업계로부터 권위를 인정받고 있는 사람을 뜻한다. 과거에는 모든 기업의 이사회는 사외이사들로 구성되었으며 전형적인 기업의 이사회는 그 지방의 은행장, 변호사, 다른 기업체의 간부들로 구성되어 있었다. 그러나 세기 전환시점부터 1970년대에 이르기까지 기업의 관리들을 이사회에 영입시키는 추세가 증가하기 시작했다. 그 결과 기업의 중역 및 간부들의 이해관계가 전례없을 정도로 이사회의 결정사항에 반영되었으며 1970년대에 들어서면서 상황이 역전되어 기업의 이사회는 거의가 기업 자체의 관리자들로 구성되는 현상이 나타나게 되었다.

사외이사가 해결의 열쇠를 쥐고 있는가? 이렇게 생각하는 사람들은 많이 있으며 종업원 대표자나 소비자들의 대표자보다는 사외이사들이 이사회의 활동에 미치는 영향력이 더 클 것이라고 주장한다. 어떤 옹호자는 “기업 관리자들의 통제는 실제로 그들 동료들을 위하는 일이다. 그것은 사외이사에 의해서 최선으로 행해질 수 있는 그 무엇, 즉 사외이사들의 역할, 의무, 책임 등을 재정의할 필요성을 의미하며...이러한 일은 매우 도전적인 과업이다.”[24]라고 주장하기도 한다.

이러한 과업을 도전적이라고 부르는 것은 아마도 과소평가(過小評價)한 표현일 것이다. 과거에는 기업의 경영자가 기업의 행위에 대해서 자세하고 충분하게 알고 있다는 이유만으로도 경영자의 지시에 사외이사가 복종해야만 했었다. 재무회계와 관련된 문제, 그리고 종업원의 작업환경 및 조직구조 등에 관련된 문제 등은 기업의 경영자에게 있어서 일상적이고 사실적인 일이지만 전적으로

---

24) Robert M. Estes, discussion in *Special Issue: Business Lawyer*, 31 (1976). 944.

다른 직업에 종사하는 사외이사들에게는 추상적인 업무에 불과하다고 할 수 있다. 따라서 사외이사들은 경영자가 제공하는 제반보고서에 의존하여 영업활동에 관한 평가를 할 수 밖에 없다. 현재 이러한 단점들을 보완해 줄 수 있는 것은 아무것도 없다. 즉 일부 사외이사들은 경영자의 명백하고 이기주의적인 계획들을 발견해 낼 수는 있을 것이지만 대부분의 사외이사들은 기업의 경영활동에 대해서 문외한(門外漢)으로 남게 될 것이며, 단지 사내이사들로부터 관련정보를 획득할 수 있을 것이다. 대부분의 사외이사들은 당해 기업이 아닌 다른 직장에 종사하고 있고 기업의 정보를 독립적으로 획득할 수 없으므로 기업의 윤리적인 행동을 개선하기 위한 지원자 역할 밖에 할 수 없다. 어떤 개선론자들은 사외이사들이 어떤 효익을 제공해 줄 수 있을 것이라는 희망을 가지고 그들에게 기업에 관한 적합한 정보를 제공할 수 있는 스텝들을 두어야 한다고 주장한다 (이러한 개념은 이 장의 마지막 부분에서 논의될 것이다). 그러나 사외이사들에게 독립된 스탭들이 도움을 주더라도 다른 직장을 가지고 있는 사외이사들은 어쩔수 없이 시간적인 제약을 받을 것이다.

그러면 왜 전임 사외이사를 두지 않는가? 전임 사외이사들을 두자는 제안은 실현 가능성이 있는 제안이긴 하지만, "사외이사"의 의미를 변경시키게 된다. 즉 이러한 의미에서의 사외이사는 활동적인 은행원, 다른 기업의 간부들, 그리고 변호사 등을 포함하는 것이 아니라 당해 기업 외에는 다른 직장을 가지지 않는 사람을 말한다. 그렇다면 그들은 과연 누구를 대표해야만 하는가? 그들은 일반 대중의 대표자이어야 하는가? 그리고 어떤 사회계층(social arena)으로부터 선출되어야 하는가? 이러한 문제들은 기업의 이사회에 부가적인 이사들을 가입시키려는 제안을 평가하는데에 매우 중요한 의미를 지닌다. 왜냐하면 이사회를 구성하는 사람들은 그들의 과거 경험을 바탕으로 하여 그들이 속해 있던 사회의 이해관계를 기업의 경영활동에 반영시킬 것이기 때문이다. 예를 들면 기업의 경영자 집단으로부터 하나의 가치가, 노동자 집단으로부터는 또 다른 가치가, 그리고 학자, 정치가 및 일반 시민들로부터는 이와는 또 다른 가치들이 기업의 경영활동에 반영될 것이다. 여기서 "공공대리자(public representative)"라는 개념은 "공공(public)"이라는 단어 자체의 애매모호함 때문에 매우 불명확하다고 할 수 있다.

다행스럽게도 이러한 질문에 대한 해답을 구하려는 노력과 새로 구성된 이사회 대표자들을 임명하기 위한 체제를 구성하려는 노력들이 나타나게 되었다.

〈스톤의 제안〉 법률학자인 스톤(Christopher Stone)은 법의 목적지는 어디인가?(*Where the Law Ends*)라는 책에서 일반 공공이사직(general public directorship)과 특별 공공이사직(special public directorship)이라는 두 가지 종류의 공공이사직을 창설하기 위한 절차를 기술하고 있다.[25)]

일반 공공이사직은 자산규모가 10억 달러 이상인 모든 미국 기업에 적용되는 것이며 공공대표자는 이러한 기업들의 이사회 구성원으로서 이사회에 참석하게 된다. 스톤이 1973년 이 제안을 제시했을 때 이 제안이 적용될 수 있는 기업의 수는 262개였다. 이 제안이 적용되는 기업들은 두 가지로 구분될 수 있으며 이들에 대해서는 각각 그 기준이 상이하게 적용된다. 즉 제조업, 판매업 및 운수업에 속하는 기업에 있어서 이사회에 임명될 수 있는 일반 공공이사들의 수는 총자산이나 총매출액 10억 달러(둘 중 높은 금액이 해당됨)에 대하여 전체 이사회 구성원 10%가 되며 은행업, 생명보험, 금융업 및 서비스업에 속하는 기업들에 있어서는 총자산 30억 달러에 대하여 전체 이사회 구성원의 10%를 일반 공공이사로 임명할 수 있다. 일반 공공이사직은 연방기업협의회(Federal Corporations Commission)에 의해서 명문화되었으며 대부분 기업의 이사회에 의해서 승인을 받아야 한다. 이러한 공공이사들은 기업 내에 사무실을 보유하고 그들의 생활시간 중 최소한 절반 이상을 기업의 업무에 사용해야 한다. 또한 일반 공공이사들은 시청에서 일하고 있는 공무원들의 보수 중 가장 높은 수준의 보수를 지급받는다.[26)]

일반 공공이사에 대한 스톤의 제안이 미국 기업에 어떻게 영향을 미치고 있는가? 이에 대하여 스톤은 다음과 같이 답변하고 있다.

이러한 기업의 대부분은 겨우 1~2명 정도의 일반 공공이사들(General Public directors)을 보유함으로써 스톤의 제안에 영향을 받고 있다. 그러나 만일 "...이사회의 50%까지" 또는 "...이사회의 90%까지"라는 단서를 붙이지 않는다면 다음과 같은 13개의 미국 기업들은 전적으로 공공이사들을 보유하게 될 것이다(AT&T, GM, Ford, Exxon, Bank America Corporation, GE, IBM, Texaco, Sears Roebuck & Company, First National Bank, 체이스 맨하탄, 푸르덴셜 생명보험, 메트로폴리탄 생명보험).[27)]

25) Stone, *Where the Law Ends*, pp.158~59.
26) Stone, *Where the Law Ends*, pp.158~59.
27) Stone, *Where the Law Ends*, pp.158~59.

스톤의 제안에 의해서 영향을 받게 되는 미국 기업의 수는 전체 기업에 비해서 매우 적지만 그러한 기업이 미국 경제에 미치는 영향은 매우 중대하다고 할 수 있다. 예를 들면 스톤의 제안에 의해서 영향을 받게 되는 기업들의 영업활동은 미국의 국민총생산(GNP)의 약 3분의 1을 차지하고 있으며 제조업에 고용되어 있는 총 종업원의 70%가 이들 기업에 고용되어 있다.

일반 공공이사들의 역할은 기업의 내외부에서 윤리적으로 민감한 정보를 수집하고, 정부와 기업간의 접촉을 주선하며 기업에 있어서 "초자아(超自我)(superego)"로서의 역할을 하고, 기업의 행위가 법에 저촉되지 않는 것인가를 확인하는 것이다. 또한 일반 공공이사들은 종업원들로부터 윤리적인 악용에 관한 불만, 예를 들면 굿리치(B.F Goodrich)사(社)의 브레이크(brake)스캔들에서와 같은 안전문제에 관한 불만 등을 접수하고 이를 다른 이사들과 협의하는 역할을 수행한다. 이외에 그들은 기업이 윤리적으로 적합한 정보를 제공하고 있는가를 확인하기 위하여 기업의 내부정보 시스템을 정기적으로 검사하며, 환경영향연구, 기회균등보고서 및 종업원의 안전평가에 관한 준비상태를 감독하고 평가하는 역할을 수행한다.

스톤이 세인한 공공이사 중 또 다른 계층은 특별공공이사(SPDS)이다. 특별공공이사는 기업의 매출액이나 총자산의 규모에 구애받지 않고 다음의 두 가지 경우에 해당하는 기업에 적용된다. 즉 (1) 비윤리적인 행위를 한 적이 있는 기업, (2) 해결하기 어려운 윤리적인 문제점을 지니고 있는 산업에 속하는 기업이 그것들이다.[28] 첫 번째 경우에 해당하는 기업의 예는 네덜란드 퍼니스사(社)(Holland Furnace Company)인데 이 기업에서 제조하여 판매하고 있는 가정용 화로의 독특한 마케팅 방법 때문에 나쁜 평판을 얻게 되었다. 그 기업의 사원들은 화로를 소유하고 있는 가정에 화로의 안전평가를 무료로 제공해 주는 "화로 검사원"이라고 주장하면서 들어가고는 했다. 일단 가정에까지 들어가면 자칭 검사원이라는 그 회사의 사원들은 화로를 분해한 후 살인 공범자가 되기 싫다는 구실로 그 화로의 재결합을 거부하고는 집을 나오게 된다. 잠시 후 놀랍게도 퍼니스사(社)의 판매사원에게 도움을 청하게 되고 결국 퍼니스사(社)의 제품을 구매하게 된다.[29]

---

28) Stone, *Where the Law Ends*, pp.176.
29) Stone, *Where the Law Ends*, pp.175~76.

퍼니스사(社)는 이러한 판매 전략을 거의 20년 동안이나 사용해 왔다. 결국 그 회사의 경영진은 사회의 비난을 받게 되었고, 사장은 징역 6개월을 선고받았다. 이와 같이 윤리적인 비행을 계속적으로 저지른 퍼니스사(社)와 같은 기업들이 특별 공공이사 제안에 해당되는 대표적인 기업들이다. 이러한 비윤리적인 행동을 해온 기업들은 정부나 법원의 투쟁대상이 되어왔기 때문에 이러한 기업들의 특별이사 임명은 당해 기업과 협의를 거친 다음 법원에 의해서 이루어져야 할 것이라고 스톤은 제안하고 있다.[30)]

특별공공이사가 적용되는 기업의 두 번째 경우는 특수한 윤리적인 문제점을 지니고 있는 산업에 속하는 기업들이다. 예를 들면 1970년대에 석면산업에 종사하고 있는 노동자들이 암에 걸릴 위험이 있다는 충격적인 보고서가 알려졌었다. 전문가들은 석면산업의 노동자 가운데 사망한 인원 중 5분의 1은 폐암에 의한 사망이라고 발표하였다.[31)] 또, 연구대상자 가운데 거의 절반이 석면질환으로 죽어가고 있었다. 석면산업 외에 기타 산업들도 이와 비슷한 문제, 즉 원자력산업에 있어서의 안전문제, 펄프와 종이산업에 있어서의 공해문제, 화학공업에 있어서의 폐수문제 등으로 인하여 괴롭힘을 받아왔다. 스톤은 이러한 특수한 문제들 때문에 기업의 이사회에 특별공공이사를 포함시켜야 한다고 주장하고 있다.

특별 공공이사의 역할은 일반 공공이사들의 역할과 비슷하다. 즉 특별공공이사들은 기업의 행위가 법에 저촉되지 않는가를 평가하기 위해서 정보를 수집하고 구체화된 "초자아"(超自我)로서의 역할을 수행한다. 그러나 특별 공공이사들은 문제가 발생하는 분야에 있어서 전문적인 지식을 지니고 있는 사람이어야 한다. 예를 들면 화학 또는 환경공학에 경력이 있는 사람은 화학기업의 특별공공이사로서의 전문지식을 지니고 있다고 할 수 있다. 또 마케팅과 공학에 전문적인 기술을 지니고 있는 사람들은 네덜란드 스토브(Holland Stove Company)사(社)에 적합한 특별 공공이사로서의 전문지식을 보유하고 있다고 할 수 있다. 요컨대 특정 기업에서 과거에 발생한 윤리적인 문제들에 관한 지식과 이에 적합한 전문적인 지식들은 당해 기업의 업적을 평가하고, 적합한 정보를 찾아내고, 이사회에 개선방안을 제안하기 위한 특별 공공이사에게 도움을 준다고 할

30) Stone, *Where the Law Ends*, pp.179.

31) Paul Grandeur, "Annals of Industry," *The New Yorker*, October 29, November 5,12,19, and 26, 1973

수 있다.

스톤은 공공이사직에 대한 그의 제안을 상세하게 작성하고 토의를 하기 위한 제반 가설들을 제시하였다(여기서는 지면관계상 상세한 설명은 피하였다). 그러나 그의 제안이나 수정된 이론들이 과연 기업의 윤리적인 행위를 효과적으로 개선시킬 수 있을 것인가? 그리고 일반 공공이사직과 특별 공공이사직의 장단점은 무엇인가?

(1) 스톤의 제안의 장점

공공이사직에 대한 스톤의 제안은 다음과 같은 두 가지 장점을 지니고 있다. 첫째, 기업에서 현존하는 권력구조를 정리하고 재배치함으로써 허울에 불과한 공공이사직의 역할을 개선시킨다. 앞장에서 설명한 바와 같이 적합한 권력은 성공적인 윤리개선의 기준이 된다. 그리고 현존기업의 이사회는 공식적으로 기업을 운영하는 책임을 부여받았으며 원하기만 하면 그 권력을 마음대로 사용할 수도 있다. 그러나 비평가들은 1~2명의 공공이사들로서는 이사회를 장악할 수 있는 힘을 지니지 못한다고 지적한다. 물론 이것은 사실이다. 하지만 1~2명의 공공대표사들이 있으므로 해서 윤리적인 문제점을 제기할 수 있고 이사회에 알려지지 않은 윤리적인 정보를 소개할 수도 있으며 중요한 시점에서 회의의 방향을 바꿔놓을 수도 있게 된다. 요컨대, 미국의 상원의원 또는 하원의원 중 약 10퍼센트 정도가 국가정책에 중대한 영향을 미치게 되는 것과 마찬가지로 이사회(board)의 10퍼센트 정도만으로도 기업의 정책에 영향을 줄 수 있게 된다.

둘째, 공공이사들이 기업의 가장 대표적인 이해관계자 집단인 주주 및 경영자들과 결탁하지 않는다는 사실은 주주나 경영자 집단으로 하여금 기업의 기타 이해관계자 집단, 특히 종업원 집단, 소비자 집단, 일반공공집단 등에게 관심을 기울이게 할 수 있다. 대부분의 기업에서 이사회는 기타 이해관계자 집단이 기업의 이익에 영향을 미치지 않는 한 이들에게 관심을 기울이지 않는 것이 사실이다. 예를 들면 자동차 제조회사들은 적어도 일단의 주주들과 네이더(Ralph Nader)에 의해서 그러한 이해관계가 이사회에 제시될 때까지는 수년 동안 보다 안전한 자동차에 대한 소비자들의 관심을 무시했고 자동차 사고 통계를 무시해 왔다. 즉 공공이사들의 역할은 이사회에 이와 같은 문제에 대해서 적당한 관심을 가져달라고 재촉하는 것이어야 한다.

(2) 스톤의 제안의 단점

이러한 장점이 있음에도 불구하고 스톤의 제안은 비판을 받고 있다. 전술한 바와 같이 어떠한 제안이든지간에 회피해야 할 두 가지 문제점들은 (1) 제안으로 인한 불공평한 경쟁적 불이익의 발생, (2) 생산적인 효율성의 중대한 감소 등이다. 공공이사직에 대한 스톤의 제안은 아직도 그러한 두 가지 문제점들을 지니고 있다고 지적되고 있다. 즉 공공이사들을 임명하는 것은 그 기업의 총자산이나 총매출액 수준에 의해서 정해지기 때문에 기업의 규모가 클수록 전체 이사들 중에서 공공이사가 차지하는 비율이 더 커질 것이다. 그리고 스톤이 허용한 것처럼 그의 공식을 제한없이 적용하는 것은 대규모 기업에 있어서는 이사회가 공공이사들로만 구성되는 경우도 발생할 수 있음을 시사한다. 또한 공공이사들이 정규이사들보다 윤리적인 행동을 위한다는 명목으로 기업의 재정적 희생을 강요할 것으로 기대되는 경우 대기업들은 규모가 적은 중소기업들에 비하여 상대적으로 불이익을 당할 것이다. 그러나 대기업을 비난하고 중소기업을 선호하는 감정적인 경향을 배제한다면 기업의 규모가 불이익을 가져다 주는 경우는 없는 것 같다.

그 다음의 문제점으로서는 공공이사들이 일상적인 영업활동 과정상의 의사결정에 있어서 정규이사들 만큼 효율적인 역할을 수행할 수 있는 능력을 지니고 있는가 하는 것이다. 만일 공공이사들이 기업의 의사결정과정에서 효율적인 역할을 수행하려면 공공이사들은 대차대조표를 분석하고 마케팅 자료들을 평가하고, 기업의 자금조달과 사용형태를 전반적인 경제상황에 연계시키기 위하여 요구되는 전문적인 지식을 개발해야만 할 것이다. 그러나 그러한 전문적인 지식을 갖춘 공공이사들은 거의 찾아볼 수 없다. 또 대부분의 기업들은 중역을 채용할 때에 경쟁사 출현시 이에 대응할 수 있는 개인적인 과거경력을 매우 중요시하고 있다. 그렇다고 연방기업협의회가 윤리적인 문제와 마찬가지로 경영환경(business realities)에 대해서 민감하게 반응을 보이리라는 보장이 있는가?

그러나 이러한 문제점들이 과장되어서는 안 된다. 사실상 스톤은 대기업에서조차도 기업의 이사회에 공공대표자들의 비율을 제한할 수 있는 여지를 남겨놓았으며 이렇게 함으로써 기업의 규모에 따른 불공평한 경쟁적인 불이익의 문제를 상당히 감소킬 수 있을 것이다. 그리고 연방기업협의회가 윤리적인 것과 재무적인 재능의 적절한 조합을 발견하는 데 실패한다 하더라도 맹목적인 경쟁에 의해서 선택된 전통적인 기업시스템은 윤리적인 전문지식보다는 재무적인 전문지식을 강조함으로서 잘못을 저지를 가능성을 지니고 있다. 이렇게 하여 스톤의 제안은 전반적인 선택시스템의 균형을 이룰 것이다.

그러나 이외에도 스톤의 제안에는 또 다른 문제점이 존재한다. 공공대표자들은 연방기업협의회에 의해서 선출되기 때문에 이렇게 선출된 대표자들은 어떤 의미로는 정부대리자라고도 할 수 있다. 따라서 공공이사들은 공공의 이해관계를 대표하는 공식적인 역할을 수행하고 있음에도 불구하고 그들의 임명권은 정부기관에 주어져 있어서 그들의 역할수행에 있어서도 정부의 목적을 우선해서 반영시키는 경향이 있다. 그러나 스톤의 제안에서는 공공이사들이 정보의 목표가 아니라 종업원, 소비자 및 일반 대중의 이해관계를 기업에 전달해야 할 것을 주장하고 있다. 어떤 경우에는 이러한 두 가지 역할들이 동일하게 수행될 수도 있으나 어떤 경우에는 과거의 경험에서 알 수 있는 바와 같이 서로 상충되는 수가 많다. 이러한 문제로 인하여 나타날 수 있는 가능성 중의 하나는 공공의 이익과 상충하는 협정에 도달하기 위해서 정부가 기업 경영자와 공모할 수 있다는 것이다. 이에 대하여 어떤 비평가는 다음과 같이 주장하고 있다. "정부가 정상적인 관리과정에서는 성취할 수 없는 사항을 회의실에서 은밀히 성취하려고 할 위험이 존재하고 있다."[32]

만일 스톤의 제안에서 발생하는 단점들이 심각한 것이라면 근본적인 개선책이 필요할 것이다. 이에 대한 해결방안의 하나는 연방기업협의회로부터 이사들을 선출하는 스톤의 절차를 포기하는 것이며 다양한 이해관계자 집단으로부터 대표자들을 선출하여 이사회를 구성하는 것이다.

〈독일의 이원화된 이사회 시스템〉

독일에서는 대부분의 기업들이 이원화된 이사회시스템(two-tier board system)을 보유하고 있는데 이 시스템 하에서는 노동자들을 대표하는 사람들을 포함하여 사회 각 계층의 대표자들이 하나의 이사회를 구성하고, 활동적인 전문경영자들이 또 하나의 이사회를 구성한다. 예를 들면 폭스바겐(Volkswagen) 사(社)는 연방(聯邦)정부, 주(州)정부, 노동조합 및 공적인 주주집단으로부터 선출된 사회적 대표자들을 이사회에 포함시키고 있다. 따라서 폭스바겐사(社)의 시스템에서는 정부로부터 직접적으로 나오는 어떤 영향력도 노동자 대표, 주주

32) Chirelstein, "Corporate Law Reform," p.72.

대표 및 전문경영자에 의해서 반격을 당하게 된다. 이와 같은 독일식 시스템은 미국 시스템과 비교해 볼 때 효율성이 더 높은 것으로 평가되고 있다. 즉 미국적인 기업통제시스템에서는 기업 집단소송은 세심한 규제기구와 같은 기업 외부의 규제기관에 의존하고 있으며 그 결과가 비효율적인 반면에, 독일에서의 기업통제시스템은 기업의 내부통제에 신뢰를 두고 있으며 외부의 통제기구를 단순화하고 축소시킬 수 있는 여력을 지니고 있다고 할 수 있다. 이러한 독일식 시스템은 모든 문제점들을 해결할 수 있는 것은 아니지만 배타적인 정부기관의 대표자들과 관련된 문제점들을 회피할 수 있으며 정부기관의 형식적이고 비능률적인 관료주의를 줄일 수 있는 수단을 제공한다.

〈네이더와 그린의 제안〉 네이너(Ralph Nader)와 그린(Mark Green)의 제안은 공공이사직 제안과 이원화된 주주 시스템을 결합한 것이라고 할 수 있다. 이들의 제안에 의하면 공공이사들은 "범국가적인 다양한 복합기업에서 상당한 권한을 획득한 일반 시민집단"[33]가운데서 선출된다. 그리고 이원화된 주주시스템에서 주식의 종류는 의결권만 지니는 주식과 의결권과 경제적인 효익을 동시에 지니는 주식으로 구분된다. 이때 전자는 대리권제도의 선거에 있어서 투표할 수 있는 권리를 부여받고 기업에 정치적인 지렛대(political leverage) 작용을 하게 된다. 이러한 종류의 주식은 주로 종업원, 소비자 및 산업사회 주민들, 즉 기업에 의해서 직접적인 영향을 받지만 기업의 행위에 대해서는 언급할 수 있는 권한이 없는 사람들에게 주어진다. 이러한 주주들에게는 배당금이나 기타 경제적인 효익을 받을 수 있는 권리가 주어지지 않는다. 후자는 경제적인 주식이라고 하며 정상적인 보통주식과 유사한 것으로서 매매가 가능하고 의결권과 배당금을 받을 수 있는 권리가 부여된 주식을 말한다. 이러한 두 가지 주식의 비율을 어떻게 유지해야 하는가는 의결권만을 지니는 주식의 수를 어떻게 정하는가에 달려 있다. 법에서는 "어느 한 기업이 그 기업이 속한 지역사회의 조세비율 중 x퍼센트를 차지할 때마다 그 기업은 총주식의 y퍼센트 만큼의 정치적인 주식을 허용해야 하며 그 상한선은 10퍼센트이다."[34]라고 규정하는 것이다.

---

33) Ralph Nader and Mark Green, "Owing Your Soul to the Company Store," *in Ethical Issues in Business*, ed., T. Donaldson and P. Werhane(Englewood Cliffs, N.J.: Prentice-Hall, 1979), p.204.

34) Nader and Green, "Owing Your Soul," p.204.

주주통제시스템에서 이미 설명한 바와 같이 이원화된 주식시스템에서도 재무적인 보상을 가장 높은 우선순위에 올려놓으려는 주주들의 주장에 영향을 미치지는 못할 것이다. 즉 이원화된 주식시스템에서는 총주식에 대한 공공주식의 소유비율을 10%의 상한선으로 묶어놓음으로써 주식의 시장가치를 증가시키는 행위보다는 윤리적인 행위를 더 선호하는 주주들의 제안이 주주총회에서 승리할 수 있는 기회가 거의 없다고 할 수 있다. 왜냐하면 전술한 바와 같이 주주들은 그들의 재정적인 이익을 위해서 의결권을 행사하는 경향이 많기 때문이다. 그러므로 이원화된 주식의 역할은 의결권만을 지니는 주주들의 불평불만과 분쟁에 대한 해결방안을 제시하는 데에 약간의 도움을 줄 뿐이다. 이상과 같은 이유로 이사회에 공공이사직을 설치하는 것은 이원화된 주식시스템의 단점을 보완할 수 있게 된다.

〈체이스의 제안〉 이 외에 기업의 경영과정에 모든 이해관계자 집단을 참여시키자는 제안도 있다. 즉 모든 이해관계자 집단에게 주주의 자격을 부여하는 것이 아니라 직접 이사회에 참여시키자는 것이다. 체이스(Abraham Chayes)의 제안에 따르면 "기업과 친분관계가 있거나 전문화된 방법으로 기업의 권한을 지배하는" 이해관계자 집단들은 기업의 경영에 구성원으로 참여할 수 있다.[35] 즉 체이스의 제안은 기업의 이사회에 종업원, 소비자 및 일반 공공대표자 등의 전통적인 집단 외에도 지역주민, 특별한 이해관계자 집단, 기업의 고객 및 공급자 등을 포함시켜야 한다는 것이다.

이 제안의 명백한 장점은 기업의 모든 이해관계자 집단을 포괄적으로 포함시키기 때문에 어느 한 집단의 이익이 기타 다른 집단의 이익에 우선할 수 없게 된다는 것이다. 그러나 이 제안은 이러한 장점이 있는 반면에 이와 동등한 단점을 지니고 있다. 즉 기업의 이사회에 참여하는 집단의 수만큼 대표자를 임명해야 하는 문제점이 존재한다. 비평가들은 곧바로 이것을 문제삼는다. 만일 대표자들을 선출하기 위해서 선거제도를 도입한다면 투표권을 어떻게 해석해야 되는가? 이에 대하여 비평가로서 아이젠버그(Melvin Eizenberg)는 노동자 1인당 1표를 행사하는 선거제도가 노동자대표를 선출하는데에 적용될 수 있다고

---

35) Abraham Chayes, "The Modern Corporation and the Rule of Law," in *The Corporation in Modern Society*, ed., Edwrad S. Mason(Cambridge, Mass.: Harvard University Press, 1960), p.41.

주장한다. 그러나 노동자대표 외에 소비자와 원료공급업자들의 대표를 선출하기 위한 투표는 어떻게 실시되어야 하는가? 이들의 대표를 선출하기 위한 투표에 있어서 의결권은 자금의 액수에 따라 행사되어야 할 것인가? 이와 마찬가지로 기타 다른 집단에서도 집단들간의 상대적인 권력을 어떻게 분배할 것인가 하는 논리적인 문제점들이 발생하게 된다. 체이스는 그의 제안을 주장하면서도 선거인단의 이해관계를 구별하여 확인하고 확인된 이해관계를 잘 인식할 수 있는 제도적인 기구를 설정하는 데에는 상당한 어려움이 있다는 것을 인정하고 있다.[36)]

기업경영에 있어서 권력을 이동시키는 제안들－스톤의 공공이사직, 독일의 이원화시스템, 네이더와 그린의 제안, 체이스의 제안－은 과연 어떻게 평가될 수 있는가? 이러한 제안들이 기업에 해결방안을 제공해줄 수 있는가? 또 다시 이러한 의문들은 그 많은 제안들이 기업에서 실제 수행될 수 있는가? 하는 문제와 함께 독자들의 판단에 맡길 수 밖에 없다. 그러나 다음과 같은 두 가지 사항은 강조되어야 한다.

첫째, 각 제안들은 지금까지 인식하지 못했던 이해관계자 집단들을 인식하는 면에 있어서 기업에 현존하는 권력의 배분을 통하여 명백한 윤리적인 이점을 제공해 주는 것 같다. 즉 기업의 제품을 사용하는 소비자들, 기업의 공해 때문에 해를 입고 있는 지역주민들, 그리고 기업의 규제 하에서 작업을 하는 종업원들 모두는 기업의 행위에 즉각적인 이해관계를 지니고 있는데 과거에는 이러한 합리적인 이해관계가 기업경영상 공식적으로 인식되지 못했다.

둘째, 모든 제안들은 비효율성과 오용의 위험을 지니고 있다. 만일 전술한 바와 같이 정부기관이 공식적인 절차에 의해서는 결정할 수 없는 사항을 개별적인 이사회 석상에서 결정하려고 한다면 노동자, 소비자 및 기타 다른 공공대표자들도 이러한 방법에 의해서 결정하려고 할 것이다. 물론 노동자나 소비자들이 경영기술을 겸비한 이사들을 선출함에 있어서 정부기관보다 더 나을 것이라는 보장은 없다. 아이젠버그가 주장한 것처럼 "가죽상인에게 필요한 기술(또는 노동조합장에게 필요한 기술)은 구두 제조업자에게 직면하는 구조적 또는 경영상의 문제점을 해결하기 위해서 필요한 기술도 아니며 한 두 켤레의 구두를 구매함으로써 획득할 수 있는 기술도 아니다."[37)]

---

36) Chayes, "The Modern Corporation," p.41.
37) Melvin Eizenberg, "The Legal Roles of Shareholders and Management in Modern

그 적절한 경우가 1970년대 초반에 독일에서 발생했다. 폭스바겐사(社)는 연방정부, 주정부, 종업원, 소비자들 가운데서 선출된 대표자들이 포함된 이사회를 구성하였다. 그리고 1971년에 달러와 마르크간의 환율변동이 발생한 후 폭스바겐 자동차는 미국에서도 조립할 수 있도록 허용되었으나, 다양한 이해관계와 해외에 직업을 이전시킴으로써 손해를 입게 되는 특정 이해관계자 집단의 맹목적인 반발 때문에 결정적인 행동을 취하지는 못했다.[38] 요컨대 배타적인 경영자의 권력을 기타 다른 이해관계자 집단에게로 이전시키는 제안들이 성공하기 위해서는, 새로운 대표자들은 책임있는 경영기술을 발휘해야만 한다.

제 2 절 기업 내부규정의 확립

〈윤리적 배경으로부터 생성된 공식규정의 분류〉

기업개혁에 관한 다양한 이론들 중 가장 인상적인 방법은 기업내부의 규정, 즉 개선된 기업행위를 수행하기 위한 정책이나 규칙 등을 제정하려는 시도에서 발견되고 있다. 이 이론은 개인들간의 권력을 이동시키려는 것이 아니라 기업측에서는 규칙, 정책, 준칙 및 지침들을 제정하려 하고 종업원들은 그들의 행위에 영향을 미치는 이러한 내부규정들에 복종하려는－때로는 불완전하지만－경향이 있다는 사실들의 장점을 이용한다. 기업의 규정을 문서로 작성하는 것은 문서화되지 않은 규칙이나 암묵적인 기대사항 등을 내포하고 있는 전반적인 기업의 풍토 가운데 일부분을 구체화하는 것에 지나지 않는다. 그러나 대부분의 기업에 있어서 공식적으로 발표된 규정들은 약간의 차이가 있다. 기업의 규정 가운데서 윤리적인 배경으로부터 생성된 것이라고 간주할 수 있는 공식규정들은 다음과 같이 세 가지로 분류할 수 있다. 즉 행위의 지침, 정책보고서 및 새로운 절차 등이 그것들이다. 아래에서는 이러한 사항들을 차례로 검토하고자 한다.

Corporate Decision Making "*California Law Review*, 57(January 1969), 16~21.

38) Vagts, "Governance of the Corporation," p.930.

1. 지 침

기업의 역사상 행위의 지침은 윤리적인 주목을 받으면서 나타나게 되었다. 데니슨(Henry Dennison)은 1932년에 저술한 윤리와 현대기업(Ethics and Modern Business)이라는 책에서 행위의 지침을 "상당한 권력을 지닌 사회집단이 그들 자신의 자존심과 기타 다른 사람들의 존경을 받기 위해서 행한 첫 번째 시도"[39]라고 칭찬하였다. 이러한 낙관적인 생각은 모든 사람들에 의해서 인식되지는 않았지만 상식의 실질적인 공유를 구체화했다. 그리고 기업에서의 윤리의 지침은 개인적인 수준에 있는 개인의 도덕지침과 유사하며 개인적인 도덕성은 십계명(The Ten Commandments)과 같은 지침들을 통하여 해석되어 왔다. 만일 어느 한 개인의 양심이 형성될 수 있고 성문화된 선언을 통해서 알려질 수 있다면 기업의 양심도 마찬가지가 아닐까?

행위의 지침에 대한 전통적인 낙관론이 지지될 수 있는 또 다른 이유는 지침들이 규정하고 있는 내용에 있는 것이 아니라 어떻게 규정되는가에 달려있다. 즉 지침은 정부의 법령과 외면적인 형태가 동일하지만 그것의 강제력은 정부에 주어진 것이 아니라 기업에 주어져 있다. 또한 다행스러운 사실은 지침이 기업의 참여자들인 경영자, 공급업자, 소비자 및 노동자들의 발의권과 힘에 바탕을 두고 있다는 것이다.

1. 성문화된 지침이 필요한 이유

그러나 왜 성문화되지 않은 지침보다 성문화된 지침이 필요한가? 여기에는 두 가지 이유가 있다. 첫 번째 이유는 성문화된 지침이 공식적으로 의사소통될 수 있고, 구체화될 수 있으며 바람직하지 못한 행위들을 효과적으로 고려할 수 있다는 것이다. 통상 기업에 있어서 경영자의 기대사항은 종종 직위가 낮은 종업원에게는 불명확하고 애매모호하다고 할 수 있다. 그리고 불확실성이 높을 때에 경영자의 기대사항에 대해서 종업원들이 잘못 예측하는 것은 불행한 결과를 초래할 수 있다. 예컨대, 만일 우리가 후커 화학사(社)(Hooker Chemical Co.)의 경영자의 항의가 정당한 것이라고 믿는다면 후커사(社)가 종업원들에게 러브운하(Love Canal)에 화학폐기물을 버리도록 의도한 것이라고는 볼 수 없

39) Henry Dennison, *Ethics and Modern Business*(Boston : Houghton Mifflin, 1932), p.15.

다. 이와 같이 경영자의 기대사항이 잘못 전달됨으로 해서 나타나는 실패의 사례는 다른 데서도 얼마든지 찾아볼 수 있다. 성문화된 지침이 필요한 두 번째 이유는 바람직하지 못한 행위가 공식적으로 확인될 경우 제재조치가 쉽게 취해질 수 있다는 것이다. 예를 들어 일단 기업에서 구매담당자로 하여금 공급자로부터 50달러 이상의 선물을 받지 못하도록 규정하면 종업원이 새로운 낚시도구와 골프장비 등을 뇌물로 받았을 때, 그러한 뇌물수수 사실을 숨길 수 없을 것이고, 뇌물을 받으면 안 된다는 사실을 알지 못했다는 핑계를 댈 수 없을 것이다. 더 중요한 것은 이미 널리 공표된 기업의 기준을 침해한 것에 대한 제재조치로서 그의 봉급을 삭감하거나 강등시킬 수도 있다는 것이다. 사실상 형벌의 위협이 없는 행위지침은 무용지물에 불과하며 기업의 업무에 관한 경영자의 연두연설과 같은 효과밖에 나타나지 않는다.

2. 행위의 지침에서의 단점

그러나 이러한 행위의 지침에서도 단점을 찾아볼 수 있다. 즉 개별기업은 경쟁적인 불이익 때문에 윤리적인 행위를 장려하고 낮은 수익성을 요구하는 지침들을 실행하기를 거부하는 경향이 있다. 이러한 문제점은 산업별 지침, 즉 주어진 산업에 있어서 윤리적인 개선으로 인하여 발생하는 부담을 모든 경쟁기업들에게 공유시킬 수 있는 지침을 활성화시킴으로써 자연스럽게 해결할 수 있다. 실제로 많은 기업들은 1950년대 이후부터 이러한 산업별 지침들을 개발해 왔으며 그 결과는 비교적 좋은 편이었다. 그러나 이러한 산업별 지침을 적용하는 경우에는 특정 산업에 속한 개별기업들이 제품을 판매하는데 있어서 제품가격의 담합을 하게 됨으로써 셔먼독점금지법(The Sherman Anti-Trust Act)을 위반할 수 있다는 문제점이 있다.

3. 산업별 지침의 단점

이러한 문제는 매우 심각한 것이다. 지금까지 산업별 경영활동을 구체화하기 위한 수많은 시도들이 있었으나 이때마다 제품의 품질을 구체화하려는 시도에서부터 마케팅에 윤리적인 기준을 높이려는 시도까지 모두 셔먼독점금지법에 저촉된다는 문제에 부딪혔다. 1890년에 제정된 셔먼독점금지법에서는 "주(州) 사이에 거래나 교역을 억제시키기 위한 모든 계약, 담합 또는 모의 등은 불법이다."[40]라고 규정하고 있다. 이러한 규정의 중요한 특징은 거래를 억제하는 모든 협약에 중점을 두고 있으며 여기에서 협약은 근본 목적이 거래를 억제하는 것 이외의 다른 어떤 것도 포함한다고 할 수 있다. 즉 산업별 윤리의 지침에 의하여 거래를 억제시키는 경영활동의 기준을 구체화하려는 시도는 아무리 훌륭한 동기에서 제시되더라도 법원에 의해서 저지될 것이다.

위생적인 법랑도자기 제조협회(The Association of Sanitory Enameled Ware Manufactures)가 일반적인 법랑도자기 생산공정에 대한 특허권을 구입하여 회원들에게 계획된 가격을 고수하고 저질품의 판매를 거절한다는 조건하에 그 특허권을 사용할 수 있는 자격을 부여하였을 때 그 행위는 셔먼독점금지법에 저촉된다는 이유로 제재를 받았다. 그리고 설탕협회(Sugar Institute)가 회원들에게 공표된 가격으로만 판매하도록 요구했을 때 동일한 제재를 받았다. 또한 미국 패션인조합(The Fashion Originators' Guild of America, Inc.)이 다른 회사가 창조한 스타일을 단순히 모방만 하는 회사를 추방시키기 위해서 불매운동을 주도했을 때 거래를 억제한다는 이유로 동일한 제재를 받았다. 이 외에도 수많은 제조업체뿐만 아니라 서비스업체들도 이 셔먼법에 굴복해 왔다. 예를 들면 미국 의료협회(The American Medical Association)가 의료비를 선불로 요구하는 병원에서는 일을 하지 못하도록 회원들에게 요구했을 때에도 불법적이라는 이유로 똑같이 제재를 받았다(미국의료협회의 행동은 아마 윤리적인 동기에서 취해졌을 것이다). 그리고 법률변호 수수료의 최저 수준을 설정하려는 미국 변호사회(The American Bar Association)의 시도 역시 마찬가지였다.[41]

만일 판매조건, 제품의 품질, 그리고 시장입지 등을 구체화하려는 시도가 거래를 억제시킨다는 이유로 제재를 받는다면 윤리적인 지침으로 규제할 수 있는 기업의 행위는 무엇인가? 물론 기업의 영업활동 중에는 많은 것은 아니지만 아직도 행위의 지침으로 규제할 수 있으면서 윤리적인 가치를 지니는 기업의 행위가 있을 것이라고 생각한다. 그리고 경쟁자들의 영업행위를 확인하려고 시도하는 것은 많은 문제점을 발생시킬 수도 있지만 산업별 지침은 법의 위험이 없이 의도하는 바대로 회원들에 대한 정직하고 공정한 행동을 규정할 수 있을 것

---

40) Earl Kintner and Robert W. Green, "Opportunities for Self-Enforcement of Codes of Conduct: A Consideration of Legal Limitations," in *Ethics, Free Enterprise, and Public Policy*, ed. De George and J. Pichler(New York: Oxford, 1978), pp.248~63.

41) Kintner and Green, "Opportunities for Self-Enforcement," pp.248~63.

이다. 예를 들면 방송산업의 지침을 통해 방송업계가 담배광고를 방송에서 금지시킨 것처럼 특정한 유형의 광고방송을 금지시킬 수도 있다. 또한 산업별 지침은 법에 의해서 이미 금지된 행동을 제외시킬 수 있고 회원자격에 대한 조건으로서 법적인 기준을 준수하도록 규정할 수도 있다(예를 들면 이렇게 하여 미국 변호사회는 중대한 범죄를 저지른 회원을 추방시킬 수 있었다). 요컨대 법의 통치력을 모방하는 산업별 지침의 능력은 얼핏 보기와는 달리 상당히 의미가 있다.

또한 정부가 많은 종류의 기업의 영업행위를 통제하는 것은 매우 어렵고 불가능하기 때문에 기업의 영업활동을 통제하는 일은 정부보다는 기업의 영업활동을 보다 더 잘 파악할 수 있는 산업계에 맡기는 것이 효과적이다. 미국의 법무성과 연방통상위원회(The Federal Trade Commissions)가 기업의 부조리를 제거하려고 결정했을 때 그들은 한 시점에서 한 기업에만 적용할 수 있는 상황기준을 적용하여 기업의 부정부패를 제거하는 일을 진행하였다. 그러한 일을 진행하는데에 상황기준을 적용하는 것은 시간이 많이 걸릴 뿐만 아니라 매우 많은 비용이 소요된다. 또한 기업은 그러한 방법을 적용하는 모든 단계마다 정부의 압력에 저항하게 된다. 만일 기업이 정부의 압력에 대한 적개심을 버리고 그러한 힘을 자체적인 강화에 사용한다면 모든 사람들이 효익을 받게 될 것이다. 요컨대 산업계의 자체통제는 효율성과 사기(士氣)면에서 외부 통제보다 더 선호를 받게 된다. 또한 도의적인 권고는 법에 의한 강제보다 더 선호를 받을 수 있다.

성공적인 산업별 지침의 예는 많이 찾아 볼 수 있다. 전국맥주도매업협회(The National Beer Wholesalers Association of America; NBWA)는 다음과 같은 공약사항을 내용으로 하는 공정거래지침(Code of Fair Practices)을 제정하였다.

○ 나는 우리 업계의 회원들의 명예를 더럽히는 바람직하지 못한 영업행위나 불법적인 행동을 만성적으로 취하는 어느 소매상인에게도 맥주판매를 금하겠다.
○ 나는 개인적으로든 다른 대리인들을 통해서든 간에 정부관료로부터 특별한 혜택이나 호의(好意)를 받으려는 시도를 하지 않겠다.
○ 나는 신뢰성 있는 도매업자로부터 합법적으로 획득한 정보를 공인되지 않

은 제3자에게 어떤 명목으로든지 누설하지 않겠다.

○ 나는 불법적인 술집을 운영하지 않겠으며 나의 시장 내에서 이러한 영업 행위를 최소화시키기 위하여 적절한 조치를 취하겠다.

○ 나는 해당 도매업자에게 알리지 않고서는 다른 도매업자의 독점판매권을 침해하지 않겠다.

이러한 것들이 진지하게 받아들여질 때 공식적으로 설정된 지침들은 해당 업계의 환경을 개선시킬 수 있다.

그러나 산업별 지침은 많은 장점을 지닌 반면에 이와 버금가는 단점들을 지니고 있다. 통상 지침은 참여하는 기업들이 그 지침에 복종하려는 자발성이 있고 윤리적인 행위를 명백히 하려는 공감을 지니고 있을 때에 힘을 얻게 되며, 이러한 것이 부족하게 되면 유명무실해진다. 그러나 이러한 상황에서조차도 산업별 지침은 나쁜 결과만을 초래하는 것은 아니다. 즉 산업별 지침은 해당 산업계에 만연하고 있는 낮은 수준의 윤리적인 기준을 제공하는 상황에서조차도 지침의 부재로 인하여 산업계가 감수해야 할 비판을 회피할 수 있는 구실을 제공해 줄 수 있다. 예를 들면 전술한 NBWA의 윤리적인 기준을 일반 대중이 알게 되는 경우 일반 대중들은 맥주업계에 대해서 가졌던 의심을 버리게 될 것이다. 그러나 만일 NBWA가 일반 대중의 이목을 끌기 위하여 그러한 지침을 제정하였다면 일반 대중들은 이들의 행위를 좀 더 세밀하게 고찰해야만 할 것이다. 요컨대 산업별 지침은 종종 아무것도 나타내지 않는다. 하지만 그렇다 하더라도 나름대로의 목소리와 분노를 지니고 있다.

또한 오랜 역사와 전통을 지니는 지침일지라도 종종 비효율적이고 부적합한 요소를 지니고 있는 것이 보통이다. 미국 공인회계사 협회에서 제소한 극적인 기소사건을 생각해 보자. 회계사 협회는 공인회계사가 준수해야 할 두 개의 지침, 즉 일반적으로 인정되는 회계원칙(GAAP)과 일반적으로 인정되는 회계감사기준(GAAS)을 공표했다. GAAP는 회계실무에 대한 개념적이고 이론적인 틀을 제공해주고 GAAS는 신뢰성 있고 전문적인 회계감사를 실시할 때 준수해야 할 구체적인 기준을 제시해준다. 또한 이 두 지침의 효력은 공인회계사들의 위법행위를 결정하고, 제반증거를 조사하며, 필요할 때에는 벌칙을 부과하는 전문회계사들의 조직(COPE)의 손에 달려 있다고 할 수 있다. 그러나 미국의 공인회계사회는 두 개의 지침과 막강한 조직을 지니고 있음에도 불구하고 매우 비효율적이라는 비판을 받고 있다. 예를 들어 브릴로프(Abraham Briloff)는 "미국공인회계사회는 매력과 지성을 겸비하지 못하고 있다"[42]고 강조하고 있다.

매력과 지성의 부재 외에도 미국의 공인회계사회는 불합리한 자체적인 요소를 지니고 있다. 즉 GAAP가 인정될 수 있는 행위의 범위에 관한 정보를 공인회계사들에게 알려주는 역할을 하고 있다. 그러나 COPE를 제외하고는 GAAP가 적용될 수 있는 구체적인 경우를 판단해 주는 효과적인 조직이 없고 또한 COPE는 지배적인 이해관계 집단의 정치적인 압력에 영향을 받고 있다는 비판을 받는다. 예를 들면, 브릴로프(Briloff)와 같은 비판가는 1970년 중반과 후반 동안에 GAAP와 GAAS를 해석하기 위해서 창설된 재무회계기준심의회(FASE)가 불량한 은행자산(예를 들면, 회수불가능하면서도 은행의 자산으로 계상되어 있는 대여금 등)의 공시기준을 방해하기 위한 은행측의 압력에 굴복하였다. 한편 GAAS는 GAAP보다는 비판이 덜하지만 그 기준이 적용되는 방법에 관한 비판은 많다. 비평가들은 1970년대에 수많은 매수자금, 비자금 및 뇌물의 수수를 방지하는데 실패했던 GAAS가 과연 책임있는 회계감사를 효과적으로 수행할 수 있게 해주겠는가? 라는 의문을 던진다. 예를 들어 증권거래위원회(The Securities Exchange Commission; SEC)가 미국 기업에 외국 기업으로부터 받은 뇌물을 법적 제재를 받지않고 폭로할 수 있도록 특정한 특사기간을 마련했을 때 수많은 기업들은 서로 자기들의 비밀행위를 신고하려고 아우성이었다. 아마도 이러한 기업들은 뇌물수수가 발생한 기간 동안에 전문회계사에 의해서 회계감사를 받아 왔을 것이다. 그렇다면 뇌물수수에 대해서 회계감사인들은 어떻게 처리하였으며 GAAP는 뭘 하고 있었는가?[43]

1970년부터 1977년까지 COPE는 대기업을 위해서 사건은폐작업을 수행한 것으로 의심받는 많은 기업들을 고소하지 않은 회계사들에 대해서 121건의 소송을 제기했다. 심지어 대통령 재선 선거운동위원장인 스탠스(Maurice Stans)씨 조차도 닉슨 대통령의 큰 실수에서 그가 맡은 역할이 COPE에 의해서 명백히 드러났다. 또한 두 개의 지침과 COPE가 보다 효과적인 통제력을 지니기 위해서는 소수의 회계법인, 소위 "빅 8(Big Eight)"이 보유하고 있는 권력이 붕괴되

42) Abraham J. Briloff, "Codes of Conduct: Their Sound and Their Fury," in *Ethics, Free Enterprise, and Public Policy*, ed., R. De George and J. Pichler (New York: Oxford, 1978), pp.264~87.

43) Briloff, "Codes of Conduct," pp.264~87.

어야만 한다고 주장하는 사람들도 있다. 왜냐하면 8개의 회계법인이 주요 전문 조직과 다양한 기관에 거대한 영향력을 행사하고 있기 때문이다. COPE가 좀 더 효과적인 활동을 수행하기 위해서는 강력한 제재조치를 취할 수 있다. 비난받고 있는 기업의 명단을 공개할 수도 있으며, 그러기 위해서는 공식적인 방식으로 권위를 인정받을 수 있는 광범위한 견제수단을 지니고 있어야만 할 것이다. 또한 어떤 비평가들은 COPE가 과거처럼 공인회계사들을 법원에 고소하고 그 결과를 기다려서는 안 되고 그 자체의 감독 방법을 사용하여 문제를 해결해야만 한다고 주장하기도 한다.

COPE와 회계전문직의 공정성에 있어서의 문제점들은 그릇된 신뢰의 결과가 아니고 지침과 회계사조직의 통제력 부재에서 발생한다. 물론 전문직의 조직기구는 법을 집행하는 법원이 아니다. 그것은 조사서비스를 제공받지도 않고 소환영장의 발부능력이나 기타 공식적인 법원이 지니고 있는 법률적인 권력 등을 지니고 있지도 않다. 그러나 회원자격의 박탈이나 비난 등의 위협은 개인의 경력을 몰락시키기도 하고 징역선고나 법원의 처벌과 마찬가지로 개인의 평판을 손상시킬 수 있다. 공인회계사들은 COPE가 신중하게 처벌해야 할 것이라고 강조하고 있으며 타당한 증거없이 죄를 선언해서는 안되며 윤리적인 사람이 아니라 비윤리적인 회계사들이 올가미에 걸려들도록 해야 한다고 강조하고 있다.

산업별 지침과 조직들은 그들이 규제하는 산업 때문에 존재하고 있다는 단순한 사실 때문에 제한을 받는다. 어느 한 산업에 의해서 제정된 지침은 성실한 노력을 했을지라도 많은 사람들이 바라는 냉정한 객관성을 유지하는데 실패할 수도 있다. 예를 들면 전국맥주제조업협회는 그들이 동료회원들과 그들의 업계를 함께 건설해 왔다는 이유만으로도 맥주를 제조하는 사람들의 이해관계 쪽으로 기울게 될 것이다.

산업별 지침의 또 다른 본질적인 단점은 전체 산업의 이익에 영향을 미치는 문제에 당면할 경우 상대적으로 약화된다는 것이다. 우리는 산업별 지침의 장점을 개별기업의 지침과 비교해 볼 때 경쟁적인 불이익을 창출해 내지는 않는다는 것을 기억한다. 예를 들면, 개별기업별 지침만 있는 경우 어느 한 회계법인이 의뢰인인 대기업의 요구를 거절했을 때 그 회계법인은 경쟁상대인 다른 회계법인에게 그 의뢰인을 빼앗기게 될 것이다. 따라서 산업별 지침의 장점은 전체 산업의 부가 유지되는 경우에만 그 중요성이 있다고 할 수 있다. 그러나 윤리적으로 칭찬받을 만한 행동은 이익에 영향을 미칠 수 있다. 예를 들어 맥주업계가 회수 가능한 환경친화적 병이지만 불편한 맥주병을 사용할 경우 맥주 소비가 감소하거나 와인과 같은 다른 음료수로 소비가 대체되도록 유도할 수도 있다. 이와 같이 특정한 윤리적인 문제와 상충하는 산업별 지침의 편파성은 명백한 결점이라고 할 수 있다.

지금까지 우리는 지침이 지니는 장점과 단점을 살펴보았다. 기업별 지침이나 산업별 지침 모두 경영자의 윤리적인 행동에 상벌을 줄 수 있는 견고한 기준을 제공해 주고 있다. 즉 이러한 것들은 모두 나름대로 가치를 지니고 있다고 할 수 있다. 게다가 두 가지 지침은 정부의 간섭 대신에 기업의 솔선수범과 내부 통제에 신뢰를 두고 있다. 그러나 아직도 두 가지 지침은 그것들이 통제해야 하는 조직에서 생성되었다는 사실 때문에 불가피하게 종속적일 수밖에 없다. 그것들의 태생적 한계 때문에 장점을 지닐 수 있는 반면에 동일한 약점을 지니고 있다는 사실은 명백한 아이러니다. 지금까지 살펴본 바와 같이 산업별 지침에서 나타나는 결점은 독점금지법에 저촉될 우려가 있고 그러한 지침을 작성하는 사람들이 객관적이 아닐 우려가 있다는 것이다. 기업윤리에서 지침이 중요한 역할을 한다는 것은 많은 기업의 경영자에 의해서 인식되지는 않았다해도 의심할 여지가 없다. 그러나 지침은 기업의 윤리개선에서 주도적인 역할보다 기업으로 하여금 1930년 헨리 데니슨(Henry Dennison)의 정신적 영향이 지금에 와서는 별로 환영받지 못하고 있지만 적지 않은 영향을 주고 있다. 지침이 기업에 점진적으로 영향을 주고 있다는 것이 별처럼 빛나는 각광을 받지는 못해도 어느 정도 지지를 받고 있음은 틀림없는 사실이다. 윤리적인 행동을 스스로 할 수 있도록 보조해 주는 역할을 해야 할 것이다.

2. 정책 보고서

1. 정책보고서의 역할

기업내부의 규정을 정하는 또 다른 방법은 기업의 정책보고서(policy statements)를 작성하는 것이다. 통상 주주총회나 이사회에 제출되고 주주들에게 보내는 연차보고서에 제시되는 기업의 정책보고서는 허울에 불과하지 않는 한 기업의 행위에 윤리적인 개선을 가져올 수 있을 것이다. 지침에 비해서 정책보고서는 정확하지 못하고 막연하거나 특정 원칙을 강요하기보다는 그 기업의 이미지나 기풍을 나타내는 경향이 많다. 이러한 정책보고서의 막연함 때문에 해석상의 애매모호함이 발생하기도 하지만 정책보고서 자체만으로도 기업의 경영활동에 영향을 미치기에는 충분하다. 기업이 자기 자신의 역량과 공정성에 대해서 자기 과시를 주장하고 이러한 이미지를 종업원과 소비자들에게 확산시킬 때에 그 기업의 주장은 자연스럽게 종업원들의 일상적인 의사결정에 영향을 미칠 수 있을 것이다. 정책보고서는 모든 경우에서 결정적인 역할을 하지 못할 수도 있지만 기업의 영업활동에 영향을 미치기에는 충분하다.

〔사례 : 1 TRW사(社) 사장 메틀러의 보고서〕; 〔TRW사(社)는 미국의 우주기기, 자동차 부품제조회사로 1916년 설립되었다〕

1970년대 초부터 윤리적인 규범을 포함하는 정책보고서는 보다 더 일반화되었다. 이러한 사실은 다음과 같은 TRW사(社)의 사장인 메틀러(Ruben Mettler)의 보고서에서 찾아볼 수 있다.

TRW의 사회적인 역할에 대한 의미있는 평가는 TRW가 사회에 긍정적인 영향을 미치고 있는 다음과 같은 3가지 수준에서 이루어질 수 있다.

○ 첫 번째 수준은 경제단위로서의 기업의 기본적인 활동에 대한 것이다. 우리 기업은 사회에 얼마나 많은 직업을 제공하는가? 기업의 생산성이 증가하고 있는가? 종업원과 주주들에게 급료와 배당금을 지급해 줄 수 있을 만큼 수익성이 있는가? 제품과 서비스의 품질은 어느 정도 되는가? 고용에 있어서 성장성과 안정성을 유지하고 있는가? 국가의 경제에 어떠한 기여를 하고 있는가? 등.

○ 두 번째 수준은 기업 내부 업무수행의 질에 대한 것이다. 예를 들면 모든 사람에게 동등한 고용기회와 승진기회를 제공하는가? 모든 종업원들이 자기 직무에 만족하고 있는가? 종업원에게 건강보호 수단과 안전수단을 제공해 주고 있는가?

○ 세 번째 수준은 기업 외부환경에 관련해서 우리 기업이 하고 있는 부가적(附加的)인 업무에 대한 것이다. 이는 자선사업 계획과 문화적인 기여 계획, 청소년문제, 도시의 활성화 계획 및 교육기관에 대한 지원, 지역사회에 대한 종업원들의 참여 및 유익한 정부활동에 대한 우리 기업의 참여 행위 등을 포함하고 있다.[44)]

---

44) From *Business and Society: Case and Text*, ed., Robert D. Hay, Edmund R. Gray,

이러한 정책보고서는 이행범위를 구체화하는 질문을 통하여 자기 평가의 기준을 정의해 주는 역할을 한다고 할 수 있다. 그러한 보고서들이 기업의 행위에 미치는 영향은 보잘것 없는 것 같지만 좋은 정책보고서를 지니고 있는 기업들은 대부분 윤리적으로 훌륭한 업적을 남기고 있다.

[사례2 : 웨이어호저사(社)]

표준정책보고서를 사용한 사례를 웨이어호저(Weyerhaeuser)사(社)에서 찾아볼 수 있는데 이 회사는 표준적인 정책보고서를 작성했을 뿐만 아니라 연차보고서에 포함되는 웨이어호저사의 사회적 정책에 대한 공식적인 비평문을 사회적으로 존경받는 외부인사가 작성하도록 위임하였다. 이러한 방법을 통해서 웨이어호저사는 사회적인 평판을 높이고 기업내부의 문제점을 파악하는 능력을 향상시키는 데 성공했다(어떤 기업의 경영자는 웨이어호저사가 자기 기업의 비판에 스스로 대가를 지불한 것에 대해 놀라움을 표시했다).

중요한 정책보고서로서 취급할 수 있는 것은 그 기업의 정관이나 규정등에 포함되는 문서화된 정보라고 할 수 있다. 물론 현재 대부분의 기업들은 그러한 서류에 윤리적인 목표를 막연하게나마 표현하는 것을 회피하고 있는 실정이다. 그러나 앞으로 그렇게 할 수 있는 가능성은 충분히 있다. 즉 기업의 정관은 이 사회의 윤리적인 역할과 비윤리적인 역할을 구체화시키고 기업의 기초적인 사회적 사명이라고 인식될 수 있는 것을 내용으로 담게 될 것 이다. 그리고 많은 사람들이 기업의 윤리적인 태도는 그들이 어떻게 활동해야 하는가를 확실하게 알 수 있는 방법이 없다는 단순한 사실에 의해서 종종 더럽혀지고 있다.

2. 정책보고서의 문제점

이러한 정책보고서의 문제점은 지침의 문제점과 유사하다. 즉 지침과 마찬가지로 정책보고서는 그것이 영향을 미칠 수 있는 상황에서만 효과적이라고 할 수 있다. 또한 지침과 정책보고서는 기업의 수익성, 안전, 시장점유율 등을 요구하는 세력에 반대하는 경우, 그리고 현재의 기업경영의 메커니즘으로부터 외면당할 때에는 기업의 홍보 포트폴리오(Public Relations Portfolio)를 구성하는 하나의 항목으로 전락한다. 요컨대 지침과 마찬가지로 정책보고서는 주위의 세

---

and James E. Gates(Cincinnati: South-Western Publishing Co., 1976), p.49. Reprinted by permission of John E. Mertes, University of Arkansas at Little Rock.

력들과 협력할 때에만 기업의 영업활동에 윤리적인 방향을 제시해 줄 수 있다.

3. 새로운 절차의 실행

지침이나 정책보고서를 기안하는 것 외에 기업의 윤리적인 행위를 개선하기 위해서 새로운 절차(procedure)를 시행할 수 있다. 현재 기업의 윤리적인 행위를 개선하기 위하여 제시되고 있는 절차는 다음과 같은 네 가지가 있다. 즉 (1) 정규화된 공시정책(disclosure policies)의 실시, (2) 사회적 감사정책의 실시, (3) 새로운 보고정책의 실시, (4) 윤리적인 행위에 대한 보상시스템의 입안 등이 그것들이다.

1. 정규화된 공시정책의 실시

정부당국은 이미 기업의 공시실무를 시행령으로 제정해 놓고 있다. 즉 정부의 시행령에 의해서 대부분의 기업들은 정기적으로 회계감사를 받아야하고, 주주, 증권거래위원회(SEC) 및 정부기관에 특정 정보를 제공해야만 한다. 그러나 아직도 이러한 요구사항은 소비자, 종업원 또는 일반 대중의 효익을 위해서가 아니라 부정이나 부당한 경영으로부터 주주들의 투자를 보호하기 위해서 계획되고 있다. 많은 사람들은 기업에게 이러한 기타 이해관계자집단에 적합한 정보를 공시하도록 요구하고 있으며, 또 기업이 이를 받아들인다면 기업윤리는 개선될 수 있다고 믿고 있다. 그리고 기업에게 이러한 이해관계자집단에 영향을 미치는 기업의 영업활동에 관한 정보를 공시하도록 요구하려면, 그러한 행동을 정당화시키기 위한 압력이 가해져야 할 것이다. 즉 대부분의 윤리학자들이 주장하듯이 어느 한 개인의 행동을 개선시키기 위해서는 첫 번째 단계로서 그 사람의 행동을 정당화시켜야만 한다.

2. 사회적 감사정책의 실시

물론 정보를 공시하기 위해서는 공시되는 정보를 수집할 수 있는 수단이 있어야 한다. 그러나 통상 기업에서는 정규적으로 회계보고서를 작성하기 위해서 재무자료를 수집하고 있지만 사회적으로 적합한 자료를 수집하기 위한 수단은 지니고 있지 않다. 이러한 이유 때문에 “사회감사(social audit)”라는 것이 중요해진다. 사회감사는 일정기간 동안 기업의 행동과 거래를 기록함으로써 기업의 업적에 관한 사회감사보고서를 작성한다는 면에 있어서는 재무회계감사와 유사하다. 그러나 재무회계감사와는 달리 사회감사는 윤리적이고 사회적인 행위에 초점을 맞추고 있다.

사회감사는 1970년대 후반기에 점차 호평을 받기 시작했으며 현재에는 다양한 형태로 사회감사가 이루어지고 있다. 즉 사회감사는 기업이 사회적 책임에 대한 행위를 항목별로 기재하고 있다는 면에서 "재고(在庫)접근방법(inventory approach)"의 형태를 띄기도 하고, 기업이 사회적으로 책임이 있는 행위를 공시하고 그러한 행위에 대해서 얼마나 많은 양의 자금을 소비하고 있는가를 밝혀내는 "원가접근방법(cost approach)"의 형태를 띄기도 한다. 기타 다른 방법으로서는 보고기간의 초기에 계획된 사회적 목표와 기말(期末)에 그 목표를 얼마나 성공적으로 달성했는가를 평가하는 방법도 있다. 한편, 어떤 사회감사는 사회적 행위와 그에 소요된 비용을 먼저 공시하고 그 다음에 그 기업이 행한 행위에 대하여 전반적인 가치를 측정하기도 한다.

통상 사회감사는 양적인 방법이나 질적인 방법 중 어느 하나를 사용할 수 있다. 아브트(Abt)[철도]협회에 속하는 케임브릿지 경영자문회사는 전통적인 재무제표를 가지고 기업의 사회적 영향에 관계되는 비용과 편익을 어떻게 표현할 수 있는가를 보여 주었다. 즉 아브트는 기업이 창출한 사회적 효익을 화폐금액으로 계량화할 수 있다는 것을 보여 주었다. 예를 들면 개선된 건강, 안전, 평등, 환경 등의 주어진 효익들은 전통적으로 그러한 효익을 성취하는 데 소요된 금액이나 비용의 기준에 따라 화폐단위로 표현할 수 있다.[45] 또한 비계량적인 사회감사도 역시 가능하다. 바우어(Raymond Bauer)와 맥아담(Terry McAdam)은 질적인 사회감사방법을 주장했는데 그들은 계량적인 업적측정치가 인정될 수 있는 경우에는 수치를 사용하고 나머지 정보는 사회적 관계분야 예를 들면 노동조건, 소비자관계, 투자자관계, 지역사회의 복지 및 종업원후생 등의 질적인 분석을 통하여 전달하고 있다.[46]

사회감사의 다양한 형태를 살펴보지 않고서도 사회감사의 장단점을 명백하게 파악할 수 있다. 사회감사의 명백한 장점은 사회감사방법이 전통적인 기업의

---

45) Joanne Giunta, *Introduction to Corporate Social Responsibility Management* (Philadelphia: Human Resources Network, 1977), p.64.

46) See Raymond A. Bauer and Dan Fenn, Jr., "What is a Corporate Scocial Audit?" *Harvard Business Review*, January-February 1973.

감사절차와 유사성을 지니고 있다는 것이다. 다른 모든 사람들과 마찬가지로 기업가는 관습의 산물이다. 따라서 기업가들은 그러한 관습과 유사한 형태를 지니는 변화만을 마지못해 수용한다. 만일 기업이 재무회계감사를 인정한다면 왜 사회감사를 인정하지 않겠는가? 즉 기업의 사회적 책임영역을 구체화하고 그러한 영역에서 기업의 성과를 평가하기 위한 사회감사의 명백한 목적은 앞장에서 언급한 기업의 윤리행위 개선을 위한 기준 중의 하나를 만족시키게 된다. 그러나 그러한 사회감사절차는 주어진 경우에 있어서 책임의 정확한 특성을 구체화하기 위해서 존재해야만 한다.

사회감사의 단점은 재무회계감사와 사회감사간의 유사성이 현실적인 것이 아니라는 점이다. 사회감사는 결국 재무회계감사가 아니다. 즉 사회감사는 쉽게 계량화할 수 있는 화폐금액의 합계로 이루어지는 대신에 계량화시키기 어려운 인간의 행위, 인간의 복지, 행복, 자기극복 및 의무 등으로 이루어진다. 오늘날 "공리적인 계산(utilitarian calculus)"을 통하여 윤리적인 추론들을 계량화하려고 했던 19세기의 철학자 벤담(Jeremy Bentham)의 시도가 거의 잊혀져 가는 일화로서만 남게된 것은 하나도 이상한 일이 아니다. 즉 사람들은 직관적으로 윤리적인 해답을 얻기 위해서 수학을 사용하는 개념을 거부하여 왔고 오늘날에도 그러한 경향은 매우 심하다.

또한 사회감사에는 비록 계량화문제가 해결되더라도 또 다른 문제에 부딪힌다. 즉 사회감사는 기업의 경영자가 그것의 결론에 입각하여 행동하고, 또 그것을 진지하게 받아들이는 경향이 있을 때에만 유용성을 지니게 되며 오늘날 사회감사는 주로 기업의 홍보적인 역할만을 담당하고 있는 경향이 있다(물론 그러한 추세가 변화되고 있다고 믿고 있는 사람도 있다).

3. 새로운 보고정책의 실시

오늘날 기업의 절차의 변경에 있어서 주목할만한 두 가지 변화는 조직의 관습에 있어서의 변화와 관계된다. 첫 번째 변화는 하급자가 상관에게 자기의 활동영역에서의 정보를 정규적으로 보고해야 한다는 것이다. 예를 들면 한 부서의 장은 숨겨진 사실이 폭로될 수 있도록 자기 상관과 월례회의를 갖도록 요구되고 있다는 것이다. 그러한 회의석상에서 상관은 그 기업의 정보망에 위험스러운 구멍이 뚫린 것은 아닌가 질문하기도 하고 그것을 확인하기도 한다. 그러한 절차를 실행함으로써 굿리치(B.F. Goodrich)사(社)와 기타 다른 기업에서 발생할 수도 있었을 일련의 사건을 피할 수 있을 것이다. 기업의 최고 경영자가 무슨 사건이 발생했는지도 미처 깨닫지도 못한 상황에서 나타나는 윤리적 폐해를 피해갈 수 있는 것이다.

4. 윤리적 미덕에 대한 보상 시스템의 입안

두 번째 변화는 윤리적인 동기를 불러일으킬 수 있는 보상절차를 만드는 것이다. 종업원들은 생산성, 신뢰성, 장기근속, 동료와의 협동성 등을 향상시킴으로써 보상을 받기도 하고 이러한 것이 부족하여 제재를 받기도 한다. 그러나 승진, 보너스, 휴가 등이 사회적 책임을 수행하는 행위와 관련되어서는 안되는가? 많은 사람들은 뇌물을 받는 종업원들은 그러한 행위로 인해서 기업의 이익에 영향을 끼치지 않을 경우에라도 뇌물을 거절하는 사람과는 상이하게 취급되어야 한다고 주장하고 있다. 만일 윤리성이 기업의 보상시스템에서 제외된다면 종업원들은 기업측에서 사회적 책임을 수행하는 행위에 대해서 포상을 줄 것이라는 것을 믿지 않게 될 것이다.

제 3 절 경영구조의 변경

〈기업의 구조를 변경시킴으로써 기업윤리를 개선시키는 방법〉

기업윤리를 개선시키기 위한 세 번째 제안은 기업구조를 변경시킴으로써 기업의 행위를 바꾸려고 시도하는 것이다. 이러한 제안은 모든 제안중에서 가장 유망한 것으로 많은 사람들에게 인식되고 있는데 그 이유는 이미 기업의 구조 변경이 성공적으로 이루어져 왔고 기업의 경영자들도 이러한 구조적 혁신을 받아들이고 있는 것으로 나타났기 때문이다. 또한 이러한 제안은 기업의 의사결정과정을 강조하고 있다는 점에서 조직구성원들간의 권력을 이동시키려는 첫 번째 제안과 유사하다. 그러나 두 제안은 분명히 구분되어야 한다. 즉 첫 번째 제안에서는 동일한 의사결정구조를 유지하고 그 구조내에서 권력을 이동시키는 것을 주장하는 반면에, 이 제안에서는 의사결정구조 자체를 변경시키는 것이다. 예를 들면 첫 번째 제안에서는 기업의 사외이사들 및 공공기관의 대표자들과 종업원들의 대표자들을 기업내의 이사회에 영입시킴으로써 이사회 내부의 권력을 이동시키려는 것이지만 이사회의 구조는 동일하게 유지된다. 그러나 세 번째 제안은 이사회를 분할하거나 또는 새로운 이사회를 구성하여 기업조직을 재구성하려는 것이다. 요컨대 이 제안은 기업의 구조를 변경시킴으로써 기업으로 하여금 새로운 윤리적인 행위를 하도록 하자는 것이다.

1. 새로운 부서의 설립

이와 같이 기업의 구조를 변경시킴으로써 기업윤리를 개선하려는 방법은 여러 가지가 있는데 그 중에서 일부는 상대적(相對的)으로 간단하게 이루어질 수 있다. 이러한 방법 중의 하나는 표면화된 윤리적인 요구에 부응하기 위해서 새로운 부서를 설립하는 방법이다. 예를 들면 제조과정에서 석면이나 위험한 화학물질 또는 핵방사능 물질 등을 배출하는 기업의 경우 안전을 위한 공식적인 부서가 없다면 이에 대한 전문지식을 지닌 전문가들로 구성된 안전부서를 창설할 수 있다. 또 윤리적으로 적합한 정보를 수집하고 전달하기 위한 기록체계가 빈약한 기업에서는 이러한 정보의 흐름을 용이하게 할 수 있는 부서를 창설할 수도 있다. 굿리치(B.F Goodrich)사(社)의 경우에서 볼 수 있는 바와 같이 기업의 행위에 관한 중요한 정보를 기업 내부에서 아직 전달받지 못한 부서가 존재할 수도 있다. 기업의 정보를 취급하고 있는 부서는 정보(情報) 조사업무를 수행할 수 있고 정보수집기법 등에 정통하기 때문에, 적합한 정보를 기업 내의 다른 부서에 전달해주는 역할을 맡게 된다.

2. 사회적 책임을 위한 부서의 창설

같은 맥락에서 기업에 단순히 사회적 책임을 위한 부서를 창설하는 방법도 있다. 이러한 부서의 책임자로는 유능한 자격을 갖춘 사람을 임명하고 적절한 직위를 부여함으로써 기업은 적어도 사회적 책임을 수행하는 업무만을 전담하는 관리자를 둘 수 있다. 이러한 방법을 통한 성공사례가 많이 있다. 예를 들면 커민스엔진(Cummins Engine)사(社)에서는 이미 사회적 책임담당 부사장직을 만들었으며 많은 기업에서 이러한 직위를 창설하였다. 부서를 창설하는것은 단순히 사무실 출입문에 현판을 다는 것으로 끝나는 것이 아니다. 기업측에서 이러한 부서의 행위에 대한 적극적인 지원이 있어야하고 이 부서의 책임자의 발언권이 회사 내에서 상당한 권위를 지니게 보장해 주어야만 한다.

3. 기업에서의 권력의 중심인 이사회 재조직

또 하나 가장 보편화된 방법은 기업에서의 권력의 중심인 이사회를 재구성하는 것이다. 명목상으로는 기업의 통제기관이면서도 단지 간판만을 유지하고 있는 이사회에서 노동위원회(Working Committee)를 분리시키고 노동위원회에 상당한 권력을 부여함으로써 기업의 윤리적인 행위를 개선시킬 수 있다. 또 기업외부 사람들로 구성된 재무회계감사위원회를 분리시키고 감사권한과 보고권한을 부여할 수도 있으며 기업 외부인으로 구성된 추천위원회를 분리시켜 미래의 이사회 임원들을 탐색하고 추천할 수 있는 권한을 부여하거나 사회적 책임위원회를 분리시켜 사회적 책임 행위를 조사하고 보고하는 권한을 부여할 수도 있다. 그리고 이러한 세 가지 일들을 동시에 실시할 수도 있다.

이러한 제안의 실행을 북돋아 주는 사례가 있다. 지금까지 미국 기업의 이사회에서는 사외이사들의 수가 20세기에 접어들어 감소해 왔으나, 1970년 이후부터는 급속하게 증가해왔다. 그리고 1979년까지 1000여개의 미국의 대기업들은 약 70%는 과반수 이상의 사회이사들로 구성된 이사회를 지니게 되었다.[47] 또한 앞에서 제안한 노동위원회에도 상당수의 사외이사들이 활동하게 되었다. 더욱이 이사회가 좀 더 자신의 주장을 자유롭게 펼치는 경향이 나타났다. 즉 이사회에서는 경영자가 요구하는 사항을 무조건 받아들이지 않고 도덕적이고 경제적인 개혁을 꾸준히 밀고 나아가게 되었다. 이러한 독립적인 지위는 1978년 뉴욕증권거래소(The New York Stock Exchange)가 상장기업의 요건으로서 사외이사들로만 구성된 감사위원회를 설립하도록 요구함으로써 더욱 박차가 가해졌다. 이러한 행동은 뉴욕증권거래소가 상장기업의 요건으로서 구조적인 개혁을 요구한다는 것으로서는 첫 번째였다. 그 결과 1979년까지 1000개의 미국의 대기업중 97%에 달하는 기업들이 사외이사들로 구성된 감사위원회를 지니게 되었다. 그리고 증권거래위원회는 1977년에 이사들의 부정행위에 대한 조사를 시작하고 어떤 경우에는 그러한 이사회에 사외이사들을 추가하라고 요구함으로써 윤리적인 활동을 추진시켰다.

기업의 이사회에서의 개혁을 일으키는 사람들을 재촉하는 많은 요인들이 있

---

47) *Business Week*, September 10, 1979, p.72.

었더라면 1970년 초반에 발생했던 펜 센트럴(Penn Central)운수회사의 도산은 없었을지도 모른다. 펜 센트럴 운수회사가 파산법(Bankruptcy Act) 하에서 재조직되었을 때 이사회의 임원들은 일반 대중과 마찬가지로 놀라움을 금치 못했다. 그들의 놀라움은 임박한 재난도 알지 못하면서 경영자의 재무적인 사기(詐欺)행위를 일상적으로 승인하고 결재만 하는 이사회 노릇을 했다는 사실을 입증했다. 펜 센트럴 운수회사의 주주들은 이사회의 과실을 이유로 회사를 고소했다. 그리고 주주들의 소송이 승소하지는 못했지만 금융계는 이사회를 전면적으로 개혁해야 할 필요성을 깨닫게 되었다.

이제까지 이사회를 개혁하기 위한 활동들은 회계감사위원회를 창설하는 선에서 매듭지어졌는데 이러한 위원회의 역할은 재무전략과 회계실무를 조사하고, 전문 회계 감사인(監査人)을 임명하며 이사회에 발견사실과 회사가 취해야 할 사항을 보고하는 것이었다. 그러나 많은 경우에 그러한 위원회는 그루맨(Grumman)사(社)의 지사에서 불법적인 지불행위가 폭로된 경우에서와 같이 윤리적인 문제점들을 제기해왔다.

기업에서 문제가 발생했을 경우에 기업의 행위에 영향을 미치는 사회이사들의 역량은 그들의 의지에 달려있다. 전술한 바와 같이 사외이사들은 경영자의 행위를 관례적으로 승인만 하는 경향이 많다. 이와 같은 경우에 기업의 이사회에 단순히 사외이사들을 추가하는 것은 전면적인 변화를 가져올 수 없을 것이다. 그러나 SEC와 같은 정부기관이나 새로운 노동위원회로부터 나오는 이사들에 대해 외적 압력이 가해진다면 사외이사들은 다시 영향력을 발휘할 수도 있다. 1970년대에 있었던 많은 중요한 사례에 있어서 사외이사들은 비정상적으로 공격적인 태도를 취했었다. 예를 들면 1979년에 제너럴 오토메이션(General Automation)사(社)의 사외이사들은 이 회사 창립자이고 대주주이면서 사장으로 있는 고숀(Lawrence Goshorn)이 회사의 본사(本社)를 샌디애고(San Diego)의 경치좋은 장소로 이전하기로 했을 때에 심하게 반발했었다. 또한 고숀은 농장을 짓기 위해서 350만 달러에 해당하는 호화로운 부지를 매입하기로 회사에 제의했었다. 결국 사외이사들은 오랜 투쟁 끝에 자기들의 주장을 관철시켰으며 고숀을 축출하고 새로운 사장을 영입하였다.

또한 1978년에 아이텔(Itel)사(社)의 사외이사들은 회사의 1/4분기 영업실적이 적자로 나타나자 기업의 경영상에 문제점이 있을 것으로 의심하고 위와 동일하게 공격적인 태도를 나타냈다. 즉 기업의 영업활동이 적자로 나타났을 때에 사외이사들의 관심은 사장에게로 쏠렸고 결국 사장이 재무관리에 대한 전문적 지식이 부족하다고 지적했다. 몇 달 후 기업의 사외이사들이 주축이 된 이사회(사외이사 9명, 사내이사 3명)에서는 전면적으로 경영진에 대하여 엄격한 감사(監査)를 실시했으며 사장을 해임하고 요직(要職)에 새로운 경영자들을 영입하였다.48)

〈결론 제시를 위해 해결해야 할 문제들〉

지금까지 기업의 윤리적인 변화를 위한 구체적인 제안을 검토했다. 이제 결론을 제시하기 위하여 해결해야 할 문제들은 다음과 같다. 그러한 제안들은 효력이 있을 것인가? 그러한 제안들은 기업이 사회계약을 준수하도록 해 주는가? 아니면 그러한 제안들은 기업의 독창성을 말살하고 수많은 기업의 관료주의적인 메커니즘을 증식시키며 현상유지만을 하게 될 것인가? 이러한 질문에 대한 해답들은 전술한 바와 같이 경험적인 것이어야 한다. 왜냐하면 아무리 훌륭한 이론일지라도 현실의 벽에 부딪히면 유용성을 상실할 수 있기 때문이다. 플라톤의 군주론이 열렬한 지지를 받았음에도 불구하고 현실경험에서 권력은 타락한다는 것을 가르쳐주었다. 여기에서도 경험이 훌륭한 선생임에 틀림없다. 요컨대 사회적 책임위원회를 구성하거나 위원회의 위원들을 지명하거나, 이사회에서 공공대표자들을 영입(迎入)하거나 이러한 모든 제안들을 결합한 제안은 우리가 논의해 온 바와 같이 각기 장점이 있음에도 불구하고, 그러한 제안들이 실제 상황에 적용될 수 있는 유용성이 부족할 경우에는 그러한 제안들의 실효성을 입증하기가 곤란하다고 할 수 있다.

물론 이들 제안들의 1차적인 목표는 상대적으로 명백하게 파악될 수 있다. 즉 기업의 사회적 책임활동을 개선시키는 것이다. 그러나 이 장에서 논의된 모든 제안들은 기업 외부의 계속적인 규제시스템을 채택하는 것이 아니라 기업 자체의 윤리성을 제도화함으로써 윤리적 개선을 성취한다는 부차적인 목표를 가정하고 있다. 그리고 이들 모든 제안들은 경영자에 의해서 조정되고 있다. 요컨대 이 장에 전술한 바 있는 "자율(autonomy)" 또는 "강제된 자율(enforced autonomy)"을 주장하는 제안들만 고려하였다.

---

48) See entire article, "End of the Directors' Rubber Stamp," *Business Week*, September 10, 1979.

또한 이장에서는 외적 통제에 대한 제안들을 배제하는 오류를 범했다. 반면에 직접통제를 위한 흥미롭고 새로운 제안들을 제시하였다. 이러한 제안들에는

(1) 이사들의 부정에 대해 강경한 법적인 제재조치를 취하는 방법
(2) 전문기술을 지닌 관리자들, 즉 기술자, 회계사, 화학공업기술자 및 안전검사관들의 태만에 대해 법적인 제재조치를 가하는 방법
(3) 문제의 소지가 있는 산업, 즉 석면(石綿)이나 핵방사능시설을 지니고 있는 산업에 현지의 정부검사관을 더 많이 파견하는 방법
(4) 기업의 정관을 개정하기 위해서 기업들에게 정부의 기준을 준수하도록 강요하는 연방헌장(현재 요구되고 있는 무제한적인 주헌장에 덧붙여서)에 정관개정 요건을 규정하는 방법 등이 있다.

만일 기업의 자발적인 통제에 관한 제안이 효력을 발휘하지 못한다면 이러한 직접적인 통제수단에 의지하는 수밖에 없을 것이다.

기업가들, 특히 기업의 경영자들은 기업의 자율화를 가능하게 해주는 변화를 기꺼이 승인하려 하지는 않을 것이며 이러한 변화를 승인하는 문제에 부딪히는 경우 앞장에서 제기되었던 것과 동일한 어려운 의문을 제기할 것이다. 즉 그러한 제안들이 불공정한 경쟁상태를 피해갈 수 있겠는가? 그러한 제안들은 생산의 효율성의 감소를 최소화시키거나 회피할 수 있겠는가? 물론 어떤 제안들은 확실히 이러한 종류의 문제점이 있다. 그러나 기업가들은 이러한 문제점을 놓칠 수도 있고, 기업의 윤리적인 자율화에 대한 대안이 정부의 직접적인 통제라는 사실을 알게되면 전략적인 변화를 채택할 것이다.

참 고 문 헌

Briloff, Abraham J., "Codes of Conduct: Their Sound and Their Fury," in *Ethics, Free Enterprise, and Public Policy,* ed. Richard De George and Joseph Pichler. New York: Oxford University Press, 1978.

Carnoy, Martin and Derek Shearer, *Economic Democracy*: The Challenge of the 1980s. White Plains. N.Y.: M.E. Sharpe, 1980.

Chirelstein, Marvin A., "Corporate Law Reform," in *Social Responsibility and the Business Predicament*, ed. James Mckie. Washington, D.C.: The Brookings Institution, 1974.

Giunta, Joanne, *Introduction to Corporate Social Responsibility Management*. Philadelphia: Human Resources Network, 1977.

Hetherington, J., "Fact and Legal Theory: Shareholders. Managers, and Corporate Social Reponsibility," *Stanford Law Review,* January 1969.

Hoffman, Michael, ed., *Proceedings of the First National Conference on Business Ethics*. Waltham, Mass.: Bentley College, 1978.

_______, *Proceedings of the Second National Conference on Business Ethics, Washington*, D.C.: University Press of America, 1979.

Jones, Don, *Business Ethics Bibliography*: 1971~75. Charlottesville, Va.: University of Virginia Press, 1977.

Powers, Charles, *Social Responsibility and Investment*. Nashville. Abingdon, 1971.

Purcell, T., and G. Cavanaugh, *Blacks in the Industrial World*. New York; Free, 1972.

Simon, John and Charles Powers, and Jon Gunnemann, *The Ethical Investor: Universities and Corporate Responsibility*. New Haven, Conn.: Yale University Press, 1972.

Stone, Christopher, *Where the Law Ends*. New York: Harper & Row. Pub., 1975.

색 인

【ㅇ】

【ㅊ】

【ㅋ】

[옮긴이 학력, 경력, 저서 및 논문]

학 력

김제 중학교 졸업
익산 남성고 졸업
성균관 대학교 법정대학 법학과 법학사
서강대학교 문과대학 철학과 수료
서울가톨릭 대학교 신학대학 신학과 및 연구과 수료
캐나다 St. Mary's University 신학대학원 신학석사(M.Div.)
미국 워싱턴 D.C. 죠지타운 대학교 수학, 가톨릭대학교 수학
미국 네브라스카 오마하 크레이튼 대학교 경영대학 수학
미국 콜로라도 덴버 Regis 대학교 경영대학원 경영학 석사(M.B.A.)
이화여대 명예문학박사

경 력

가톨릭 예수회 신부(현)
서강대 사회문제연구소 연구원
서강대 경영대학 및 교양학부 시간강사
서강대 재단 사무국장
서강대 총무처장
가톨릭 예수회 신학원장
서강대 교목처장
서강대 교양학부 교수
서강대 교양학부장
서강대 예수회 공동체 원장
서강대 국제문화교육원장
서강대 제11대 총장
서강대 경영전문대학원 MBA강사(기업윤리)(현)

저서 및 논문

가톨릭 기업윤리
미국 컴퓨터 기술, 개인의 프라이버시와 보안(Security)에 관한 기업윤리적 고찰
기업윤리(T. Donaldson 저서옮김: 법문사, 서강대 출판부)
하느님 형상으로서의 인간의 존엄성
우리나라 기업복지 후생제도의 문제점과 개선 방향
우리나라의 경제발전과 기업성장에 따른 기업의 사회적 책임 대책
현 IMF 상황하의 가톨릭 기업인들의 영성과 역할
21세기의 기업윤리
사회의 도덕성과 기업윤리
서강대 인성교육의 발전방향

기 업 윤 리

초　 판　1쇄 발행　2000년 7월 10일
개 정 판　1쇄 발행　2008년 9월 1일
개정2판　1쇄 발행　2010년 2월 10일

저　 자　토마스 도날드슨
옮긴이　류장선
발행인　이종욱
편집인　우찬제
발행처　서강대학교 출판부

서울시 마포구 신수동 1번지
등록 : 1978년 9월 28일 제313-2002-170호
전화 : (02)705-8212　팩스 : (02)705-8612
홈페이지 : www.sogang.ac.kr/~sgpress

인쇄 : 효일문화사

정가 16,000원

ISBN 978-89-7273-137-4　93320